上海光华教育发展基金会
Shanghai Guanghua Education
Development Foundation

王增藩 著

［增订本］

苏步青传

SU
BUQING

复旦大学出版社

出版说明

一、苏步青院士是我国现代数学的奠基者之一,专长微分几何,同时也是卓越的教育家和享有盛誉的社会活动家,于1978年至1983年担任复旦大学校长。《苏步青传》初版于2005年,值此复旦大学建校120周年之际,予以全面修订再版。

二、本次再版修订情况大致如下:

(1)改正初版文字、知识性差错,确保内容严谨性与学术规范性。

(2)吸收近年的研究成果进行修订增补,此次增补的内容主要包括有关"苏步青星"的报道《浩瀚宇宙 苏星闪烁》、王增藩的追忆文章《我与苏步青相处的日子》、吴欢章为王增藩著《我给苏步青当秘书》一书所作序言《于无声处见真知》等。

(3)对书稿涉及的所有引文和文献进行核查、校勘,确保史料来源的权威性与准确性。

(4)调整所有插图,并采用AI图像修复技术着色优化老照片。

三、本书初版时为单色印制,本版采用全彩印刷工艺。

四、本次修订工作得到了作者的全力配合,上海光华教育发展基金会予以大力支持,在此表示衷心感谢!

谨以此书致敬复旦先贤,献礼双甲之庆,冀望承前启后,薪火永续。

编者

2025年4月

目 录

001	初版序言（李大潜）
001	再版前言（王增藩）
001	第一章　卧牛山下觅奇踪
001	1. 父亲的心愿
005	2. 牛背上的野孩子
007	3. 坎坷求学路
013	4. 从"背榜"到第一名
019	5. 锋芒初露
021	6. 牢记恩师教导
024	第二章　数学新星出远东
024	7. 东渡扶桑
028	8. 特别毕业证书
030	9. "青叶城头别有天"
034	10. 灿烂的数学新星
038	11. 松本米子小姐
042	第三章　"东方剑桥"有陈苏
042	12. "世上何人同此调"
046	13. "我担保他没问题"

049	14. "谁说中国培养不出人才"
053	15. 融融师生情
058	16. 讨论班走向成熟
066	17. 西迁道上
071	18. 苦难亦欢歌
077	19. 费巩精神
080	20. 宝岛情结
087	21. 第一本专著出版
091	22. 教授会主席电文
093	23. 丰子恺论"苏诗"
095	24. 数学研究的重要成就
100	25. 迎接解放
105	第四章　满天星斗过淮河
105	26. "共产党会怎样待我？"
109	27. 从浙大到复旦
114	28. 撞击出思想的火花
120	29. 东欧纪行
124	30. 走上领导岗位之后
128	31. "书屋如舟喜向阳"
132	32. 教改"要力求形数结合"
136	33. "数训班"育人才
141	34. 难忘的接见
147	35. "始信人间有鬼狐"
154	36. 在江南造船厂
164	37. 绿化的一个样板点

168	第五章　晴翠远芳无断时
168	38. 春天的脚步声
171	39. 细微之处见精神
184	40. 党员专家的言与行
190	41. "整匹布"与"零头布"
194	42. 开创计算几何学
200	43. 数与诗的交融
209	44. 给记者出试题
214	45. "苏步青效应"
221	46. 心系故乡
229	第六章　毕生事业一教鞭
229	47. 深深爱恋的地方
234	48. "生也有涯，而学无涯"
240	49. 谈读书技巧
245	50. 高山仰止
250	51. 一次访谈录
254	52. 不仅仅是名誉
259	53. 给中学生复信
261	54. 高等教育理论与实践
267	55. 莫干山上
273	56. 学一点修辞
275	第七章　弦歌声里尽余微
275	57. 在参政议政的舞台上
279	58. 我是当年游学者
288	59. "将来博士几门生"
293	60. "科普村"里的嘉宾

298	61. 主编《数学年刊》19 年
305	62. "大文化观点"
312	63. 民盟的杰出领导人
316	64. 年近九旬上黄山

325	**第八章　文章道德仰高风**
325	65. 苏步青数学教育奖
329	66. 爱永远留在心底里
337	67. 以苏步青命名的国际数学奖
348	68. "一定要经我过目"
358	69. 暮年的一件憾事
362	70. 平静的晚年生活
369	71. "父亲有自己的原则"
373	72. 名垂青史，百岁全归
380	73. 弘扬步青精神

382	附录一　浩瀚宇宙　苏星闪烁
386	附录二　我与苏步青相处的日子
394	附录三　于无声处见真知（吴欢章）
398	初版后记
400	初版重印后记

初版序言

这本传记的主人公是我们敬爱的老师苏步青院士。

苏步青老师将自己的一生献给了数学。他早年留学日本,博采众长,别开生面,在仿射空间曲面论方面作出了杰出贡献,被国外权威学者称为"东方第一几何学家",是当时中国学习现代数学并作出卓越成就的突出代表。可贵的是,他学成归国之后,没有自以为功成名就,从而养尊处优、无所作为,而是继续深入开展研究工作,并不断扩大自己的研究领域,创建了世人公认的中国微分几何学派。更为难能可贵的是,在"文化大革命"期间,他虽已70多岁高龄,处于接受批斗的逆境,还利用下江南造船厂劳动的机会,结合解决船体数学放样的实际课题,创建并开拓了计算几何的新研究方向。甚至到他的晚年,仍笔耕不辍,继续发表论文、撰写专著。他坚持不懈搞研究,聚精会神做数学,是一位成就卓著、享誉海内外的著名数学家,更是中国现代数学的主要奠基者之一,他在中国数学发展中的历史地位是不可替代的。

苏步青老师教书育人,要求严格,言传身教,是培育优秀数学人才的一代宗师。苏门弟子遍布域中,并在各个岗位上发挥了重要的骨干作用。对此,老师自己是很欣慰的。他在诗中写道:"满案簿书双睡眼,毕生事业一教鞭",不仅反映了他执教之认真与辛劳,而且颇以作为一名海人不倦的教师而自豪。更值得敬佩的是,老师并不简单地满足于"贤人七十,弟子三千"的境况,而是具有很先进的教学理念,更看重造就人才迅速成长的优良环境。他写道:"漫夸桃李遍天下,更盼光风润大千",非常确切地表达了他在这方面的迫切心情和愿望。他反对"名师出高徒"的提法,响亮地提出了"严师出高徒,高徒出名师"这一充满哲理的口号。他对年轻人的成长特别关切,多次表示"培养人才,要一代超过一代",并身体力行,形成了人们常说的"苏步青效应"。我多次在大庭广众之下听他说"我人老了,学问也老了"这种别人不肯说出口的话,目的正是鼓励青年人迅速接班、成才。在我们学生的心目中,他既是一位不可多得的严师,更是一位德高望重的长者,我们的心是和他连在一起的。

　　苏步青老师是一位对党、对国家、对人民充满挚爱的革命知识分子和忠诚的爱国主义者。他风雨一生,从一个旧社会过来的知识分子,迅速成长为一名共产主义的战士、一名优秀的共产党员,绝不是偶然的。在平时的接触中,我们可以清楚地感到,凡是党和国家提倡的事,凡是对人民有益的事,他总是衷心拥护,决不三心二意,更不阳奉阴违。他对党和社会主义事业的信念明确、坚定,即使在"文化大革命"这样极端艰难的岁月,也没有丝毫的动摇。正是由于这一点,他才能渡过那一场浩劫。也正是基于这一坚定的信念,在粉碎"四人帮"后不久,"左"的思潮仍然猖獗,他还没有得到彻底平反,很多人包括我们自己都还心有余悸的时候,他能义无反顾地站出来,在邓小平同志召开的座谈会上,第一个作长篇发言,对教育界的"拨乱反正"坦陈自己的看法,推动了教育战线揭批"四人帮"的斗争。这样做,需要很高的觉悟和极大的勇气,但他为了国家的兴衰、民族的存亡,置自己的安危于不顾,在历史的关键时刻表现了他的铮铮铁骨和赤胆忠心,真使我们肃然起敬。1978年他在复旦大学"拨乱反正"的关键时期出任校长,更是为学校的振兴竭尽了全力。1998年老师荣获何梁何利基金科学与技术成就奖,奖金100万港币。我到医院看望他时,问起如何处理这笔奖金,他毫不犹豫地说:"全部上交,由复旦党委处理。"从这件事情也足以看到他对党的高度信任和崇敬,他对党的爱戴是发自内心、言行一致的。一个热爱祖国、具有崇高共产主义理想的著名数学家,在这个世界上又有多少呢?!

苏步青老师一生提倡文理相通、文理结合，他自己就是一个典范。他的诗作甚丰，感情真挚，文采斐然，饱含对祖国、对人民的挚爱，满怀对青年、对学生的殷切期望，感人至深，催人奋进。能一身而二任，既是一位精通逻辑思维的杰出数学家，又是一位擅长形象思维的出色的诗人，这样的学者在中外历史上又能找出几个呢？！

苏步青老师重视体育锻炼，老年仍坚持冷水浴；对园艺也情有独钟，不时种花除草。这使他不仅具有坚强的毅力和意志，而且具有良好的体质和健康的体魄。环顾中外数学界，年逾100周岁故世的著名数学家实属凤毛麟角。老师曾经荣获"健康老人"的光荣称号，说他是"高寿的著名数学家"，绝非溢美之词。他生前曾多次说，他长寿的一个重要原因，是学生们都待他很好。能得到学生们一致的衷心爱戴，老师不仅应该长寿，而且可以含笑九泉了。

苏步青老师的一生，为我们树立了一个政治与业务相结合、教学与科研相结合、理论与实际相结合、文和理相结合、言与行相结合的光辉典范。他的成就和影响不仅为国人所公认，而且赢得了国际上的高度评价。在他逝世后不久的2003年7月，国际工业与应用数学联合会（ICIAM）就正式接受了中国工业与应用数学学会（CSIAM）的建议，为奖励在数学对经济腾飞和人类发展的应用方面作出杰出贡献的个人，专门设立了ICIAM苏步青奖。这是以我国数学家命名的第一个国际性数学大奖，是国际应用数学界对苏步青老师的为人、成就和贡献的高度认可，是苏步青老师的光荣，更是我们国家和民族的骄傲。

为苏步青老师作传，给我们这些了解、熟悉他的人留下一份全面真实的回忆记录，更为那些对他还不太了解、不太熟悉的人，特别是为今后一代又一代的青年学生，提供一份客观完整而又生动感人的学习材料，无疑是一件十分有意义的事。然而，要在一部传记中忠实、准确而又鲜明地反映出苏步青老师丰富多彩的人生历程，一以贯之的爱国热忱，高潮迭起的学术成就，感人肺腑的人格魅力以及数诗交融的精神境界，恰如其分地凸显他作为一个杰出的数学家、教育家和社会活动家的精神风貌和立体形象，又绝对不是一件轻而易举的事。王增藩先生长期担任苏步青老师的秘书，耳濡目染，受教良多，且一直有心地收集和积累了大量的有关材料，作为苏步青老师的传记作者确是一个合适的人选。他的这本书，虽然不可能对苏步青老师的所有侧面都写得同样丰满、充实和到位，在材料的组织安排方面也难以都尽如人意，但总的来说，本传材料殷实，文笔通顺，可读性强，在多个方面展现了苏步青老师的光辉业绩和风采，是一本颇具特色的传记作品。此书在复旦大学建校100周年的喜庆日子里印刷出版，格外使人欣慰，特为之序。

李大潜
2005年3月

再版前言

《苏步青传》首版于 2005 年 5 月复旦大学百年校庆时面世，至今已过去 20 年。为了更好地学习、弘扬苏步青精神，正值复旦大学 120 周年校庆到来之际，作者对该传作修订以再版。

苏步青先生是数学大师、教育大家、著名社会活动家，给我们留下了十分宝贵的精神财富。2012 年，周瑞金先生读了《苏步青传》之后，对苏步青精神作出相当充分、精当的描摹，"热爱祖国，追求真理；志存高远，踏实苦斗；教书育人，励志创新；全面发展，强身健魄；淡泊名利，安贫乐道"，许多学者都颇为认同。20 年来，《苏步青传》重印多次，在海内外广泛传播，广大读者反响强烈。复旦莘莘青年学子，总是自动组织读书会，交流学习心得，立志以苏老为楷模，成为祖国栋梁之材。

苏步青的后半生是在复旦大学度过的。苏步青是中华人民共和国成立以来影响复旦大学发展的教育家中耀眼的一位，最近几任复旦大学校领导，以及苏步青的杰出学生，如谷超豪院士、胡和生院士、李大潜院士、华宣积教授等，他们对于《苏步青传》的关心和厚爱正见后先辉映、枝叶扶苏。

苏步青先生身处拥有宏大视野、始终关注祖国发展的杰出科学家行列，攀越科学顶峰，矢志振兴国家，一生不渝，至老不衰。1995 年，苏步青先生就基础科学研究和人才培养提出影响深远的倡议，联系朱光亚、卢嘉锡、曲钦岳等 11 位科学家，怀着高度的责任感，向国家领导人发出《关于进一步加强和保护基础科学研究和教育人才培养》的呼吁书，建议尽快建立"国家基础科学人才培养基金"。1996年2月，国务院批准建立"国家基础科学人才培养基金"，每年专项拨款6 000万元，"九五"期间累计3亿元，用以支持该基金。苏步青等科学家关于"抓基础、出人才"的理念日益深入人心，复旦大学也在数学、物理、化学、生物等基础研究领域取得了重大成就。

增订版增加了"浩瀚宇宙苏星闪烁"等新内容。中国科学院紫金山天文台正式命名"苏步青星"，代表着苏步青先生的伟大人格和崇高精神在浩瀚的太空永恒闪耀、风范长存。

为了行文简洁流畅，本书中提到的部分领导干部均为时任领导干部，以下不作赘述。

愿《苏步青传》增订版给读者带来更多的审美愉悦和精神激励，薪尽火传之义，于焉永在。

王增藩
2025年1月16日

第一章

卧牛山下觅奇踪

1. 父亲的心愿

蜿蜒奔流的鳌江，源出秀丽的南雁荡山。这里丘陵起伏，溪流宛转，林木繁茂；满目绿色层层叠叠，不同于江南水乡那种平畴千里，而给人一种错落有致的立体感。鳌江两岸，历代出了不少人才。地处鳌江岸边的平阳县最边远的带溪乡大溪边（现属腾蛟镇），居住着早年从闽南一带迁来的、讲闽南话的村民，他们在风俗习惯上仍保留着一些闽南色彩。

苏宗善一家就住在这个村子里。苏氏始祖怀泉公，原籍福建同安，明万历年间为避倭乱，偕堂兄弟共13人离闽徙浙，初居瑞安陶山，继又独自携眷迁居平阳，定居北港鼎溪。苏宗善几代务农，只落下几间平屋和4亩薄田。苏宗善10岁下田，泥里水里苦熬了30个寒暑，房子也没能翻新。孩子死的死，送的送，养不活啊！他一想到这些，就觉得心里空荡荡的。看来，在自己手上是发家无望了。

光绪二十八年，也就是公元1902年，这年9月23日，苏宗善的第13个孩子降生了。"是个男孩！"人们在孩子呱呱的啼哭声里欢呼。父亲当天就给他取了名字，叫尚龙。闽南话"龙""良"音相近，也叫尚良，他就是日后闻名于世的苏步青。

小尚龙的降临给苏宗善灰暗的生活划出了一道亮光，在这稀疏的亮光里，他仿佛看到一线青天，正一点儿一点儿地在云海里延伸。

位于浙江平阳的苏步青旧居（1998年）

苏步青旧居是一座典型的浙南民居，木质结构，建于晚清。苏氏亲兄弟步皋、步青在此生活起居，现为温州市爱国主义教育基地。旧居坐东北朝西南，建筑面积为360平方米。旧居前有一片开阔平地，四周种有绿树、翠竹，最奇怪的是一棵共生树——南面是榕树，北侧是枇杷，而这两种截然不同的树种枝干却完全融为一体，也就是只有一个相同的主干。听带溪村的人说，这棵共生树已有六七十年的历史。

晴朗的秋日下午，苏宗善坐在院子里，阳光照在房屋左檐口外的一株枇杷树上。那株枇杷是他几年前栽的，如今结果了，能让孩子们尝个鲜，夏天还可以乘乘阴凉。这个庭园不很宽敞，却也不算小，房前屋后种了些花草树木，整个庭院圈在一溜爬满藤蔓的围墙里。"只要身体好，不生病，这剩下的一女两男总能养得下去。"苏宗善心里腾起一种许久未有的希望。

开春了，苦楝树长出了挺拔的新干，展开了新枝叶；苦槠与桉树亭亭站立，头顶蓝天；成片的竹林把空气也染绿了，新笋正

苏步青旧居门台（1997年）

破土而出。一切都显得生机勃勃。可苏宗善却感到行动不如以前那么自如了，呼吸也不似以前那么顺畅，常常腰酸背疼。干活的时候憋足了劲，力气还是使不出来，一躺下就动弹不得。春天雨多，屋子里潮乎乎的，他感到身上每根骨头都阴飕飕地发冷、发疼。怎么办？他躺着发愁，望着屋顶左思右想，怎么办？有5张嘴要养活呢！

孩子的母亲苏林氏，生子女13人（10女3男），因家境贫寒，8女1男均夭折，步青排行第十三（最幼子）。自苏宗善患病以后，勤劳善良的母亲常常满面愁容。一天，她张罗几个孩子吃完饭，抱着小尚龙去邻居家串门，邻家正好请来一个风水先生，坐在中堂里捻着胡须说东道西。孩子母亲心里一亮，不能卖力气，何不就卖嘴皮子呢？

回家一说，果然得到丈夫的同意，当风水先生也是一条生计嘛。看风水、算阴阳，可也得有一套学问呢。苏宗善虽无缘进学堂，却颇识得几个字，还会写一手相当不错的毛笔字。小时候，村里有一所私塾，供几个富家子弟念书，他有空儿就躲在墙外"旁听"，里面的人念一句，他在外面学一句。晚上就在只有一根灯芯的油灯下练字，一遍一遍地练，直练到自己满意为止。可第二天再去听的时候，常常发现自己头天晚上练错了，心里觉得又好气又好笑，晚上又从头练起，不认识的字就找人问。那时为了认字，遭了多少白眼啊。日积月累，《三字经》《百家姓》和《古文观止》中的一些名篇，他烂熟于心，还练出一手好字，逢年过节，左邻右舍还来请他写写对联。如今，为了一家子的生计，他想方设法找来一本残破的风水书，又像小时候那样专心研读起来。

夜晚的乡村，像一个熟睡的婴儿躺在山坳里；点点昏暗的灯火，在几声寂寥的鸡鸣犬吠中轻轻摇曳，似婴儿微弱均匀的气息。一间小屋里，4岁的小尚龙趴在一张小方桌上，瞪着圆溜溜的眼睛，全神贯注地看着父亲手里那本发黄的书。苏宗善口里念念有词，小尚龙听得出了神，像过年时候在村头听戏一样，虽然不知所云，却朦朦胧胧地，觉得有一种神秘的力量在左右自己幼小的心灵。孩子太小了，他还不知道自己表现出那么强的求知欲和好奇心；而刻苦的父亲一心只想着以这本风水书挣口饭吃，也顾不了身旁的孩子那一种天生的渴望。直到有一天晚上，父亲读完上句后，正想不出下句来时，小儿子竟信口背出后面一大串来，此时，作为父亲的他才惊喜地发现，儿子可能就是他的一线青天。他搓着手在屋里走来走去，眼前那一线天又青又亮，甚至有几朵云清晰地嵌在上面。啊，步青！等他上学了，就给他起名步青，平步青云，光宗耀祖！

苏宗善端来一碗水，让小步青用手指蘸上水，在桌面上划写，山、水、田、土……从此，一张小方桌，一盏油灯，一本风水书，苏步青开始接受启蒙。两载光阴，这个贫苦的农家，燃着希望和憧憬的火苗，孩子母亲再也不抱怨灯油耗得快，也不抱怨孩子父亲最终没有能当上风水先生了。因为她似乎有一种最粗拙的预感，孩子可能成为一个比风水先生更有用的人物，而孩子父亲正在干一件比当风水先生更了不起的事情。一家人节衣缩食，辛勤劳动，省下一点儿钱，一心想把步青、步皋兄弟俩教育成才。

2. 牛背上的野孩子

"伯父，孩子 7 岁了，就让他跟您……"苏宗善吞吞吐吐地说。

老头儿眼睛看着手中的茶盅，若有所思地沉默片刻，然后拿起茶盅盖在茶盅边轻轻擦摩了两下，又缓缓地送到嘴边，细细地喝了两口。这一切苏宗善都看在眼里，他不由得紧张起来，想找出几句合适的话来，又不知怎么说，说什么。正在他欲言又止的时候，老头儿说话了：

"论理呢咱们是亲戚，我是你同房的伯父，不该提学费的事，只是……"他不免也有些尴尬，"我年老体弱，干不了别的活，收几个孩子教教，只为糊口啊。"

"伯父，这个我也想过了。只是我身体一直不好，家里拿不出什么东西，以后我每月给您送两升米、一捆柴来，怎么样？"苏宗善话一出口，坦然多了，盯着老头儿的脸听他回话。

这个识字也不多、为愁生计而百般无奈的私塾老先生终于点点头，收下了苏步青，只是说好小步青从此必须替先生烧饭。7 岁的孩子比灶台高不了多少，只好搬张小板凳垫在脚下，才能够得着。

私塾在卧牛山脚下，门前淌着一条小河叫带溪。山明水秀之间东倒西歪的一间小屋，显得越发破陋。苏步青第一眼看到它时，真担心它会突然倒塌。他小心翼翼地跨过小屋的门槛，抬头一看，一个很大的蜘蛛网挂在屋檐上，一阵风吹来，摇摇晃晃。

也许是苏步青东张西望的目光，使老先生不太满意。当苏步青向他深深鞠了一躬时，他端坐不动，接着扔给他两本用旧了的木刻本《三字经》《百家姓》，说："去，到座位上念书去。"

一条长木板架在砖堆上当书桌，凳子是自带的。七八个孩子老老实实地坐在那里，一个个衣衫破旧，面黄肌瘦，这时都停下口中的"人之初，性本善……"以疑惑的目光看着苏步青坐到座位上去。一个长着大眼睛的小孩一边对苏步青笑了笑，一边抽抽鼻子，在袖口上擦了擦。

从此，苏步青白天上私塾，晚上在油灯下读书。两年时间，尽管私塾常常停学，他还是有了不小的进步。这天，他从村头老叔公那里弄来一本残缺的《三国演义》，边走边看，连猜带想，居然能看懂个大概，正当他心花怒放的时候，一头撞到一棵树上。不过他一点儿不觉得疼，兴冲冲地回到家里。

父亲愁眉不展，把他叫到跟前说："你们先生因教书糊不了口，另寻出路去了。从明天起，你不用去上学了。"

"那我干什么？"儿子仍然兴冲冲地。

父亲叹了口气，转眼看着挂在墙上的牛鞭子，说："只好给你一条牛鞭子了。"

"放牛！太好了！"

卧牛山坡，青草茂盛，三两声很清脆的鸟叫声传来，却看不见鸟儿在何处。只见一头牛在悠闲地吃草，细细的尾巴甩来甩去，时而抬起头来看看四周，又不慌不忙地低头在草地上蹭蹭嘴，这里嗅一下，那里舔一下，仿佛要精挑细拣一番。牛吃草的声音很响，那种厚实带质感的咀嚼声和四周不知名的鸟叫声，远处牧童的笛声、口哨声，以及农民砍柴和砍竹子的声音交融，构成了苏步青很喜欢听的"交响乐"。空气多么好，和私塾里真有着天差地别。苏步青躺倒在草地上，从怀里掏出那本心爱的《三国演义》，津津有味地看起来。

日落西山，农家院里似乎还残存着一点儿来不及跑掉的阳光。"妈，我回来了。"放牛回家的儿子一扔牛鞭，掀开灶台上的碗一看：嘿，白花花的饭团！一伸手抓起一个，狼吞虎咽。母亲心疼地看着儿子，小心地从柜子里捧出一个小罐子，掀开盖子，招呼儿子过来，原来是半罐猪油。儿子惊喜而熟练地用一根筷子抹抹油，往饭团里一点点地捅进去，咬一口，好香哪！

一段日子以后，苏步青成了一个老练的放牛娃了，可以放心地让牛在山坡上自由散步，他则一看书就是半天。有时干脆骑到牛背上去，一摇一晃，捧着书翻来覆去地读，越读越入迷，《三国演义》的很多章节都可以整段整段地背下来。猛张飞成了他心目中最崇拜的英雄，他常常折一根长长的树枝当丈八蛇矛，一拍牛屁股，大喝一声:"燕人张翼德来也!"树枝在他手中挥来舞去。有同伴的时候更不得了,难免赤膊上阵,来一个"张飞战马超",混战以后,身上常常划出一道道血痕。对这些他自己倒不在乎,就是回家不好交代。母亲担心他会从牛背上摔下来,落得残胳膊断腿的,在他每次牵牛出门时都再三叮嘱他别跨上牛背。苏步青满口答应,可一转眼工夫心里又痒痒了,翻身又骑了上去。母亲的担心不是多余的。有一次,牛背上的苏步青正沉浸在得意之处,禁不住又手舞足蹈起来,一不留神滑下牛背,摔在一片刚砍过的竹林里。竹茬像一枝枝利箭,又尖又硬,真是万幸,他正巧摔在两枝竹茬中间,爬起一看,吓出了一身冷汗。回家后还不敢说,可夜里却梦见那一枝枝竹茬像吃人的牙齿,锐利凶恶,撕心裂肺;更可怕的是自己胸前竟长出两枝竹箭,吓得他大哭醒来。在母亲的逼问下,他不得不把白天的惊险遭遇坦白出来。

母亲发愁了,孩子再这样野下去,总有一天连命都保不住啊。她哭着对丈夫说:"孩子才9岁,就这么不听话,以后还不知会怎么样……"是啊,这样下去,儿子最终不得不走自己的老路,苏宗善想。怎么办?还是狠狠心,送他上学去吧。

3. 坎坷求学路

离家前一夜,母亲像丢了魂儿似的,一边在油灯下给他缝衣服,一边絮絮叨叨:"你一个人到县城里去读书,不比在家里,饭要吃饱,不要饿肚子……"说着说着,眼泪哗哗地淌下。

油灯晃晃悠悠,晃晃悠悠。

苏步青一觉醒来,母亲还在灯下缝缝补补,不时抹一把泪水。窗外已透进点点晨曦,朦朦胧胧,似梦似真,苏步青简直不敢相信,自己马上就要进城了。鸡鸣三遍的时候,父亲挑上一担米,带上他出发了。

到县城要走100里山路。爬上一条长岭,父亲看到9岁的儿子已经气喘吁吁,满头是汗,就放下米担子,父子俩找块石头坐下,擦一擦汗。

"给，你妈给你煮了几个鸡蛋，吃完有力气走路。"父亲递给他两个鸡蛋。苏步青想：哎呀，进城读书就是不一样啊，平时哪想有鸡蛋吃。家里的鸡蛋是换油盐的主要财源，一年只有难得的几个节日才有两个鸡蛋吃。苏步青敲开一个香气诱人的鸡蛋，美美地吃起来。

父亲摸出两块团子啃着，团子里一半是野菜。苏步青埋头吃完一个鸡蛋，准备敲开另一个，忽然瞥见父亲手中的野菜团子，他呆呆地看了一会儿，又把鸡蛋悄悄塞进包袱里。

父亲还是看见了："怎么不吃了？"

"吃饱了。"苏步青垂下眼帘。

"那好吧，等一下再吃。"

"爸爸，我们家的米自己都不够吃，为什么挑米去？"他清楚，平时，家里吃的是番薯、稀粥，春荒时节还得掺上野菜。

"这是给你交学费用的。小孩子，别问这么多了。"

苏步青不再说话，低头走路。

平阳县第一高等小学（今平阳县中心小学），是平阳县的"最高学府"。来这儿读书的大都是有钱人家的孩子，他们衣着讲究，神气十足。苏步青长得又矮又小，头发乱蓬蓬的，脸又黑又黄，看上去只有六七岁模样，一进校门，他就成了富家子弟的嘲弄对象。

上完第一堂课，苏步青站在教室门前的走廊上看校园里热闹的场面，学生们奔来跑去，相互追逐，嘻嘻哈哈的笑声使校园充满了活跃的气氛。

"喂，穷光蛋，叫什么名字？"

他转过头来，原来一群同学围住了他。

"苏步青。"他怯生生地答道。

"怎么写！"

"苏，草字头的苏，一步两步的步，青天的青。"

"什么，你这个穷光蛋还想上青天？跳粪坑去吧。"一个胖胖的穿着绸裥的学生，愤怒而又轻蔑地说，其余的学生幸灾乐祸地哄笑。他们有的显得妒忌，因为自己没有这么个好听的名字；有的觉得有趣，因为他们看到苏步青瘦小的脸气得发青，咬着牙不让泪水掉下来。苏步青真想狠狠地扑上去，把那个胖胖的家伙咬一口。可是不能，他想起父母对他的一再叮咛：千万不要和同学打架，他们有钱有势，到头来吃亏的还是我们自己。

晚上，学生宿舍里又闹成一片。一床破旧的被子被扔出门外，还是白天那个胖子，带着胜利的骄傲和满足靠在门边。原来，别的同学挂的蚊帐又白又新，唯独苏步青的是打了几十个补丁的土布蚊帐。同室同学在胖子的带领下，和苏步青进行了一次"谈判"："喂，这么难看的蚊帐，还配和我们住在一起？"

"对，我们已经和管楼的先生讲过了，叫你把床搭到二楼的楼梯口去。"

苏步青摇摇脑袋，带着恳求的目光望着他们。

"算了，别管他，先把他的东西扔出去再说！"于是，一个包袱骨碌碌地滚下楼梯。

夜里，他含着泪睡着了。半夜里"扑通"一声，只觉得自己从山坡上直往下滚，背上生疼，心悬得老高。吓醒了，原来并不是梦，是从楼梯上滚下来了。他忍着痛一步步摸黑爬上楼梯，躺在自己的小床上。

苏步青第一次尝到了孤苦伶仃的滋味，尝到了那种如同吃了青枇杷一般酸涩的滋味。回想在家里时，当满树的青枇杷一点点泛黄的时候，他和哥哥姐姐的心里有按捺不住的喜悦。真想念和要好的小伙伴们一起在树下吃着甜美的枇杷的那些日子，多好啊。

现在他突然觉得，世界上最好最好的地方，就是那个天天吃番薯粥的家；世界上最好最好的人，就是家里那些衣服上打着补丁的人们。他想念家里的那盏油灯，那根灯芯又该剪了吧。他仿佛看到母亲又神情恍惚地缝着衣服，而烧黑的灯芯，已很长很长……进城时的好奇和兴奋都荡然无存，剩下的只有一个念头，回家，回家！我不要吃鸡蛋，不要读书，我要放牛，要回家放牛！

然而他终于没敢回家。彷徨中他也知道，放牛终不是长久之计。他有个名字叫步青，今天，他不就是为了这个名字遭受奚落的吗？他有点怪父亲给他取了这个名字，但又有股骄傲从心底隐隐浮起。

学校里的课远不及《三国演义》有意思。自从名字风波和帐子风波之后，苏步青不和任何同学主动接触，就这样形单影只。一个星期天，他偷偷溜到街上去。

平阳县城在浙江东南可算得上繁华地方了。这天恰逢墟日，五里街坊，摆满了各式各样的东西，拥挤着形形色色的人。叫卖声、呼朋唤友声、吵架声响成一片；耍猴子的、卖纸扎玩具的、卖狗皮膏药的，围着一圈圈一层层的人……街上的一切对山沟里的放牛娃来说都是新鲜的，他在人群里钻来钻去，看不够，听不厌。记得七八岁时，父亲带他赶过一次庙会，而今平阳县城赶墟的热闹景象比庙会更胜好几倍。

那些人在吃什么？热气腾腾的，圆鼓鼓的，跑近一看，咦，怎么面团中间藏着肉和菜？真有趣。摊头牌子上写着"包子"两个大字。他这才想起该吃饭了，肚子都"咕咕"叫了。

他咽了咽口水，鼓起勇气问老板："这东西怎么卖？"

那老板正忙得热火朝天，没听见他的话。苏步青想，不答算了，反正也没钱买。

回校以后，他很快做好下次逛街的准备：用自己在学校用膳的饭菜票换了一些钱。

从此，一有机会，他就往街上溜：猴子怎么能连续翻这么多跟斗？狗皮膏药怎么能治病？一根面条放在油锅里，怎么会变得那么大？他寻根究底，一看就是老半天。结果，老师布置的作业完不成，还时常迟到、旷课。于是就经常受训斥、"立壁角"。

"立壁角"是南方话，就是罚站的意思。其他学生都坐着上课，犯错误的学生一个人站在角落里，下课也不许走动，直站得两腿发酸发麻，恨不得一屁股坐到地上去；同时又让受罚者感受到别人自由的可贵，让他羡慕、羞愧和反省。这是旧时私塾学堂常用的一种体罚形式。

苏步青一开始觉得很难堪，很丢面子，也曾暗下决心认真完成作业，不再迟到、旷课。"老天爷，救救我吧！"对一个调皮好动的男孩来说，连续站几个小时可不是件轻松的事情，他觉得浑身像被捆住了一样，窒息烦躁。可是痛苦过后很快就忘掉了，这似乎是人们的通性。苏步青百般挣扎，结果还不到两天，又故态复萌。久而久之，他居然练就了一副"立壁角"的本领，脸不红，心不慌，泰然而立，悠闲自在；有时还趁老师不注意，擅自走动走动。

但老师毕竟不是好对付的，终于有一天他当众宣布了条"禁令"：不准苏步青出校门！

不能看到大街上各种有趣的事了，这着实使苏步青苦恼了一阵子。不过他是个善于寻找乐趣的人，不久他就对学校里烧水的老虎灶产生了兴趣。奇怪，哪来那样大一口锅，可以烧那么多开水？一次，他竟想出一个新鲜的花招，拿只鸡蛋凿了个洞，丢进老虎灶上的大锅里，看着蛋清蛋黄流出来，在气泡连串的、翻滚的开水里凝成蛋花，真是好玩！烧水师傅看到一个小孩这么笑嘻嘻地看着开水，跑过来瞧个究竟，苏步青反应快，撒腿就跑，可把师傅气得眼睛都瞪圆了。

烧水师傅毕竟是大人，不出几步就追上了他，拽着他的手臂用力揉了一下，他就仰面跌在地上。"揍你一顿，看你这小东西以后还敢不敢！"师傅嘴里诈唬着，毕竟不忍，骂骂咧咧地走回去了。

更糟糕的是，不等学期结束，他的饭票就用完了，只好饱一顿饿一顿。

学期结束，苏步青得了"背榜"——最后一名。学校每学期期末考试成绩都张榜公布，最后一名像把前面所有的人都背在背上，称作"背榜"。

"背榜生"苏步青沮丧地回家，又沮丧地再度来上学。假期是他稍稍"获释"、可以松口气的时光，可父亲母亲沉重的叹息像一团阴影总也驱不散，何况还有那讨厌的作业呢！

生活不知从什么时候起变得这么不可思议，这么令人苦恼。第二学期结束，苏步青又"背榜"而归。

当第三个"背榜"又不请自来的时候，老师把苏宗善请到学校里来，劝说道："这孩子读不好书，还是让他学种田吧，一年还能省下两担米。"

知子莫如父，苏宗善执拗地相信，只要管教得好，儿子一定能学好。正好离家15里地的水头镇上新办了一所平阳县第三高等小学（现水头镇第一小学），他立即把儿子转到这所小学去。

新换的环境并没有改变苏步青的脾性，他仍然不爱读书，四处乱逛。他还和在平阳小学一样，随时被人蔑视和讥笑。

秋雨绵绵，树叶被打得沙沙作响。地上几片发黄的叶子半浸在雨水里，风吹过来，似乎想翻个身，在做艰难的挣扎。树背后的窗户里，一场不愉快的师生对话刚刚开始。

某些做老师的，总喜欢在众多的学生中训练自己的眼力，往往看中一些人而看不中另外一些人，这，就是所谓的偏心吧。这位教国文的谢先生对那些家境阔绰、又会甜言蜜语套近乎的学生似乎格外垂青；而对寒微又寡言的苏步青当然是看不在眼里。可今天是怎么啦？居然特意把他叫到跟前，一手捻着几根稀疏的山羊胡子，一手指着作文慢悠悠地问道：

"这篇作文是你做的？"

这样的问话有时候是带着信任的，那是赞赏的暗示和开始；而有时候却不是，而只是一种引言。

敏感的苏步青立刻从中听出了怀疑的口吻，他昂了昂头，答道：

"是我做的。"

"你是怎么做的？"

这下苏步青愣住了，怎么做的？这如何回答？他一急，脱口而出：

"就这么做的。"

"你这回答等于没有回答。苏步青，你要如实回答我的问题，否则……"谢老师提高了腔调，很不满地说。

"否则怎么样？我不是都写在上头了么？怎么想就怎么写。"

苏步青的犟脾气上来了，国文老师也被惹火了，他气呼呼地拿起笔来，顺手批了个"毛"字（差的意思）。然后说："走吧，抄来的文章再好，也只能骗自己而已。想骗我？你还能做出这样的文章？哼！"

苏步青顿时满眼泪水，转身跑进雨中，噼噼啪啪，大步踩进雨水里，踩在落叶上。他跑呀跑呀，也不想回宿舍，等自己"哇"的一声哭出来时，已坐在教室前的台阶上。这时才感觉到黏糊糊的鞋子里，脚冰凉冰凉。他渐渐清醒、冷静下来，脱下糊满泥巴的鞋子，撕下粘在鞋底下的落叶，丢在地上，又捡起来，把鞋底鞋边擦了擦，鞋子从手中落下。他呆呆地坐着，抽泣着，看着溅满泥点的裤脚，好像不知道自己从哪里来，要到哪里去，甚至不知道自己是谁。那个曾在牛背上读《三国演义》的苏步青确实有着国文老师难以相信的文学天赋。可是，以后上国文课成了他最反感的事情，他常常把头扭到一边，以示抗议。

当然，学校的老师并不都像教国文的谢老师那样难以亲近。在苏步青的记忆中，10岁时，自己还有一位被称为恩师的白祉臣先生。从他1991年2月16日给白祉臣孙白福金的信中，我们不难感受到苏步青对老师的敬重和感激：

白福金同志：

2月3日惠函业已奉悉。从中得知您是我恩师白祉臣先生的令孙，心里十分激动。时间不饶恕人，从1912年跟白老受业之日算起，今天将是首尾80个年头了，他老人家辛苦了一生，现在虽然离开人世40多年，但恩泽永远留在人间。

从来函中，也看出您在教育少年一代的工作中非常辛苦，目前条件还不是很好。希望您能够向前看，继续辛勤培育祖国的花朵，人民一辈子会牢记这份功劳的。

匆匆作复，未尽欲言。先业奉复，顺祝

新春阖府快乐

苏步青

1991年2月16日

4. 从"背榜"到第一名

五年级下学期，小学里新来了一位教师。他叫陈玉峰，五十开外，身材矮小，脸又黄又瘦。第一堂地理课，他在黑板上挂了一幅世界地图，向学生介绍七大洲、四大洋、名山大川和英、法、美等国的地理位置。苏步青第一次在课堂上周游世界，兴奋得眼睛都不眨一下。下了课，他指着地图问：

"我们带溪村在哪里？"

陈玉峰笑了，告诉他："带溪村太小了，地图上找不到。"

"那么平阳县呢？"

"平阳县也太小，没标出来。"

"什么，平阳县还太小？"苏步青愣了。

"中国大得很，世界大得很，而在宇宙中，我们居住的地球像粒小沙子。"

……

世界之大观，宇宙之奇妙，远胜过小镇上的街景和老虎灶中的鸡蛋。苏步青迷上了地理课，迷上了对他没完没了的东问西问毫不厌烦的陈玉峰老师，从此对国文课和国文老师越发不理睬了。有一次他逃课跑到陈玉峰那里，陈老师问他为什么不上国文课，苏步青振振有词地回答："谢老师看不起我。"

"看不起？看不起你，你就不读书了？这样到什么时候才会被人看得起呢？"陈玉峰沉默了一阵，又问，"你父母送你到学校来干什么？"

"学习。"

"向谁学？"

"老师。"

"你不去上课，怎么向老师学？"

苏步青答不上来。

"你交学费的米从哪里来的？"

"父亲从家里挑来的。"

"家里米很多吗？"

苏步青摇摇头，他仿佛又看到一家人围着喝粥吃番薯干的情景，看见父亲满头大汗挑米送他上学的样子。

"你年年背榜，怎么对得起省吃俭用的父母？"话音刚落，苏步青鼻子一酸，眼泪就扑簌簌落下来了。陈玉峰似乎心肠很硬，还在继续说："别人看不起你，就因为你是背榜生；假如你不是背榜生呢？假如你考第一呢？谁会小看你？"接着，他讲了一个牛顿的故事：

牛顿也生长在农村。小时候到城里读书，成绩不好，同学们都欺侮他。有一次，一个同学无故打他，牛顿疼得蹲在地上，其他同学都哈哈大笑。那个同学成绩比他好，身体也比他棒，平时牛顿不敢惹他，这次却忍无可忍，跳起来还击，把那个同学逼到墙角。那同学见牛顿如此勇猛，害怕了，只好认输。从这件事上，牛顿想到了一个道理，只要有骨气，肯拼搏，就能取胜。从此他努力学习，不久成绩就跃居全班第一，后来成了闻名世界的科学家。

苏步青非常激动，他早熟和聪慧的心灵里勃起了一股难以名状的力量，这种力量把他托起，托起，使他隐隐约约感到自己和牛顿站在同一个位置上，挨得那么近。是的，他有了一个朋友，终于有了一个朋友。他用理解的目光望着远方，暗暗下了决心。

与从前判若两人的苏步青开始使众人惊讶不已。随着作业本上的"优"越来越多，随着帮父亲算账、帮村里人看信写信成了习以为常的事情，随着连续三学期考了"头榜"，苏步青的名字和崭新的形象形影不离了，人们已经忘掉了过去的他。只有他自己终身铭记过去，铭记陈玉峰老师的一席话，那是他一生的转折点。

据陈先生亲属及其子女介绍，陈玉峰是平阳南湖人，光绪三年（1877年）生，24岁时参加科举县试，获第二名，为清庠生。1904年清政府废除科举制度，陈玉峰只好到杭州学堂求学。毕业后回乡任教30多年。陈先生学识渊博，擅长文学和地理，为国家培养了一批人才，其中有著名数学家苏步青，南京大学一级教授林维安、黄昌树，世界著名竹类专家林维治等。陈玉峰于1949年正月因病逝世，享年73岁。1931年，苏步青在日本获得理学博士学位后回乡探亲，特意将陈先生请回家款待。小山沟里出了大博士，消息传开，来探望的人络绎不绝。人群里远远站着一位头发花白的老人，笑眯眯地看着苏步青。苏步青一眼就认出了那是恩师陈玉峰，马上恭恭敬敬地把老师请到上座，一口一声"恩师"："没有恩师当年教诲，学生不敢奢望有今日。"陈玉峰看看成了才的学生说:"有这样的学生,也算不枉度一生。"最后,苏步青雇了一乘轿子,请陈玉峰上轿,自己跟在后面,步行30里,把老师送回家。

1984年冬天,苏步青以72年前学生的名义,给母校写了《卧牛山谣》。他在引言中写道:"余故家在卧牛山下,山高不过百余公尺,以状名牛首枕带溪后腿,东向有南宋爱国诗人林霁山之墓,庵早废俗仍称墓庵山。余离家时年仅十七今八十有二矣,感而赋此卧牛山谣,书为平阳县中心小学补壁。"

卧牛山下农家子,牛背讴歌带溪水,
欲砍青阶竹作鞭,牵牛去耕天下田。
鹿城负笈遭人咄,不料鸡群能立鹤,
巧逢伯乐洪岷初,助渡东瀛去读书。
东京地震连天火,从此弃工改学数,
论文写就一篇篇,博士有名无有钱。
衰鬓布衣归祖国,同甘共苦为民仆,
寇虏何由兴鼓鼙,因穷八载甘如荠。
重返武林操旧业,留恋大陆不忍别,
雄鸡一唱天下明,年方半百见河清。
西越昆仑探欧国,东横沧海观日出,
巴黎铁塔印心房,三岛樱花映眼光。
八二年华当二八,随君战场去厮杀,
漫夸步履健如飞,牛棚长负十年悲。
老来尝尽风霜味,马枥空怀千里志。
梦里家山几十春,清风雨袖无纤尘。
卧牛山畔年年月,似望游人圆复缺。
待得神州四化时,重上卧牛寿一卮。

之后,在与母校校长杨须友、黄宝珠的多次来往信函中,苏步青进一步阐述自己写谣的用意。在得知《卧牛山谣》已立碑之后,感激

第一章　卧牛山下觅奇踪

为家乡母校平阳县中心小学题写《卧牛山谣》（1984年）

1987年，在浙江平阳参观母校树立的《卧牛山谣》碑（左一为时任校长杨须友）

之余，又恳切希望当地领导不要花费国家经费，更不要宣扬他个人。

1985年2月14日函示：

> 拙书《卧牛山谣》一帧，原来拟作为母校补壁之用，不料会被刻成碑文，使我既感且愧矣。对于标上《卧牛山谣碑》等字样，我没有意见。事已至此，一切务请从简，不要花费国家经费，更不宜宣扬我个人。我写此拙诗时，心中怀着几种目标：（一）一个穷苦的农家子弟只要发愤学习，加上像洪岷初老校长那样的"伯乐"援助，是可以成才的。（二）一个知识分子处在"春风得意马蹄疾"的环境下，千万不要忘记祖国；处在敌人侵略祖国的环境下，千万不要投靠敌人。（三）在解放前夕，坚持留在大陆，不跟国民党跑台湾。（四）解放以来，尤其是"文革"以后，千方百计地发挥老知识分子的作用，要基本做到"先当好党员，再当好教授"。话是这么说了，做到可不容易，写出来也不简单，处处有词不达意之嫌。"跋"文中，特为标出南宋爱国诗人林霁山，用意也在于此。

1985年10月17日函曰：

> 县委、学校领导如此隆重地为了拙谣树碑立亭，使我这个老朽惭愧到不知道怎样表示感激才好。只有把余生之年献给党，献给人民，鞠躬尽瘁，死而后已耳。

1985年11月11日再致函：

> 拙作《卧牛山谣》辱承故乡党政领导如此重视，为树碑亭，举行万分隆重的落成和揭碑典礼，使我这个73年前的老学生惶恐之至。余生之年，不知道怎样力所能及地作出贡献才能报答党和人民对自己的恩情？！特此修函致谢，并请代向平阳县党政领导同志问好。

《卧牛山谣》中的洪岷初，后来任苏步青考入的温州浙江省立第十中学的校长。

5. 锋芒初露

苏步青于13岁秋季考入离家百里之外的温州浙江省立第十中学（现温州市第一中学）学习。当时温州地区交通极不方便，主要靠步行和鳌江、河道的水运，从带溪到温州需费时24小时，为了缩短路上时间和省钱，步青兄弟到温州，经常爬山越岭走近路，只费时14小时。这也使他们得到锻炼，造就了善于爬山、走路的才能。

1915年夏的一天，地处温州的浙江省立第十中学校门外，围了一大群人，挤来挤去，争看张贴在墙上的红榜。"省立十中"是浙东南的最高学府，声誉不凡，从这里毕业的学生在社会上不愁谋不到一个职位。更令人注目的是，"省立十中"有个惯例，考进该校的第一名学生，在校4年的学费、杂费、膳费全免。因此公布录取名单在温州算得上一件大事，全城的人都议论纷纷。

"第一名是谁？"挤在后面的人看不清，大声发问。

"苏步青。"

"是苏步青！"

"苏步青？"

"苏步青"这个陌生的名字在温州传开了，特别是开学后，新生、老生都在打听着，搜寻着，怀着羡慕、嫉妒、好奇、不满和种种有意无意的心情。

"苏步青！"教国文的老秀才一上课就喊出这个名字。

苏步青从第一排第一个座位上应声站起。身材还是那么瘦小，全班就数他最矮，穿着一件乡亲送的上衣，长得像袍子。

"你就是苏步青？"老秀才浑身上下打量了他一番。

"是。"苏步青的心噗噗直跳，又是国文课，真怕再碰上一个谢老师。

"哦，坐，坐。"

为了考查大家的作文水平，老秀才当场命题：《读〈曹刿论战〉》。两堂课内，苏步青手不停笔，三页纸上整整齐齐地写满了蝇头小楷。

第二天，老秀才把他带到自己的宿舍里，问他喜欢不喜欢《左传》，他说他已经熟读并且可以背诵某些篇章。老秀才让他背一篇《子产不毁乡校》，果然一字不差。

"好！好！难怪你的文章很有《左传》笔法。"老秀才啧啧赞叹，又细细询问他读过哪些诗文，喜欢哪些。苏步青一一答出，并说明缘由。老秀才越听越高兴，想不到他小小年纪有如此好的悟性，对诗的意境、风格把握得如此恰到好处。最后把画满圈圈点点、批了"佳句""精彩"的作文还给他时，老秀才忍不住地说："你好好用功，将来可当个文学家。"

当文学家！这在苏步青的人生旅途上，树起了第一座闪光的理想之碑。从此他向着这个里程碑兴奋地走去，陶醉在文学的海洋里。国文老师把自己珍藏的书借给他读。一年下来，《史记》《汉书》中的名篇烂熟于心，他的作文常常在全班宣读，张贴出来供学生观摩。

教历史的老师是位老举人，他也非常器重苏步青。因为和同学相比，苏步青毕竟迈出了一大步，每回考试，那些"战国四公子是谁？""汉武帝时征服匈奴的主要将领是谁？""晋国的董狐为什么名垂青史？"之类的问题，常常搞得诸多学生头昏脑涨，考后还争论不休。而在苏步青看来，这些问题实在太简单了，三下两下就完卷。有一回，老举人提问："秦王朝灭亡原因何在？"学生们有的只答到一两点，有的干脆结结巴巴答不上来。苏步青清晰地阐述了自己的观点，并说："西汉贾谊曾作《过秦论》，集中说明了这个问题。"他把《过秦论》从头至尾背了一遍，惹得众学生有的目瞪口呆；有的佩服得直骂自己又笨又懒；也有不以为然，满不在乎的，甚至有人说他只是死记硬背一两篇名篇罢了，好出风头。这一切都像一石惊破水中天，泛起阵阵波澜。老举人为自己找到了一个未来的史学家，捻须得意了好一阵子。和老秀才不谋而合，他也将书柜里一长排《资治通鉴》借给苏步青，以致苏步青好长一段时间沉醉在上至战国、下至五代十国共1 300多年的浩瀚历史里。

苏步青也曾有过博古通今、当历史学家的憧憬。没想到多少年后，他竟以出色的数学成就饮誉国内外，成为一位著名的数学家，这正应合了"人生莫测"这句话。但早年的工夫并没有白费，扎实的文、史基础对他献身数学提供了很大帮助，因为一个人的素质是浑然一体的，天地间的智慧更是融会贯通的。几十年来，他吟诗填词，出口成章，对调节思维方式、开拓思维空间起到了意想不到的作用。难怪他反复告诫那些立志献身于理工科的学生，一定要培养良好的文史修养。

6. 牢记恩师教导

在人生征途中，处处布满了十字路口，每个人的人生轨迹都是曲折的，至于这条曲线究竟怎么画，往往来自许多许多的偶然。某一天、某一个人、某一件事、某一瞬间的思想火花，随时都可能构成微妙的点，而就是这些点，连成了人生的路线。

那是苏步青上中学二年级的时候，省立十中来了一位教数学的老师，名叫杨霁朝，刚从东京留学归来。虽然他也和大家一样穿一身白竹布长衫，白皙的脸显得消瘦，但隐约透出一种和别人不一样的东西：满腔血气，一身热情。第一堂课，他竟没有讲数学题。当他走上讲台那一瞬间，学生们睁着好奇的眼睛，想看看他怎样揭开满肚子的洋学问。他却眉头紧蹙，神情忧伤，沉默了许久。忽然他把眼光投向窗外，说道："当今世界……"仿佛窗外就是整个"当今世界"一样。学生们压抑不住又惊又喜的心情，只听他沉重的声音像刚搏斗过的牛在吼叫，痛苦又仇恨："当今世界，弱肉强食。列强倚仗船坚炮利，对我豆剖瓜分，肆意凌辱。中华民族亡国灭种之危迫在眉睫！"他一口气讲到这里，激动得气都喘不过来，"天下兴亡，匹夫有责，在座的每一位都有责任救亡图存！"学生们震惊了，几十双眼睛熠熠闪光。"要救国，就要振兴科学；发展实业，就要学好数学。"他把话引入了正题，说明数学是发展科学技术的基础，讲述科学对国富民强的巨大作用。这堂课使苏步青彻夜难眠，终生难忘。当时他只有15岁，而国难当头的紧迫感，却使他过早地成熟起来。过去，陈玉峰老师教他好好读书，报答父母；秀才先生要他当文学家；举人先生要他当历史学家……都没有跳出个人出息的小圈子。而今杨霁朝老师的数学课却让他把个人的志向和国家兴亡联系起来，这怎么不使他心潮澎湃，苦想冥思呢？

以前，苏步青并没有对数学产生多大的兴趣，尽管前两年的数学成绩也总是全班第一。他觉得文学、历史才有浩瀚的知识可学，数学则简单乏味。但杨霁朝的数学课却把他给吸引住了。那些枯燥乏味的数学公式、定理，一经他讲解就变活了，那一步步的推导、演算、论证，就像一级级台阶，通往高深、奇妙的境界。杨霁朝还带领他们走出学堂测量山高，计算田亩，设计房屋，兴致勃勃地出了许多趣味数学题，让同学们进行竞赛。这些生动活泼的形式，在学生中间产生了极大反响，苏步青是反应最突出的一个。课本里的习题已远远不能满足他的要求了，他不断讨习题做，引起了杨霁朝的格外关注。有一回，杨霁朝将一本日本杂志上的数学习题拿给苏步青做，有几道题确实把他给难住了。严冬的深夜，空荡荡的教室里像冰窖一样，他一个人坐在那里发犟脾气，不得出答案，坚决不回宿舍休息。眼前的数学题像他在饥饿时得到的一块生硬的馒头，他又咬又啃，虽然劳累不堪，却也其乐无穷。当一团乱麻般的思路突然被解开，当幽暗的洞穴豁然亮起一线光芒，那种神奇的快感把他的灵魂都震慑了，苏步青兴奋得两颊通红，脑神经勃勃地跳着。就这样，不知不觉地，他已被引入了数学王国的大门，那是一座永远诱人的迷宫。

三年级时，学校调来一位新校长洪彦远（字岷初），他原是日本高等师范学校数学系的毕业生，已经40多岁了。到任不久，他的耳朵里灌满了苏步青的名字。各门任课老师都选苏步青做榜样，向他做教学汇报；连体育老师也以赞赏的口吻提到他：别看他身材矮小，但反应灵敏，是足球队的门将呢。洪校长在日本师范接受过先进的现代教育思想，很有眼光，看到有这么个人才，怎能轻易放过？他专门调看了苏步青的作文和数学练习本，心花怒放，决意好好培养这个学生。当杨霁朝调任物理课教师时，他亲自来到苏步青班上教几何课。

有一次证明"三角形的一个外角等于不相邻的两内角之和"这条定理，苏步青用了24种大同小异的解法。洪校长大为得意，把它作为学校教育的突出成果，送到省教育展览会上展出。他还四处对人说："将来要让这个孩子留学的。"这句话可没凭空说。

苏步青快毕业的时候，省教育厅突然取消了为第一名学生免去学费、膳费、杂费的规定，他的生活立刻出现了危机，偏偏这时洪校长又要调到教育部工作。正在他十分焦急的时候，洪校长已把一切都安排好了，他再三交代新接任的校长，无论如何要让苏步青读完中学。到北京后，洪彦远特意寄来200块大洋，使他终于顺利完成中学的学业，并在1919年秋踏上了开赴日本的海轮。

为期4年的中学时代结束了，整整8个学期名列头榜，最后以每科90分以上的成绩毕业了。苏步青怀里装着洪校长的临别赠言——"天下兴亡，匹夫有责"，走向更艰难的求学历程。回首待了4年的温州城，他心里有说不出的眷恋。温州最繁华的五马街，在浙东南老少皆知，离学校仅一里路，苏步青却从来没有去玩过。陌生的温州城啊，我多想踏遍你的每一寸土地；熟悉的温州城啊，我多想把你揣在怀里，带到那个真正陌生的扶桑国度里去。更让苏步青难以忘怀的与其说是省立十中，不如说是省立十中里那熟悉的不熄的灯光！在摇曳的灯影里，他留下了前前后后高高摞起的练习本，留下了许多许多做过的几何题。除了生病，整整4年他没有在晚上10点钟前上过床。还有那卧牛山下的8个寒暑假，他白天帮父亲干活，晚上在灯下苦苦钻研，没有去过一次亲戚家串门。别了，乡亲；别了，屋后清幽幽的井水，你曾供我磨墨练字；别了，父亲的水车，我曾一边踩着你车水，一边靠在车架上读书；别了，山坡上的羊肠小道，我曾是牛背上读《三国演义》的顽皮牧童！

以他特有的情怀，以他年轻的心，苏步青告别了故土。

第二章

数学新星出远东

7. 东渡扶桑

1919年初秋的一天,苏步青告别父母,告别老师和同学,从温州到上海,再去日本留学。

在上海等候船期的日子里,苏步青到外滩和南京路逛逛,外国租界、外国兵舰,还有南京路上的"冻死骨",给他留下了深刻的印象。外滩公园的"华人与狗不准入内"的标语牌,更是刺痛了17岁苏步青的心。灾难深重的祖国,什么时候才能振兴起来?洪校长的赠言和现实联系起来,使他意识到日本之行的分量。后来,他在回忆当年第一次到上海时的情景,曾作了《外滩夜归》两首诗,其中一首有这样的诗句:

> 渡头轻雨洒平沙,
> 十里梧桐绿万家。
> 犹记当时停泊处,
> 少年负笈梦荣华。

苏步青踏上日本国土的时候,连一句日语也不懂;而报考日本的高等学校,必须达到日语会听、会说、会读、会写。好在他的哥哥苏步皋——也是浙江省立十中的高才生,比他早两年到日本留学,考进了东京高等工业学校。哥哥事先为苏步青找好了一所补习日语的学校——东亚日语预备学校。

当时中国政府规定，留日学生必须考取指定的几所学校，才能得到公费资助。而考取前，一切进修或请老师授课均需自费。在补习学校学习了一个月，苏步青就发愁了，因为在日本的生活费每月至少要30元。带去的200块大洋，除去船票30元，只够花5个月。补习学校进度太慢，收效甚微，他决计不再留在补习学校。此时，他哥哥告诉他一个消息，再过3个月，东京高等工业学校就要招生了，这无疑给苏步青施加了更大压力。有钱的学生纷纷请教师单独授课，而自己所剩的钱已不多，单是要维持到考试结束，每天也只能吃两顿饭，哪里还有钱请教师？

怎样以最快的速度学会日语呢？他倒是想出了一个办法。离学校不远的地方，住着一位50多岁的老大娘，廉价招收房客。一经询问，房东老大娘答应让住。为了学好日语，苏步青急中生智，提出要与大娘一同上市场。她虽有疑惑，但这毕竟无碍大事，也就答应了。从此，每天清晨老大娘都带着苏步青去买菜。

已是秋天了，晨风带着阵阵寒意，街道两旁的树木开始落叶。起早买菜的人们步履匆匆，木屐踏在石板路上，发出清脆的响声。

菜市场是清早最热闹的地方，卖菜的早早就摆开了摊子。卖鱼的、卖肉的起劲地吆喝着；卖蔬菜的将水灵灵的青菜、萝卜往外一摆，不用开口，就迎来了许多顾客。买菜的大娘、阿妈东挑西拣、讨价还价，市场里人声鼎沸。

人群里，有一个身材瘦小的中国青年跟着一位日本老妈妈走来走去，他不买菜，只是专注地听着周围人们的对话，轻微地动着嘴唇，小声地重复着："早上好！""这鱼真新鲜，在哪儿买的？""就在那边！"……

这个青年是谁？他就是苏步青。

买菜回来，各人忙自己的事。到了晚上，苏步青等待大娘理好餐具之后，就缠着她用日语讲故事，什么贫苦农夫的故事，什么富士山仙子的传说……苏步青听得入了迷，不仅学到日本口语，还了解了该国的历史、风俗。其余时间，他就自己安排复习各门功课。有了良好的学习环境，苏步青的日语学习进步飞快，这是补习学校那种老牛拉破车的速度所不能比拟的。

时光匆匆，转眼冬去春来。3个月后的一天，东京的学校陆续开始招生。苏步青报考有名的东京高等工业学校。这所学校不仅名气响，而且有中国政府的统一拨款，中国学生可以享受公费留学的待遇，所以报考的人特别多，仅电机系就有40人之多。考数学是整个考试的第一场，苏步皋特地陪他进学校。临进考场前，哥哥又反复叮嘱他，考试时要细心，要反复检查等等。对于数学科目，苏步青胸有成竹，但是这个开头炮打得响不响，将关系到以后几个科目考试的情绪，他一点儿也不敢怠慢。

苏步青坐在考场的一角，静静地演算着包括算术、代数、几何、三角在内的24道题目。按照考试规定，这些内容必须在3小时内做完。可是监考员的挂表分针只绕了一圈，苏步青便第一个交上答卷。那快速而有力的脚步声，惊动了所有的考生，他们的目光全投向了正在向外走的苏步青。"这么快就交卷了？""也许做不出来不耐烦了！"尽管苏步青的行动给人留下了种种猜测，但毕竟他已经走出了考场。

在场外等候的哥哥，远远看见苏步青走过来，这出乎意料的行动，不能不使他心跳加快，难道出了什么问题了？哥哥迫不及待地询问着，苏步青这才漫不经心地说："题目很便当。"由于过度疲劳，睡眠不足，苏步青的脸色有些苍白，但从他那镇定自若的表情来看，成功的希望是相当大的。哥哥挽着弟弟的手，齐步离开学校；他们回望考场的大门，仍然没有多大动静。

苏步青通过了前面的数学、物理、化学、英语、日语作文5门课考试，最后只剩下日语面试。对苏步青来说，这是所有科目中他感到最没有把握的，心里不免产生几分畏惧。因为人们都说主考官高桥先生十分严厉。

"下一个！"

"到！"轮到苏步青了，他应了一声，走进了考场。他看了看面前

1924年,于杭州孤山与胞兄苏步皋合影(右为苏步青,左为苏步皋)

的主考官,高桥先生消瘦精干,脸上冷冰冰的,一点表情也没有。

高桥先生用犀利的目光打量了苏步青一眼,开始发问:"哪里人?"

"中国人。"

"父亲职业?"

"农民。"

……

高桥先生态度生硬,说话极快,问题一个接一个像连珠炮似的射来,步步紧逼,不容思索,简直令人喘不过气来。

经过3个月刻苦训练的苏步青,对此感到并不难,一一做了回答。可越问下去,苏步青心里越发慌,毕竟日语词汇掌握得不多,这样总有被他问倒的时候。苏步青想:这不行,我得想法变被动为主动。于是,当高桥先生又问"住在哪里"时,苏步青答道:"住在一位老妈妈家里,她家在九段坂附近。她待我好极了,就像妈妈一样。每天晚上她都给我讲故事,有一天,她给我讲了这样一个故事:从前,在一个很远很远的地方,有一个贫苦的农夫……"

苏步青绘声绘色地讲完了这个故事,不敢喘气,马上又说:"还有一个故事,说的是在北海道地方,有一位老人……"

"老妈妈还给我讲过一个神话,美极了,那是富士山仙子的传说……"

"她还给我讲过樱花仙子的故事——很多很多年以前……"

苏步青一个又一个地讲着,不给高桥插嘴的机会。他讲得那样流畅自然,娓娓动听,大有不讲上一千零一夜不罢休的样子,直把高桥先生听得目瞪口呆。好半响,高桥才从那些优美的故事中挣脱出来,恢复了时间意识。

"你来此地多久了?"

"3个月。"

"什么?3个月就懂日语?你以前学过?"

"没有。"苏步青如实回答。

"你怎么学的?"那位副教授惊讶了。

苏步青立即兴致勃勃地讲述这100天来,他住在一位老大娘家里的学习经历。主考官高桥连忙摆摆手止住苏步青。

"好!你已经合格了。"考官的话刚出口,苏步青的心还在噗噗直跳,要是再问别的,能用的词汇几乎没有了。然而事情却是如此巧妙,他后来在回忆这场考试时说:"这是我一生中最得意的一场考试。"

入学后,苏步青才知道他是以第一名的成绩考入学校的。当他拿到正式录取单后,特地向老大娘辞行。老大娘听说他考上高等工业学校,连连祝贺。苏步青鞠躬表示感谢。事后他说,人会急中生智,我向老大娘学日语,就是给逼出来的,效果比补习学校的好。一般学日语没有一年是很难奏效的,我走了一条捷径。不过,这也告诉了我们学习外语的一些有益的经验。

8. 特别毕业证书

1920年初,刚满18岁的苏步青进入东京高等工业学校电机系学习。

崭新的大学生活,使苏步青整天处于兴奋之中。这是一所学制为 4 年的大学，坐落于日本东京市内。他想起中学母校和敬爱的洪校长，想起教数学的杨霁朝老师，那种学习知识的迫切心情久久不能平静。在东京高等工业学校，他像海绵吸水一样吮吸着知识的乳汁。为了训练基本功，他在课余时间演算了不下万道微积分习题，并以此为快乐。

凭着扎实的基础和惊人的勤奋，苏步青每个学期都稳拿第一名。有一门"交流"课，他还得到了学校颁发的特别奖，奖品是计算尺和不少参考书。同学们由衷地佩服他，有些习题做不出来，马上就会有人说："问苏步青去。"一堂考试下来，大家为一个答案争论不休，又会有人说："问苏步青去。"似乎苏步青的解答就是标准答案了。除了学习专业课，苏步青还特别爱好体育运动，网球场上，登山队里，划船比赛，都能见到他瘦小又灵活的身影。大学期间，他还一改过去中学时代的沉默寡言，主动与留学生中的老乡交往，一起作诗填词，生活过得很充实。

1923 年 9 月 1 日中午 11 时 58 分 45 秒，日本关东地区发生大地震。日本历史上发生过多次地震，但以这次地震受灾面积最大，损失最惨重。后来媒体报道说，此次地震烈度高，达里氏 7.9 级至 8.2 级；震动次数多，大小震动达 1 029 次，其中大震三四次；震动时间长，从 1 日午间开始直至 6 日晨 6 时止，近 6 昼夜；震动范围广，东面从千叶起，经东京、横滨、横须贺、镰仓、箱根、伊豆，直至静冈为止，波及一府六县，广约 2 万平方公里尽遭灾殃，除大阪、神户、长崎、名古屋外，日本都市之精华几乎尽付一炬。东京、横滨火烧了 3 日；箱根等地多处山崩；沿海还有大海啸。所有灾区房屋不是震倒，便是烧毁或被海涛卷去。土地裂开数尺，铁道弯曲成钩，电线紊如乱丝，震灾所及尽成一片瓦砾。这次震灾受害人口达 340 万，其中死伤 30 余万人，财产损失多达百亿日元。

那天中午，苏步青正在寝室里埋头钻研一部《解析几何》，越看越有劲，已经忘记吃饭的时间。同寝室的一名同学吃完饭，用筷子敲着饭盒子进来，看到苏步青还在纸上演算，就催促他："快去吃饭，食堂快关门了。"

苏步青如梦初醒，把书往桌上一推，拿起饭夹，匆匆赶到食堂。

用完午餐，苏步青刚刚从食堂出来，一阵强烈的震颤和气浪把他冲倒在地上。他定睛一看，空中出现了像火山烟灰那样的一大团云，太阳光红红的，气味很难闻。慢慢地，天暗下来，随处可见燃烧的火焰。他意识到地震发生了。轰隆隆的震响持续不断，地动山摇，东京高等工业学校的校舍全部倒塌。苏步青和几名幸存者赶快跑到附近的一个公园里躲避。

学校有几百名学生死亡，包括那名催促苏步青去吃饭的同学在内。他的一句催促的话，把苏步青从死神那里解脱出来，自己却陷于劫难。后来谈起这场大地震，苏步青记忆犹新，那冲天的烈焰，那遍地的瓦砾，那昏暗的天空，给了他深刻的记忆。他回忆道：

"大地震把我所有的东西——衣物、铺盖，统统化为灰烬。特别令我痛心的是，所有课本、笔记、参考书，一本也没剩，这叫我如何继续下去呢？学校没有了，尚存的学生无去处，学校只好与坐落在仙台的东北帝国大学商量，总算有了个寄读的地方。几个月后，学校举行毕业考试，我没有任何资料可供复习，再加上大震后身心受到严重的侵害，终于大病一场，考试只得了个'及格'，这是我一生中最伤心的一场考试。"

学校的训导长不愿意让这样一名高才生拿一张"及格"的成绩单离开本校。他亲自起草了一份书面报告，介绍苏步青4年来的学业，建议校务委员会给苏步青一张特别的毕业证书。这是该校开办以来从未有过的特例。校务委员会的教授们专门召开一次全体会议进行认真的讨论，最后一致举手表决通过，单独给苏步青发了一张特别手书的毕业证书，上面写着："苏步青，以优等成绩毕业。"接着，一张"得业士"的证书也交到他的手里。有了这张证书，他就可以在社会上找到工作。

9. "青叶城头别有天"

苏步青并不想当个电机工程师，他念念不忘的是自己中学时代的志向——钻研数学。难怪在高等工业学校念书期间，他把大量的时间花在解析几何、微积分上。"当我埋头在数学公式里的时候,我感觉是最幸福的时刻。"如今毕业了,他并不急着找工作,而是把目光投向著名的东北帝国大学数学系,企盼在深造中实现自己中学时的夙愿。

在寄读的那段日子里,苏步青已对坐落在仙台青叶城的东北帝国大学有所了解。这所大学的数学系集中了日本一批优秀的数学家,不但在日本是第一流的,在世界上也有很高声望。但这所大学一般只招收本校的预科生,留下屈指可数的几个名额,择优录取校外的优秀生。同等学力的人必须经过难度很高的考试,成绩特别优异,才有希望进入该校深造。

每逢春天这所大学招生时,国内和国外的学业优秀者便云集仙台,为争得这少得可怜的几个席位而拼搏。苏步青母校的训导长深知他的数学才能,不但鼓励他去竞争,还叫他带去一封私人信件,让他去找一位很有交情的教授,这就是东北帝国大学数学系的系主任林鹤一先生。介绍信把苏步青在工业学校的成绩和表现写得清清楚楚,最后还希望林教授为这名优等生提供方便。苏步青感谢训导长的一片盛情,可是他没有去找林鹤一,他要光明正大地进入东北帝国大学。

1924年3月,东北帝国大学招生考试吸引了90多名优秀生,他们来自10多个国家,有意气风发的青年,也有40岁左右的中年人,来自中国的只有苏步青一人。在此之前,苏步青的老乡陈建功,就是通过激烈竞争考进东北帝国大学的。

考试分两场进行。第一场解析几何,第二场微积分,这可是苏步青多年潜心钻研的两门课程,正中下怀。每场规定3小时交卷,苏步青从容应战,都是只用了1小时,便满面春风地交上了试卷,令监考教师都惊叹不已。没过多久,学校公布成绩,苏步青以200分的优异成绩夺魁。全校那次只录取9名学生,苏步青作为唯一参考的中国人名列

就读日本东北帝国大学数学系的苏步青(1924年)

其间。中国留学生再次考取东北帝国大学数学系的消息一发布，顿时引起一阵轰动。

考进自己向往的东北帝国大学数学系，苏步青心情舒畅，决心攀登数学科学的高峰。

刚进数学系大门的人，都有一个问题要解决：改变以前对"数学是什么"已形成的观念。苏步青对自己的这次"观念更新"印象非常深刻。他回忆道："初进东北帝国大学，有一次老师让我们用一个下午的时间做题目，他留下题目就走了。我自以为很了不起，一个人坐在没人敢坐的第一排。两个钟头后，老师回来，首先看我的作业，一边看，一边摇头，'什么东西，这根本不是数学'，这时我才恍然大悟，过去在工科大学学的数学是不合格的，不符合现代数学的精神。"苏步青在老师的严格要求和指导下，以严谨的态度、刻苦的钻研，逐渐赢得老师的好评，开始进入神秘而高深的数学王国。

在东北帝国大学读到三年级时，国内爆发江浙战争，公费中断，生活无着，数学系主任林鹤一先生想了各种办法帮助苏步青继续学业。开始他每月从个人收入中馈赠苏步青40元，并开玩笑地说："等你发财了再还我。"后来，他又让苏步青管理图书兼校对《东北数学杂志》，并介绍他到一位医科教授家为其儿子辅导数学。最后，他还让出自己教的一门课给苏步青上。此事在教授会审议时遇到反对，由于林鹤一先生的坚持，终于获得通过。当时曾有报纸载文惊叹："非帝国臣民，却当了帝国大学的讲师。"

在钻研数学的过程中，苏步青发现意大利的几何学是世界闻名的，而自己不懂意大利文，给学习意大利几何学原著带来很大困难。思考再三，他决定挤时间学意大利语，以便将来能更有效地研究几何学。

因为有过向房东老大娘学日语的经历，这次苏步青学意大利语又想用这种办法。但是这次他选的对象不是老大娘，而是一位意大利的神父。

东北帝国大学附近有一座天主教堂，每星期五做弥撒时，总能见到这位神父。他是意大利人，已年近花甲，头发完全白了。受罗马梵蒂冈派遣，他远渡重洋，到日本传教，已有20多年的时间了。苏步青并不信教，但是苦于找不到学意大利语的老师，也只能从当教徒入手，以便接近神父，获得学意大利语的机会。

苏步青特意买了一套做弥撒穿的白外套，参加了几次弥撒。据说神父年迈想收新教徒接班，正在物色对象。而苏步青一心想接近神父，寻求意大利语的老师。几次接触下来，他们之间日渐熟悉。终于有一天，苏步青向神父提出请他教意大利语。神父出于自己的目的，竟然爽快地答应了，并确定每天晚上为学意大利语的时间。

从此，苏步青按时到神父家上课，风雨无阻。神父误以为找到一名"新教徒"，为了让苏步青早日学会意大利语接班，教得特别卖力。而苏步青则认为掌握一门外语，可以多看懂一个国家的数学名著，真是同"桌"异梦，各有所求。

3个月后，苏步青已经能够轻松地阅读意大利的原版数学论著。预期的目的达到了，而他又不想为学意大利语占用更多宝贵的时间，便带来一笔学费向神父告辞。神父感到惊愕，问苏步青为什么不想当神父。"我不想研究教义，只想探索数学。您教会了我意大利语，我会终生记住您，感谢您。"苏步青道出本意。

神父对这突如其来的辞行，有点儿难以接受，仍尽力地想说服苏步青，并声称只有宗教才能拯救人类。苏步青也据理力争，宣传只有科学才能造福于人类。神父看出这是一个难以挽救的局面，只好找一句话来安慰自己："每个人都有自己的宗教，你把数学当作自己的宗教。孩子，你去努力吧！"神父不收苏步青一文钱，把他送出家门。

神父教会了苏步青意大利语。在大学期间，苏步青用这个工具，和意大利的几位著名数学大师通信交往，并及时得到他们的指点和具体帮助。慢慢地，苏步青可以用意大利语表达自己的思想，接着又写出意大利文的数学论文，发表在意大利著名的杂志上。苏步青从心底里感谢神父的教育。

苏步青从青年时代开始，就意识到外文的重要性，并寻找各种机会，如饥似渴地学习和掌握外语。在掌握前5门外语的基础上，苏步

1983年4月，在日本东北帝国大学作学术报告

青又自学了西班牙文。到了50多岁，因教学、科研的需要，苏步青不辞辛苦，又学会了比较难掌握的俄文。这样，他一共掌握7门外语，其中日语、英语、法语精通，其他几门则能阅读数学专著。20世纪60年代，苏步青有机会出访欧洲几国，既任团长，又当秘书和翻译，令人大为羡慕。

东北帝国大学教给他受用不尽的知识，也给苏步青留下深刻的印象。1983年4月，苏步青访问日本，特地重访母校东北帝国大学青叶城新址，并赋诗一首：

睽隔仙台五十年，重来新舍已蝉联。
红樱枝下疑无地，青叶城头别有天。
处处弦歌今胜昔，莘莘学子秀而翩。
当时师友几人在？依旧清音广濑川。

10. 灿烂的数学新星

1927年3月，苏步青从日本东北帝国大学毕业。4月，他获得直升该大学研究生院当研究生的资格。

每年，他除了暑假到外地旅行半个月外，把其他所有的时间，都用来钻研微分几何。指导教师洼田忠彦对他要求非常严格，每周检查一次，要求苏步青向他汇报学习情况、存在问题和解决问题的看法。至于其他课程，可以由他自己选择听课。这种指导方法，倒是给苏步青创造了独立思考、研究的良好条件。

有一次遇到一道解析几何难题，他一时解不出来，就去向洼田先生求教。教授不正面回答苏步青的问题,只是说:"你去看看沙尔门·菲德拉的《解析几何》吧。"这是一部什么样的书呢?原书是用英文撰写的,其中有小部分苏步青已读过。现在的这部书,是经过菲德拉用德文修改过的,有厚厚的3大本,近2000页。苏步青回去一看,不禁发愁,这3大册书,不知何年何月才能看懂读完。他一面埋怨老师不给自己具体指点,一面却不得不硬着头皮去啃。过了整整两年,这部书才陆陆续续念完。这时,他对洼田教授充满了感激之情,因为这套书不但解决了他的具体问题,而且使他掌握了终生有用的基础知识,也培养了独立钻研的能力。

1955年,在日本广岛与东京高等工业学校英语教师佐伯好郎合影

又有一次,洼田先生请苏步青看自己的一篇论文《关于一个轨道》,论文得出五次代数曲面的结论。苏步青花了几个晚上的时间,试用别的方法重新计算,结果五次项系数被消掉,于是洼田的论文全部改写,发表时两人共同署名。这件事给苏步青一个启发:解析的计算方法太麻烦,能否用几何的构造方法来探索图形的结构呢?此后,他的一个重要研究工作,就是实现这一基本思想,并取得了重要的成果。

仿射群是比欧几里得群大一些的变换群,它能保持"直线"和"平行性",但没有线段长度和正交性等概念。苏步青在这段时期致力于微分几何这一分支的研究,当时这在国际上处于热门。他的成就之一就是引进了仿射铸曲面和旋转曲面。仿射铸曲面是由一系曲线生成的,这系曲线所在的平面是相互平行的,故被称为"平行曲线"。此

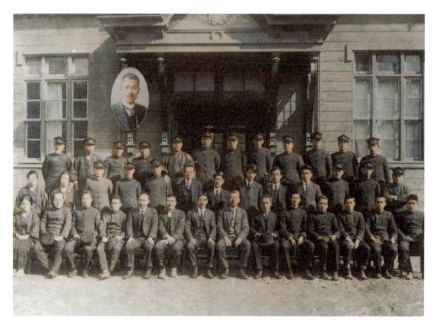

1928年,在日本东北帝国大学数学系毕业时合影(前排右四为苏步青)

外还要求曲面沿每一曲线的切平面包络一个锥面。苏步青写出了所有仿射铸曲面的具体表达式,并讨论了它们的性质。他指出,在曲面上还有一族曲线可以作为"子午线"的推广,特别是当每点的仿射法线都落在子午线的密切平面上时,就称为仿射旋转曲面。他证明,曲面的仿射法线必和一条定直线相交,因而它们是普通的旋转曲面非常自然的推广。

苏步青对仿射微分几何的另一极其美妙的发现是:他对一般的曲面发现了一个仿射不变的四次(3阶)的代数锥面。在仿射的曲面理论中,人们注目的许多协变几何对象,包括2条主切曲线、3条达布切线、3条塞格雷切线和仿射法线等,都可以由这个锥面和它的3条尖点直线以美妙的方式体现出来,形成一个十分引人入胜的构图,这锥面被命名为苏锥面。苏步青关于仿射微分几何学的研究,已总结在1982年出版的《仿射微分几何》一书中。美国同行看到苏步青20世纪20年代就已完成如此"经典性"的工作,惊羡不已。

1928年，在日本东北帝国大学任讲师期间（前排左一为苏步青）

东北帝国大学教授会一致通过，让苏步青免试升入研究生院做研究生，这对于一个大学毕业生来说，是一个十分难得的深造机会。但研究生每年要交200元的学费，苏步青无力承担。为了筹集学费，他不得不在下课后去卖报、送牛奶，艰难地学完所有课程。

生活的重负没有阻挡住他前进的步伐，反而激励了他攀登科学高峰的意志。他在完成学业的同时，接连写出不少仿射微分几何和射影微分几何方面的研究论文，发表在日本等国的数学刊物上，开辟了微分几何的新领域。数学界把他称作"东方国度上升起的灿烂的数学明星"，他的一些研究成果在国际数学界得到介绍和引用。

根据这些已发表的论文，指导老师建议苏步青写一篇总结性的文章，作为申请理学博士学位的论文。经过两个多月的奋斗，苏步青写出了长达260页的论文，提交论文答辩委员会审阅。经过答辩，他的论文获得校教授会的一致通过，这一年苏步青29岁。

1931年3月，苏步青在日本东北帝国大学获得理学博士学位。毕业那天，苏步青头戴博士帽，手执博士学位证书，拍了一张毕业照。获得东北帝国大学颁发的理学博士称号，是中国人在日本获得这一称号的第二位（第一位是比苏步青早两年毕业的陈建功先生）。为此，日本几家大报纸都以醒目的标题刊登了这一消息。

11. 松本米子小姐

仙台的春天姗姗来迟。一阵春雨过后，城内城外，大街小巷，千万株樱花突然一齐开放，到处花团锦簇，万紫千红。

早晨，苏步青正在宿舍里写一篇关于曲线、曲面研究的论文，忽然窗外传来"啪哒，啪哒"的木屐声。随着木屐声的节奏，响起了少女银铃般的声音。苏步青的老朋友茅诚司先生陪同两位姑娘来访。门一打开，苏步青认出一位是茅诚司先生的未婚妻，另一位就是松本米子小姐。

苏步青连忙起身："欢迎欢迎。您就是经常在电台演奏筝曲的松本小姐吗？"他早就听人说，松本先生有一位才貌出众的女儿，古筝弹得很出色。

姑娘面孔微微一红，深鞠一躬说："不敢当，请多关照。"

在茅先生的介绍下，他们俩从筝曲谈到中国文化对日本的影响，从中国的书法、茶经，谈到日本的书道、茶道、花道，越谈越亲密。

经过较长时间的接触和了解，苏步青和松本米子小姐结下了深厚的感情。然而，对于他们的婚姻，松本米子的父亲不太赞成，但母亲是很支持的。在樱花盛开的季节，苏步青和松本米子由恋爱而结婚，1928年她23岁。松本米子是一位非常善良贤惠的女子，她十分厌弃当时日本社会对中国人歧视的风气。苏步青发现这位心胸不凡的姑娘爱上自己后，坦率地对她说："我到这个岛国来，并非为了寻求一己的饭碗，我的祖国正在等待着我……"松本小姐打断了苏步青的话，果断地接着说："一朝学成即归去！"对于松本的知心话，苏步青敏锐而欣慰地感觉到自己找到了知己。

结婚时，松本米子身着很漂亮的礼服，引得参加婚礼者满口赞誉。只是害怕亲戚的嘲笑，她没敢说出苏步青的真实国籍。直到苏步青获得理学博士学位，日本报纸都报道了一个中国留学生的成就时，他们的那些亲戚才知道苏步青是中国人，并且责怪说："这么厉害的中国人，为什么不早告诉我们？"结婚第二年，他们有了第一个女儿。

家安好了，工作也很顺利，但苏步青的心却不踏实。一是在陈建功先生回国前，两人就已约好：学成后回故乡建设一流的数学系；二是他当初出国留学，就想到今后报效祖国，现在留在日本，与当初出国的志向有违。而现实环境却是：岳丈一家都希望苏步青留在日本工作，东北帝国大学也发出正式聘书，请苏步青留校任教。这对于苏步青的走与留，产生了不小的影响，他思索再三，决定把解决这个难题的抉择权交给夫人。

一天，苏步青把自己烦闷的心事告诉了夫人，并征求她的意见。夫人似乎早就料到要面临这件难办的事，立即十分贤惠地说："你决定吧，不论你到哪里，我都跟你去。"

苏步青坦率而坚定地告诉她："我早就定好了志向，毕业后回国去。"

"那我也到中国去。你爱中国，我也爱中国。"夫人十分诚恳又深情地说。

苏步青怕夫人一时难以理解这句话的分量，便又引申开来："到中国，我是回到故乡，你却要告别故乡，告别亲人。再说，中国的生活也比较艰苦，你不怕吗？"

夫人理解丈夫矛盾的心情，也知道自己的每句话、每个决定将会给丈夫带来的压力，凭着一颗纯真的爱心，夫人说出了思考已久的一句话："我不怕。中国是你的故乡，也就是我的第二故乡。"

苏步青被夫人的真诚感动了。想象中，夫人跟自己回国，将会遇到许多目前难以预料的困

1930年，在日本仙台的苏步青一家（左起分别为儿子德雄、苏步青、女儿德晶、松本米子）

难,吃很多很多的苦。但是,夫人已经想过这一切,并且有了思想准备,这是自己所盼望的最好结果。苏步青相信夫人说的都是真话,相信她一定会同自己一起,去克服一个个困难。

苏步青决心回国的消息一传开,在日本的亲友、同学、老师都来挽留。他们说:中国军阀混战,政局动荡,回去吃苦不必说,学术上的辉煌也要断送。东北帝国大学表示,为苏步青保留半年职位,如果他回国后遇到困难,可以随时回来就职。对于回国后可能遇到的困难,苏步青都仔细想过。既然夫人表示愿意与自己同行,其他的顾虑就微不足道了。苏步青的心早已飞回祖国,他要实现自己的理想,祖国正处在水深火热之中,自己决不能袖手旁观。他对盛情挽留自己的老师、同学表示感激之情,开始做回国的一些准备工作。

一听说负有盛名的苏步青博士要回国执教,厦门大学、北京大学等学校,都来信以高薪聘请。燕京大学的大红聘书写着:请您担任我校教授,月薪240美元。可以说,这是当时国内比较高的薪水。可是,苏步青的心中只有浙江大学,虽然条件差些,但这是自己故乡的

1931年,在日本东京老同学送别时留影(前排右二为苏步青)

大学，乡情具有极大的吸引力。

1931年初秋，一艘名叫"上海丸"的轮船，在波涛翻滚中将苏步青和松本米子接回中国。苏步青手扶船栏，心潮起伏。他笑着对身旁的妻子吟诵了这样的诗句：

渡口云烟海鸟飞，江边春色认依稀。
十年海上君休笑，赢得鬓丝和布衣。

松本米子听了没有作声，只是莞尔一笑，淌下了一行清泪。

回国后，有一天，苏步青陪着松本米子来到杭州西湖堤畔。正当这对情投意合的伴侣沉浸在秀山丽水的怀抱中时，突然从电台里传出惊人的"九一八"事变的消息。他俩怔住了，双双伫立在西子湖畔，思绪万千。稍事定下心来，还是松本米子先开口："步青，我们回来得正是时候呀！"苏步青握着夫人的手："如果稍再犹豫，恐怕就回不来了。"

第三章

"东方剑桥"有陈苏

12. "世上何人同此调"

在苏步青纷繁复杂的经历中,有一位与他同事45年,不仅是同乡、同学,而且也是同校任教的著名数学家,他就是前文提到过的陈建功。

陈建功先生早年留学日本,在东京高等工业学校和东京物理学校(夜校)同时毕业,后来又考进东北帝国大学数学系,3年后毕业。在已出版的《陈建功文集》中,最早的于1921年发表在日本《东北数学杂志》上的一篇论文,无论在时间还是在内容上,都标志了中国现代数学的兴起,是一篇具有重要意义的创造性著作。而这篇论文,就是他在大学三年级学习时写成的。

1926年冬,陈建功第三次东渡,进了东北帝国大学研究生院当研究生,仅用了两年半的时间,就写出了10多篇关于正交函数论的文章。由于这些卓越的成果,他于1929年获得东北帝国大学理学博士学位,成为在日本取得崇高荣誉的第一个外国科学家。他还用日文写成一本专著《三角级数论》在日本出版,书中有不少新译术语是由陈先生首创的,至今仍被沿用。苏步青这样评价陈建功先生:"长期被外国人诬蔑为'劣等人种'的中华民族,竟然出了陈建功这样一个数学家,无怪乎当时举世赞叹与惊奇。陈先生为祖国争了光,为中国人民争了气,他是中国人民的骄傲。"

苏步青和陈建功第一次见面,是在1926年冬天,那是陈先生第三次到日本东北帝国大学当研究生的时候;但他知道陈先生的名字的时间还要早些,大约在1920年,那时陈建功已写出一篇在数学界非常有影响的论文。他们俩有约在先,在学成后即回到自己的故乡,创办一流的数学系,为中国培养一流的数学人才。1929年陈建功学成后,对一再挽留他的老师藤原教授说:"先生,谢谢您的美意。我来求学,是为了我的国家,并非为我自己。"之后,他毅然回国,先到自己的故乡——浙江绍兴,后在条件较差的浙江大学任教。两年后,陈建功先生在日本东北帝国大学的先后同学、中国第二位日本理学博士苏步青先生,应陈建功先生的邀请,也来到浙江大学。

陈建功在日本得了博士学位后就回国。临行前,他对苏步青说,你得到学位后要回来,到浙江大学来。当时聘请陈建功先生的学校很多,有清华、北大等七八所大学,而浙江大学是新创办的,仅有文、

1931年,在浙江大学文理学院数学系欢迎会上合影(前排右三为钱宝琮、右四为苏步青、右五为陈建功)

理学院。虽然在别的学校任教每月薪金在 400 元以上，而在浙江大学只有 300 元，但在他们心中，浙江是他们的故乡。苏步青赞成他到浙大任教，并且说，你先去，我随后来。苏步青在获得博士学位后能坚决回浙江大学任教，这除了自己有某些觉悟外，"主要是陈建功教育的结果，他真是我的良师益友"。

苏步青回忆他们俩的交往，始终充满着敬佩的激情。

1931 年，苏步青第一次来到浙江大学任教，陈先生便和他着手创办科学讨论班。这种科学讨论班在中国也是一种首创。陈先生对科学讨论班有种种规定，其中一条：大学生读完 4 年课程，成绩虽好，但如讨论班报告不及格，就不能毕业。后来讨论班发展很快，凡是在浙江大学、杭州大学、复旦大学工作过的，没人不知道讨论班。陈建功先生最早教数学是在武汉大学，他当教授后培养了两个数学名家，一个是专长于代数的曾炯，一个是专长于三角函数的王福春，可惜两人都去世过早。以后培养出来的学生就更多了，像卢庆骏、程民德、夏道行、龚升等，没有一个不是通过讨论班培养出来的。

陈建功先生不但是一位数学家，而且是一位杰出的教育家。他一直主张教学必须与科学研究相结合。如果光搞科研不搞教学，那就要"断子绝孙"了；不搞科学研究只搞教学，就不可能提高教学质量。教学与科研是相辅相成的。陈建功先生的外文很好，英文、日文、德文、法文都精通，新中国成立后还学了俄文。在教学上，与有些从国外归来的教授不同，他一直用中文编写讲义，用国语讲课，这是其他归国教授所不及的。而用国语讲课，一破旧俗，很有创见。他的教学很注意深入浅出，能用通俗的语言，把难懂的数学原理讲清楚，比如用猴子跳跳板之类形象化的语言来表述点集论，这说明他对数学教学很有研究。至于他对教学重视的例子，苏步青能举出很多来。他曾对苏步青讲过，教师上一堂课，就像打一场仗一样。听过他上课的人，可以看到，他常常不带讲义，不看书本，一支粉笔，一讲到底。他对学生约法三章：不能迟到，不能早退，中途不得提问，以避免打断老师的思路。他上讲台精神百倍，下讲台满身粉笔灰，这就是陈先生给学生留下的印象。陈建功先生不带讲义，并不是没有讲义。苏步青亲眼看见，陈先生的讲义每年都要新编，老内容删掉，补充新内容。即使教了多年的课程，他上一小时的课，至少要备一个小时的课。"陈建功先生是一位爱国主义者。他的行动给了我很大的教育。"苏步青每当提及陈先生时，总会抑制不住激动的心情，描述他们之间往日深厚的情谊。

给苏步青印象很深的是，他到浙江大学后第二年，陈先生便把数学系主任的职位让给他。在今天看来，这种举动是很不容易的。后来，他对人说，我能把苏步青教授请到浙江大学当系主任，这比什么都高兴。苏步青回忆说："在我们同事的那段时间，我们亲如骨肉，对外我是系主任，陈先生则当幕后军师。我们俩下决心，要在20年内把浙江大学数学系办成第一流数学系。"

1937年，日本大举侵略我国，陈先生毫不犹豫地将母亲安置在绍兴之后，自己便和浙江大学的师生开始了西迁。在艰难的环境中，他的第三个孩子由于无钱治病死去，他悲痛万分。抗战开始后，苏步青没有马上西迁，而是到家乡住了半年。陈建功写信叫他一起西迁。1940年又叫他把家眷接到贵州。苏步青说："我没有脱离大学的教育，一直工作到现在，这也是受陈先生爱国思想教育的结果。"

中华人民共和国成立前夕，苏步青在杭州航空学校兼职当教师。1949年3月，国民党当局准备了飞机，想先把他的几个孩子带到台湾去。苏步青在犹豫不决之际，便请教了陈先生。陈建功坚定地说，不对呀！孩子到台湾去，将来可能会落到国民党手里。苏步青认为陈先生的看法是很正确的，便决定不让孩子先去台湾。

陈建功先生、苏步青先生在1952年院系调整后，同时到了复旦大学。在培养人才方面，他们采取注意拔尖人才的培养，拔一个，带一批。他们始终坚持这种"陈苏学派"英才教育的优秀传统，在他们培养之下，许多学生逐渐崭露头角，成就显著。谷超豪、夏道行、胡和生就是很有影响的数学家。自1950年以来，"陈苏学派"日渐壮大。在中国数学家的集体中有不少人出自陈苏门下，如程民德、张素诚、徐瑞云、白正国、龚升、越民义、方德植，以及在海外的熊全治、杨忠道。现在，他们又培养出新一代的数学家。

1971年4月,陈建功先生受"四人帮"迫害在杭州逝世。几十年的情谊又一幕幕呈现在苏步青眼前:1934年,陈先生曾戏语,如果苏步青早死,当为作传;陈先生首篇数学论文写于1919年,并于1921年刊登在日本《东北数学杂志》上,可谓"中华第一文";建功先生旧居西湖断桥,地离放鹤亭不远;杭州大学为陈建功先生开追悼会,有150余人参加……苏步青再也忍不住无边的思绪,终于化成诗7首,开了他写悼念老友诗作最多的先河。

粉碎"四人帮"之后,苏步青更怀念陈建功先生。仲春时节,他作诗3首,就有两首为陈先生而作:

> 武林别梦鸟空啼,旧侣凋零忆酒旗。
> 我欲东风种桃李,于无言处自成蹊。

> 清歌一曲出高楼,求是桥边忆旧游。
> 世上何人同此调,梦随烟雨落杭州。

13. "我担保他没问题"

浙江大学是一所有着光荣革命传统的大学。从1931年的"九一八"事变到1935年掀起的伟大的"一二·九"学生抗日救亡运动,浙江大学的学生都写下了光辉的一页。

在这革命的浪潮的冲击下,国民党反动派大肆屠杀共产党员,残酷地镇压"九一八"学生抗日救亡运动。他们派了一些国民党党棍,以到学校当领导为名,加紧对学生的监视和迫害,动不动以开除学籍来对付学生,激起了浙江大学学生的更大反抗。革命学生比以往任何时候更有组织、更强烈地弹劾校长郭某,写出措词激烈的"驱郭宣言",并决定举行全校大罢课。

针对日益高涨的学潮,国民党政府教育部先是采用强硬措施,异乎寻常地以教育部名义开除浙江大学学生会主席施尔宜(施平)和副主席杨国华两同学的学籍。但这种强硬措施并未生效,学生仍然罢课。

正在此时，苏步青和学生卢庆骏引发了一场大风波，学潮又起。那天，上体育课时，卢庆骏与体育课老师发生争执。那老师便使用英语骂他。卢庆骏气愤极了，指责他是洋奴。这还得了，教师暴跳如雷，便将此事汇报到代理校长郭某那里。郭动用了他们的内线人物对卢庆骏进行调查，发现他竟是学生中的"活跃分子"，于是，很快就传下令来，要开除卢庆骏。

苏步青听说要开除自己的学生，大为光火，便去找郭校长说理：

"卢庆骏学习很好，这是有人借体育课之事兴风作浪，我不同意开除他的学籍，况且，只差一个月他就毕业了。"

"学生违反纪律，就得开除，这是我的权力，不干你苏先生的事，还是好好去教书吧，别管这闲事！"郭某蛮横地说。

"卢庆骏是我的学生，我担保他没问题，不能开除！"

"决定已经作出了，你再吵也没用。"郭某依仗自己的后台硬，对苏步青很不买账，不肯改口收回开除卢的决定。这时，许多教授都去求情。苏步青回家后写了"辞职书"：

校方领导：

　　鉴于校方在决定开除我的学生卢庆骏学籍一事上处理偏颇，又无视教授们的正当要求，我无法忍受。今愿再次提出担保，以让卢庆骏继续学习。如果校方仍执意不改决定，我即辞职。

　　特此告之

苏步青

民国二十五年三月五日

苏步青教授为卢庆骏出具担保的消息，在学生中传开后，引起了很大的反响。"苏教授都要辞职了，我们还读什么书？"闹学潮的首领施尔宜首先起来响应。

施尔宜从 14 岁进中学起，就先后参加过大革命时期的学生运动和"九一八""一二·九"等学生抗日救亡运动。早在 1926 年，他还是初中一年级学生时，就和同学上街宣传打倒新军阀蒋介石，保卫孙中山的"三大政策"，完成国民革命。有一个学生在高呼"打倒新军阀蒋介石"口号时，就被特务开枪打死了。为此，在共产党的领导下，许多城市都爆发了全市性学生的抗议、示威游行。新军阀对共产党员和革命者大肆逮捕，一天中就有13位共产党员被捕，不久被"游街示众"后枪杀了，还暴尸7天，不准家属、亲友收殓。但是革命烈士生前的英勇行为教育着施尔宜和其他革命同学，使他们更痛恨国民党反动派。

施尔宜得知苏步青写了辞职书，便借此在学生中进行鼓动。

"苏步青教授学问精深，谁逼走苏步青教授，我们学生决不答应！"

"校方必须收回开除卢庆骏的错误决定！"

"郭某滚出浙大！"

卢庆骏虽然得到苏步青的保护，但校方仍不肯收回开除卢的决定，最后达成一个协议：每个月给卢20元，补助一年，也延长一年毕业。学潮后期，由数学系引发全校学生的罢课，校领导机构瘫痪了，就由郑宗海（代理校长）、李寿恒（工学院院长）和苏步青3人组成临时校务委员会，继续支持学生的正义斗争。

3月底，传来郭某被调走的消息。当时学生与学校当局曾有过一个说法，即郭某走了，学生就复课。随后，竺可桢先生担任浙江大学校长。

作为苏老的学生，卢庆骏1936年8月毕业于浙江大学数学系，留校任教，后为副教授。1946年至1949年赴美国留学，并获美国芝加哥大学博士学位，1949年5月归国后任浙江大学数学系教授兼系主任。1952年9月至复旦大学任教授。1953年调入哈尔滨军事工程学院，先后任教授、教务部副部长等。1964年由钱学森等领导同志点名，将他从哈尔滨军事工程学院调入国防部五院工作，任一分院副院长兼七〇五所所长，开创了航天系统可靠性研究工作，对我国运载火箭的精度分析、数据处理、可靠性评定做了大量指导性工作，确定了可靠性模式，并为我国向太平洋发射远程运载火箭确定了落区，为实验成功发挥了重要作用。1991年被航天部批准为有突出贡献的老专

与卢庆骏(右)一起出席全国政协大会(1988年)

家。卢庆骏曾任全国政协第二、第三、第五、第六、第七届委员,第三届全国人大代表,中国数学会理事等职务。

1984年初,苏步青忆起当年在浙江大学任教时,与学生运动中的学生会主席施平(原名施尔宜,施一公的祖父)相见、相处之情景,抚昔思今,感而赋七律一首:

> 武林旧事记依稀,四十八年如电驰。
> 君独青春投革命,我唯白首爱明时。
> 移山倒海诚无分,添瓦加砖或可期。
> 能得余闲归看否,钱塘江上共朝曦。

当年的学生领袖施平,此时已任华东师范大学党委书记。两人平日多有来往,提起往事,历历在目,诗作既有忆往之情谊,更是表达那时之期盼。

14."谁说中国培养不出人才"

1931年,在浙江大学数学系,苏步青和陈建功分别主持微分几何和函数论两个讨论班,几十年来,培育出一大批数学人才。讨论班一般每周举行一次,由参加者轮流作报告。作报告者必须事先认真阅读文献,仔细推敲,提出自己的见解。参加讨论的人,也要事前准备意见,在会上提出问题,并就报告人的见解进行讨论。这种讨论班在浙江大学本部举办过,在西迁的途中也还坚持。直到现今,浙江大学、复旦大学的讨论班仍一直坚持开办着。

方德植是浙江瑞安县人,1933年毕业于浙江大学数学系,是苏步青教授培养的第一届毕业生之一。在苏步青先生的指导下,他在毕业刚一年左右的时间里,就发表了引起国内外同行专家注目的科学论文《定挠曲线的一个特征》。这篇论文对法国著名数学家达布的一个公式作了重要改进。论文发表后,国内外许多数学家都把这一成果写进了教科书。苏步青高兴地说:"谁说中国培养不出人才?看!我们不是培养出来了!"方德植当时获得的这项科研成果,其价值不仅在于成果本身,而且还在于它的影响。它给当时那种"不出洋留学便出不了科学人才"的论调以有力的回击,极大地鼓舞了中国学生自力更生、艰苦奋斗的信心,难怪当时苏步青教授会如此兴奋。方德植的成就很重要的一部分,就在于通过讨论班的形式,阅读国外最新数学文献,在相互质询、答辩的过程中,把青年教师和高年级学生迅速地推到了数学发展的前沿阵地。如果因循守旧,步人后尘,则无望赶超世界先进水平。

随后,方德植又在日本《东北数学杂志》、意大利《数学年刊》和当时中国数学会主编的外文期刊上发表了科研成果,其中有关平面曲线与空间曲线的射影微分几何的部分研究成果,已作为当时的新成就,被美国、德国、日本等国的射影微分几何教科书所广泛采用。

苏步青在谈到用讨论班形式育人的优点时,谈了3点体会。第一,培养学生严谨的学风。他们必须仔细阅读书籍和最新文献,在阅读中如发现问题,要推敲到底。第二,养成独立思考的习惯。报告者在阐述自己的学习心得时,必须突出"独到之处",这就要求报告者深入思考、研究。大家在一起讨论,充分开动脑筋,明辨是非,不同程度地提高了大家分析问题和解决问题的能力。第三,教师在讨论班上,可以针对每个报告人的具体情况,进行个别指导。经过讨论、答辩，他们写出的论文就能达到较高的水平。讨论班报告通不过者，不得毕业，这对青年学生无形中有一定压力。

从方德植教授身上，能看到苏步青创办讨论班的成果；更可贵的是，老师严谨治学以及所创造的教学经验，在学生的身上得到体现。

1952年，方德植教授主持厦门大学数学系，以丰富的治学经验为数学系制定教学计划和规章制度，在图书资料的建设中更倾注了一片心血。他学习老师的经验，重视师资的培养，组织了科研讨论班并使之制度化，注意引导师生开展科研工作。为了保证教学质量，他坚持每学期亲自开基础课，有时一个学期就开设4门课程。在方德植教授的带领下，经过全系师生的共同努力，厦门大学数学系取得很大的成绩。著名数学家陈景润就是当时厦门大学数学系培养出来的首届毕业生。有一段时间，人们传颂着苏步青培养出方德植这样的优秀人才，方德植又培养出陈景润这样出色的数学家的故事。

厦门大学理工科西迁龙岩期间，方德植教授亲自为学生讲授高等微积分、高等几何等基础课程，并把自己做学问的经验传授给学生。他强调，勤做题是很重要的，但必须掌握两条：一条是要加强对书本中的基本概念和定理的理解，另一条是要训练运算技巧和逻辑推理。离开了这两条，数学是学不好的。题海无边，陈景润正是按照方先生讲的两条原则去做，才避免了重蹈盲目滥做题目的覆辙。方先生对陈景润要求很严格。有一回高等微积分考试，方先生发现陈景润的试卷写得有些混乱，立即把他叫来，问他会不会做题。虽然陈景润当场重新作答，得了满分，但方先生还是教导他："字要写清楚，要让人家看懂。以后搞研究出了成果，不会表达，写不清楚，总是个缺点。"陈景润虚心接受批评，以后字都写得工工整整。

几十年过去了，陈景润在北京参加中国科学院学部委员（院士）会议期间，遇到了苏步青教授。每次陈景润都要恭恭敬敬地向苏先生敬礼，并说："您是我老师的老师，我永远要谢谢您，谢谢！"苏步青听了，总是以鞠躬回敬，并且轻轻地对身边的人说："真是个好人。"

苏步青惜才如命，爱才十分果敢。吴文俊先生曾回忆说："国家自然科学奖，是我国在科技基础理论方面最重要的一个奖项。但自

1956 年颁发第一次奖以来，长期停顿，直到'文化大革命'以后才重新恢复。其中一次，经过几度评审，以陈景润为主的关于'哥德巴赫问题 1+2'的成果已被评定为自然科学奖一等奖。为了对评奖工作郑重起见，又多了一次更高层的重审。主持评奖工作的钱三强同志考虑到重审时可能会有人对哥德巴赫问题提出质疑，特邀我作为一位无发言权的列席者参加这次会议，以备有人提出质问时我可作答。这次会议的参加者除钱三强外，我记得有武衡、钱学森、王淦昌、苏步青等科技界的高层人士，其余的则不记得也不太认得。会上有人提出：陈景润得出 1+2，就给予一等奖，如果做出了 1+1，又该咋办？语音方落，苏老就说：'特等，特特等。'语调斩钉截铁，铿锵有声。此后对陈景润等的一等奖，再无异言。"

在庆祝方德植教授从事数学教育工作 50 周年的专刊上，笔者了解到，中国科学院数学研究所研究员张素诚，也是方德植的学生，1936 年在浙江大学听方先生讲授高等微积分，受益甚多。浙江大学辗转内迁，有一度苏步青因送眷属回乡，他的所有教学工作由方先生一人代授。白正国教授当年念大学一二年级重要的数学课程，都是方德植教授的，"教益之深终生难忘"。

1999 年 4 月，苏步青得知自己的学生逝世，悲痛不已，立即发出唁电：

> 惊悉德植教授不幸逝世，特驰电表示深切哀悼。德植先生是我国自己培养的优秀数学人才，科研成就卓著，还培养出像陈景润这样出色的数学家。德植先生教学严谨，品德高尚，为人师表。他的逝世是厦门大学的一大损失，也是我国数学界的一大损失。请代送花圈致以沉痛悼念，转达我对亲属的真挚慰问，并望节哀。
>
> 复旦大学苏步青
> 1999 年 4 月 20 日

方德植女儿方庆华回忆说："记得家父在世时告诉我，就因为他记住了苏老'只要自己肯努力,不一定要出国,同样会出成果'这句话,而放弃 3 次公派出国深造的机会。在浙江大学一毕业,家父就留校当苏老的助教。那几年还住在苏老家,两人抵足而眠,常常想着数学问题入睡。谁要是想出答案或解法,就用脚抵醒另一位。不管是否半夜三更,他们会马上爬起来一起讨论题例,记下笔记,家父的多篇论文也是在当时完成的。'没有苏老就没有我一生的成就,师恩如海',家父常常这样说。"

在遵义和湄潭的五六年间,浙江大学数学系的数学研究取得了很大的进展。以熊全治、张素诚、白正国等为主要成员的微分几何小组在苏步青的指导下成立了,并取得研究成果。与此同时,苏步青在微分几何学、射影曲线论两个方面也取得了引人注目的成果。苏步青在谈及自己的研究工作、获得享有世界声誉的德国数学大家布拉施克赞誉时,流露出十分愉悦的心情。布拉施克是苏步青的导师洼田先生留学德国时的同学。在苏步青发表了微分几何方面的一篇论文后,布拉施克说苏步青是"东方第一个几何学家"。1956 年,苏步青访问东德,布拉施克闻讯特地从西德赶来会晤,"谈得非常好"。此后不久,布氏即离世。苏步青《微分几何五讲》一书第二讲的内容,是对布氏 1956 年所赠书的摘要和加工。他在绪言中感慨地写道:"可惜布拉施克本人不及见了。"之后,欧美、日本的数学家称浙江大学从事的微分几何学为"浙大学派"。

15. 融融师生情

浙江大学数学系大力提倡教学、科研相结合,既要教师培养出高质量的学生,又要教师写出高质量的论文,美国、日本、英国、法国、德国、意大利、比利时、秘鲁等国的数学期刊,都发表他们的研究论文。国内青年学生中流传着"要学数学就要去浙大"的说法。印度著名数学家高必善也把他的研究生送到中国,跟随苏步青学习微分几何。

陈建功、苏步青这两位雄心勃勃的青年人,以身作则,严格要求学生，在浙江大学数学系树立起严谨治学的学风。有一个从上海来的女学生，过不惯浙江大学紧张、清苦的生活，开学不几天就溜回繁华、舒适的上海，看电影，串亲戚，会朋友。后来在父母的催促下回校上课。苏步青一进教室，就点名叫她上讲台演算习题，算不出不准其下讲台，一直在黑板前"挂"了一个多小时。从那以后，她把全部心思用到学习上，后来成了一位出色的物理学家。

苏步青的高足之一白正国，在回忆自己是如何慕名投考浙江大学数学系时，深情地叙述了那段难忘的经历：

"我在温州中学读书时，有位曾留学日本的数学老师对我说，你们平阳有两位著名数学家姜立夫和苏步青。又说苏步青和陈建功都是在日本留学的，在日本时就已经很有名气，现在浙江大学当教授。你毕业后如果读数学系，可以去报考浙江大学。1936年夏我高中毕业，到杭州投考浙江大学，只填报了一个志愿，就是数学系。为了节约旅费，考试完毕仍住在大学路大同宿店等待录取消息。

"有一天，苏步青先生来住处看我，这是我第一次见到苏先生。原来他的哥哥苏步皋把我要投考浙江大学数学系的事写信告诉了他。他刚从福州讲学回杭，即来看我，告诉我已被录取的消息，并要我在开学前读一本参考书。浙江大学的入学考试，数学考题难、分量重，在当时各大学招生考试中是比较突出的……"

陈建功和苏步青早在1929年留学日本时，就立下宏志，要为我国创办一个具有高水平的数学教学科研结合的基地，为此他们做出了惊人的努力。浙江大学数学系在教学方面是非常严格的，每门课程都配有助教，助教不但要随班听课，详细批阅习题，每周还要上辅导课。那时上课的教室的三面墙壁上都有黑板，助教点名让一批学生去做习题，第二天上课时便要交。同时助教把第一天的习题批改好，评了分发给每个学生。学生每天除上课外，便忙于做习题，连星期天都很少休息。抗日战争前理学院在大学路阳明馆上课，教室门上开有玻璃小窗，用以点名，缺席者的学号第二天在校刊上发布；如一学期缺课时数超过限额，就要扣减学分，可见要求之严格。毕业于化学系的杨竹亭先生回忆说：

我与苏先生的初次认识是在抗日战争时期的一次郊游活动。那时候我听浙江大学数学系的同学说，他们全体师生要在星期天上午，去远郊的一个风景宜人的地方——"桐花江"旅游。以往去过的同学回来说："真是一个美丽的桃红江，不去看看，太可惜了。"

就在这个决定出行的星期天早晨，突然下起不停的小雨。经验告诉初进学校的同学们，都说"下雨了，不会去了"，所以都赖在被头里不肯起来。可是不久，一个同学冲进来说："苏先生等老师都撑着雨伞在外面等你们，你们还不起来吗？"这下把大家吓坏了，赶快连脸也不洗，披着衣服就去了。事后据老同学说："苏先生他们都有一个习惯，凡是大家已决定了的事，就是下雨也要去。除非事先规定好了有雨就暂停。"

我第二次认识苏先生是在一次庆祝他被光荣评为全国部聘教授的大会上。他在大会上说："任何人要我讲话作报告必须在一星期前通知我，可是你们昨天才告诉我，太使我为难了。"可见他对讲课、演讲都要花很多时间去作充分的准备。

中国科学院研究员越民义先生回忆说：我在大学里跟随苏步青先生学了3年多几何学——一年坐标几何，一年综合几何，一年半微分几何。苏先生讲课异常清楚，令人如坐春风之中。他条理清晰，速度适中，我能将他所说全部记录下来。他写板书的功夫可以说到了炉火纯青的地步，每画一个图，哪一笔应放在什么位置，画多大，什么时候画上去，使得与所讲的话能相互配合，都考虑得很周到。我在记笔记时，无须看黑板，便知道上面画的是什么。有一次，我曾和许国容先生谈起此事。许先生的班次比我高得多。据他说：苏先生开始教课时，效果也不甚好，但他在家里放上一块小黑板，就像在课堂上讲课那样，一丝不苟地演习，在杭州的酷暑之下也坚持不懈。不久以后，他的讲课便得到听众最好的评价。苏先生的敬业精神确实令人钦佩。

春秋假日，陈建功、苏步青会跟学生一起登山远游，南高峰、北高峰、玉皇山、黄龙洞……杭州四郊的山山水水，都留下了他们的足迹。在送旧迎新的"吃酒会"上，酒酣耳热，陈建功放开喉咙唱起绍兴家乡戏《龙虎斗》，苏步青用法语高唱《马赛曲》，师生之间亲密无间，既严肃，又融洽。数学系每学期要举行一次聚餐会，费用基本上是由苏步青和陈建功负担的，而且成为惯例。许多浙江大学老校友都有这样的说法，读老浙大数学系，如果不会喝酒是不得毕业的。

有一天，苏步青发现白正国忧郁痛苦，便向他了解缘由。那时白正国正读二年级，父亲却病故了，家里无力再供他求学。苏步青便从自己微薄的薪水中，每月挤出50元资助他，直到毕业。

到了四年级，数学系的学生都要选定专业方向，白正国选了微分几何方向。苏步青马上指定给白正国一本德文的微分几何专著。白正国只读过两年德语，这本书的德文难啃，数学也难以读懂，花了一个暑假，靠查字典，才读了开头两章。

人才的造就离不开导师的精心培育，白正国在成才的道路上每前进一步，都有苏步青的指导。1940年白正国大学毕业，留校任助教。当时数学系已开办数学研究所，白正国成了第一届研究生。苏步青把西迁途中携带的图书资料安置在遵义桃源山的一所民房，成为简便的图书室。白正国对如何进修没有经验，喜欢看大部头的数学书，想以此来加强基础知识。有一次，他正在阅读一本法文的数学分析书，该书有3大本，他正看第一本。苏步青见了有些心急，对他提了个问题："你这样看下去，要看到什么时候？"白正国听出了老师的意思，应选择与自己研究有关的章节精读，于是选定射影微分几何作为主攻方向，把主要精力放在精读有关射影曲面论的专著上，同时考虑从中找问题写论文。遇到某方面基础知识不够时，再根据需要，随时学习补充。白正国在实践中，终于从苏步青先生那里学到了一条治学经验，这就是：具备一定的基础知识后，便要选择一个专攻方向，从中找出问题，并解决问题，逐步积累，不断改进，以得出创造性的成果。遇到某些基础知识不够时，再随时补充。在苏步青的指导下，学生们在科研上出了不少好成果，在国际性的数学专刊上发表了一系列优秀论文。

白正国在回忆自己的成长历程时，深情地谈到，自己能在科研上取得成绩，除了与当时相当优越的研究条件、浓厚的研究氛围有很大关系外，更离不开苏步青先生的帮助。由于白正国的英文写作能力比较差，为使外国人能看懂其所写的论文，因此差不多每篇英文稿都要经苏步青先生修改过。直到1956年在复旦大学期间，白正国的英文论文稿还需老师仔细修改。就是在老师的精心辅导帮助下，白正国在1942年解决了著名数学家富比尼提出的一个几何问题，由苏步青先生将论文转寄给富比尼本人。富比尼在回信中赞赏说很好，还说一般论文发表至少要一年多，他特地建议杂志提前发表，结果3个月后便刊出了。白正国还谈到，当年在浙江大学工作期间的教学、科研生活，给他留下十分深刻的印象。苏步青老师主持浙江大学数学系工作20多年，为祖国的数学事业作出巨大贡献。他自己也深刻地体会到：正确的理想加上坚持不懈的努力，是事业得以成就的关键所在。

在苏步青早期学生中，还有一位小同乡的"入室弟子"、后为美籍数学家的杨忠道先生。杨忠道中学时期在温州中学度过。1942年，他以优异成绩考取了浙江大学数学系。毕业后，在苏先生的推荐下，他在当时著名数学家姜立夫任所长的中央研究院数学研究所从事研究工作。1950年赴美留学，1952年获数学博士学位，1956年夏天任宾夕法尼亚大学助理教授，5年后转为正教授，当时年仅38岁，后历任数学研究部主任、系主任、中央研究院院士。20世纪90年代任南开大学数学研究所副所长。

他在湖南教育出版社出版的《走向数学丛书》中深情地写道：受姜立夫和苏步青的启发，本人"入浙江大学师从苏老学习现代数学，毕业后之所以能够起始做科研和教学工作，是苏老一手带出来的"。他把《浅论点集拓扑、曲面和微分拓扑》一书献给中国现代数学两位最早而又最有成效的播种人姜立夫教授和苏步青教授。

人在天涯，情系故土。温州这个地方具有"数学家之乡"的美誉，为了发现、培养和奖掖温州的数学新人，杨忠道教授利用回故乡探亲的机会，多次应邀到苍南、平阳讲学，赠送资料，并私人出资，先后在苍南县一中和平阳一中设立以姜立夫、苏步青名字命名的数学奖学金。

1991年,在复旦大学与早年学生一起合影(左起分别为白正国、方德植、苏步青、杨忠道、谷超豪)

16. 讨论班走向成熟

生活虽苦,但这是为祖国培养人才啊!苏步青在浙江大学任教,心里踏实了许多,他全身心地投入到教学和科研活动中去。

那时候,苏步青和陈建功先生每人开设4门课,二年级的坐标几何、三年级的综合几何、四年级的微分几何和数学研究甲、数学研究乙等课,是苏步青承担的课程,外加辅导、改作业、编教材、搞科研,真是全面铺开。图书资料实在太少,苏步青自告奋勇,利用暑期到日本去抄写,一个假期就抄回20多万字的最新文献资料。据苏步青回忆说:"这些资料几乎享用了20年,既充实了教学内容,又为科学研究提供了思路,可以说是穷办法出效益。"

苏步青回国后第二年秋季,陈建功先生找到校长邵裴子说:"苏先生学问既好,又有行政才干,我想把系主任一职让出来,给他担任。"然而,邵校长却认为不妥,陈建功先生是一位深受学生和同事拥戴的名教授,他不当系主任影响可不小啊!这时陈建功先生可着急了,他不肯改口,再三说服校长,并说:"能把苏先生请回来担任系主任,我比什么都高兴。"邵校长看出陈建功先生的一片真诚,也掂量过苏步青当系主任的分量,展望可能出现的前景,也就答应了。这样,刚满30岁的苏步青,就正式当上了浙江大学数学系主任,而陈建功先生退居"二线"当军师,常常给苏步青出些主意。那年代,两个青年教授配合默契,励精图治,浙江大学数学系经过一番改革,还真变了样。

就在这一年,江西省第一中学有一位高才生,慕陈建功和苏步青的大名,在当年浙江大学第二次招生时,因数学成绩特别优异而被录取。他就是熊全治。

那时,浙江大学数学系已办起了微分几何和函数论两个讨论班,苏步青和陈建功一人主持一个班,逐渐形成一种教学的新形式。根据熊全治的回忆,我们不难看出他们当时教学上的一些特点。

"陈、苏两先生教课时全用浙江官话口授,学生笔记,特别是苏先生,调节口授之速度适当,使学生可全部笔记下来。有人会以为此种教授之速度必太慢,实际上每堂课所授之材料,会使人意想不到之多。那时,陈、苏两先生即认为,我国应在国内多培养研究人才,不能专靠外国留学生,因之应训练学生在毕业前有独立读书及读论文之能力,每位学生在四年级时,必须选一教授,教授给学生一本德文书或法文书及一篇最近发表之论文阅读。学生要轮流向全系教员作演讲报告,报告次数要依学生人数之多少而定。那时每年学生不多,大致每隔两三周要作报告一次。在报告时若被老师找到错误,而当时又不能回答时,则下周必须重新报告,这种情形亦常发生。陈、苏两先生甚注意此两报告,特规定此两报告必须及格,否则不管该学生之其他成绩如何好,亦不能毕业。"

从1935年秋季起,熊全治已是大学四年级学生了,他选择苏步青作为自己的导师。苏步青便选择一本德文版的《高等几何》书给他读。由于该书非常文学化,很不易读懂。另外,苏步青还为他选了一篇刚在美国数学会会报上发表的关于二次曲线之一新射影特性的论文。

经过一番准备,熊全治仍不踏实,他深知苏先生对学生的要求非常严格,如果报告通不过,将如何是好呢?一天夜里,熊全治突然跑到苏步青家里。苏步青一见他来便问:"这么晚了,你还来干什么?"熊全治吞吞吐吐地说:"明天的讨论班由我报告,我怕过不了关,想来请先生……"话还没有说完,苏步青就板起面孔说:"怎么不早来?临时抱佛脚,还能有个好?"熊全治一听,脸涨得通红,二话没说,立即向苏步青告辞,返回了宿舍。他足足干了一个通宵。他知道老师对此决不会通融,只有实干,任何讨巧都是无济于事的。到该年年底,熊全治不仅通过了所有的报告,还以那篇论文的题目,自己另做了一篇论文,刊登在1937年出版的《浙江大学科学报告》上。在

1939年,与陈建功教授等在宜山文庙前合影(右一为熊全治、右二为苏步青、右三为陈建功)

一般情况下，登在这本报告中的文章，都是教授用外文写的，像熊全治这样的学生所写的文章，是很难看到的，可见该论文质量之高。

1940年春，浙江大学在经历几次搬迁之后，又由广西宜山迁往贵州遵义。在那战火纷飞的日子里，学生的学习环境更为恶劣，用于学业的时间甚少，苏步青想到学生若没有足够的学习时间，对他们日后成才不利，便找学校领导和学生商量，利用敌机轰炸的空隙，在庙宇和山洞内上课。获得校领导同意后，每到一个地方，课堂就搬到一个地方，讨论班也搬到那个地方。

有一天，外面又传来敌机空袭的警报，苏步青和4名学生——其时已是青年教师的熊全治、白正国、张素诚、吴祖基，一起躲进山洞。这山洞石壁上长着青苔，石缝里冒着水珠，顶上钟乳石倒悬，地上乱石成堆，不过因阳光的折射，洞里倒显得幽静而明亮。里面有两条板凳，是学生临时搬进来的。

苏步青对他们说："你们喜欢这里吗？我很喜欢，这里别有洞天。"几名学生听了都笑起来。他们分坐在两条板凳上，对这种新的教学环境感到新奇。苏步青略微发挥地说："以后这里就是我们的数学研究室。山洞虽小，但数学的天地是广阔的。大家要按照确定的研究方向读书，定期来这里报告、讨论……"苏步青继续讲授射影微分几何，指导学生做研究。这4名学生，后来分别成为美国里海大学教授、杭州大学数学系系主任、中国科学院研究员和郑州大学数学系主任。

张素诚是1939年在广西宜山毕业的。数学系的陈建功、苏步青、钱宝琮、朱叔麟等教授都给学生们留下深刻印象。张素诚、方淑姝、周茂清、楼仁泰一起毕业，钱宝琮先生以4人的姓为韵，作诗贺陈、苏两位先生，并欢送4名学生毕业，诗云：

> 象数由来非绝学，群才挺秀我军张。
> 天涯负笈传薪火，适意规圆与矩方。
> 黉舍三迁乡国异，师门四度日星周。
> 竿头直上从兹始，稳卧元龙百尺楼。

诗意反映抗日战争艰苦,对学生寄以厚望。

1941年暑假,浙江大学理学院迁至湄潭,并增设数学研究所和史地研究所。数学研究所的地址在湄潭南门外的周家祠堂内,所长由苏步青先生兼任。原数学系的图书在苏步青精心管理下,已从杭州安全运抵湄潭,于是在周家祠堂内,开箱上书架陈列,供师生们随时阅读,不设管理人员,借书的人自己登记,使用极其方便。

当时数学系的科研工作,主要分4个方面:第一是数学分析,陈建功先生、王福春先生、卢庆骏、徐瑞云、程民德、项辅辰等在三角级数及单叶函数中刻苦钻研,王福春的工作受英国数学家蒂奇马什的关切,曾发表于英国的数学季刊。第二是微分几何,苏步青先生带领熊全治、张素诚、白正国、吴祖基等在射影微分几何中勤奋耕耘。第三,蒋硕民先生讲授数理方程,受影响较深者是崔士英;代数也是蒋先生倡导的,曹锡华有志于代数学的研究。第四是数学史,钱宝琮先生是中国近代著名的数学史专家,可惜浙江大学后无传人。苏步青、陈建功两先生在那时都曾获过奖。

中国数学会前副理事长程民德院士亦是苏步青的学生。1935年他在投考浙江大学电机系时,由于数学成绩特别优秀,被当时浙大

1947年,于杭州在浙江大学数学系任系主任时合影(前排左一为杨忠道、左二为金福临、右三为白正国、右九为苏步青、右十为钱宝琮、右十二为徐瑞云、右十三为朱良璧,第二排左五为谷超豪、左八为张鸣镛,第三排右六为董光昌)

数学系主任苏步青教授转录到数学系本科。1940年程民德在贵州湄潭毕业,获学士学位,后转为研究生,师从当时国内著名的分析学家陈建功学习三角级数理论。1941年,在苏步青教授的推荐下,他在日本《东北数学杂志》上发表了他第一篇关于傅里叶级数切萨罗求和的论文。1942年,程民德在浙江大学研究生毕业,获硕士学位。1943年,程民德被聘为浙江大学数学系讲师。第二年,他与浙大低他一班的研究生卢运凯女士在湄潭结婚。

谈起苏师对自己的培养和帮助,程民德十分感激。20世纪80年代后期,苏师还到学生居家看望,与程先生及孙辈一起合影留念。1980年,程民德当选为中国科学院学部委员(院士),继续为数学的发展作出重大特殊贡献。1995年,程民德与卢嘉锡、苏步青等老一辈科学家联名致函江泽民总书记,争取建立国家基础科学人才培养基金,以支持基础科学人才培养基地的建设,并获得成功。1998年11月26日,程民德院士因病逝世。

张素诚从1939年8月到1945年7月在浙江大学的研究工作主要是奇异点。他回忆道:1972年12月,因为上级决定《数学学报》要复刊,除北京的同行以外,还想征求全国数学工作者的意见,我到大江南北访问各地的数学家。曾到上海拜访苏先生,蒙赐所著《射影曲线概论》(英文版)一书,并在扉页上题诗一首:

> 三十年前在贵州,
> 曾因奇异点生愁,
> 如今老去申江日,
> 喜见故人争上游。

"奇点"是微分几何的学术语言,精研这一学科的学者们,读这首诗,当有别样的体会。为了把祖国建成科学上先进的国家,师徒相承,朋友切磋,在科技界献身的人很多,这是集体的大事业。苏先生在其中作出了卓越的贡献,因而誉满神州。

几十年过去了,熊全治多次回国探望苏步青老师,在一次欢迎会上，他深情地回忆起当年受老师批评的那件事，不无感慨地说："多亏苏先生的一顿痛骂，把我给骂醒了，否则，也许不会有今天的成就。"熊全治曾担任美国里海大学数学系系主任，是国际著名数学杂志《微分几何》的创办人。在苏步青执教65周年暨90华诞的1991年9月，熊全治特地从美国赶到上海，参加微分几何国际学术讨论会。在那次酒会上，熊全治为老师赋诗一首，表达自己对老师的敬仰之情：

科学讨研曾拓荒①，满门桃李又芬芳。
勋高衣锦众钦仰，仁寿无疆日月长。

在苏步青早期学生中，还有一名叫秦元勋，贵阳人。浙江大学西迁至贵州，当时仅16岁的秦元勋，凭着第一名的优异成绩，成为浙江大学数学系的新生。

秦元勋回忆说：从1939年到1943年，我在浙江大学学习，苏老是数学系主任，并亲自给我们上几何学方面的课。当时没有书本，全靠听课、做笔记。苏老的课实际上是一种高超的艺术，对学生困难之处讲得特别详细，对学生已懂的，简单交代过去。他画的图形很漂亮，不用圆规画出的圆很标准。图形画在一角，要用的留下，不用的擦去，公式也是如此。一堂课讲到最高潮时，他说，这次就讲到这里，刚好下课铃就响了。下课一看，笔记本记得十分丰富，学生都感到是一种智力的享受和美的享受。这种教学方式也直接影响到我后来的工作，以及我教书和作报告。

在浙江大学，对秦元勋有较大影响的除了竺可桢校长外，还有5位教授，其中一位是外语系教授德蒙特，拉脱维亚人，另有数学系的3位教授（苏步青、陈建功、蒋硕民）。在三年级的几何课中，苏步青为学生讲了闵可夫斯基几何和微分几何，对秦元勋后来学习"相对论"起了决定性的作用。在四年级开设几何讨论班，苏步青分派给每

---

① "讨研"指"讨论班""研讨班"。

一个学生学习一本课外读物,然后到讨论班去报告学习心得。分给秦元勋的是复域几何学,分给崔士英的是拓扑学,这两门都是当时的新兴学科,对秦元勋后来在哈佛写毕业论文有很大的影响。

秦元勋在数学上有天赋才能,掌握深奥抽象的数学定理、计算方程游刃有余。他在浙江大学取得优异成绩,得到了竺可桢校长的赏识和高度评价。

打开竺可桢的日记,有记载:1943年7月2日,阅本届毕业生共311人,其中平均成绩在85分以上者,有7人,数学学科秦元勋以87.2分排列第二。在7月11日的日记中还写道:"秦为贵阳人,本届毕业生中平均成绩最高之一,其人体格亦佳,而性温厚,洵难得之人才也。"

秦元勋于1943年浙江大学毕业获理学学士学位后,苏步青曾留他在校攻读研究生,因为他已得到美国哈佛大学的入学许可证,便出国深造去了,并于1946年、1947年先后获美国哈佛大学文学硕士和哲学博士,创造了当时哈佛数学系最快获得博士学位和最年轻博士的纪录。回国后曾任中国科学院数学研究所研究员、副所长等,还获国家重大成果奖和国家科委金质奖,并有多项成果在国际上处于领先地位,为我国第一颗原子弹、氢弹的研究立下了不朽功勋。

苏步青很喜欢秦元勋,爱称他为"小孩"。1975年秦元勋到上海探望在舰队服役的儿子朝宇时,父子一同去拜望苏老师,苏先生高兴至极,大声喊老伴:"小孩儿带着他的小孩儿来看我们啦。"1992年秦元勋70岁生日,苏步青写去纪念性的话,还将《灵隐寺前作》两首诗写成条幅寄去。1999年秦元勋寄赠一张"全家福"照片给恩师,上书:"小孩儿,小孩儿的小孩儿,小孩儿的小孩儿的小孩儿拜望苏老祖爷爷。"师生亲情,溢于言表。

著名数学家王元回忆道:浙江大学数学系四年级学生的数学讨论班是苏、陈两位先生倡导的独特课程,分为甲种与乙种讨论班。甲种讨论班由老师给学生各指定一篇论文,乙种讨论班由老师给学生各指定一本书,交给学生自己去阅读,然后由学生轮流上讲台作报告,教师听讲并提问。每个学生每学期要讲四五次。这样的学习比单纯听老师讲课、记笔记,再做习题,当然要高了一个层次。这是有指导的学习。在这个阶段中,学生的能力差距就拉开了。这实际上是学生由学习到独立从事研究工作的过渡阶段。在这个阶段,学生学会了去图书馆寻找资料与独立思考一些问题。因此,这对于培养学生独立学习,提高研究能力,以及对于发现富有创造性才能的学生,都是一个很好的方法。有人说,这一段学习是浙江大学数学系的最精彩之笔,也是苏、陈两位先生培养人才的最大创举,我完全同意。

17. 西 迁 道 上

全面抗日战争开始后,国民政府仓促由南京迁到重庆,临走时还把他们的教育部部属大学——中央大学等,一所所都搬到安全地区。而对其他一些大学,则不闻不问。所以那时的浙江大学就像孤儿无人过问。

1937年10月24日,杭州沦陷了,全校700多名师生在建德暂避后,再也回不了杭州,只好决定继续西迁。考虑到不能离开浙江省区太远,所以迁往江西。那时,苏步青因孩子多行动不便,只好在建德乡下避一避。到了第二年,眼看着江西也待不下去,苏步青为做长远打算,先把夫人孩子送回家乡平阳,自己跟随大部队继续西迁。苏步青特别关注系里的图书,每到一地,先检查图书资料是否遗失;一听到搬迁的命令,又是他与教师把图书捆扎、装箱。在他的精心照料下,一路上图书资料没有损失一件,实属不易!

浙江大学搬迁时,竺可桢校长的责任最重,全校的大事,都由他决定,可他在那么忙碌的时候,还关心着苏步青一家人的安全。有一天,他对苏步青说:"你的夫人是日本人,此行路上一定有人要盘问检查,搞得不好还有生命危险。我已经替你向朱家骅(当时浙江省主席)要来一张手令,规定沿途军警都不得盘问检查。"果然,在从建德送妻儿回温州平阳的路上,在丽水汽车站,站长前来检查:"如果没看错,你的夫人是日本人,我们应该检查。"这时,苏步青出示第三战区交通电讯管理局局长、浙江大学校友赵曾珏的介绍信,汽车站站长理都不理。无奈之下，苏步青只好把朱家骅的手令出示了。那站长立刻改变了态度，急忙说："那就不需要了。"这时，苏步青更感激竺校长对他的关爱，没有那手令，还不知会惹出多大的麻烦！

后来，浙江大学的师生在敌机的一路轰炸之下，到达江西吉安。学校离开浙江后情况变得更加困难。竺校长的夫人张侠魂女士，就是在那缺医少药的情形下去世的。校长要负责全校师生的生活、学习、动迁、安全等工作，哪里还顾得到自己的亲人呢？直到师生们来到赣江上游的泰和后，大家才松了一口气，然后学校又忙于开学、上课、招生等工作，完成教学任务。

环境如此艰苦，但是浙江大学师生却依然是那么勤勉、振奋。苏步青回忆起那段生活，还很兴奋、自豪地说：

"到了泰和后，听说这条赣江经常洪水泛滥，当地老百姓受害不浅。竺可桢先生了解这些情况后，就命令浙大土木系师生去协助地方人民，建造了一条防洪长堤，人们称它为'浙大长堤'，把千年祸水降服了。在泰和时期，马一浮、钱钟韩等著名教授都在那里任教，可谓集一时之俊彦，出现了'泰和盛时'。我今天还记得，马一浮当时曾写过一首诗：'居人先鸟起，寒日到林时……'那时候，我们这些人，都比小鸟起得早些，而每天的工作都要干到太阳下山以后，这也可见我们当时的校风之好。我们数学系的学生张素诚、周茂清、方淑姝等，他们是1939年在宜山毕业的，这也说明在困难条件下，我们照样可以培养出优秀人才。"

南昌失陷以后，泰和又保不住了。于是浙大师生只好再向西迁移，1938年到达广西境内的宜山。这年暑假，苏步青回浙江平阳探亲，回宜山时，因交通不便，到开学时已迟到两个月。可是在这两个月中，敌机把宜山的临时简易校舍当作"兵营"，天天轰炸不止，有一天竟丢下108枚炸弹，幸而师生无一伤亡，图书、仪器、设备也无一炸毁，苏步青认为是"天佑我师生也"！

后来南宁也吃紧了，浙江大学师生在宜山又住不下去，决定一下子迁到贵州遵义。据苏步青回忆说："这一次西迁遵义，非常重要，要不然在以后的'黔南战争'中,我们浙大会全军覆没,后果不堪设想。"

湄潭在贵州省北部,属遵义专区,县境景物清幽,山川形胜。县城在湄江平原之南,依山傍水。暮春三月,山原绿翠,杂花生树,群鸟争鸣,原野黄花,蜂蝶竞舞,江浦水车,缓歌曼舞,辘辘幽鸣,有如笙笛。湄潭气候和暖,冬暖夏凉。城中居民数千,勤俭耐劳,崇尚朴实。浙江大学师生员工与之相处7年,互通往来,极为融洽。

湄潭是"世外桃源",虽在战时,却无空袭警报之忧。但因地处偏僻,也无文化娱乐设施。自浙江大学迁来以后,每逢年假或学生毕业,常有文艺节目上演。

湄潭物产丰饶,虽人口陡增两倍,粮油副食取用不竭。平日市上蔬菜、鱼肉供应充裕。3 000多人口的菜蔬副食不虞缺乏。每逢三、六、九日为赶集之期。远近商贩云集城中十字街头,城乡人民都来交易,熙熙攘攘,非常热闹。有的甚至从湖南肩挑车拉运来布匹和柏油,也有平时很难见到的苗胞出售一些山货。浙江大学学生最感兴趣的是点灯用的柏油,以及板栗、核桃、柿子、金盖梨、猕猴桃、白果之类,因为它们价廉物美,不花多少钱可以买一堆回来分享。

茶楼酒馆及日杂小店均罗列在城中十字街口一带。酒馆生意甚好,四乡人民来县城办事多半在这几家餐馆用饭;浙大师生也间或来此饮宴会餐。

浙江大学学生大多来自江浙及长江中下游各省,家乡沦陷,经济来源中断,生活比较清苦。但湄潭农副产品富饶,物价相对平稳,生活费用低廉。学校每月发放战区学生贷金,勉强够伙食及洗理之用,还按时发放灯油灯芯。学生虽无接济,仍能维持生活。

此外,浙江大学还经常举办学术报告会,1943年10月27日,竺可桢校长在湄潭大成殿主持学术报告会,到会的中外学者有李约瑟夫妇、毕丹跃、陈鸿逵、胡刚复等30余人,郑晓沧任翻译。李约瑟出讲"科学与民主""中国科学史与西方之比较观察""中英科学与加尔各答中央联络部"等3个问题;毕丹跃讲了"英国战时农业研究",

竺可桢讲了"科学社会过去历史及任务"。李约瑟博士是英国著名的学者，他赞誉浙江大学是中国最好的四大学府之一，他回到英国后，在英国的《自然》杂志发表文章，称浙大为"东方的剑桥"（参见李华超、洪星《浙江大学在湄潭》）。

1944年5月7日，浙江大学举办"星期日讲座"，苏步青为电子系和其他系学生作"张量（Tensor Calculus）数学的起源、定义及其内容"的报告，这是当时不久前爱因斯坦得到格罗斯曼之助而曾采用的。

战争年头，不带家眷的浙江大学教师，都尝够了物价波动和邮政不便的苦头。苏步青的夫人和几个孩子都在平阳乡下，回去一次要历经千辛万苦；寄钱回家，钱还未到手，货币已贬值一半。

苏步青是1940年初到达遵义的，数学系设在湄潭县的姜公祠里。有一天，竺校长对苏步青说："你不要等暑假再回去，将来衡阳回浙江这条路肯定行不通，现在还勉强可以走，你赶快把家眷接来。"苏步青正愁没有搬家的费用，竺校长好像早已考虑过，忙说："钱不用愁，我们学校替你包下来了。"没两天，竺校长一次就批给苏步青900块大洋，这在当时是一笔很大的钱款啊！

临走前，竺校长还对苏步青说，他已关照浙江大学在沿线管交通的校友，行路时给予帮助。1940年4月，苏步青和苏叔岳启程，经鹰潭至兴国，过泰和回温州。苏步青回平阳后，写下《清平乐》，记叙了当时的情景：

清 平 乐

竹庐雨后，稚子门前候。初夏绿窗人如旧，仿佛几分消瘦。

而今洒却闲愁，凉风浅醉登楼。吩咐溪边杨柳，殷勤为系归舟。

回到家乡，稍事休息和准备，苏步青一家即于当年5月从平阳启程。正巧有4名同乡学生要到遵义上大学，听说苏步青要搬家，即表示要同行并给予帮助。这一回大搬家非常艰苦，从温州到柳州，路上走了35天。在柳州休息一周，才买到公路局的车票。

竺校长知道苏步青带了家眷回校，非常高兴："这下子我好放心了。"苏步青每讲起这件事，总是非常激动，他说："那一次如果没有竺校长帮助，我是无论如何也出不来的，那也就不会有以后的我了，所以这一次搬家是我终生难忘的。"

1990年3月，在竺可桢先生诞生百岁之时，浙江省政协文史办打算出刊一本纪念竺可桢的文集，名曰《一代宗师——竺可桢》。主编刘操南学长要求曾任上海浙江大学校友会副会长的杨竹亭先生就近去拜访苏步青先生，协助整理一篇纪念文章。在获得同意后，杨竹亭按约好的时间去拜访。因为苏先生事前作了充分的准备，所以谈得很深很长，约3个小时。苏先生怕一时记不起那些故人的姓名和事情，还请金福临先生陪在旁边帮助他一起回忆。

苏步青说：我是1931年到浙大来教书的，而竺可桢是在1936年来浙大任校长。我比他先进浙大5年。那时候，我听说竺可桢是国民党要员邵元冲、蒋作宾的连襟，靠官僚关系来当校长的（其实完全不是这样的）。这样的校长哪里会有什么好呢？所以在他来浙大以后，我是一直持反对他的态度的。可是后来知道，我错了。他明知道我在反对他，而他一直很关心着我。

其实，竺先生自己是一位很有学问的学者，对有才华的学者，他都是热忱地聘请来浙江大学任教的，所以来浙江大学任教的教授也都认真负责地为学校作出贡献。如谈家桢先生，他是1937年从美国回来的，当时才28岁，竺先生知道了，立刻聘他来浙大。章士钊的儿子章用和曾炯，都是被竺老聘来的。那时开欢迎会是在警报声中进行的，因为校长器重他们。有一次（在建德）有学生问章先生："警报都响了，老乡都去躲飞机了，我们还上课吗？"答："怎么能不上课呢？"又问："黑板挂在哪里？"答："可以挂在我的胸前！"可见浙江大学教授的负责和献身精神。

苏步青最后十分激动地说：1962年国家科委在广州举行全国科学家讨论科学规划会议（简称广州科学会议）。参加的科学家有300多人。我和竺先生又碰面了。竺先生见到我时对我说："我记得你的生日到了，我们就在此地为你祝寿吧！"于是他把参加这次大会的浙大校友，共65人，召集在一起，为我祝寿。这是我万万没有想到的，在这样的时候还能记住我的生日，而且是在这么隆重的大会期间。我问竺先生，你怎么知道的？他说：许多浙大教授生日，我都记在本子上，怎么会忘记呢？

一位著名大学的校长，在离开学校几十年后，还能记得那些教师们的生辰日子，怎不叫人感动呢？我对竺先生的怀念，是最难忘的。我认为竺可桢是可以与蔡元培比肩的两位中国历史上最好的大学校长。

18. 苦难亦欢歌

在竺可桢校长的关心下，苏步青将妻子和子女接到了贵州湄潭。苏步青一家与著名生物学家罗宗洛一家合住在一所破庙里。

国民党军队节节败退，大片国土沦丧，后方经济崩溃，物价飞涨，大学教授靠工资也难糊口。当然，教授们的工资从数额上说似乎不少，但在物价飞涨中养家也难，一般比较清苦，不少教授率先戒去几十年抽香烟的习惯。贵州人吃肉叫作"打牙祭"，多数每月初二、十六才吃一次，农民每月还吃不到两次肉，一般是过年过节才有肉吃。教授们入乡随俗，吃肉减少了，都说"菜根香"了。不但是粗茶、淡饭、布衣裳，有时粮食不济还得"瓜菜代"。部聘教授苏步青子女多，长时间吃番薯蘸盐巴度日。孩子们都懂得，这是抗战时期，除了吃饱，不应有别的奢望。

许多人"弃学经商"去了。苏步青没什么商好做，就买了把锄头，把破庙前的半亩荒地开垦出来，种上了蔬菜。每天下班回来，苏步青就忙于浇水、施肥、松土、除虫。小时候他多少干过农活，所以干起来得心应手，有人说他像个老农。有一次，湄潭街上的菜馆蔬菜断了供应，他们知道苏步青教授那里有花菜，特地派人要去好几筐。

一天傍晚，苏步青正在家里翻晒将要霉烂的山芋。竺校长到湄潭县分校视察，专门到苏教授家看望。进了门他便问："搬此物何用？"

苏步青如实告知："这是我近几个月来赖以生活的粮食。"苏步青一家是将山芋蒸熟后蘸盐巴当饭吃的。对于一个 8 口之家，每月薪水 350 元，怎够维持生活呢？校长眉头紧锁，想了想便对同去的附中校长胡家健先生说："今后把他的两个在附中读书的儿子，改为公费生免交膳费。"儿子拿了竺校长的手书办手续。按规定，公费生必须住进学校。然而苏步青家一时又抽不出两条被褥，所以仍不能享受这一待遇。不久校长知道了，又"特批"两个儿子可以住在家里而同时享受公费生待遇，从而减轻了苏步青两个孩子的生活费用，这件事使苏步青终生不忘。到了第二年，竺校长又把苏步青作为"部聘教授"上报教育部，并被批准。这以后，他的工资增加了一倍，生活困难就全部解决了。

学生曹锡华教授回忆说：1942 年 9 月我到湄潭浙大上学去，第一次见到苏步青先生，是由我同班同学潘应河带我去苏先生家里。那时候苏先生家住在湄潭南门外，抗战期间，很简陋，平屋一套，苏先生家人口又多，虽是大教授，却还过着很简朴的生活，有时还需自己做家务。第一个印象是他很严肃也很关心后辈。他很和善地为我安排了学习课程。由于是从重庆大学转学的，二年级转二年级，已经学过的课可以不学了，可以留出时间读三年级的，以及多听些物理课。我很幸运，这一年我听了苏先生的"综合几何学"、陈建功先生的"级数概论"等课，为我后来学习数学打下坚实的基础。

在浙大 3 年除了业务上受教于苏先生外，印象最深的是苏先生艰苦朴素、勤奋好学的精神。只举一件事。1944 年的秋天，物理系束星北先生开了一门"相对论"的课，我去听了，没想到部聘教授苏先生也去听课，而且非常认真。这门课放在财神庙的一个小屋里上，长条桌硬板凳，每次苏先生都坐在第一排，一个笔记本、一瓶墨水、一支笔，认真听，认真记。这样持续了一学期，真使人钦佩。

不少当年的学生回忆说：城里没有交通工具，道路高低不平，下雨泥泞不堪。上一次课有时得跑几条街，教授和学生同样要跑路，还得赶时间，要紧的是爱惜鞋子，破了不易补充。教授有时去湄潭、永兴授课，也得步行前去。面对这样的交通情况，师生都习惯了，一切都能适应。艰苦的衣食住行，没有难倒浙江大学的师生。每天，教授们备课、上课、做实验,井井有条,教好课还要做专题研究。学生上课做笔记,下课做实验和做作业,时间很紧,都要争取好成绩。师生们除了教学活动之外,早锻炼、晚散步,闲时还打打桥牌散散心,生活很充实。这里古迹名胜很多,遵义有湘山寺、石佛洞、纯阳阁、南泉寺、金顶山等,湄潭有观音洞、水硐沟(桃花江)、百鸟归林和风水联保(党家沟)等,永兴有黄菊山、三岔河等,随时都可见到浙江大学师生的游踪。

1946年下半年,卢嘉锡先生从英国回来,立刻应聘到浙江大学任教。见到苏步青,就称他老师,别人奇怪了,问苏步青何时收过这样一位出色的学生。原来,在1936年暑期,福建省主席陈仪请苏步青和陈建功先生去福州帮他们办师训班,那时卢先生还是中学化学教师,他也在班上听苏步青的数学课。考试时,卢嘉锡的数学成绩全班第一,所以才有这样的师生关系。几十年后,他们在中国科学院院士大会、全国人大、全国政协大会上相见,还是亲密无间,感情甚浓。

浙江大学在西迁遵义、湄潭的7年中,不仅以"求是"精神和严谨的校风给黔北人民留下了深远的影响,同时,他们中的一些老教授,还利用公余,组成了"湄江吟社",为黔北人民留下了不少感人的诗篇。这些诗篇,有抒情,有咏物,或表达忧国忧民的思想,或歌颂贵州山川的壮丽,或反映科技成果的喜悦,或寄托怀乡思亲的心境,内容丰富,形式多彩。

这些诗篇,在1943年前,大都是个人信手写成,置诸案头,作茶余酒后的自我欣赏。1943年后,工作稍稍安定。教授们工作之余,过从渐多,于是相互唱和,诗兴盎然。在钱宝琮、苏步青等教授的组织倡导下,1943年2月28日,"湄江吟社"宣告诞生。开始,社员仅7人,即:苏步青(数学系主任)、江问渔(恒源,教育学家)、王季梁(师范学院院长兼化学系系主任)、祝廉先(中文系教授)、钱宝琮(数学系教授)、胡哲敷(中文系教授)、胡鸿谟(农学院助教兼农场技士)。后来,又增加了茶场场长刘淦芝教授和从浙东龙泉来的郑晓沧教授,一共9人。

"吟社"成立时,他们即明确提出成立本社的旨趣为:旅居黔北湄潭县同人为陶冶性情，切磋诗艺，相互砥砺，抒发感情。"吟社"成立后，他们共集中活动了8次，由与会者轮流主持。每次都有主题，如"春江水暖鸭先知""试新茶""夏日遣兴""湄江秋思"等；诗作必须限字韵，如"江""头""人""初"等。

同年5月16日第四次吟会，以试新茶为题，限人字韵，这次是在湄潭茶场举行。茶场主人刘淦芝教授先赋诗曰："乱世山居无异珍，聊将雀舌献嘉宾……诗成漫说增清兴，倘许偷闲学古人。"苏步青教授当即写出一首表示心情：

> 翠色清香味可亲，谁家栽傍碧江滨？
> 摘来和露芽方嫩，焙后因风室尽春。
> 当酒一瓯家万里，偷闲半日麈无尘。
> 荷亭迨暑堪留客，何必寻僧学雅人。

第八次诗会是1943年10月24日，题以冬日为范围，或咏物，或抒情，或写意，取少陵诗句"天风随断柳，客泪坠清笳"为韵。这是吟社的最后一次活动，因为有的教授将去遵义上课，有的忙于学术研究要到其他地方，难图再聚。这次江问渔写了600多字的长诗。苏步青教授等也有近200字的长诗，流露出深沉的依恋之情。他表示："他年重返江南日，定答西风酒一瓯"，自叹"锦帆依旧无消息，那堪瘦骨更支离。"这次集会后，"吟社"即宣告解体。所写诗词，经整理后，曾用石印出了《诗存第一辑》，按其初意，是"记存一段文字因缘，借为他日雪泥之证。"

1948年，卢嘉锡教授从浙江大学返回厦门大学，苏步青依依不舍，作《赠别卢嘉锡教授返厦大》诗一首：

> 榕城共听角声吹，一十二年如电驰。
> 我自饥乌将九子，君真驾鹤历千陲。
> 文章海内存知己，雨雪春初惜别离。
> 欲话神州当日事，凄凉双鬓已成丝。

浙江大学的许多著名教授到了遵义湄潭以后,将学校的教学科研做得非常出色。谈家桢教授回忆说:我们在湄潭教书时,教师们家家都是油灯照明,常常用红薯充饥。可是我们心情舒畅,我的最有价值的几项研究,就是在这时和那个"唐家祠堂"土屋子里完成的。后闻王淦昌、苏步青等教授的著名著作,也是在那一时期完成的。英国皇家学会会员李约瑟教授到湄潭参观,他对浙江大学能在这些土祠堂里作出许多成果,感到十分惊奇。难怪他说:"你们浙江大学研究室空气可与英国剑桥大学媲美,是东方的剑桥。"

他讲那句话时,苏步青正好在旁边。其实那时的剑桥大学,正处于"第二次世界大战"的破坏时期,他们的科研精神,苏步青认为不见得比浙江大学好,后来可就不同了。那时,李约瑟的这个说法,还是给浙江大学以很大的鼓励。

就在这艰苦的岁月里,苏步青终于下决心戒烟。那时他的烟瘾很大,每天起码一听,总在50支上下,比较喜欢抽一种牌号为"杰利克(译音)"的高档外烟。在抗日战争爆发后,苏步青全家随浙大西迁湄潭,当时生活非常清苦。在这种情况下,苏师母还是想方设法每天早晨在丈夫书桌上摆一听上海华成烟草公司的名牌烟——"美丽牌"香烟。苏步青不愿看到夫人为香烟额外操劳,所以决心戒烟。一天,他听说陈建功先生已戒烟,将信将疑,便向学生张素诚打听,证实果然有这回事。由于家境不好,孩子又多,眼看香烟不断涨价,哪有钱再抽烟呢?苏步青思考再三,终于向夫人发出试探:

"建功先生戒烟了,他比我大9岁都戒了,我也戒。"

"早该戒了,下点儿决心,我来监督你。"

戒烟的前几天,苏步青感到特别难受,好像丢了魂似的,看不进书,手不时摸摸口袋,感到少了什么,坐立不安。夫人见他这般难熬,急中生智,炒了一些花生米,一发现丈夫难受,就抓一把花生米塞到他的手里。没想到这一招倒挺管用,一天、两天……十天,苏步青竟顺利地戒掉了烟。

后来,一些青年人知道苏步青以前烟瘾很大,竟然戒了,都问他是怎么戒的。苏步青回忆戒烟一事时，给他们提了几条要领："一是没钱抽烟，不得不戒，这是首要的一条。二是戒烟需要有毅力，到了最难受之际，也就是快要成功之时，更需要毅力。三是大学兄陈建功先生带了头，可以说榜样的力量无穷。四是夫人的花生米，给了我难熬时解馋的办法，也增强了戒烟的信心。"每当看到青少年朋友吸烟时，苏步青也总是苦口婆心地劝他们戒烟。在复旦大学校长办公室，苏步青曾应工作人员要求，挥毫写就"禁烟楼"，装进镜框，悬挂于门口厅墙上。有吸烟者见之，均自觉熄烟。办公室那幢小楼，成了复旦大学内的第一幢禁烟楼。为此，校长办公室主任还到市里发言介绍禁烟的情况。

湄潭的艰苦生活给苏步青留下了深刻的印象。那种生活，对于今天的青少年来说，是很难理解的。苏步青的一个小女儿，因营养不良，出生不久就死了。家人把他埋在湄潭的山上，立了一块小小的石碑，上面刻着"苏婴之冢"几个字。他们家还有一个儿子，因为抗日战争期间从未吃过糖，抗日战争胜利后，他们路过武汉，才第一次吃到白糖，孩子竟惊奇地发问："爸爸，盐怎么会是甜的呢？"

苏步青当年写了一首《水调歌头》给钱宝琮教授：

> 白露下湄水，早雁入秋澂。桂香鲈美时节，天放玉轮冰。求是园中桃李，烟雨楼头归梦，一十五年仍。何物伴公久，布履读书灯。

> 西来客，吟秀句，打包僧。文章溯古周汉，逸韵到诗朋。好在承欢堂上，犹是莱衣献彩，瑞气自蒸蒸。回毂秀州日，湖畔熟莼菱。

就在这困难的环境中，浙江大学的教学、科研活动依然有条不紊地进行。据学生叶彦谦回忆，当时教师和学生不到30人，虽然老师们生活很不宽裕，但逢年过节，总要分别把所有未婚教师和学生请到家中吃饭，以安慰这批远离亲人的游子。每年春秋佳日，还有两次郊游和聚餐，全系师生就像一个大家庭一样。由于经济困难，苏先生一家人已经多时没添新装。苏步青穿着缀满补丁的衣服走上讲台，每当转身在黑板上画几何图形时，学生们常会对着苏先生的背后指指点点："看，苏先生的衣服上三角形、梯形、正方形，样样俱全！""看，屁股上还有螺旋曲线！"

夜晚，苏步青把一盏烟熏火燎的桐油灯摆在菩萨香案上，看书写作，《射影曲线概论》一书就是在这样的环境中写成的。著作完成后，苏步青希望能够出版发行，立即流传。但是，当时国民党政府的教育部，仅仅是为了粉饰太平，给了苏步青一笔奖金，而劳动成果却埋藏在政府的公文堆里。苏步青后来曾托人把这篇著作带到美国去，希望能在那里找到出路。不料一位美国同行，竟在借阅该稿时，把他有创造性的见解写到了自己的著作中，而对苏步青的名字只字未提。

在那艰辛的岁月，师生关系却很融洽。老师和师母对待学生像自己的亲人，平时关心他们的功课和身体，为困难学生代谋兼职，如打字、工读、代课之类；毕业时期筹出路，推荐就业；临别时借路费、借用衣物，也是常事。学生为教授们帮忙家务，代教孩子功课，甚至代卖衣物，也屡见不鲜。学生们相互支援衣物，上一级同学把书籍、文具转让或留赠下一级同学，同级相互代谋职业找出路，体现了浙江大学的新型师生关系。

19. 费 巩 精 神

> 香曾灯火下，风雨几黄昏。
> 护学偏忘己，临危独忆君。
> 沉冤终已雪，遗恨定长存。
> 恩德属于党，泪沾碑上文。

这是苏步青为悼念费巩（字香曾）先生写的一首诗作，时间是1979年10月。

1940年是抗日战争时期最严峻的一年。国民党当局只管逃命、躲藏,消极抗战,并且对大学生抗日救国运动进行镇压、迫害,教师、学生的物质生活十分困苦。

费巩的女儿费莹如回忆说:"1940年7月,浙大反动训导长姜琦被学生轰下台。经广大师生提议,竺校长'三顾茅庐',请父亲出任训导长,父亲则以'不参加国民党;不领训导长薪俸,把省下的钱用于改善学生生活'为条件,同意就职。以后,父亲以争取扩大贷金、提倡工读,并以个人薪金作资助等方式为学生排难解困。不到半年,父亲就被国民党教育部以'放纵共产党活动,阻挠国民党党务工作'罪名,胁迫辞职。"

费巩先生是在竺可桢校长和同学们的热情邀请、拥护下,当了不支训导长薪俸的训导长。他把节余下来的经费,用到学生物质生活的改善上,"费巩灯"就是一例。

原来学生照明用的是遵义当地一种简陋的油灯。盛油的是一块陶片。这种植物油在热天是液体,而在冷天就会凝结。若用一根灯草点燃,油往往因热量不足而不融化,因而需要两根以上的灯草才行。这种灯的光亮自然很暗,再加上居住条件差,风从板壁缝吹进,灯光摇曳不定,直冒浓烟。学生近视人数剧增。

费巩担任训导长后,经常到学生宿舍巡看。他发现灯光太暗,便想到要改良油灯。"开学之后,每人发给以香烟罐改制之简易植物油灯一盏,油量未增,不敷应用,则嘱以自备,或两人合用一盏。此项油灯所费虽逾千元,共做850盏,自有植物油灯者皆未给,然灯光改善,足护目力,此亦有益学子终身,虽费亦值得。"这是费巩训导长工作总结报告中所提及的。这充分表明费巩先生对学生的热爱。

然而,时隔半年,竺可桢接到国民政府教育部的指令,令其早日物色继任的训导长。尽管学生们一再挽留,竺校长也不愿失去费巩的支持,但是政令难违,费巩终于被免去训导长的职务。疾恶如仇的费巩,不顾自身安危,以笔当戈,从1944年2月起,撰写多篇文章,抨击国民党统治之腐败。3月又在校内演讲,讥讽时弊,从而引起国民党特务的严密监视。

1945年1月,费巩先生和苏步青获准休假一年。费巩应母校复旦大学的邀请前往讲学,而苏步青则留在原校做研究。

这次费巩到重庆北碚母校(此时复旦大学迁至此),是想举办"民主与法制"特别讲座,计划以一年时间讲授"英国政府""现代中国政治问题"和"中国政理"3门课。他决定对国民党当局的腐败政治和工作效率做一番调查,就人事制度做进一步考察,以代替讲稿中之陈旧史实。在重庆期间,费巩接连进出国民政府的交通部、财政部、外交部、考试院等,调查这些机构的腐败实况。各方特务密报了费巩的行踪。

2月7日,费巩欣然在郭沫若起草的《文化界对时局进言》上签名,要求国民党召开党派会议,组织联合政府等。这篇进言一发表,立即引起很大反响,整个国民党统治区掀起了要求成立联合政府的民主运动。蒋介石坐立不安,要杀一儆百加以镇压。特务们奉命对《文化界对时局进言》签名者进行各种威胁、恐吓、利诱。个别人在国民党特务的压力下,被迫在报上声明"并未参加"。费巩对反动派的卑鄙行为极为气愤,发表文章加以痛斥。这更引起特务们的惊恐,被视为眼中钉。为了争取曙光早日来临,费巩不顾自己处在虎狼爪牙之下,置生死于度外,更加猛烈地抨击时政,终于遭到了国民党反动派下的毒手。

这年3月5日凌晨,费巩在重庆千厮门码头搭船去北碚复旦大学,由原浙江大学学生邵全声送行。当邵去附近取回寄存的行李时,费巩已被国民党歹徒绑架而"失踪"。这就是震惊大西南的"费巩事件"。经多方探询,均无结果。

费巩先生失踪的消息引起重庆各界关注。1946年1月,周恩来等同志在出席政治协商会议时,曾向国民党当局提出立即释放叶挺、廖承志、张学良、杨虎城、费巩的要求。敌人对此正义要求不做交代。新中国成立后经调查,费巩教授遭秘密绑架后,被残酷杀害于歌乐山集中营的镪水池中,时年仅40岁。1978年9月,上海市革命委员会正式批示:"同意追认费巩教授为革命烈士,其家属享受烈属待遇。"

1979年10月30日,经中共中央统战部批准,"费巩烈士纪念会"在浙江大学隆重召开。由于苏步青将率领教育部派出的大学校长访问团出国访问,已于10月22日到北京集中,未能出席这次纪念会。苏步青便于10月13日写了一篇《学习费巩烈士的高贵精神》的文字稿,寄给纪念会筹备处,作为书面发言材料。在这篇文章中,苏步青这样写道:

> 在解放前,我也当过浙江大学训导长,时间虽然是在天亮前后、国民党反动政府摇摇欲坠的情况下,同费巩先生的时候不能比拟,但是,反动派垂死挣扎,气焰还十分嚣张。由于有费巩先生不畏强暴、捍卫真理的精神鼓励我,进步的、勇敢的、锻炼有素的浙大同学,包括一些地下党员帮助我,使我总算尚无大过地渡过了翻天覆地的大关,进入新中国。解放后,我在各个运动阶段中,也面临过各种危难,林彪、"四人帮"横行时期尤其是这样。每次我都想到费巩先生的精神,用它来勉励自己,用共产党员标准严格要求自己。

1980年3月16日在上海龙华烈士陵园,隆重召开了费巩怀念会暨费巩衣冠盒安放仪式。1980年10月,浙江大学编制出版了《费巩烈士纪念文集》(内含4卷)。1980年,三联书店出版了长篇传记《费巩传》。1997年4月1日,浙江大学百年校庆之际,在浙大校园内举行了由浙江大学40年代老校友捐款建造的"费巩亭"及纪念碑落成典礼。2001年11月1日在上海龙华烈士陵园隆重举行了"费巩烈士遗物捐赠仪式",费巩子女将父亲的全部遗物捐赠给烈士陵园纪念馆,其中费巩生前日记16本(全套)经国家文物局近现代一级文物鉴定确认专家组确认为国家一级文物。

20. 宝 岛 情 结

1945年8月14日,日本帝国主义无条件投降,中国人民伟大的抗日战争宣告胜利结束。

一天，南京国民政府教育部来电，指定浙江大学派人组成接收团，前往台湾宝岛，从日本人手中接收台北大学。接收台北大学的负责人是浙江大学理学院生物系主任罗宗洛。当时国民党国防部的陈仪和苏步青挺熟悉，他曾建议说，从日本人手中接收大学，最好派几位留学日本的教授去。罗宗洛就挑了苏步青、陈建功、蔡邦华3人。一听说是接收台北大学，他们3人很快就同意了。

同年10月中旬，苏步青等3位教授做了工作安排后，即告别校长和亲属上路了。因交通不便，他们从重庆过三峡，沿着长江东下，经过18天的艰难旅途生活，才到达上海。全国各地集拢来的400多位接收大员，集中登上一条轮船，开始向台湾的基隆港进发。

眼前是一片波涛滚滚的大海，空中海鸥飞翔。苏步青站在甲板上，极目眺望，心里非常兴奋。台湾自古以来就是中国领土的一部分，荷兰殖民主义者曾经占有她38年，后来日本帝国主义者又来践踏和蹂躏。如今，日寇被打垮了，宝岛台湾也回归到祖国的怀抱，想到这些，苏步青的心情自然无比激动。

海上无风也有三尺浪。临近太阳下山，风力加大，船只的颠簸也加大。苏步青他们开始呕吐不止，有时简直要把肚肠翻出来。旅途中饭吃不下、觉睡不着那是常事，但都没有这次越海厉害。经过一昼夜的航行，他们拖着疲乏的身躯，登上了宝岛。南国特有的风光，真是美不胜收，而他们更感兴趣的还是台北大学。

苏步青一行先抵达台北。日本人原办的台北大学，只有农学院和理学院两个院。接收工作非常认真和细致，连家具、账目都一一点过、签收。说来怪可怜的，台北大学的学生只有几十人，教师也寥寥无几。苏步青被任命为理学院代理院长。

12月下旬，接收委员会增加了台湾籍教授人选。他们全体成员从台北出发，进行了一次调查考察。阿里山的风光、日月潭的碧水，使苏步青激情满怀。每当回忆起这段有意义的日子，苏步青就处在兴奋之中。

1946年2月底，苏步青提出回杭州浙江大学工作的要求。在3月9日天气晴朗的早晨，3位教授登上了螺旋桨飞机，返回上海，结束了这次接收台北大学的工作。1946年夏,台北大学正式改名为台湾大学,罗宗洛教授留任校长。

这次赴台湾任接收大员,苏步青前后写了20多首律诗。从贵州,经三峡,沿途作了杂咏15首。在台湾岛,苏步青吃到赤鲷鱼,想起此物用于日本人的婚礼宴席,也诗兴大发,赋诗一首。离别台湾前夕,以及乘飞机自台北飞上海时,亦作了两首诗。现摘录这些诗中的4首于后。

赤　鲷

岛国南来食有盈,赤鲷风味最鲜清。
红鳞暗忆桃花涨,巨口应吹柳絮行。
合是登龙夸彩鲤,莫教弹铗怨儒生。
凤凰新侣金盘列,好伴扶桑画烛明。

将别台湾作

蜀云黔雨久离居,草席纸窗三月余。
望隔层楼青椰子,潮生曲水赤鲷鱼。
心悲形役聊从俗,老被人嘲尚读书。
惟有归欤新赋好,宁忘安步可当车。

乘飞机自台北飞沪(2首)

一机起东海,双翼拂烟霞。
过眼乡关隔,回头岛国赊。
云藏青雁荡,雨湿古龙华。
未必无愁思,薄寒江树斜。

不尽河山影,都从足下生。
天开云路阔,翼顺雨丝横。
破浪期他日,乘风快此行。
太虚如可极,稳坐胜长鲸。

1981年9月下旬，苏步青任主编的《数学年刊》第三次编委会在厦门召开，他和20余位编委长途跋涉，初访这座英雄、美丽的城市，下榻于厦门大学专家楼。

自从苏步青担任复旦大学校长之后，经常有媒体记者向办公室索要苏老生平资料。而平时大家都忙于工作，难得静心坐下来了解其经历，并整理成文。笔者提议利用此次出行之机，对苏老作一次全面的、较为深入的采访。此建议很快得到领导的批准，于是文笔娴熟、文采斐然的新闻系毕业生贾树枚先生，便作为应邀对象一起同行。贾先生曾任复旦大学党委办公室副主任，是笔者的顶头上司，并与苏老共事多年，深受苏步青的赏识。

列车出发了，待大家都坐定之后，笔者便告知此安排，苏老一听，哈哈大笑："你们真会抓紧时间！行啊，你们想了解什么就说。"

那天，苏步青心情很好，其他编委聚到一起，有说不完的话，反正开会时还会见到苏老，也就没必要同他同席而坐了。为了保证采访有个稍为良好的环境，列车长破例为我们开出餐车，并且表示不受时间限制，随时可用。就在轰轰隆隆的铁轨撞击声中，采访开始了。苏老从幼年放牛读私塾谈起，直到当校长的感触，侃侃而谈。记得除了夜晚休息之外，旅途中的大部分时间，都被几次采访充分利用了。看到一大本采访笔记都写满了，我们会心地笑了。

返校之后，贾树枚先生在百忙之中，及时整理出万余字文稿，苏老在稿件上工整地写了"很好，同意发表"，并署了名。这就是关于苏老生平事迹中最为详尽、最有文采的一篇。该稿刊发于名气很响的《人物》杂志1983年第一期上。这篇具有深远影响的作品，受到编辑部和广大读者的好评，不少人就是读了这篇文章，才逐步了解苏步青的。本传记的基本构架和许多史实资料，都是出自这次采访。可以说，本传的出版凝聚了贾树枚先生不少的心血。

抵厦次日上午，苏步青一行专程参观前沿阵地。登上瞭望台，眼前是碧波荡漾的海水，远处大、小金门岛影影绰绰，使他不禁又一次思念起在那宝岛的亲骨肉。苏步青的大哥苏步皋那年84岁，退休住在台湾。苏步青还想起1945年接收台北大学的情景，台中、台南、

中共上海市委宣传部原副部长、上海市记协原主席贾树枚,首次采访苏步青,全面报道苏老生平业绩(图为1996年1月两人在上海衡山宾馆亲切交谈)

恒春等地,都留下他的足迹。那里的一草一木、风土人情,仍记忆犹新。面对宝岛,苏步青更加思念亲人。

苏步青对厦门怀有特殊的感情,还因为他的祖先是福建同安人。明万历年间,他们由同安逃荒到浙江平阳定居,至今平阳族人还讲闽南话呢。当晚,苏步青触景生情,夜不能寐,挥毫书下:

鹭岛南来秋正浓,危台东望思无穷。
为何衣带眼前水,如隔蓬山一万重。

远祖逃荒后裔回,乡音不改鬓毛衰。
何当更泛鹭江艇,去探台湾旧迹来。

海峡两岸的亲人,要是能欢聚一堂,共叙天伦之情,那该有多好啊!苏步青希望两岸早日互通音信,发展贸易,加强学术、文化交流,携手并进,实现振兴中华之宏图。

热情好客的厦门水产学院领导黄拔泉得知苏步青教授访厦,即派专人相邀,盛情难却,9月25日,苏步青来到集美,会见了全校师生,并参观了鳌园。陈嘉庚先生捐资亿万,兴办各类学校10余所,而他自己却居住在那古老、简朴的小楼里。陈嘉庚先生的爱国主义精神,深深地感动了苏步青,他自勉:有朝一日,他也会像陈嘉庚那

1981年9月,在福建厦门参观陈嘉庚先生故居(中为苏步青,右一为黄拔泉)

样,为教育事业作出新的贡献。

这次南下,苏步青还应邀到华侨大学、福州大学和福建师范大学,与大学里的师生一起畅谈教育。

9月30日夜幕降临时分,苏步青一行结束了闽疆之行。在特快列车里,广播器传来了叶剑英委员长向新华社记者发表的谈话,进一步阐明关于台湾回归祖国、实现和平统一的方针政策。苏步青用诗句表达了这样一种信念,福建与台湾仅一水之隔,而骨肉分离,这种局面再也不能继续下去了:

骨肉无由长睽隔,江山自古本相连。
人民十亿女娲在,定补鲲南一线天。

苏步青的大哥苏步皋,小时候读书成绩很好,先后以第一名毕业于平阳县立第一高等小学和浙江省立第十中学。他少年时代到日本著名的东京高等工业学校留学,由于成绩优异,获得该校创立25周年纪念奖，毕业后在日本纸厂实习。苏步青到日本读书，大哥可说是带路人。苏步皋回国后曾在上海、杭州的造纸厂工作，还曾任浙江省化工厂厂长。抗战胜利后，台湾光复，苏步皋应邀到台湾，在林业试验所、工矿公司等厂任职。苏步青在浙江大学工作期间，还靠大哥接济过。

由于大陆和台湾长期隔绝，两兄弟34年不通音信，一直到1980年他们才有联系。苏步青写了几首诗给台湾的亲友，寄托自己的无限思念：

游普陀山寄怀台湾戚友

平生未礼佛，老始访名山。
列岛屏千翠，怒涛响万滩。
瀛洲初日丽，野寺晚钟闲。
寄语台澎友，归来风一帆。

中秋寄怀台湾诸亲友

河淡星稀夜色幽，一年佳节又中秋。
共看明月思千里，欲御长风行九州。
丹桂无因栽玉宇，嫦娥何事在琼楼。
会当携手团圆聚，销却年来两地愁。

苏步青在厦门遥望台湾10年后，他的大哥于1991年在台湾逝世，享年95岁。噩耗传来，苏步青悲痛不已，亲笔作了一副挽联，寄托哀思：

大 哥 千 古

四十四年如电驰不信骑鲸真永别
百亏五岁终仙逝犹期跨鹤重归来

二弟尚良（步青）哀挽

苏步青盼望宝岛台湾回归几十年，然而回归的过程又是十分曲折。一些"台独"分子妄想破坏祖国的统一，掀起阵阵分裂祖国的恶浪。2000年，当"台独"分子吕秀莲声嘶力竭叫喊"台湾独立"时，苏步青在病榻上口授《反对"台独"，盼望统一》一文，经整理发表在《群言》上。后来，当他身体稍好时，还在病房的小黑板上亲笔写下："反对'台独'，坚持'一个中国'的原则，完成祖国统一大业！"表达了一位老人盼望祖国统一的强烈愿望。苏步青的文章和题字，在社会上引起了强烈的反响。

21. 第一本专著出版

1947年春节前夕，家里一贫如洗的苏步青正愁着怎样过年。一位温州同乡看到他的苦难处境，便关切地对他说，你能不能把讲义拿出来，我帮你介绍到正中书局出版。苏步青没有马上答应。

过去，苏步青的单篇论文，在日本、法国等国著名杂志上都发表过，但对出书他一直没有思想准备。不过，出版书能拿到一笔稿费，这对于家庭来说，倒是个实实在在的解困措施。想想自己已是国民党中央研究院的研究员，但是并没有多少收入。财政困难后，每年研究院照常寄来论文要苏步青审阅，但每次只寄给他12张邮票，连寄论文回院都不够。再看看家里没有一个佣人，烧菜、洗衣都是自己操办，连拖地板也得自己干。同乡见苏步青举棋不定，忙说我叫他们预支400元，先过个年，其他的叫他们从优支付。苏步青也没别的主意，就这么定下了。茶过两巡，便把同乡送走。

第三天，老同乡又上门来，一见面二话没说，就掏出一包纸币，整整400元。看到家里经济拮据，能有一笔现款救急，也是求之不得的事情，苏步青如数收下。至于整理书稿，哪有心思，总得留到明年再办啰！

过了两天，夫人拿了这笔钱上街买年货。一打听，货币又贬值了，原来可以买一斗米的钱，现在只能买两升。问问菜肉价格，更是令人大吃一惊。夫人回来一说，苏步青大为光火。一个堂堂的大学教授，竟为全家的生活发愁。苏步青从未有过如此激动，他低着头，在屋里来回走动，有气无处发泄。

正巧那温州老同乡撞上门来了。"书局来问书稿能不能早点儿送去，好抓紧时间出版。"他一进门就大声嚷道。苏步青一听火气更大，瞪着眼睛大吼："我还你钱，不写了，不写了！"老乡被搞得丈二和尚摸不着头脑，忙问："这是干吗？我这好心没得好报！"夫人知道都是自己说漏了，惹得先生大怒，想圆圆场，便把情况如实讲出来。苏步青正在气头上，不待夫人说完，忙上前阻拦，还说跟他讲没有什么用。几分钟沉默之后，老乡打破僵局，他大概悟出预支稿酬太少："给你再加上 200 元，明天送来，你看行吗？"为生活所迫，思考再三，苏步青只得答应。已经预支了酬款，就必须着手整理书稿了。

苏步青把从 1931 年以来 16 年间的讲稿找出来，对比一看，不禁大吃一惊。原来最初的讲稿内容，只抵上最后一年讲稿的一半，可见每年删减和补充的内容是很多的。学生们听苏步青讲课，都反映微分几何学内容好懂。其实，为了讲课他花费了不少心血。每一节课，他在课前都要准备 3 个课时，总要用一些新的材料（包括方法）替代老的，还把自己研究的新成果写进去。苏步青感到，提高教材写作质量，是保证学生学好的关键，非下苦功夫不可。

提起微分几何学，苏步青可是个权威了。早在 1931 年，当时中国还没有人研究微分几何学。苏步青到浙江大学数学系执教后，一边教学，一边查阅英、美、德、法等国的研究成果，写出几十篇论文，并在国外一些著名杂志上发表，引起国际数学家们的关注。1975 年，美国数学代表团访华，在他们的访问总结报告中有这样一句话："以苏步青为首的浙江大学微分几何学派消失了。"这恰恰从另一方面反映出这个学派曾经存在的事实。同时，在教学中，苏步青还注意教学法的研究，力求做到深入浅出。正由于这本教材具有许多优点，1947 年著名数学家陈省身教授看了苏步青的讲稿后，称赞他的工作很有意义，并为《微分几何学》一书写了英文介绍，其中谈道：这是一本少有的微分几何学教材，它对培养数学人才将发挥很大的作用。

《微分几何学》终于在 1948 年由正中书局出版，这是苏步青在旧中国出版的唯一的书。这本书有400多页。第一次出版时，它反映了当时微分几何学的最新成就，直到今天，书中的一些基本原理仍具有相当高的水平。20世纪80年代初期，美籍华裔科学家项武义教授有一次对忻元龙教授说，他在台湾大学读书时，微分几何的教材是苏先生40年前出版的《微分几何学》，受益匪浅。当时台湾出版的教科书，如果作者在大陆的话，要将作者的姓名匿去，但大家私下都知道，书的作者是大名鼎鼎的苏步青。忻元龙将这段故事告诉了苏先生，并向有关方面反映，才有1988年重版的后事。

苏步青在该书的序言中写道："本书系著者1931年至1947年在国立浙江大学所授之讲义而成，其间曾审改增补五六次之多，记号务求简易，行文务求浅近。参考英、美、德、法、意、日等国几何学者名著不下10种，所收习题较难者加上星号，并附原著者姓名及年份，俾读者可获查考之径路。"

"微分几何学一门占数学之一重要地位。尤以近年来相对论、电机学等方面需要绝对微分学殊殷，该学之运算与空间概念之推广殆有不可分离之势。故本书内特添一节（25），作为导引。兹当国内高等数学参考书缺乏之际，本书如能有助于教学研究，亦著者之荣也。自愧学识浅薄，虽经16年间之删补，而错误之处仍应不免，尚祈海内学者教而正之。"

1945年毕业于浙江大学数学系，后留校任教的金福临教授，在1952年全国院系调整时随苏步青教授调到复旦大学，1980年晋升为教授；曾任数学系副系主任，1980年至1983年兼任复旦大学图书馆馆长，还曾任《数学年刊》副主编。金福临教授师从苏步青教授，重视基础课的学习与研究，开设数学分析、变分学、微分几何、微分方程等课程。1947年6月苏步青在《微分几何学》出版序中称："吴俊传、金福临、杨忠道三学士协助本书校对，对三君特申谢意。"20世纪60年代初金福临教授参加复旦大学数学系教材的编写工作，1980年与陈传璋教授等合作编写《数学分析》，该教材获1987年国家教委优秀教材一等奖。

在1985年理科数学、力学教材编审委员会几何、拓扑编审组会

苏步青与瑞士科学出版社 J.C.Baltzer AG 合影（前排左起分别为李大潜、J.C.Baltzer AG、苏步青、金福临）

议上，与会专家提出改写旧版《微分几何学》的建议，理由是：旧著内容比较丰富，已把当时认为是新的一些成果也收进书里，尤其是第三章线汇论，是新中国成立以来同类教材中所没有的。会议认为，这部教材体现了教学与科研相辅相成的精神，对高等院校高年级学生和研究生，会起到启发和提高的作用，并决定由高等教育出版社把这本书作为参考材料再次出版。在出版前，对该书做了一些改写：将原来的文言文改为现代用语；将过去用坐标法表达的方式，都换成向量分析法；而且对部分记号也改为现在常用的形式，但是对原著的内容却丝毫未予更动。这项工作基本上是由苏步青的学生姜国英博士一个人做的，只是后来由于他的健康原因，第 36 节以后的部分，不得不由 80 多岁的苏步青自己来完成。1988 年 9 月，《微分几何学（新一版）》由高等教育出版社出版发行。此书历经 40 多年检验，重新以优质内容和崭新风貌展现了著名数学家苏步青的卓著业绩，成为深受学生欢迎的教科书。

22. 教授会主席电文

　　1947年，浙江大学这所东南著名的高等学府，也处在风雨飘摇之中。国民党政府扩大内战，又贪污腐败，弄得民不聊生。一些教授单凭微薄的工资，已无法维持正常的生活。当时物价一日三跳，每月起码上涨一倍，逼得教职工只能向政府要求补发工资和津贴，以维持起码的生活标准。苏步青作为浙江大学教授会主席，受竺可桢校长的委托，到南京要钱、要粮、要布。

　　10月30日，一个使苏步青非常震惊的消息传到南京：浙江大学学生自治会主席于子三在杭州警备司令部监狱中被杀害了。

　　苏步青到南京之前就了解到，于子三是一个很好的学生，为人正直，学习努力，成绩优良。他热心为同学服务又很有能力，所以被选为学生会主席。10月26日凌晨，他和几个同学被军警逮捕，后被秘密监禁。那时苏步青还在杭州，竺可桢校长和苏步青曾到处打听，才知道他们的下落。他们四处奔走营救，那些官员们不是互相推诿，就是对被捕的学生加以诬蔑。经过多方联络，他们才获得见于子三一面的机会。苏步青和竺校长去监狱探望了于子三，给他以安慰。当时苏步青他们还抱有幻想，希望事情能得到解决，谁知反动特务这样快就下了毒手。苏步青极为愤慨，以教授会主席名义从南京发电文回浙江大学：

浙大教授会：
　　鉴于国民党当局杀害学生会主席于子三同学，为表示哀悼，全校教师停课一天，并求查清惨案真相。

苏步青
1947年10月30日

　　10月30日下午，同学们都集合在广场上。队伍以大幅的于子三烈士遗像和"冤沉何处"的白布条幅为前导，悲痛地穿过街市，沿途还散发《告社会人士书》。反动当局从10月31日起宣布杭州戒严，还进行"于子三畏罪自杀"等歪曲事实的报道，这些更激起了师生的义愤。

教授会召开紧急会议，通过于11月3日罢课一天的决议，并发表抗议宣言，对于子三惨死提出3点质疑：一、于子三若系"玻璃自杀"，狱中何来玻璃？二、如确系狱房玻璃，何以不符合？三、法医检查书所列事实，何以不能自圆其说之甚？此宣言指出当局不能辞其咎者有三：一、治安机关违反法律，迁延时日，不送法院；二、既不移送法院，又监守不谨，致令惨死；三、综考事实，其是否出于自杀，颇多疑窦，如此"自杀"，则治安机关有草菅人命之嫌。宣言最后要求"彻查其事，使其案情大白，将此事负责人员严加惩处，而申法纪"。

这个决议得到大多数教授的支持，但也有人帮残害学生的反动分子说话。当时国民党的党报《东南日报》刊登了于子三"畏罪自杀"的谎言，胡说于子三是用两块玻璃片自杀的。教授之中的顽固分子用《东南日报》的语调，坚持认为于子三是自杀的，反对罢课的决议。这种论调受到理所当然的驳斥，教授会终于通过了罢教的决议，使悲愤中的学生得到了很大的支持。

据史料记载，学生自治会主席于子三的进步活动，早已受到国民党特务的秘密监视。10月20日前后，负责监视浙江大学本部的两个特务学生，在校本部收发室的信袋中，发现了浙江大学毕业生黄业民、陈建新自上海给于子三、郦伯瑾的一封信。他们拆信后获悉黄、陈将于23日乘车抵杭，参加浙江大学学生汪敬羞的婚礼，希于、郦到车站迎接。特务学生阅后又将信放回原处，并报告中统局浙江特务室。于子三不知有计，按时到车站迎接黄、陈，并上了由特务装扮成工人驾驶的三轮车，住进了大同旅馆52号。当晚，4人参加完汪敬羞的婚礼后，夜深才回到旅馆。便衣特务早就在他们住房对面窥视动静。至凌晨2时，一部警车在大同旅馆停下，毫无戒备的于、郦、黄、陈4人一起被押上警车，送至一个秘密监禁点进行审讯，以至于一时找不到他们的踪影。

苏步青从南京回浙江大学后,便收到特务的恐吓信,但他并不畏惧,理直气壮地支持学生的爱国行动。于子三牺牲后,学生自治会主席由苏步青的学生谷超豪继任。谷超豪把悼念战友的文集《踏着血迹前进》送给苏步青看。苏步青同情这些进步运动,也更加反对国民党反动派迫害学生。

后来,围绕着于子三出殡之事,双方展开了复杂的谈判斗争。在国民党军警的重压下,第一次出殡发生了流血事件。直到1948年3月14日清晨,第二次出殡才得以进行。清晨,校门外停着3辆轿车和2辆无篷卡车。卡车旁站着几十个荷枪实弹的警察,广场上站着数以千计的师生。学生会代表把白纸花分给大家。苏步青和竺可桢校长一起,参加了于子三同学的葬礼。

于子三事件震惊全国。苏步青知道这次运动是正义的,给予深切的同情。他也明白,反动派对付进步学生手段毒辣,必须尽可能地保护他们。1949年3月,苏步青亲自到当时的浙江法院去保释因于子三案被捕的青年学生。那个国民党刑庭庭长要苏步青在保释书上按指印,一面还声色俱厉地说:"苏步青先生,今天你按了手印,以后要是出了问题,你可要拿脑袋来抵偿的啰。"

两个月后,杭州解放了。苏步青回忆这段惊险斗争,感到自豪。他在一次采访中对记者说:

"1951年公审这个刽子手的时候,政府特地请我担任陪审员。反动分子要我们的命,我们决不轻易地饶过他们!"

23. 丰子恺论"苏诗"

丰子恺先生是著名画家、文学家和音乐教育家。苏步青先生是著名的数学家。虽然他们从事的专业很有区别,但是索画与赠诗,却使他们之间感情融洽,结交颇深。

1947年春,苏步青执教于浙江大学,出于对丰子恺画作的钦仰,主动向他索画。此事经苏步青妙笔成书,一首诗意浓烈的七律便跃然纸上:

> 淡抹浓妆水与山，西湖画舫几时闲！
> 何当乞得高人笔，晴雨清斋坐卧看。

丰子恺先生哪抵得住这首"乞"画诗，那种对画推崇备至的激情，以及渴望获得的心理描绘，使丰子恺先生既高兴又不得不有所行动。苏步青不久便得到丰先生的佳作，感谢连声。他想，可真是秀才人情纸一张。面对赠画，即回报丰先生叠韵诗一首：

> 半窗灯火忆黔山，欲话平生未得闲。
> 一幅先传无限意，梦中争似画中看。

没想到诗作一首接一首，可谓诗兴大发。作诗行家常引用步韵，苏步青的赋诗技巧，足以应付步韵写作，不久，他又步用前韵，再赠诗一首：

> 六桥艘影塔边山，柳下谁家买得闲。
> 不信右丞诳吾辈，辋川月色至今看。

1947年底，有一天晚上苏步青来到丰子恺先生家聚饮，那热烈的气氛和酒后的兴奋，使苏步青抑制不住万千思绪，一首诗作又诞生了：

> 草草杯盘共一欢，莫因柴米话辛酸。
> 春风已绿庭前草，且耐余寒放眼看。

丰子恺先生非常喜欢苏步青的这首诗，亲手书写后，贴在他西子湖畔的小屋里，正对着他朝夕起居的位置。这首诗也引起丰子恺论苏步青诗作的一段佳话。

那是1948年的春天，丰子恺在杭州，住在现在叫北山路的一所小平屋里，地邻西子湖，风光绮丽得很，所以有朋友赠他一联："居邻葛岭招贤寺，门对孤山放鹤亭。"有一天，郑振铎忽然风尘仆仆地从上海来游湖，夜访丰氏。在对坐小酌时，看到壁上苏步青先生的诗，郑氏连声称好，丰氏便发表了一通议论。

他说："有了这诗，酒味特别地好。我觉得世间最好的酒肴，莫如诗句。而数学家的诗句，滋味尤为纯正。因为我又觉得，别的事都可有专家。因为作诗就是做人。人做得好的，诗也作得好。倘说作诗有专家，非专家不能作诗，就好比说做人有专家，非专家不能做人，岂不可笑？"又言："因此，有些专家的诗，我不爱读。因为他们往往爱用大典，蹈袭传统；咬文嚼字，卖弄玄虚；扭扭捏捏，装腔作势；甚至神经过敏，出神见鬼。而非专家的诗，倒是直直落落，明明白白，天真自然，纯正朴茂，可爱得很。"

最后，丰子恺先生在痛快淋漓地发表一通关于"诗不可有专家"论之后，又谈到苏步青的那首赠诗上来。"樽前有了苏步青的诗，桌上的酱鸡、酱肉、皮蛋和花生米，味同嚼蜡，唾弃不足惜了！"

1948年，丰子恺先生作画一幅，苏步青先生特为该画题诗一首：

一舸清歌认夜游，岚光塔影笔边收。
如何湖上月方好，柳下归来欲系舟。

24. 数学研究的重要成就

当代数学大师陈省身教授在《〈苏步青数学论文选集〉献辞》中赞扬苏步青的数学成就。

"出版者要我为《苏步青数学论文选集》一书写几句引言，对此我感到十分荣幸。对我个人来说，这一任务还有更深一层的含义。早在30年代初，作为一名微分几何方面的研究生，我就曾如饥似渴地拜读过苏教授在仿射和射影微分几何方面的论文。那时能发表数学论文的中国人还寥若晨星，而苏教授却已以自己的丰硕成果闻名于世。他的论文所涉及的课题正属于我比较熟悉而且颇感兴趣的领域。

"苏教授的数学生涯已横跨半个多世纪,他的研究工作承继了蒙日、迪潘、欧拉和李等数学大师的卓越传统。他在广阔的背景下对齐性空间中的流形展开了研究,并用嵌入空间几何的语言对低阶元素作出了解释……在19世纪后期和本世纪的最初三四十年中,仿射微分几何学和射影微分几何学都得到迅速的发展。苏步青的大部分研究工作是属于这个方向的。"

苏步青的学生谷超豪院士对苏步青的成就有较为简要的总结:

苏步青的研究方向主要是微分几何。1872年,德国数学家 F. 克莱因提出了著名的"埃尔朗根纲领",在其中总结了当时几何学发展的情况,认为每一种几何学都联系一种变换群,每种几何学所研究的内容就是在这些变换群下的不变性质。除了欧氏空间运动群之外,最为人们所熟悉的有仿射变换群和射影变换群。因而,在19世纪末期和本世纪的最初三四十年中,仿射微分几何学和射影微分几何学都得到很迅速的发展。苏步青的大部分研究工作是属于这个方向的。此外,他还致力于一般空间微分几何学和计算几何学的研究。一共发表了156篇学术论文,并有专著和教材10多部。他的不少成果已被许多国家的数学家大量引用或作为重要的内容被写进他们的专著。

对仿射微分几何学的研究。仿射群是比欧几里得群大一些的变换群,它能够保持"直线"和"平行性",但没有线段长度和正交性等概念。苏步青在20世纪20年代后期,就致力于微分几何学这一分支的研究,当时这在国际上处于热门。他的成就之一就是引进了仿射铸曲面和仿射旋转曲面,他确定了所有仿射铸曲面并讨论了它们的性质,仿射旋转曲面是仿射铸曲面的一种特殊情形,这种曲面的仿射法线必和一条定直线相交,因而它们是普通的旋转曲面非常自然的推广。

苏步青对仿射微分几何的另一极其美妙的发现是:他为一般的曲面构造出一个仿射不变的四次(3阶)的代数锥面。在仿射的曲面理论中为人们注目的许多协变几何对象,包括2条主切曲线、3条达布切线、3条塞格雷切线和仿射法线等,都可以由这个锥面和它的3条尖点直线以美妙的方式体现出来,形成一个十分引人入胜的构图,这个锥面被命名为苏锥面。苏步青关于仿射微分几何学的研究成果，使他在20世纪30年代初就成为世界上著名的微分几何学家，后来据此写成了《仿射微分几何》（1982年出版）一书。美国《数学评论》评论者认为，许多内容是"绝对杰出的"，还说，"这本漂亮的、现代化的书是任何学术图书馆所必备的"。

对射影曲线论的研究。射影群比仿射群更大，它能保持直线的概念，但"平行性"的概念已不复出现。在18世纪、19世纪中，射影几何曾长期吸引数学家们的注意。例如，通过子群，它可以把欧氏几何和另外两类非欧几何学统一在同一理论体系中。由于既无度量，又无平行性，其微分几何的研究更为困难。即使是曲线论，虽经著名几何学家邦皮亚尼、蟹谷乘养等人研究多年，甚至在三维情况下，结果也并不理想，更不用说高维情况了。苏步青发现平面曲线在其奇点的一些协变的性质，运用几何结构，以非常清楚的方法，定出了曲线在正常点的相应的射影标架（随曲线而变动的基本多面体），从而为射影曲线论奠定了完美的基础，得到国际上高度的重视。研究局部微分几何的学者，往往把奇点扔掉，而苏步青恰恰是从奇点发掘出隐藏着的特性，陈省身教授对此十分欣赏。在这项研究中，苏步青和他的学生也同时推进了代数曲线奇点的研究，有关的工作完成于20世纪三四十年代，抗战期间就已写成专著，但始终不得出版；到1954年，才作为他所写的第一本专著，由中国科学院出版，后来又出了英译本。美国《数学评论》的评阅者说："现在射影几何被应用于数学物理和广义相对论中的各种问题，这本书已成为更重要的了。"

对射影曲面论的研究。射影曲面论比曲线论要复杂得多，在20世纪30年代到40年代中，苏步青对它作了非常深入的研究，在这里我们仅仅指出以下几项：

对于一个曲面上一般的点P，S.李得到一个协变的二次曲面，被命名为李二次曲面。作∞^2李二次曲面的包络，除原曲面外，还有4张曲面；于是，对于每点P就有4个对应点，它们形成了点P的德穆林变换。这时，所构成的空间四边形称为德穆林四边形。苏步青从这种四边形出发，构作出一个有重要性质的协变的二次曲面，后来这个二次曲面被称为苏二次曲面。

他还研究了一种特殊的曲面，称为 S 曲面。它们的特点是，其上每点的苏二次曲面都相同。这类曲面有许多有趣的性质。他完全地决定了它们，并作出了分类。

苏步青还研究了射影极小曲面，他的定义和汤姆森用变分方法引进的定义是相等价的。苏步青得到了有关射影极小曲面的戈多序列的"交扭定理"，显示出很优美的几何性质。

苏步青又研究了一类周期为 4 的拉普拉斯序列，它和另一周期为 4 的拉普拉斯序列有共同的对角线汇，他把这种序列的决定归结为求解现在应用上很感兴趣的正弦-戈登方程或双曲正弦-戈登方程，指出了这种序列的许多特性。这项研究在国际上很受重视，例如苏联的菲尼科夫学派就十分赞赏它。后来被博尔命名为苏链。

苏步青的专著《射影曲面概论》全面总结了他在这一方面的成果。

对高维空间共轭网理论的研究。 20 世纪的大数学家 E. 嘉当建立了外微分形式的理论，他和凯勒关于一般外微分形式方程组解的存在性和自由度的研究，是现代数学的重要成就之一。嘉当本人以及后来的几何学家们，如苏联的菲尼科夫学派，都用此工具，得到许多微分几何方面的重要成果。在 20 世纪 50 年代，苏步青也运用这一工具来研究高维射影空间中的共轭网理论，构作了高维射影空间中不少具有优美几何性质的拉普拉斯序列，并分别讨论了它们的存在性、自由度和有关的几何性质。

他的专著《射影共轭网概论》（1977 年出版）总结了这一方面的成果。

对一般空间微分几何学的研究。 在 19 世纪，已经出现了黎曼几何学，它是以定义空间两无限邻近点的距离平方的二次微分形式为基础而建立起来的。20 世纪以来，因受到广义相对论的刺激，黎曼几何发展很快，并产生了更一般的以曲线长度积分为基础的芬斯勒空间、以超曲面面积积分为基础的嘉当空间、以二阶微分方程组为基础的道路空间和 K 展空间等，通称一般空间。苏步青从 20 世纪 30 年代后期开始，对于一般空间的微分几何学的发展，作出了许多重要贡献。

对于嘉当几何学，他着重研究了极值离差理论，即研究能保持测地线的无穷小变形的方程，这是黎曼几何中十分重要的雅可比方程的一种推广。

K 展空间是由完全可积的偏微分方程组所定义的，由道格拉斯最早提出。苏步青得到了射影形式的可积条件，他又研究了仿射同构、射影同构及其推广，在讨论这种空间的几何结构时，他推广了嘉当有关平面公理的研究。

1956 年，苏步青的 K 展空间和一般度量空间几何学、射影曲线论获国家自然科学二等奖。

1958 年，包括上述结果的专著《一般空间的微分几何学》由科学出版社出版。

对计算几何的研究。20 世纪 70 年代初期，由于造船、汽车工业的需要和计算机在工业中的应用日趋广泛，在国际上形成了计算几何这一学科。苏步青出于对经济建设的关心，在逆境中仍然坚持科学研究。他了解到用旧方法做船体放样的困难后，毅然投入到这项密切联系工业生产的研究中，把曲线论中的仿射不变量方法创造性地引入计算几何学科，使过去一些凭经验直观的方法有了可靠的理论基础，使得有广泛应用性的 3 次样条曲线、贝齐尔曲线等的研究都取得了很大的进展。

这些工作的一部分，已经在我国造船工业中的船体放样、航空工业、涡轮叶片空间造型以及有关的外形设计等方面获得了成功的应用，因而获得了两项国家科技进步奖。

党和国家领导人、上海市党政领导、复旦大学党政领导对苏步青所作出的贡献给予了很高的评价，经常去看望他老人家，带去美好的祝福，使苏步青感受到党的温暖。1995 年元月，时任国务院副总理的吴邦国同志和上海市委书记黄菊同志到苏步青寓所贺新年，送鲜花，苏步青不顾年迈，到教工住宅小区门口迎候，感谢党和人民对他无微不至的关怀。

苏步青在微分几何学领域中做了大量的杰出的研究，在各个时期均处于国际先进行列，并为几何学今后的发展，提供了宝贵的财富。由于数学研究的重大成就，他于1948年被选为当时在南京的中央研究院院士兼学术委员会常委。中华人民共和国成立以后，1955年被选为中国科学院学部委员（今称院士）。

除了从事研究之外，苏步青还做过大量的组织和交流工作。1935年，他是中国数学会的发起人之一，并当选为理事。他被任命为我国最早的数学研究期刊《中国数学会学报》的总编辑。中华人民共和国成立后，他又致力于中国数学会的复会工作，曾担任中国数学会副理事长和上海数学会的理事长。他还积极参加过中国科学工作者协会杭州分会的活动，主持过浙江省科学团体联合会的筹备工作。后来他又担任过上海科学技术协会主席。他还曾主持过中国科学院数学研究所的筹备工作，任数学所筹备处主任直至正式建所时为止。在复旦大学，他除了创建数学研究所外，还创办了全国性的、高质量的数学杂志《数学年刊》，在国际上享有盛誉。

25. 迎 接 解 放

解放战争时期，中国人民解放军辽沈、淮海、平津三大战役的重大胜利，给国民党的反动统治以毁灭性的打击。国民党赖以发动反革命内战的主力部队基本上已被消灭，其反动统治已临近崩溃的绝境。中国人民解放战争和中国人民革命运动即将取得全国性的伟大胜利。浙江大学师生员工看到这一光辉前景，无不欢欣鼓舞，以万分激动的心情，准备迎接杭州解放。

为了防止国民党反动派在溃逃前进行捣乱、破坏，浙江大学广大师生员工在中国共产党地下组织领导下，掀起了护校运动。1948年12月21日，学生自治会发表《为坚持不迁校告师长同学工友书》。同月24日，讲师助教会理事会开会，根据调查，希望学校不迁者达96%，因此通过决议，请学校尽速明确表示应变态度。竺可桢校长也多次表示"不能迁校"。坚持护校，迎接解放，已成为浙江大学当时绝大多数师生员工的共同愿望。

1979年，中国数学会理事会代表在杭州合影（前排左一为程民德、左二为张素诚、左五为陈传璋、左九为江泽涵、右二为卢庆骏、右四为吴先课、右七为吴大任、右八为柯召、右九为苏步青、右十为华罗庚）

1949年1月，学生自治会普选产生7人为"应变委员会"成员；随后，校务委员会推举蔡邦华等4人及校长邀聘的苏步青等3人组成"安全委员会"，共同护卫学校。

由于形势急骤变化，从1948年起，浙江大学相继换了好几位训导长，而每位训导长大都仅做了两个月就下台。有一天，竺校长问苏步青："我聘请你当训导长，怎么样？"苏步青没有马上回答。

一般情况下，训导长是国民党镇压学生运动的代言人，且一定要是国民党党员才能担任。费巩不是国民党党员，又支持学生的爱国运动，仇恨国民党的反动统治，结果被暗害，且被毁尸灭迹。出任费巩担任过的职务，不能不使人想到费巩的遭遇。再说，前几任反动的训导长都是因为镇压学生运动被赶走，他站在哪一边，不能不慎重考虑。

"现在没有训导长，学校不好弄，你帮个忙，如何？"竺可桢知道苏步青同情进步学生，而且已有学术名气，国民党不敢对他下手。这时，学校有1 000多名学生联名要苏步青当训导长，苏步青深知这是学生对他的信任。9月份，苏步青当上国民政府中央研究院的院士兼学术委员会常委。看来，国民党和进步学生双方都在争取他。

这个夜晚，苏步青不能入睡，心里盘算着：自己有院士的头衔，又与陈仪省长是老相识，还兼任航空学校的教师，如果把这些有利因素用来保护学生，保护浙江大学，岂不妙哉？

苏步青能有这样的想法，也是来之不易的。抗战胜利后，浙江大学迁回杭州，师生们和全国人民一样，渴望和平建设中华人民共和国。而国民党反动派悍然发动反人民的内战，甫告光复的神州大地顿陷苦海，生灵涂炭，百业凋零，物价飞涨，哀鸿遍野，民不聊生。爱国的浙江大学学生忍无可忍，与全国进步学生一起，开展"反内战、反饥饿、反迫害"的爱国学生运动。反动派一意孤行，变本加厉，残酷镇压、血腥屠杀爱国学生。当时凡是有正义感的、有良心的浙江大学教职工无不同情学生。但是要挺身而出，公开表态支持学生，那又是另一回事了。苏步青深知，国民党反动派动辄以"共匪"罪名陷害无辜，"红帽子"满天飞，缇骑四出，人人自危。国民政府教育部头头曾指责苏步青"鼓动学潮",扬言要加以"通缉",苏步青不免有顾虑。

那么他又是怎样想通的呢?"当时,受我器重的学生谷超豪找我谈心,与我沟通思想,打消我的顾虑,促使我为正义、为真理公开站了出来。"从此,苏步青与学生心连心。现在竺校长又要他出来任训导长,站在爱国进步师生一边,肯定又会受到反动派的高压、特务的威胁。苏步青想:"'民不畏死,奈何以死惧之?'我与全国人民站在一起,作为强大人民的一员,我也无所畏惧了。"

无巧不成书,第二天上午,竺校长找到苏步青,也是这样对他分析的。两人不谋而合,这就促使苏步青当上了训导长。

1949年4月24日,由胡刚复等25人组成的联合机构成立,定名为"浙江大学应变委员会",委员会由严仁赓、苏步青等7人组成主席团,严仁赓为主席,苏步青为副主席。下设储购、水电、警卫等11个组。

上任的第一件事,就是在学校大操场里侧建筑护校围墙。因为原有的围墙已倒塌,警察、特务常常半夜进校抓人。苏步青发动学生、工人、讲师、助教数百人参加建筑,自己带头破土动工,并当场赋诗表示支持。

开工那天上午,苏步青站在卡车上演讲,大意是:我们学校有将近20丈的围墙倒了,万一强盗进来偷东西就不得了。还有,一些人随便出入,也很不安全,你们说,要不要修一道围墙呢?操场上的学生齐声喊:"要!"苏步青乘势号召大家抓紧时间,把围墙赶快砌起来。演讲结束后,围墙施工就开始了。没过3天,围墙就砌起来了。学生有了安全感,警察也就不那么容易抓到学生了。

淮海战役结束不久,蒋介石眼看无力挽救反动政权的灭亡,宣布"引退",把职务交给李宗仁代理,自己则退到幕后指挥残局。李宗仁上台后即发表文告,提到释放政治犯,暗地里却加紧阴谋活动,想将竺可桢校长等劫持到台湾。有人提出,要使苏步青不落入共产党手里,就得设法将其孩子一个一个送往台湾,最后再将苏步青带往台湾就不难了。

苏步青开始时并不知道这是计谋，对是否送孩子去台湾犹豫不决。夫人得知后便建议，最好找陈建功先生商量一下。1949年初，苏步青去陈建功先生住处。漫谈中苏步青透露出自己的子女多，生活困难，想把孩子送几个到在台湾的哥哥苏步皋先生那里。陈建功先生一听，极力劝阻说：

"不能去！孩子到台湾，将来可能会落到国民党手里。"苏步青一听，觉得很有道理，便对陈建功先生说："我主意拿定了，不去！"

回到家里，苏步青与夫人达成共识，不送孩子去台湾。那段日子里，夫人牢牢地看住孩子，不放他们到日本去留学，更警惕国民党将他们弄到台湾去。

这时，国民党大造谣言，说什么共产党不要知识分子，不要教授。但是，苏步青和家人已拿定主意，并决意再不动摇。后来，苏步青看到学生经常举行罢课活动，而自己的劝阻作用也不大，便提出辞去训导长的职务。苏步青只任了3个月训导长的职务。

1949年春，中共地下党以"中共杭州市工委"的名义给苏步青送了贺年片。苏步青从当时的地下党员、学生谷超豪那里得到贺年片后，心里一震，深深地感到共产党对他的信任和期望。事后苏步青回忆说："解放后，我才知道我的学生谷超豪是地下的共产党员。他在关键时刻鼓励我，影响了我。我俩的师生之谊发展为革命同志的战斗友谊，堪称数学界的一段佳话。"

到了当年3月，国民党官员开始大批逃跑，他们替苏步青准备好机票，想把他们一家弄到台湾去。苏步青果断地拒绝了这一安排，全家都留在杭州，共同迎接新曙光。

第四章

满天星斗过淮河

26. "共产党会怎样待我?"

1949年5月,杭州解放了。

浙江大学牢牢紧闭的铁门敞开了。苏步青和蜂拥的人群一起,冲出校门,迎接解放军。苏步青简直不敢相信,这座在国民党军队溃逃前变得荒凉死寂的花园城市,刹那间像春天的鸟儿一样欢唱,到处是热情的话语、欢笑的面孔。苏步青内心感受到浓浓的暖意。解放军官兵坐在人行道上,他们自觉遵守"三大纪律,八项注意",肚子饿了就从背上的粮袋里掏出炒面来吃,态度和蔼可亲,这些都在苏步青的心中留下了深刻的印象。

夜晚,苏步青回到家里,心像波涛一样起伏,说不清自己是欢乐,是兴奋,还是烦恼。昏黄的灯光下,苏步青来回踱着步子,有一种思绪正困扰着他:

"穷苦人盼共产党如大旱之望云霓,这能够理解。但共产党会怎样对待知识分子?况且在旧社会,我还当了3个月的训导长,这……"

想到这里,苏步青不禁打了个寒噤。不能不想啊!家里开门十张嘴,要吃饭呀。辛酸的往事,想起来犹如揭开身上的伤疤,隐隐作痛。抗日战争时期,在所谓的"大后方",住在破庙里,吃发霉的地瓜干。抗日战争胜利后,生活反而更没有保障,领到薪水后就拼命踩脚踏车,去挤兑"大头",或赴米店抢购粮食,不然隔一小时钞票就会贬值……想到这里,苏步青的思绪又回到现实:"共产党会怎么样呢?"

> 西风才起日还暖,
> 黄叶未飞山已秋。
> ……

苏步青反复吟诵着初秋登玉皇山所赋的这首诗,它寄寓了多么复杂的微妙的思绪:秋风才起,日光还暖,但是秋去冬来,暖意可能久长?尽管苏步青周围的一些共产党员一再向他说明共产党对知识分子的政策,但苏步青还是疑信参半。

"苏先生在家吗?"一天,他家屋外传来生疏但十分亲切的问话声。他连忙迎出去,只见一位身穿褪色军装的解放军同志站在门口。他进门后紧紧地握住苏步青的手说:"谭震林同志(当时浙江省军管会主任)派我来探望您的。"

"国民党留下这副烂摊子,苏先生您是熟悉的。现在是百废待举,事情多得很哪。"这位谭震林同志的代表、军管会交际处长,与苏步青一见如故,言谈不时被爽朗的笑声打断。

"各项工作要迅速走上轨道。学校工作秩序要迅速恢复正常。党中央正准备在北京召开全国自然科学工作者代表会议筹备会,我们想请您也出席会议。"

"要我出席?"苏步青怀疑自己听错了。

"是的,请您出席。"这位同志微笑地看着他,然后又放慢声调说:"苏先生的家庭生活情况我们很了解,这用不着操心。"

"啊——"苏步青凝视着这位解放军同志,脸颊火辣辣的,心里想:共产党真能"礼贤下士"啊!他脸上原先的犹疑神情一下子烟消云散,心情顿时变得开朗起来。

党对科学家的这种尊重和礼遇,使苏步青深受感动。然而,他还是有不遂心愿的事情。

中华人民共和国成立后,学校已经成立了校务委员会。听说自己只是一名普通的校务委员,苏步青心里掠过一丝不愉快的情绪:我是国际知名的学者,担任过18年的数学系主任,难道资历和声望会比那两位正副主任差吗?党有没有真正地了解我、懂得我的价值?

但是,当他参加杭州市各界人民代表会议时,那些从前他瞧不起的"没文化"的工人、农民,如今与他并起并坐,参加管理国家大事,而且是那么精练能干,样样不比自己差,于是,他开始感到老眼光不行了,远不是国民党那回事,共产党挑选人是要老老实实地为人民服务。这一点,他周围的同志过去与他谈过,现在他才感到真是这么回事。

他的学生谷超豪了解老师的心事,经常去串门,并且总是安慰说:"教师、医生、工程师,共产党都需要,您放心好了!"

有一天,苏步青的另一名学生登门看望他,共叙师生情谊。他也安慰苏先生,新中国成立了,你应该高兴高兴。

"高兴是高兴,不知能拿到两担米否?"苏步青小心探问。

"将来6担米都不止!"

苏步青听他这么说,像满足了似的,一下子笑起来。过去生活很艰苦,国民党每月只给两担米;如今能有两担米维持生活,苏步青也就满足了。

6月3日,苏步青果然接到赴北京出席中华全国自然科学工作者代表会议筹备会的通知,他是205名筹备委员之一。同时接到通知的,还有王淦昌、贝时璋等。一路上有解放军同志护送,沿途都受到特别的关照。这是他第一次赴北京开会。北京这座古城显得庄严、热闹,会议筹备组派人带他们游故宫,上北海,尽情地游览。苏步青在《赴北平道上》一诗中写道:

> 北上遂吾愿,客身情感多。
> 风沙欺白日,涕泪渡黄河。
> 天远倦飞鸟,地荒余带萝。
> 故都如梦里,处处听秧歌。

在《北海》诗中，苏步青抒发自己的情感：

> 北海趁清晨，波光净可亲。
> 荷残初日露，柏护故宫春。
> 风雨龙蛇在，江山日夜新。
> 无为见烽火，学作武陵人。

会议 7 月 13 日才开始。这是令苏步青难忘的一天。敬爱的周恩来副主席在中南海为十几位科学家斟葡萄美酒。席间杯光酒影，欢声笑语，苏步青体会到党对知识分子的关怀，也下定决心回到浙江大学后，好好干一番事业。

在苏步青的眼里，中华人民共和国诞生了，处处显露出朝气蓬勃的气息。不论是在赴京的路上，还是在南下的车中，他都感受到一种新的生活实实在在地开始了。有过艰辛苦难，更体会出幸福和快乐来之不易，他在诗中写道：

> 南下车声夜渐幽，疏星几点入窗流。
> 驿头争唤西瓜好，错认沧州是德州。
>
> 伤心两度此经过，认得青徐战垒多。
> 夜色苍茫秋一叶，满天星斗渡淮河。

1949 年至 1952 年，苏步青担任浙江大学校务委员会委员、教务长，并在 1951 年加入了中国民主同盟。行政管理的任务和社会工作日渐多起来，但是他的教学和科学研究工作一直没有中断过。每学期，他都要为研究生和教师开设高等微分几何课，科研重点放在一般空间微分几何学上。浙江大学在治学上一向提倡"博学之，审问之，慎思之，明辨之，笃行之"，重视培养学生独立思考的能力，这种实事求是、刻苦钻研的传统，在新中国成立后又有了新的发展。

27. 从浙大到复旦

浙江大学新生后，苏步青将忘我的精神倾注到培养数学人才的事业中去。经过新中国成立前一段时间的教学实践，苏步青的治学经验更具条理性，因而更富有成效。

苏步青发现，有的学生一遇到问题就问同学，问老师，这样做很不利于培养独立思考的习惯。"搞科学研究，贵在独立思考，要知道，依靠自己是最可靠的。"由此，他引申出，对学生一定要严格要求，他的做法是："学生在碰到不懂或难懂的地方时，我要求他先做做看，到了实在做不出的地步，再请教老师。这样虽然一时吃些苦头，但长久下去，效果就显露出来了。"苏步青对学生的严格要求有时近乎于严厉，让人有些畏惧之感；但身受教诲的学生，多年以后都从心底里感激老师的严格要求。

谷超豪是1943年出于对苏步青老师的仰慕报考浙江大学数学系的。从1946年起，苏步青直接教他学习专业，用严格的方法，使他掌握基础理论和数学方法，为他后来从事较为宽广的领域，包括偏微分方程、微分几何和数学物理打下了基础。此后，他在研究基础数学的同时，也注意其在流体力学和理论物理等领域的应用。

自1948年大学毕业后，谷超豪在苏步青教授的指导下，从事一般空间微分几何学的研究。他初出茅庐便身手不凡，别出心裁地提出了研究K展空间的新方法，并很快地解决了苏教授提出的有关这种空间的子空间理论和平面公理问题。这些研究得到了国际上的好评，并写入苏步青教授的得奖专著《一般空间的微分几何学》之中。接着他又陆续在微分几何方面做出许多出色的研究。至20世纪90年代，谷超豪教授一共发表120篇学术论文，出版3本专著以及多种教材和参考书，当选为中国科学院院士，成为蜚声中外的数学家。

苏步青在浙江大学期间，还培养出另一名学生胡和生，她是谷超豪的夫人，也是中国科学院的院士。20世纪50年代初，胡和生成为苏步青的研究生。有一天，老师把《黎曼空间曲面论》交给她，要她把这本书读懂，并规定她每星期报告一次。

这本书是德国一位著名的数学家著的，内容高深难懂。胡和生拿着它，对照德汉字典一页一页地阅读。一次，为了准备报告，开夜车到下半夜，实在支撑不住，伏案睡着了，到上午8时讨论班讨论开始时还未醒。苏步青先生在教室里左等右等，不见胡和生来报告读书心得，就气呼呼地冲到她的宿舍，使劲地敲门。不一会儿，胡和生出来开门，见苏先生站在门外，以严厉的目光审视着她。她知道自己误了报告的时间，羞容满面。这时，苏步青先生却怒容顿消，没有批评她一句话。因为从还亮着的灯光，老师看出学生又干了个通宵。另外，摊开的论文、词典和讲稿也证明胡和生已做了充分的准备。不过，老师也没有宽容她，而是叫她马上随他到课堂去作报告。

胡和生教授回忆说，苏步青先生一贯把培养青年教师和研究生作为己任，坚持为我们开设高级的几何课程。在浙大，我听过他讲的"一般空间微分几何学"和E.嘉当的"黎曼几何"这两门课。到复旦大学后，他又挑选一本苏联几何学家诺尔琴的俄文专著《仿射联络空间》作为教材。苏先生重视启发我们用外微分形式理论去解决微分几何问题，他自己也用这些理论去处理高维空间共轭网的问题。有时遇到困难他也与我们讨论，他说这是教学相长，共同提高。苏先生还教导我，要学习国际上最新发展的内容，一定要看新的好书。他读了新书，就为大家讲课；我们每听完一门课，笔记就是原著的翻译本，可以做到原著无遗漏，不失真。苏先生的授课，重在启发和督促我们去从事研究，训练我们提出问题的能力。在老师的指导下，我完成第一篇论文的写作，并在《数学学报》上发表。

作为教师，能否做到"因材施教"，也可以看出其教学经验的深厚程度。学生接受能力有差别，本来的基础各不相同，只有因材施教，才能不断提高教学质量，取得良好的效果。

1951年，苏步青为浙江大学的一批教师和研究生开设"黎曼几何"课，用的是法国著名数学家嘉当的著作。苏步青曾把这本书全部译出来，编写成教材，但效果不理想，学生中只有两三人能够跟得上。是听讲者无才、无恒心吗？不是。苏步青后来分析了原因，认为问题出在自己对学生的情况知之不详，对这本书的难度估计不足。学生们觉得这本书太难，引不起他们的兴趣。从那以后，苏步青争取与学生多接触，从各方面了解学生的实际，并选择适合他们需要的教材进行教学。此后，他开讲的仿射联络空间、外微分形式论、几何学基础等课程，学生反映都很好，感到受益很大。

就在苏步青深入科学研究、开展研究生教学的时候，1952年夏天，国家高教部安排全国院系调整，浙江大学改为工科大学，其理学院主要力量调往外地。苏步青、陈建功、卢鹤绂、谈家桢、吴征铠等多位教授调往复旦大学。

苏步青与浙江大学的感情是很深的。1931年，他从日本获得理学博士学位归国，头一站就是浙江大学，整整度过21个年头，其间经历了14年抗日战争时期的国难，3年解放战争时期国民党反动派对师生的迫害。即使如此，他仍发现并培养了一大批英才。可以说，苏步青与祖国共命运的同时，也与浙江大学师生共患难。杭州解放前夕，为了护校，他与浙大师生共战斗，当时是置生死于度外的。苏步青多次讲过："我与浙大的感情，用一个不恰当的比喻：就像青年人初恋的真情，发展为生死相依的战友情，且老而弥笃弥坚。因而在浙大的21年成为我一生中的华彩乐章，留下了我终生难忘的美好记忆。"现在要离开浙江大学，他心里真是依依不舍。

苏步青回忆说："秋天的一个上午，领导请我们喝酒，待喝得几分醉时，便连哄带拉地将我们送上火车。林乎加到杭州火车站为我们这些教授送行。下午2时许，列车停靠上海站。陈望道校长非常看重我们，早就在站台等候。火车一停稳，陈校长就上前，给予了热情的接待。"

但是，到了复旦之后，苏步青思想上还是存有疙瘩。寄寓自己深厚感情、富有传统的浙江大学数学系，特别是自己的那一摊家当，竟要被合并掉，总是想不通。上级作出这样的决定，是否掌握了高等学校的特点？苏步青一脸愁云，不住地摇头叹息。过去教授与教授之间为争一名学生，常常闹得面红耳赤，长期失和，现在又搞并校，问题可能会更大。苏步青越想越不是滋味。

1956年，与复旦大学老校长陈望道在上海合影

在复旦大学党委的帮助下，在事实面前，苏步青渐渐想通了。可不是吗？仅过了一年，情形就起了变化。一些优秀教师又参加苏步青主持的讨论班了。四年级学生成批成批地来听苏步青开设的专门课程。复旦大学以意想不到的速度建立起了新的微分几何教学和科研基地。

面对着许多有才干的学生，苏步青感到无比的兴奋。"毕生事业一教鞭"，能教出好学生，这比做什么都高兴。然而，苏步青也发现，有些学生表现出骄傲自满的情绪。"有所发现是令人兴奋的，因为这是经过长时间考虑、研究的成果，但是对此绝不可估计过高。"苏步青发现这一问题，便通过讲故事的方式，启发学生应有自知之明：

"过去有一位叫鲍耶的人，发现了'非欧几何'。他得意忘形地写信给父亲，说他发现了一个新世界。但后来他听说有一个叫高斯的人，曾写信给父亲，说早就知道'非欧几何'，只是暂不愿发表。鲍耶听后，终身不搞研究了……"

苏步青对学生们说，终身不搞研究并不可取。这个故事无非想告诉大家，在研究数学时，不要骄傲，而应该谦虚谨慎，决不可认为"老子天下第一"，只有我才能创造发明。17世纪的牛顿是一位伟大的科学家，但他只把自己称之为海边拾贝壳的孩童，尚未发现真理的大海。后来，爱因斯坦发明了相对论，解释了牛顿理论中不能解释的问题，发展了牛顿的思想。过了一段时间，现代理论物理又进一步向前发展。这告诉人们，科学研究是无止境的，必须谦虚谨慎。

在科学研究方面，苏步青开始向微分几何领域的深度和广度进军。1956年，他获得中华人民共和国第一次颁发的国家自然科学奖，这是奖励他在"K 展空间微分几何学"方面的研究成果，同时也奖励他多年来在"一般度量空间几何学"和"射影空间曲面微分几何学"方面的工作。"K 展空间"是 20 世纪 40 年代出现的一个新的研究方向，第一个研究它的是美国数学家、菲尔兹奖获得者道格拉斯。那是在抗战胜利前夕，苏步青从一卷显微镜胶片中了解到这一新成就，立即全力以赴地进行探讨。1945 年苏步青发表了这方面的第一篇论文，发展了"K 展空间"的理论，并纠正了道格拉斯的一个错误。1950 年后，他又连续完成了 10 多篇论文，在国际上产生相当大的影响。

苏步青到复旦大学以后，仍关心留在浙江大学的教师，一有机会，就为他们的进修和成才着想。浙江大学董光昌教授著文说：我于 1946 年从江西鄱阳到上海考大学，途中听旅客说浙江大学数学系有苏步青、陈建功教授，很有名气，我便同时报考了浙江大学。被录取后，我提前 10 多天到杭州报到。数学系的老生见我对数学的自学很有兴趣，就介绍说，哈代著的《纯粹数学教程》很好，学生可向数学系图书馆借阅，但因您尚未注册，不能借阅，要想借只有一个办法，就是找到系主任苏先生批条子。我写了借条，问清了苏先生的家庭住址是在离学校不远的东街路的二层楼房内，去找苏先生。登上楼就见到苏先生正在集中精力搞科研，桌上摊开几张纸，算式很多。我说明来意，并递上借条，苏先生欣然同意并签名，使我实现了尚未注册就能在系图书馆借阅参考书的愿望。这件事虽小，但具有非凡的意义，所以苏先生和我对此均有很深的印象，数十年后，有一次我去上海看望苏先生时，提起这一段往事，他也说是记忆犹新。

1950 年毕业后，我被分配到华东警政组，苏先生见工作单位不对口，便提出改换，结果被留校当助教。后来，苏先生调到复旦大学，仍关心我的事业。1954 年 5 月匈牙利数学家杜澜·巴尔来中国，在上海组织欢迎他的学术报告会，苏先生指定我为成员之一，发文到浙江大学，我因此而去复旦大学，完成作学术报告的任务，颇得杜澜·巴尔的好评。更主要的是，由此获得重要学术活动消息：北京数学研究所为各综合大学顺利开出偏微分方程课，将于1954年暑期开学习班，这样一个学习机会不能错过，因而我和郭竹瑞请浙江大学校方争取到一个正式名额，再要求去三四个人旁听。全国高校院系调整后，我们几个留在浙江大学的年轻人在学术上有了较大提高，为1957年浙江大学恢复办数学系打下了基础。1954年这次暑期学习班是关键的一步，完全是因为苏先生指定我参加欢迎杜澜·巴尔学术报告会的提携。后来，我们发扬苏先生的好传统，培养了一位中国工程院院士、两位在国际数学家大会上作45分钟报告的学者，这与苏先生的扶植是分不开的。

1988年，苏步青想起自己自1952年由杭州到上海，已有36年，突生感慨，作诗一首：

忆昔杭申辗转秋，苍颜衰鬓旧衫裘。
初哼俄语常侵夜，爱读洋书不说愁。
半百年华充壮岁，三千学子共优游。
如今报国心犹在，改革光辉照白头。

1998年9月15日，在党中央的关怀下，浙江大学原先分设的杭州大学、浙江医科大学、浙江农业大学、杭州师范大学合并为新浙江大学。苏步青在接受中央电视台记者采访时，表达出十分兴奋的心情。他说："合久必分，分久必合，浙江大学的合并，顺乎历史潮流。"

28. 撞击出思想的火花

20世纪50年代后期至60年代前几年，国家政治运动频频，学校各项工作也随之变动。然而，苏步青分析形势，在各项运动中，一边加强学习，一边积极思考，有时还真能撞击出思想火花，取得一些实效。

作为一名教授和科学家，不管什么时候，遇到什么风浪，苏步青总是紧紧地抓住教学和科研，为国家培养人才，开展学术研究。他从浙江大学带来的科学讨论会，是活跃学术研究气氛、提高教学质量、培养师资后备力量，使科学研究工作经常化、制度化的有效办法，不仅在数学教研组实施，还推广到学校17个教研组，到了1956年则达到40个教研组。

苏步青就是用这种老老实实的治学方法来指导青年进行科学研究的。他说：一些刚开始在科学大道上迈步的青年，他们分不清东西南北，需要经历一定的摸索阶段。因此，必须善于耐心地引导他们去摸索方向。首先指导他们确定一条干线，使他们能围绕着干线来学习。当他们能够比较全面地掌握这一条干线上的知识后，就再给他另外开辟一条干线，过了一段时间，又再开辟一条干线。这样，日积月累，青年人会走的路就不是一条而是很多条了。他们的路宽了，知识广了，收获也自然而然多了。这样由窄到宽、由低到高、老老实实、循序渐进的方法，就是苏步青历年来指导科学研究的唯一的"土方法"。他认为，除此之外，再无第二条更好的途径了。

此时的苏步青已有55岁，他身兼数职：要指导科学研究，要上课，要领导学校及数学研究室的行政工作，此外，还要经常参加一系列的社会活动，教育界、科学界、民主党派活动都有他的份。可是他还要保证每天至少要有4小时的学习，有时白天实在挤不出时间，就在灯下钻研到深夜。

苏步青对青年人的科学研究工作，是极其关心的，每隔两个月他就要轮流检查一次，看看他们近来有什么收获，遇到了什么问题，有没有困难。如果既没有收获，又没有问题，也谈不出困难，就要受到他的严厉批评。数学教研组青年人在这样一位导师的指导下，成长得很快，他们大都养成了良好的读书习惯和刻苦钻研的精神，也取得了很大的成绩。当复旦大学举行全校性科学讨论会的时候，数学教研组的教师们提出了很多篇科学研究论文。在学报上，数学论文所占的比例也很大。1956年，全国数学论文选读大会上，复旦大学数学教研组的教师们宣读了 30 篇论文。

然而在那个特殊的年代，苏步青也深知，仅仅抓教学科研是远远不够的。他也常常思考自己的问题：在旧社会里生活很久，思想跟不上形势的发展，作风上也有些毛病，需要党的教育和同志们的帮助。经过一段时间的思考，他于 1958 年春节给党组织写了要求入党的申请书，这不能不说是学习和思考的一大进步。

那时，有一股浪潮，要"跃进""赶超"，苏步青也知道其本意是为了加快科研的步伐。然而，他也从学生谷超豪那里学到脚踏实地的作风。苏步青先是提出在微分几何学的研究，争取在 5 年内达到国际水平，征求弟子的意见。不久，谷超豪回信说："5 年内只能达到莫斯科大学微分几何教研组现在的水平，5 年之后，莫斯科大学微分几何教研组的水平又前进了，而且他们教研组的力量很强，计划很周密，恐怕不行。"于是他接受建议，少些浮夸因素，提出 7 年到 10 年能接近莫斯科大学微分几何教研组的学术水平。规划不是给人看看的，苏步青深知唯有实干才能实现预定目标，科学研究也抓得比以往更紧了。

之后，在学习党的教育方针的日子里，苏步青回顾新中国成立后几年，自己对毛泽东主席提出的教育方针，认识是很不深刻的。对于学校创办工厂，师生下乡参加义务劳动，也仅仅是从经济上创造财富方面去考虑。然而，教育与生产劳动相结合，还有为国防、工业、农业各方面服务的正确内容，这对苏步青来说，是一个不小的触动。他说：一年来，学校原子能、技术物理等研究所的成立充分地表示了这项工作的开端。单就我所从事的数学研究来说，我们并不反对把基本理论在已有的基础上加以发展，但是，建立起上海的计算中心，使它为国防、工业、农业各方面服务，却是当前最重要的任务。过去一年来，我们成立计算数学专业，白手起家。经过师生，尤其是学生们的努力，在很短时间内修完了必要的基本知识，并已能开始作出程序设计等，为快速电子计算机的操作创造了良好条件。我们所取得的一些成绩是在一年半载之前所不能想象的。

"学习，学习，再学习"是苏步青跟上时代步伐、不断进取的原动力。古今中外一切有用的知识、成果，都为苏步青开拓进取提供不少有益的启迪，并融入他的学术研究和教学中去。

1956年第6期《红旗》杂志发表日本科学家坂田昌一的《关于新基本粒子观的对话》，再次强调"世界是无限的，世界是充满矛盾的，万事万物都是对立的统一"。苏步青认为，从数学的角度来看，这样的提法也是完全正确的。学习之后的思考，促使他联系几何学的发展，在思想上有了一个更为深刻的认识。他说：正如列宁所指出的，在古希腊就存在德谟克里特和柏拉图的两条路线，形成了古代哲学源流的主要斗争。在人类历史上，欧几里得几何是绝对真理的这种想法，一直统治着人们的头脑，竟有2 000多年之久，到了康德，仍然还是这样对待空间形式的。为什么会这样呢？主要是由于人们在生产实践中限于所闻所见的范围，迫使人们相信：欧氏空间是绝对可靠的、没有任何矛盾的"到了尽头的空间"。这样，就阻碍了空间形式的发展。非欧几何恰恰是在这个矛盾中建立、形成和发展的。唯物辩证法与形而上学之间的斗争的结果，发展了空间概念，扩大了几何学。一方面，爱因斯坦很巧妙地运用黎曼几何以建立一般相对论，获得了巨大的成就。反过来，几何学因为受到相对论的影响而更广泛地发展起来，形成了现代微分几何的体系。另一方面，随着物理学的发展，发现了相对论的一些缺陷，逐渐把理论发展深入到量子场论领域之后，那么几何学在未来应该向什么方向发展呢？

是按照原来发展方向把空间概念一个比一个宽、一个比一个广地扩充下去呢，还是用"一分为二"的观点分析存在的问题，发现矛盾，解决矛盾，把这个对立统一起来呢？这对于数学工作者来说，是一个重要关头，是必须认真对待的关键性问题。如果照前一方向进行，科学研究势必迷失方向，逐渐走上形而上学、唯心主义道路。这样，不仅会阻碍学科本身的发展，而且由于所作所为不符合客观事物的发展规律，科学研究就会变成无用的东西。在国际的数学刊物上有时还有一些论著描述着"形的逻辑"，它们充满了烦琐的符号和公式、空虚的概念和命题，简直是"张量的森林"。

那么，怎样把神秘的"形的逻辑"转变为明确的"物的逻辑"呢？毛主席在《实践论》中明确指出："马克思主义者承认，在绝对的总的宇宙发展过程中，各个具体过程的发展都是相对的，因而在绝对真理的长河中，人们对于在各个一定发展阶段上的具体过程的认识只具有相对的真理性。无数相对的真理之总和，就是绝对的真理。"我们在工作中往往无意识地运用着形而上学的思维方法而阻碍着科学研究的发展，因此要改变这种状况，必须努力学习毛主席著作，运用辩证唯物主义指导自己的研究工作，把所有的对象和现象，看成相互关联、相互制约的有机结合，只有这样，才能为祖国作出更大的贡献。

到了1965年，在复旦大学党委书记杨西光、王零的关怀下，复旦大学电光源专家蔡祖泉为国争光的事迹报道之后，全市掀起向蔡祖泉学习的高潮。身为副校长的苏步青，在1966年3月15日的《文汇报》上，发表了《蔡祖泉同志是我们的榜样》一文。这种理论与实践相结合的学习，使苏步青的思想得到进一步的升华，认真探讨如何做一位名副其实的科学家。他说：

1990年，与谷超豪、王零在上海（从左至右分别为苏步青、谷超豪、王零）

1952年以来，我和蔡祖泉同志都在复旦大学工作。他造灯，我教书，也管行政工作。我的工作环境、条件和生活待遇，比起蔡祖泉同志来，不知道要好多少倍。可是我不论在工作上还是在思想改造上，和蔡祖泉同志比较，实在相差得太远了。

蔡祖泉同志在对待知识的问题上从来就是很认真、严肃的。对于不懂的东西，他不但没有装懂，而且总要想办法掌握它，使它为我所用。他说的"我听毛主席的话，灯听我的话"，充分地表明了指导着他、推动着他的力量是毛泽东思想。任何一个自然科学工作者在探索客观规律的崎岖道路上，不可能不遇到这样或那样的困难。要用毛泽东思想武装自己，知难而进，而不是知难而退；要把碰到困难看作解决矛盾的开端，不屈不挠，奋斗到底。

或许有人会这样想：搞数学一类的基础理论工作，不像造灯那样，即使弄错了一点，也不会马上被别人看出"点不亮"的危险。但是，我们决不可以因为一时看不出毛病而放松对自己的严格要求。越是搞一时和实际还联系不上的理论工作，越要诚实，越要反对那种非科学的态度。检查自己，过去是否在科学研究工作中往往因为急于想出成果，早点发表论文，生怕别人抢先，对于有的尚未彻底弄透的问题等不及找出严密的根据，就赶快下结论，草草收兵。这是对待知识的一种极不严肃的表现。一个革命的知识分子，不应该犯这个毛病。这次通过学习蔡祖泉同志，必须狠下决心，改掉这种含含糊糊的学风，面对科学研究中所获得的材料，下一番去粗取精、去伪存真、由此及彼、由表及里的改造制作功夫，力求更完善地反映整个的事物，反映事物的本质，反映事物的内部规律性。

有虚伪的一面，必然会有骄傲的一面，这也是科学工作者值得警惕的问题。我们要像蔡祖泉同志那样，不仅在困难面前踏踏实实地干，顽强刻苦地学，而且在成功面前不骄傲自满，真正做到把困难留给自己，把荣誉让给别人。他不怕任何困难，把国外有些人想卡我们的科学仪器里的新型灯、"人造小太阳"、金属元素的光谱灯等，一个接着一个地、一个带出一批地制造出来，为中国争"光"，显示出先进工作者的革命志气。当他把每一个时期研究出来的造灯技术毫无保留地交给工厂生产时,从不计较什么"发明权",总是"倾家荡产",要永远充当科学战线上的"无产者",不做"有产者"。听一听他讲的话:"只要灯亮,只要对社会主义有利,我们就开心。不能计较是你的功劳,还是我的功劳。"这是何等崇高的共产主义风格,工人阶级的气派何等雄伟!苏步青向蔡祖泉学习以及他的思考和后来的行动,同样给人们带来许多有益的启发。

29. 东欧纪行

苏步青留学日本达 12 年之久,归国执教后又到日本多次,对该国的风俗民情、教学科研了解甚深,而对欧洲、北美诸国则没有机会涉足,不甚了解。1956 年秋,苏步青获得一次出访欧洲的机会,他兴奋了好一阵子。

10 月 4 日早晨 7 时,飞机离开北京西苑机场,苏步青不时往窗外张望,一心想看看雄伟的长城。朋友曾告诉过他,长途飞行,应抓紧时间在机上睡觉。可是上了飞机,他早把这些劝说忘光了。对初次去欧洲的苏步青来说,在飞机上所看到的风景都是很稀奇的,尤其是一天之中就能飞到那么遥远的地方,更是令他兴奋不已。下午 4 时,飞机在苏联贝加尔湖畔的大城市伊尔库次克机场降落。晚上他在旅馆休息了 3 个多小时,诗兴大发,便吟起诗来:

暮抵伊尔库次克作
朝别京师向北行,却从机上望长城。
平沙遥接塞疆合,巨邑独临湖水清。
畴昔天涯今咫尺,眼前云树半秋声。
凉风吹激晴空暮,唤起相思万里情。

10 月 7 日,到莫斯科算是第 3 天了。苏步青和同行想出去玩,回想刚到飞机场那天,因语言不通,碰到了很大困难。就来了个小"发明":不说客套话,只重点说出一两个重要单词,比方说:"餐厅""红场"。这样每次问路，都能取得好效果。上午9时，苏步青和吴文俊先生到了克里姆林宫的大门口，铁门还没开，他们手拿护照，向边门的站岗军人问："可以吗？"回答是一声"请"。接下去通过电话员的关照，就进了大门。等到游完出大门之后，才看见门口有许多人，排成很长的队伍购入场券。

下午，苏步青他们参观全苏农业展览馆，各加盟共和国都有它的独特展览，琳琅满目，美不胜收。傍晚就在馆内广场餐厅圆桌上用膳。当时有3个工人同志和苏步青同桌，大家很想谈天，可惜语言不通。有一位男同志举起手里的啤酒杯，高喊"盖塔依"，意思就是说"中国"。此景此情又触发苏步青填词一首：

浣 溪 沙

万里西来又一周，莫斯科市试清游，满城风物自悠悠。

言语悬殊犹把盏，山川秀丽不惊秋，有名无实是乡愁。

苏步青写完读给吴文俊先生听，并表示对末了一句尤其得意，意思是：中苏人民亲密友好像一家人一样。可是吴文俊先生开玩笑地说："给你太太知道了，会不会埋怨你没有想她呀！"

10月12日，在保加利亚索菲亚，数学会开始，接连进行小组宣读论文。下午会议组织代表游览斯大林水库、保罗伟兹景区。傍晚，苏步青和各国代表入故离宫用晚餐，并用中国语言频频为大会的胜利进行而举杯致谢。"心有灵犀一点通"，大家超越了语言障碍，都觉得对对方说话的意思没有什么不了解。宾主尽欢，直到晚10时才驱车回城。苏步青临睡前将一天的游览和感想写进了日记："万家灯火黄昏后，半日山川清梦中。"

10月19日，苏步青为同来的吴文俊代表先期归国去机场送行，归途中只剩下他自己一个人，感觉到愈加寂寞。之后代表团将赴柏林。行前苏步青利用几天空闲，把保加利亚数学会开会经过整理一遍，同时到中国驻保大使馆和保加利亚科学院调查一些关于科学院组织的资料。21日，苏步青在住地写家书，因适逢星期日未发。下午，生活翻译田采娃夫人带着苏步青乘汽车游览维多山国家公园，绕道大使馆请文化专员王一达同往。天气晴和，满山红叶，游人如织，苏步青尽情游览。5时半回大使馆，在王专员家吃晚饭。这是苏步青离开祖国以后第一次吃中国饭，红烧肉和青梅酒，使他难忘故土风味。

10月23日下午4时，苏步青飞抵柏林。第二天，他到洪堡大学数学系确定讲学日程，顺便参观了数学图书馆。10月30日下午，苏步青在洪堡大学数学研究所3083室第一次讲学，讲题是"K展空间几何学的新发展"。参加听讲的有教授、副教授、讲师、助教及研究生五六十人，不用翻译。苏步青说，我为执行中德文化合作协定来到贵国，感觉到无上光荣。从数学史来看，德国一直是领导世界的先锋；贵校走廊两旁所挂的数学家肖像，没有一位不是我们数学工作者所熟悉的人物。我要利用这次难得的机会，向各位学习，并且为中德两国间的学术文化交流尽最大的努力。讲演历时一个半小时，接下去讨论半个多小时，大家反映良好。

11月2日下午5时，苏步青在洪堡大学第二次讲学，题目是"具有面积测度的空间几何学"。第二天苏步青将离开柏林转赴各地讲学。

第一站是德累斯顿。这里沿途公路宽阔，到处可见森林湖沼，饱赏秋色。德累斯顿在战前是很大的城市，第二次世界大战中市中心全被炸光，现已逐渐恢复旧日面貌。11月3日下午，苏步青参观著名的绘画陈列馆。11月5日，苏步青访问德累斯顿高等工科大学。这所大学有9 000名全日制学生和5 000名函授生，一律5年制。有教授一百六十人，每年有2 000名毕业生。教授任课比较多，每周有30小时（包括习题课在内）。课程分得较细，数学系拥有纯粹数学、应用数学、机器、统计数学和几何学等5个研究所。下午5时至7时，苏步青在这里讲学。

11月10日上午，苏步青来到卡尔·马克思大学，数学系主任出来迎接。这是出国以来第一次碰到的事情，因为德国的教授一般不迎送客人。在讲演"具有面积测度的空间几何学"时，系主任爱·霍尔达教授感到非常有趣，时常起来替苏步青翻译成德文，向听众解释。这里有3名中国留学生当研究生，其中两名是苏步青的学生。他们与老师彻夜长谈，使苏步青了解了许多德国大学教学和科研的情况。这是第二站。

第三站是离莱比锡约 500 公里的斯特拉尔逊城。苏步青在车上饱览沿途风光。微雨轻寒，路旁红叶铺满草径；野外还有一些绿色菜叶，掩映于车窗林隙之间，据说是喂牛马的大萝卜。11 月 18 日下午，车达小镇吃午饭。天气转晴，左边斜阳呈出金黄色；右边圆月初升，照耀波罗的海，风景绝佳。5 时在饭店休息，忽忆前月此夜身居黑海畔，今宵明月又圆，想必是阴历 10 月中旬了，颇有思乡之意。记起北宋词人晏几道（字叔原）词中"初将明月比佳期，长向月圆时候，望人归"的句子，填了《浣溪沙》一阕：

南北骋驰公路平，暮林寒日照孤城，霞光塔影一时生。
为作家书千百语，不辞灯火两三更，高楼夜舞管弦声。

11 月 22 日，阴天，苏步青在住所首次接到使馆转来的家书，高兴无比。下午到格来夫斯瓦尔特大学数学系讲演"K 展几何学中的几个问题"。这所大学成立已有 500 多年，刚举行过盛大的庆典。苏步青最关心数学系，一问只有 3 名教授，50 名学生。

第四站是哈雷。苏步青访问马丁·路德大学数学系主任奥·哈·克拉，他非常热诚，亲自带苏步青参观图书馆、模型陈列室及课堂。11 月 30 日下午 5 时至 7 时，苏步青在这所大学讲学，并有两名中国留学生与苏步青座谈。

第五站是罗斯多克城。这里的大学数学系主任年近 70 而精神饱满，每周任课 24 小时。数学系有学生 80 名，教授 3 人，助教 5 人，函授研究生 1 人，校舍古老。12 月 3 日苏步青用两个小时讲演了"K 展空间几何学"，第二天又安排了一次讲学。这次出访，苏步青尽情地了解国外教育情况。

第六站即是到各地讲学的最后一站，耶那。12 月 7 日在大学讲学。第二天由雪小姐带领到爱然那哈去玩，那里离耶那 100 公里。他们驱车先到瓦德堡游览。据说 16 世纪时马丁·路德曾躲在这里著述圣书，歌德和席勒来过 17 次之多。城堡筑在山冈之上，俯瞰下面森林和市容，甚为美观。

12月10日，苏步青重返柏林，是为了在11日举行的报告会上作"新中国数学的发展与现状"的演讲。事前洪堡大学数学研究所发出请帖，许多教授都来到柏林。苏步青报告完后，举行座谈会，200名参加者都很热烈地提出问题，苏步青一一作了答复，由使馆人员翻译，演讲会直到晚上7时半才告结束。

12月14日是苏步青留在德意志民主共和国的最后一天，驻东德大使馆已购好了第二天启程回国的飞机票。15日上午9时飞机离开柏林机场回国，正是：

> 上界云间，独见机呈翡翠色；
> 东欧道上，更无人唱鹧鸪天。

30. 走上领导岗位之后

1954年，苏步青当选为第二届全国政治协商会议委员。

1955年，苏步青以他卓越的成绩，成为新中国成立后第一批中国科学院学部委员（院士）。

1956年9月，苏步青任复旦大学副校长，全身心地投入教学行政管理工作。

他首先抓紧学校的科学研究。高等学校为什么要开展科学研究呢？他认为，最根本的是因为社会主义建设的需要。由于高校有着成批的专家和数量庞大的群众性科研队伍、整套的专业设置、较为充实的图书资料和实验设备，因此有责任和科学院、各业务部门研究机构一起，承担研究任务，发展国家的科学事业。他认为，高校的科学研究必须密切结合实际，而不能脱离实际。即使是抽象性比较强的数学，也是如此。现代数学中新的分支的发展，都是和生产上重大的新发展、现代技术的新成就相联系的。复旦大学数学系高年级学生根据教育计划的规定，定期到业务部门、生产单位参加生产劳动，协助解决生产中的数学问题，不仅提高了思想觉悟，巩固了所学的理论知识，而且开阔了眼界,有助于对数学上新的学科的学习,就是一个具体的说明。

他还从社会主义建设需要大量的干部、专业人员的角度,对教师参加科学研究提出具体的要求。他说,教师的科学水平在教学中的反映,主要有两个方面:一个是根据教育计划的要求把课程内容讲透,体现理论联系实际的精神;一个是教给学生最新的科学成就,不仅要使学生牢固地掌握基础的理论知识,而且要让学生摸到这门学科最近发展的脉搏。这样,教和学本身都成为一种创造性的劳动,教师和学生在教和学中的干劲和潜力就进一步发挥出来了。

在短短的时间里,在党委的领导下,科学研究蓬勃开展起来。原子能、技术物理等研究所相继成立。苏步青和数学系的教师在从事基础理论研究的同时,也把建立上海计算中心——使它为国防、工业、农业各方面服务——当成最重要的任务。在过去的一年里,他们建立了计算数学专业,白手起家。经过师生,尤其是学生们的努力,在很短的时间内,修完了必要的基本知识,并开始作出程序设计等,为快速电子计算机的操作创造了良好的条件。苏步青也感到研究与现实存在差距,他说:"由于原来的基础很差,像我这样的指导者过去理论脱离实际,光靠这一点儿的成就,那是解决不了繁重任务的需要的,必须更紧密地依靠党的领导,走群众路线,把我们的计算技术与理论提高到国内外先进水平。"

苏步青的思想在进步,他与党更加接近了。他从学习苏联的某些先进经验中意识到,学校的性质,必然要反映在培养人才的政治方向上。培养德才兼备、体魄健全的全面发展人才,应作为教育方针,这是培养整个新的一代的唯一正确的途径。教师不仅要教书,还要教人,通过教书来教人,培养忠于社会主义事业、拥护党的领导、有专门才干的人才。

正在此时,有人说共产党员都是"有德无才"。苏步青按捺不住了,他反驳道:"我的学生、共产党员谷超豪,在数学研究方面有杰出成就。他所领导的一个科研小组,15人中就有13人是党、团员。从大的方面讲,共产党领导我们国家取得了前所未有的伟大成就,不证明共产党有最大的才能吗?"当有人扬言要赶走复旦大学两位没有留过学的党员副校长时,苏步青说:"我也是复旦副校长之一,我坚决不允许。实际上,一位党员副校长是留过学的;一位没有留过学的党员副校长杨西光同志,则是我们国家宝贵的不可缺少的人才。当我们到国外去留学的时候,正是杨西光等许多优秀同志牺牲自己的学业、去为中华民族解放奋斗的时候。没有杨西光这样的许多同志搞革命,中国现在恐怕还在帝国主义的奴役下呢!现在,我们国家也一刻离不开这些老革命同志。"1978年5月11日,《光明日报》在第一版发表了著名的特约评论员文章《实践是检验真理的唯一标准》,引发了一场席卷神州大地并产生深远历史影响的关于真理标准问题的大讨论。这一重要文章的发表,复旦大学原党委书记、时任《光明日报》总编辑的杨西光起了重要作用。苏步青当时当然不可能预见到这一点,但从那时他对杨西光同志的评价,也可以看出他的眼力。

到了1957年秋,苏步青的学生谷超豪将赴莫斯科大学进修。苏步青想,谷超豪是我的好学生,他在新中国成立前就参加了共产党,我一定要把自己的愿望告诉他。在谷超豪临行前,他激动地对谷超豪说:"超豪同志,我要入党!不管党吸收或者不吸收我。可是我热爱党,我要为党献出自己的一切。"谷超豪没有想到自己要离开祖国的时候,能听到这样的喜讯,他高兴极了,便对他尊敬的老师说:"太好了,太好了!您要多和杨西光书记谈谈。"后来党委书记杨西光常和苏步青教授谈心,苏步青也主动找党委其他负责同志接触、交朋友,对党的认识愈来愈深刻。1958年春节,苏步青提起笔来,给党组织写了要求入党的申请书。

之后,苏步青投入地制订个人红专规划。他回顾自己在党的培养教育下,在思想觉悟上取得的进步;检查自己思想作风上存在的缺点,决心克服身上的毛病。在规划中再次表达要把自己的一切力量献给党的革命事业的决心,要以共产党员的标准来要求自己,争取加入共产党组织,在党的伟大事业里起一颗"螺丝钉"的作用。

1958年7月,苏步青在第二次应邀赴罗马尼亚、匈牙利等国讲学两个月后,顺访苏联10天。为了执行复旦大学数学系微分几何教研组与莫斯科大学数学系微分几何教研组之间的合作协定,早在出国前,

赴罗马尼亚讲学

苏步青就去函该教研组主任菲尼科夫教授,希望能和他交谈一次。

刚到莫斯科大学住下,一了解,菲尼科夫教授已经去里加海滨休养。在留守的几位教授和研究生召开的一个学术座谈会上,大家交流了最近半年来的科学研究成就和存在的问题,经过4小时的讨论,一致肯定了今后研究发展的方向。苏步青想到学校无法找到一些苏联几年前出版的数学杂志和参考书籍,就向莫斯科大学微分几何教研组的一位老管理人员索要。使苏步青非常高兴的是,一位在那里工作达20年之久的女教师,为他找来一批极为珍贵的资料。住在莫斯科的头3天里,菲尼科夫教授从里加三番五次打长途电话,一面关照留守的同志要好好地接待苏步青,一面嘱咐他们要把教研组的工作毫无遗漏地介绍给苏步青听;还关照他们把科学研究成就写成正式的学术报告书,寄给自己签名后送给苏步青。该报告长达29页。

后来,苏步青应邀到里加做客3天,菲尼科夫教授和他女儿菲尼科娃副教授热情地接待了苏步青。他们一起畅谈共同专业的发展前途,还游览了古老的里加市和清凉的海滨。他们在青松白石的海岸上一起散步，一起畅谈，在晚上10时一同欣赏海上日落。在那里，苏步青回忆起20多年前的一件趣事。那时候，菲尼科夫教授从莫斯科寄给苏步青一本他自己新著的数学论著的单行本。不料国民党特务认为它是"危险"的宣传品，经过严密检查后才交给苏步青。从那以后，反动政府怀疑苏步青有通"红"的嫌疑，不时找他的麻烦。苏步青把这件事和菲尼科夫教授谈了，大家哈哈大笑。苏步青告诉他："这都是旧社会的事了。您送给我的新作《在微分几何学中的嘉当的外形式法》，去年我已经把它译成中文，数学读书会的成员正在精读这本书呢。"

后来谈起当时逗留苏联的10天，苏步青说，这是我难以忘怀的10天。

经过一段时间的考察之后，党组织对苏步青的入党申请进行多次研究，并与他深入交谈，认为可以从组织上开展工作。一天，在学校老工会的一间会议室里，正在召开党支部大会。经过议定的讨论程序，表决开始了。支部书记仔细地数完高举的手臂，最后庄重地宣布："支部大会全体通过，接受苏步青同志入党。"顿时，会场上响起了一阵热烈的掌声。

同志们的掌声，包含了多么亲切真挚的祝贺、关注和期待啊！苏步青周身涌动着光荣和幸福的激流。在走过57个春秋时，他又获得新的生命和青春！当想到自己即将成为党的一员时，他怎么能不激动和欢乐呢？

在党的教育和帮助下，苏步青逐渐认识了党的性质，思想进步很快，1959年3月被复旦大学党委批准加入中国共产党。

这年4月，苏步青被选为第二届全国人民代表大会代表。

31."书屋如舟喜向阳"

廿载湄江忆旧游，十年离思遥杭州。
有时临水歌黄浦，无处看山坐白头。
月异日新常向往，眼明腰健敢归休？
银锄铁臂虽无分，犹喜能当孺子牛。

苏步青走上领导岗位之后，过上了平静而有序的生活，1965年他偷闲回忆起走过的前半生，显得很知足，又生发出当孺子牛的欣喜和自信心。

在一个凉爽的早秋夜晚，苏步青在自己书斋里看书写作。柔软的台灯灯光照射在书本上、稿纸上，老伴给他端来了一杯龙井茶，翠色清香，令人喜爱。

20世纪50年代后期，复旦大学为苏步青、陈建功教授新建两幢小楼，苏步青便从别的宿舍搬进第九宿舍新楼居住。小楼朝南开了两扇大窗和三扇玻璃门，楼下60多平方米的大间，一半当书房，一半当会客厅。开始他心里担忧藏书不多，摆不成像样的书斋。谁料到，生活年年改善，书橱年年增加，后来反而怕书太多了。自从1931年回国工作以来，苏步青多少年盼望着有一个较完备的图书室附在自己家里，查阅资料就方便多了，但始终没能实现。后来，他已经把书斋围得简直像一座城墙，苏步青称它为书城，多年的梦想实现了，心里别说有多高兴。

在这个书斋里，苏步青经常学习毛泽东著作，从而初步明确了作为一个科学工作者的责任，以及树立科研为人民服务的观点，并开始运用正确的思想方法开展科学研究。书斋成了他钻研和写作数学论著的场所，又是他和青年数学工作者讨论和分析一些数学问题的园地。几年间，一批又一批的青年学生、青年教师和研究生走出这个书城。东欧、日本等国家的一些数理专家曾经来此访问苏步青，还有亚洲、非洲、拉丁美洲的一些朋友，在上海参观时，也来到这个书斋作亲切的交谈。书斋虽小，但起了很大的作用。

63岁的苏步青，越想越激动："在过去吃不饱穿不暖的日子里，像这样的老人应该早已退休了，也可能辞了人世。而我呢，既不要操心柴米油盐酱醋茶开门七件事，又无必要像以往做过的、为科学研究所需要的图书设备筹划而东奔西走，现在身体健康，心情舒畅，总不能饱食终日无所事事吧！看啊！中华人民共和国的千千万万劳动人民，一心一意地要把祖国建成现代农业、现代工业、现代国防和现代科学技术的社会主义强国，为子孙后代造幸福，为全世界人类作出贡献而忘我地日夜劳动着。我怎么能够不珍惜这个余年，拿出自己所有的力量为社会主义服务呢？！不，我决不甘心落后，要积极教育培养青年一代，使他们很快地成长起来，成为革命接班人。说实在话，现在我们工作条件太好了，同过去相比较，诚然有天渊之别。解放前20年间，我在浙江大学任教，那时候进数学系念书的很少，总共只毕业了106名学生。而现在我们大学数学系每年就有200名左右毕业生。这些学生同其他学生一样，在学校期间关心政治，为社会主义积极学习，注意身体健康，决心要把自己培养成为有社会主义觉悟的、有文化的劳动者。毕业后，被分配到工农业生产战线上、文化战线上和其他各条战线上，充分发挥作用。当我看见我们培育起来的青年一代在各个岗位上取得成绩的时候，心中无比快乐。"

"我是一个教育工作者，又是科学工作者。从1927年开始钻研数学特别是微分几何这门专业以来，屈指将盈40载了。读到'想当年，金戈铁马，气吞万里如虎'这一段辛稼轩的词句，不胜感慨系之。在新中国成立前的漫长岁月里，不止一次地想要'科学救国'，但始终得不到支持，图书设备没有着落，工作人员的生活毫无保障，跟我做研究的寥寥无几，说什么救国，只不过一句空话而已。今天的局势完全改变了，历史上从来没有一个政党和政府像中国共产党和人民政府这样重视科学事业，并且为其发展创造种种有利条件。光就我们大学数学系的图书期刊来看，解放前仅有1 000余册，而现在有了40 000多册。这几年来，培养研究生工作也大大加强了，目前有5个研究生跟我专攻微分几何。3年前，我校还成立了数学研究所，配有专职研究人员，专门进行科学研究。他们之中，有的把各科数学和生产实际联系起来，解决工农业部门和其他方面提出的一些数学问题，为人民服务。有的进行基本理论的研究，发展数学的各个分科，要攀登科学高峰。1955年、1956年、1958年我随科学代表团访问过日本，前后到过东欧五六个国家参观和讲学，带回了这些国家人民对中国人民的友谊。同时，也学习到不少有益的东西，开阔了自己的眼界。"

"'书屋如舟喜向阳，无涯学海是家乡。'在今天新中国的社会里，无论工作条件和生活条件，都是非常良好的，我们工作也是做不完的。怎样把工作做得更好，还需要今后更大的努力。"这正是苏步青在 20 世纪 60 年代中期发出的肺腑之言。

1964 年，时任复旦大学副校长的苏步青，很想让数学为国家建设发挥应有的作用。当上海汽轮机厂副总工程师兼总设计师戚云浦先生来邀请时，他便带领 3 名学生，访问了该厂。厂方的工程师萨本佶、技术员徐仁发、技师顾友文和工人赵文忠等参加了接待。后来，据萨本佶先生回忆："接待苏教授的地点是厂部大楼接待室。当时我具体负责测绘和设计 6 000 千瓦的列车电站燃汽轮机。这里面用了许多螺杆泵，它的几何形状很复杂，制造有困难，工人和技术人员提出了一个制造方案，不知行不行。苏教授是国内外著名的数学家，我们想请他来帮助解决问题，验证或否定这个方案。"正是在厂方有重要的生产实际问题需要解决、而校方有迫切的理论联系实际的要求的情况下，双方都产生了强烈的合作愿望。再说几个年轻人有投身经济建设的热忱，而年逾花甲的数学大师还有更深层的考虑：应该在重视基础理论研究的同时，尽快积极开展应用数学的研究。

听完厂方的介绍后，苏步青表示愿意介入。但是鉴于原来一直搞基础理论研究，很少接触生产实际，他提出先到现场参观了解情况。在接待人员的陪同下，苏步青一行来到车间，只见一台万能铣床上铣刀头上装着一个飞碟一样的砂轮，正飞速地旋转，磨削着一个工件。他们围绕机床仔细观察，提出了一连串的疑问，工人、技术员和工程师耐心地作了解答。

从车间出来，苏步青就对 3 名学生说："这是一个纯几何的问题，正是我们学几何的人能为社会主义建设出力的地方。将学校里的工作安排一下，我们抽出一点时间帮助他们工作，你们看怎么样？"学生们表示赞同。当大家再次在接待室坐定时，苏步青立刻表示："这个问题我们是有可能解决的，不过，需要一些时间，先把工件表面的形状搞清楚。开始因不熟悉实际，会有一些困难，请厂里的同志们帮助我们，这个课题我们来合作完成。"从此，便开始了厂校合作研究的新局面。

正当合作研究工作有点眉目的时候，由于"文化大革命"，苏步青被迫中断了这一工作，但即使遇到重重的障碍，他仍然没有放弃，他对学生说："这项工作一定要坚持下去，你们不要中断，我在家里帮你们。"由于苏步青的坚决支持，这项合作研究才能一直进行下去，到1967年该项研究正式完成。后来在浙江大学和辽宁大学等单位编写的《数学在螺杆泵设计与制造中应用》一书的出版说明中，得到了如实反映："上海汽轮机厂的工人同志们早在1964年就开始了这种新方法的研究和实际试验，并与复旦大学的同志们一起于1967年底写出了有关工作的总结。"

自从与上海汽轮机厂合作开始，苏步青就十分关心生产实际问题。他带领学生去过不少工厂，如上海鼓风机厂、上海矿山机械厂、上海光学仪器厂。华宣积教授回忆道：苏先生的研究成果有他的手稿记录。他的《涂鸦集》记录了丰富的理论研究成果，而属于应用数学的一些内容，则记录在他的《数学札记》中。这几本硬封面的练习本，记录了他到那些工厂后所做的研究心得，他公开发表的几篇应用数学的论文，都可在《数学札记》中找到原始材料。后来这些有关工作的理论部分，又写入了《计算几何》一书中，成为应用数学方面的优秀著作，具有很高的学术价值。

除了自己参与厂校合作研究外，苏步青也十分重视和支持其他研究人员和单位的应用性研究。在他的几篇论文发表后，不断有单位来信索取论文资料。他都毫无保留地一一寄去。例如，江西二六一队生产科李西兰同志来信，殷切地希望能支援他们一套有关螺杆泥浆泵的研究成果和科技情报资料，苏步青立即将自己的两篇论文寄去。他为社会主义建设事业服务的信念和实际的工作影响了越来越多的人，激发起更多的理论工作者投身生产实际的热情。正是在苏步青等数学家的带领下，我国的应用数学研究渐成气候，研究水平有了不断的提高。

32. 教改"要力求形数结合"

在1958年的"大跃进"中，上海市虹口区文教书记、教育卫生部长和复兴中学校长，对那些违反教育规律的做法有所抵制，而且利用破除对苏联那一套死板规定的机会，组织区属中学校长研讨，从实际出发进行教育改革。这事被时任市委教育卫生部部长兼复旦大学党委书记的杨西光发现了，复旦大学副校长苏步青也适时介入。

复兴中学一贯重视总结教育工作经验，特别是教学工作的经验，摸索教学规律。1959年，在恢复正常教学秩序过程中，复兴中学受到杨西光的重视。市委教育卫生工作部派人到复兴中学调查研究、总结经验，并开始把复兴中学与复旦大学挂起钩来。当时首先遇到的问题是中学数学教学如何与大学衔接的问题，于是复旦大学派了好几位教师来校听课、调查研究，然后组织讨论。杨西光对此非常重视，亲自主持讨论，苏步青也参加了。

1960年春节，大概在年初五，复兴中学校长姚晶接到市委教育卫生部通知，要他去复旦大学第九宿舍原陈建功教授住的小洋楼报到，并需住在那里一星期左右。参加这次活动的有数学教师出身的朱凤豪、赵泽环和姚晶三位中学校长，华东师范大学的教务处长郑启明和复旦大学以苏步青为首的数学老师谷超豪、陶宗英、任福尧、金福临等。他们的任务是起草一篇关于中小学数学教学革新的指导思想和改革步骤的文章，文中突出要赶上世界科技进步的步伐，应从小培养与之相适应的人才。这篇文章由与会者共同设想，然后在苏步青的具体指导下，由谷超豪起草，经杨西光亲自修改定稿付印，既在上海征求意见，又上报中央。一周时间里，苏步青与大家一起工作，晚上一同吃宵夜，感情很快就融洽起来了。

约一个多月以后，这批从事教改的教师，又集中到华东师范大学图书馆。他们的任务很明确，就是编写一整套的中小学自然学科革新教材。在拟订数学教学体系时，从全市调集的一批大、中、小学教师汇聚一堂，讨论热烈，不同观点的辩论非常激烈。当时一些青年人往往头脑发热，提出好多违反青少年认识发展规律、过高过急的要求。苏步青当时既坚持革新、毫不保守，又实事求是地对"左"的思想有所抵制，他的意见在数学教学体系制订中发挥了正确导向作用。他关于"中学的几何独立体系必须改，要力求形数结合，但欧几里得体系是打不倒的"看法在上海的中小学数学教学改革中得到实施。

1960年夏，复兴中学因坚持教学改革，参加了全国文教群英会。上海市教委教研室张福生回忆道："在会上，苏步青教授受到中宣部领导林枫同志的鼓励，自告奋勇向上海市教育局提出编写五年制中学数学教材，得到孙兰局长的大力支持。孙局长立即要求当时研究处领导赵泽环、周左严组织成立上海市中学数学教材编审委员会，由苏步青教授担任编委会主任，华东师范大学数学系郑启明、复兴中学姚晶协助苏老组织编写工作。编审委员有钱端壮、余元希、杨永祥、朱凤豪、唐秀颖、叶懋英、张曾漪等。"

之后，市教委明确复兴中学作为全面进行既缩短年限又提高程度的全市唯一的教育改革试验中学，党政关系全面划归复旦大学领导。苏步青当时已是复旦大学副校长，对复兴中学的教学改革试验自然相当关心。张福生还说："为编写这套教材，苏步青倾注了大量心血，几乎每星期亲自召开编委会，从确定代数几何合编体系到详细的编写纲目，从内容处理到例题习题编选，都认真讨论，亲自把关。这套教材在上海市复兴、南模、控江、市二女中、五十一中、华东师大一附中、嘉定一中等中学试验，五年教完比统编教材六年还多的数学教学内容，学生数学素养和学校数学教学质量都有很大提高，受到师生的热烈欢迎。"

这年上海市数学会理事会改选，苏步青仍是理事长，姚晶当选常务理事兼副秘书长，经常代表数学会参加市科委的会议，会后再回来和苏步青研究如何贯彻。出于对教改的热心和专注，苏步青经常召集上海一些大学的主要数学教授和中学界的数学名教师，一起研究中学数学教学体系如何进行改革，以使之适应当代科技发展水平对数学的要求。在取得共识的基础上，苏步青带头为中学生写了介绍近代数学的小册子《谈谈怎样学好数学》，指导学生如何学习数学，并带动了一批大学教师撰写反映近代数学内容的科普性文章和小册子。

后来，姚晶等人与苏步青合作编写五年制教学前三年的数学教材。这套教材是在以苏步青为首的中学数学教学改革委员会领导下编写的。他们在参考国外教材（当时有日本、东德和苏联的教材）的基础上，从我国已有教材、过去新中国成立前的教材和此前的"革新数学教材"出发，提出初稿，经过热烈讨论和激烈辩论后，形成草案，编出油印教材初稿。在复兴中学试教后，再反复修改，由上海教育出版社出版，在少数学校试教。这套教材第一版出版了供3个年级6个学期用的6册教材（1963年至1966年陆续出版）。姚晶认为当时的教材既强调基础知识，培养学生扎实的数学能力，又注意让学生举一反三，促进积极思维，并注意数学在生产实际中的应用，其基本方向是正确的。上海市目前正在使用的中小学数学教材，仍有不少内容源于这套教材。不过，在10年"文化大革命"中，这项工作不得不中断；但粉碎"四人帮"后，上海首先编出了高中两个年级的理科数学教材和接下去的高中三年制数学教材，都是在以苏步青为首的中学数学教材编审委员会领导下完成的。

1977年，上海市教育局响应邓小平同志的号召，要把被"四人帮"破坏的损失夺回来，为多出人才、快出人才，决定编写一套高中理科班数学教材，请苏步青教授担任审查委员会主任。当时，苏步青刚从"四人帮"迫害下解放出来不久，又刚从北京参加邓小平同志召开的科学家座谈会回来，正要为百端待举的中国科学事业和复旦大学的恢复、发展而奔忙，他还是一口答应来主持审查工作。在审查中，他时时告诫要让中学生学多一些、学好一些，但教材编写要居高临下、深入浅出。对高中生学习微积分，更是深思熟虑地提出了许多好的设想。这套理科班教材，在当时为尽快提高中学数学教师的教学水平、恢复并提高高中数学教学质量，起了十分积极的作用，在全国产生了重大影响，至今还为广大中学数学教师所称道。这套教材后来又改编为上海市高中三年制数学教材。苏步青在1985年10月写的关于《大学要关心中小学教育》的文章中，谈到了重视编写中学数学教材的原因，他认为，"教材是进行教学的主要工具。教材编得好不好，直接影响到中小学教学质量，影响到向高等、中等专业学校输送新生的合格率"。他说："'文化大革命'以前十几年，大学的工作已经够我忙了，但我还是写书向中学生介绍如何学好数学，有时还去中学作报告。我还主编一套上海市五年制数学教材，都是在我主持下一章一章审定而成的。"

苏步青向中学生赠送著作,并勉励他"攀高贵在少年时"

1988年上海开始了改革中小学课程教材的跨世纪育人工程,苏步青被聘为"上海中小学课程教材改革委员会"顾问。1990年2月召开一次全体委员会议,年近九旬的苏步青,还冒着雪后严寒前往参加,发表意见,与会者无不为之感动。

33."数训班"育人才

在复旦大学数学研究所,人们提起苏步青教授的育人经验时,都会不约而同地提及"数训班"的育人功绩。

中国科学院数学所成立以后,有两个研究室是设立在上海的。一个是以苏步青为首的"微分几何"研究室,另一个是以陈建功为首的"函数论"研究室。后来,这两个研究室慢慢脱离中国科学院数学所,而归属复旦大学,并在此基础上于1958年创立复旦大学数学研究所。但是数学所的研究人员长期以来一直和数学系分不开,因此招收"数

1981年,在复旦大学"数训班"校庆返校暨庆贺苏步青从事教育事业50周年留念(第一排左七起分别为胡和生、谷超豪、苏步青、夏道行、李大潜,第三排左二为谭永基、左七为忻元龙、左八为洪家兴,第四排左十为朱传琪)

训班"学生的一个动机就是扩充数学研究所。

1960年,中国数学会第二次大会在上海召开,促成了大力发展上海和复旦大学数学的想法,并作为"数学教改"试点向上海市委提出。在上海市委的支持下,1960年高考前,从上海各重点中学中挑选拔尖学生共100人左右,于5月免试进入复旦大学。"数训班"学制4年半,于1965年1月毕业,其中一半留校充实数学研究所,一半分到上海市教育局,充实上海市中学师资队伍。

原"数训班"学生、后为数学研究所教授、博士生导师的谭永基回忆说:"数训班"是苏步青为振兴上海数学和复旦大学数学,尽快培养预备力量,作为"数学教改"试点向上海市委建议主办的。从1960年进入复旦后,我们就受到苏老无微不至的关怀,他不仅关心"数训班"的教学计划,派系里最强的教师上课,还不顾60多岁的高龄亲自为我们上课。除了传授知识,还穿插介绍数学史上的故事和数学家的趣闻轶事，使同学们对数学王国充满憧憬，立志献身于数学事业。

原"数训班"学生忻元龙，后为数学研究所教授、博士生导师。他是我国改革开放后最早出国的访问学者，在苏先生安排下，于1979年初和谷超豪一起，应杨振宁邀请去美国做合作研究。忻元龙在美国一年半后按期回国。苏步青多次在公众场合称赞忻元龙坚持和国际同行交流合作，又信守诺言，按时回国。他在微分几何方面的研究成果，很多发表在国际著名学术刊物上，并在国外著名出版社出版英文专著两部：*Geometry of Harmonic Maps*，*Minimal Submanifolds and Related Topics*。

忻元龙曾获1978年全国科学大会奖，1985年获国家科技进步奖二等奖，1986年获国家教委科技进步奖一等奖，1994年获国家教委科技进步奖一等奖和第四届陈省身数学奖。他回忆道：在数学系学习期间，我有幸聆听了苏先生亲自讲授的"高等几何"课，由此激发了我对几何的极大兴趣，并选定"微分几何"作为自己的进一步学习方向。毕业后，我留在苏先生当所长的数学所工作，经常看望苏先生，汇报工作，并倾听教导。当他看到我和几位合作者与杨振宁合作研究完成的论文刊登在《中国科学》上后，兴奋地表示祝贺。在国外我给苏先生写信，他也一定回复并鼓励有加。苏老对"数训班"学生业务和思想的成长十分关心，时常召集学生代表进行座谈。粉碎"四人帮"后，苏老向中央提出恢复招收研究生的建议，在他的努力下，"数训班"学生洪家兴、李绍宽、姜国英等人回校攻读博士，重新登上教学科研岗位，洪家兴和李绍宽还成为我国首批自己培养的博士。

在1981年"数训班"返校集会上，苏步青为学生毕业赋七绝一首，诗曰：

> 满园花发忆当时，一十六年如电驰。
> 难得今朝重聚首，共图四化拂征衣。

他对"数训班"学生的殷切希望跃然纸上。

作为一位人民教师，苏步青想得最多的，就是培养人才，而且是高质量的人才。有人曾开玩笑似的叫苏步青为"数不清"，指的是他的学生多得数不清。然而这里只说了个量，其实，苏步青培养学生更重视质。大家所熟知的谷超豪院士、胡和生院士是苏步青培养的优秀学生。而李大潜院士则是苏步青学生谷超豪的学生。在这里让我们再认识两位。

在1997年上海市科技精英的评选中，人们惊奇地发现，10位精英中竟有两位昔日同班好友。1960年，苏步青慧眼识英才，把同为数学尖子的他们选入复旦大学"数训班"，亲自为他们授课。37年后，他们在谷超豪等教授的指导下，已成为著名的教授、博士生导师，并双双登上新一届科技精英的领奖台，他们就是洪家兴教授和朱传琪教授。

洪家兴，1965年毕业于复旦大学数学系，1982年获博士学位，后任复旦大学数学研究所所长，国务院学位委员会委员，2003年当选为中国科学院院士，曾获国家教委科技进步奖一等奖、第五届陈省身数学奖（1995年）、求是科学基金会颁发的"杰出青年学者奖"（1996年）等。他曾应邀在多次国际学术会议上作大会报告，包括在2002年国际数学家大会上作45分钟邀请报告，引起广泛重视。

谈起自己在复旦大学数学系的学习，洪家兴深情地说："回头看这些年的治学道路，本科阶段扎实的基本功训练是关键，而研究生阶段能得到谷超豪等恩师在人格上的熏陶和学术上的悉心指导，更是人生一大幸事。苏步青、谷超豪的治学态度和方法，包括他们的人格都对我的成长影响颇大。苏、谷在文学作品、艺术方面都很有修养。我平时也爱看文学作品、电影，如气势宏伟的俄罗斯名著等。我还喜欢运动，曾从长兴岛游到宝山。"

朱传琪也是当年"数训班"的毕业生，1982年至1989年，他在美国伊里诺超级计算机研究开发中心参与了大规模并行计算机系统的整个研制过程。但是和许多热心报国的学者一样，高薪留不住朱教授归国的步伐，1990年他又回到了母校。他主持的项目成果达到当时国

1978年,在复旦大学与谷超豪(左二)、李大潜(左一)在一起讨论问题

1980年,苏步青和复旦大学数学系师生在一起(左起分别为胡和生、谷超豪、严绍宗、苏步青、李大潜、忻元龙)

际尖端水平,部分软件版权转让给国防科技大学,成为银河系列计算机上的产品。众所周知,计算机领域强手如林,而技术更新又速度惊人,朱传琪何以能在许多年中取得辉煌业绩呢?他的回答是:首先要找准目标,然后要锲而不舍。进行这一领域研究虽然不如进行网络一类的研究那样容易出轰动性成果,却是发展的主流和基础,因而必然大有可为。

34. 难忘的接见

1983年12月,欣逢毛泽东同志诞辰90周年。苏步青同往年一样,总会记住毛泽东同志的生日,而这一年他似乎想得更多些,因为这是毛主席诞辰整整90年的纪念日。他在灯光下铺开稿笺,写下了这样的诗句:

> 人民真蕴无穷力,学者须成有用材。
> 教导谆谆犹在耳,小诗聊以表心怀。

苏步青与毛泽东主席有过几次难忘的接触。

第一次是在1956年。那年1月8日晚约7时半,苏步青突然接到电话通知,要他立即赶赴坐落在南京路上的上海展览馆大厅。当年的上海市市长陈毅在那里等候苏步青,带他去见毛泽东主席。

就在毛泽东同志来上海之前,苏步青曾参加过一次外事访问活动。那是1955年12月,苏步青作为代表团的团员,参加以郭沫若副总理为团长的科学代表团,赴日本访问。当时中日尚未建交,访问活动进行得非常艰难。原先拟乘飞机回国,后来因故改乘轮船迂回曲折抵达上海,回来时已是12月31日。这个代表团共9人,除了苏步青和冯德培外,其他7位都到了杭州,在那里受到毛泽东主席的接见。后来毛泽东来到上海,提起要再接见他们两位同志。

苏步青多次回忆那次接见的情景和感受:"那天晚上,陈毅市长介绍了情况之后,毛主席就伸出大手握住我的手,说:'我们欢迎数学，社会主义需要数学。'有生以来第一次握住主席那巨大、厚实的手，我非常感动。听到毛泽东主席这样重视数学，看重数学工作者，我心中有说不出的激动。

"毛主席接见后，我们在一个圆桌旁就坐。当时周谷城先生在我旁边，更靠近毛主席。主席和周先生用湖南乡音交谈着。'在长沙游泳时的照片还有吗？'毛主席问周先生。多年前，毛主席和周谷城先生在长沙游泳，周谷城先生就站在毛主席身边，有人给他们拍了张照片。

"毛主席谈兴甚浓，讲了近1小时的话。他边说话边抽烟，我有心数了一下，大约抽了4根香烟。同桌的还有著名医学教授黄家驷先生，他劝毛主席少抽点香烟。之后，服务员上酒上菜忙个不停。这时我才注意到罗瑞卿、陈伯达也同桌就坐。许多同志纷纷向毛主席敬酒。毛主席举杯一饮而尽，突然脱口而出：'这是水嘛！'原来，当时的工作人员担心主席酒喝得太多，会影响身体，悄悄地将酒换成白开水，没想到被主席一语道破。

"在毛主席身边聆听教导，他的一言一行，给我留下了深刻的印象，使人感到十分亲切。在被接见前，我同许多人一样，将主席偶像化。那天，毛主席和大家一起谈笑风生，毫无拘束，这对我的教育实在太大了。主席接见的时间虽然不长，但对我的后半生却影响极大。特别是使我明确了为共产党、为人民服务的前进方向，教会我在各种风浪中去辨别是非，一辈子跟共产党走。

"一只硕大的手，紧紧地握住我的手。每当想起毛主席的那次接见，我就有一股用不完的劲。此后几年间，我加快步伐，向微分几何领域的深度和广度进军，连着出版了3部专著。同时在党组织的教育下，提高了对共产党的认识，并加入中国共产党。"

时间飞逝，到了1961年"五一"前夕，苏步青在上海又一次受到毛主席的接见。这次范围较小，只有周谷城、苏步青、谈家桢、周信芳等人。

一见到谈先生，毛主席就问他："你还搞不搞摩尔根遗传学？"谈先生说不搞了，毛主席认真地说："搞嘛！为什么不搞呢？"

原来，在"双百"方针制定之前，由于受苏联的影响，科技领域错误地把从西方发展起来的现代遗传学说成是"资产阶级遗传学"，把"基因学说"说成是"资产阶级唯心主义的捏造"，是"反动的"；而把苏联人李森科的遗传学理论封为"无产阶级遗传学"，说成是"社会主义的"，从而压制和禁止摩尔根的学说。有一阵子，大学里无法开设遗传学课程。后来，毛主席亲自制订"百家争鸣，百花齐放"的方针，正确地处理了这个问题。在1957年3月毛主席的一次接见中，进一步扫除了遗传学研究工作中的障碍。

就在这次接见之前，上海市委一位负责科教工作的领导向毛主席汇报说，他们大力支持谈先生在上海继续发展遗传学，并提出了一些具体措施。主席听了很高兴，频频点头说："这样才好啊，要大胆把遗传学搞上去。"毛主席的支持，对复旦大学遗传学研究的发展起了很大的作用。

这次接见，苏步青进一步感受到毛主席高瞻远瞩的目光。毛主席善于发表自己的见解，特别是把学术研究和政治问题分开来对待，这就有力地支持了学术讨论的开展。虽然这里讲的是遗传学，但苏步青认为对其他科学的研究，"双百"方针当然也是适用的。

在史无前例的"文化大革命"中，已年过花甲的苏步青和许多专家、学者一样，遭到严重迫害，受到不公正的对待，被迫离开教学和研究工作岗位，到罗店等地农村参加农业劳动。

苏步青的学生沈纯理教授回忆说：1968年夏天，"工宣队"进驻了复旦大学，将教师分插到学生的班级中去接受"革命小将"的帮教。我正好和苏步青先生一起被编到数学系623班，属同一个学习小组。下乡劳动时，有一次任务是把已割下的稻谷从田里收到打谷场上。当时已有65岁的苏先生也被要求挑稻。大约干到下午二三点，我正挑着空担走向田里时，遇到了挑着重担回打谷场的苏先生，当时他的体力已经明显地支持不住了。在我和苏先生擦肩而过的时候，他对我说了一句："沈纯理，你替我去和工宣队说一下，我实在吃不消了。能不能让我换成在打谷场上脱粒的工作？"要知道在当时的气氛下，一般人平时是不敢和"牛鬼蛇神"讲话的，否则很容易惹祸上身；而被批判的对象也不便和别人交谈，以免牵连旁人。这次算是运气，一向很凶的工宣队排长同意了苏先生在场上脱粒。到了晚上小组学习时，工宣队的班长头一句话就是："今天出了怪事，怎么苏步青自说自话留在场上不去挑担，要查清楚。"大家都不作声。可能是班长后来知道是排长同意过的，所以这事最终才没有再深究。

就在这次下乡劳动期间，一天下午我们都在打谷场上脱粒。说是有人要外调，工宣队的人把苏先生叫了出去。当时我们都不觉得有什么特别，因为在那时，像苏先生那样的"反动学术权威"被外调是家常便饭。后来消息一点点透露出来，原来是在中共八届十二中全会上，毛泽东主席保了复旦大学的4位教授周谷城、苏步青、谈家桢、刘大杰。毛主席事先了解到与苏步青同样遭遇的8位学者、教授的情况，提出要"解放"他们，其中有翦伯赞、冯友兰等。毛主席一时记不起苏步青的名字，说还有一个搞数学的，周恩来总理马上接着说："叫苏步青。""对，苏步青。"毛主席一句保护的话传到上海，当时苏步青还在宝山县罗店镇"劳动改造"。一个工宣队头头跑去对苏步青说："毛主席'解放'你了！"

苏步青在纪念毛泽东同志诞辰100周年之际，撰文回忆接受毛泽东同志接见的感想："毛泽东主席在上海两次接见我，对我鼓励很大。当时全国正掀起学习毛泽东著作的热潮，我也开始认真学习《毛泽东选集》，对毛泽东思想有了比较系统的认识。正由于有了马克思主义、毛泽东思想的指导，在'文化大革命'中，我虽然和许多学者受到严重的迫害，但想到毛主席接见时的情景，我就增强了勇气，不为'四人帮'所屈服。后来是毛主席'解放'了我，对此我永远铭记心间。从那以后，我就下决心，余生之年，一定要为党、为中国的社会主义事业鞠躬尽瘁，为人民服务。"

20世纪90年代初，邓小平每年都到上海与市领导和群众欢度春节。苏步青一接到市里的通知，就穿上整齐的服装，前往会见地点。1991年2月，邓小平与上海市领导见面，朱镕基、陈国栋、刘靖基等领导在场。邓小平接见了苏步青，并与他亲切握手。

1998年10月8日，这是苏步青难以忘怀的一天。中共中央总书记江泽民、中共中央书记处书记曾庆红在沪考察期间，特地到华东医院看望苏步青教授，祝他健康长寿。

江总书记刚跨进病房，苏步青立即站起来迎接，并激动地说："江泽民同志来看我，太荣幸了。"总书记握住苏老的手，关切地问起他的健康情况，并说他身体还不错，能不能介绍一些长寿之道。年已96岁的苏步青念念不忘地说："人老了，干不了什么事了。国家照顾得太好了。我很想在有生之年，为国家、为人民再干一些有益的事情。"江泽民赞扬苏老为我国科教事业作出了很大贡献，希望他多保重。时任中共上海市委书记黄菊、市长徐匡迪也一起看望了苏步青。

在江总书记看望苏老之后的一段时间里，苏步青每当想起此事就十分激动。他说："党中央这样关怀我，真让我感激不尽。"苏老给笔者谈起了江泽民同志与他有关的几件令人难忘的往事。

1987年12月的一天，苏步青收到吉林省辉南县知识青年陈海云的孩子来函，诉说其父、上海籍某青年与其当地籍母亲离婚后的遭遇，并谈及上海市劳动局已同意其调入，而某区劳动局则有不同意见等。时任上海市人大常委会副主任、全国人大常务委员会委员的苏步青，阅读了二年级小学生的信，感到此事应该尽快解决，于是便给时任上海市市长的江泽民同志写了一封短信，最后写道："现将来函转您一阅，并请有关部门尽速阅处，救救这位好孩子，以尽我们人民代表的一点责任。"

苏步青的信是12月18日发出的。过了大概3个多月，苏老收到市府办公厅寄来的信。原来是江泽民同志在百忙之中给苏老的亲笔信。

苏步老：

您好！去年底您曾转来一位二年级小学生、吉林省辉南县上海知青陈海云之子的来信，要求将其父陈海云调沪。经我批转由劳动局与区劳动局调查核实，本月初已审批同意作为特殊情况予以照顾，目前正在办理商调手续，特此专复，并致敬礼。

江泽民
1988 年 4 月 22 日

没过多久，陈海云和他的孩子顺利地调进上海，他们写来充满激情的感谢信，苏老对旁边的工作人员说："这都是江市长对上海知青的爱护和关怀，要感谢的应该是江泽民同志。"

就在收到江泽民同志来信后的两个月，苏步青与江泽民同时出席在上海召开的太平洋地区经济发展与中国国际研讨会。在贵宾室里他们互致问候，亲密无间。上了主席台，他俩正好坐在一起，会前又作了充分的交流。那时，苏老已是全国人大常委会委员、全国政协副主席。每次苏老赴北京参加人大、政协两会时，江泽民是上海代表团的团长，苏老是副团长，在一起的机会更多了。

江泽民同志非常尊敬苏老，每次全团会议，总要请苏老先发言。苏老深知人民代表和政协委员所肩负的职责，每会必到，每会必讲。他讲教育的重要性，希望政府关心教师，改善他们的工作和生活条件，并在社会实际中体现尊师重教。苏老特别为中小学教师说话，指出要通过各种途径，使教师成为全社会最令人羡慕的职业。

担任党中央书记之后，江泽民同志领导全党开展各项重要的工作，十分繁忙，但仍时时关心苏老的工作和健康，只要有机会见面，就给苏老以鼓励和赞扬，苏老时时感受到党中央的关怀。1991 年 8 月，苏老回国执教已 60 周年，学校将为苏教授举行庆祝活动，他的学生和浙江科技出版社合作，编辑出版《苏步青文选》。当时全国上下为推动我国科学技术的发展，正加强对"科学技术是第一生产力"的宣传，出版《苏步青文选》是浙江科技出版社计划出版科学家文选的第一部。有人建议，不妨试试看，向时任中共中央总书记的江泽民同志写封信，请江泽民同志为该书题词。8 月 25 日发出函件，9 月 20 日就收到江泽民总书记的题词。

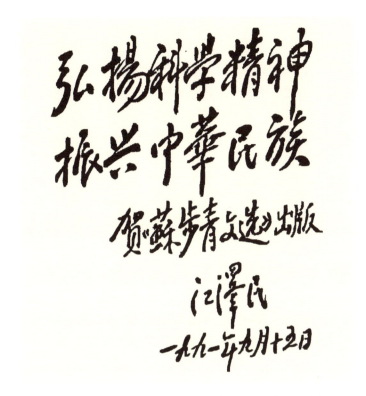

中共中央总书记江泽民同志为《苏步青文选》出版题词（1991年）

35."始信人间有鬼狐"

1966年8月，一场灾难突然降临。所谓"牛鬼蛇神""反动权威"的帽子，一顶顶地套到苏步青的头上。大字报一张接一张，批斗会也接连不断。开始他感到莫名其妙，后来一想，以往搞数学研究，是有脱离实际的地方，进行一下"斗私批修"也未尝不可。

随着攻势的不断增大，苏步青竟成了"特务"。在接到"通令"后，苏步青带上被褥铺盖，被关进学生宿舍3号楼的一个单人房间里，失去人身自由，还经常被拉出去，横施残暴。一些人不能从精神上压倒他，就用拳头打他，而且专门打他的头部。苏步青没有屈服，但流下了眼泪。他愤怒地喊："要打，打我的身子！头，还能够思索，还能为人民工作！"之后，他就过上写检查和交代的生活，这一写就写了4个月。

离开温柔善良的夫人4个月，感到比4年还久。一天，苏步青被通知可以回家。他迫不及待地冲进寓所，一看夫人一头青丝变成银发一片，惊吓不小。可夫人还像以往一样，低声细语地问道："再不用去了吧？"看得出，夫人不想用悲伤的情绪，给丈夫更多的刺激。

苏步青清楚，在自己被关禁闭的日子里，夫人不知承担了多少艰辛。那时他每月只有50元生活费，家庭生活很困难。这些问题，夫人都是自己想方设法克服的。后来在外地工作的大女儿知道了家里的实情，才不时寄些钱来接济。夫人总是劝慰丈夫，一切都会好起来的，先生要看得远一点。

待苏步青冷静想一想批判会都批了些什么时，才感到不可理解。他们把大字报贴到了苏步青的学生门上，他的学生是"白专人才"。无论是学生还是苏步青本人，都是难以容忍的。他几十年潜心苦志写成的学术论文，被斥为"理论脱离实际的大杂烩""洋奴爬行的典型"和"唯心主义形而上学的产物"；他用6个暑假热心指导编写的中小学数学教材，被当成"黑货"处理，并以此为借口，把他拉到川沙、南汇、宝山等县和市里几个区轮番批斗。他的学生也跟着遭殃，有的被大字报封门，有的被关进"牛棚"，受尽凌辱。那段难熬的日子，每天早上，苏步青被强制一个人在众目睽睽之下剪草坪、除杂草，以此作为"示众"。更为过分的是，让他在从自己家附近到大学的那段路上，举着写有"日本间谍"的旗子，戴着三角帽游行。他的脖子上挂着名字被打叉的牌子，低着头每天早晚在校园内外穿行。最使苏步青痛心的是，数学研究所被强行贴上封条，被称为"十八罗汉"的科研人员，改行的改行，下放的下放，调离的调离。苏步青花费多年心血建立起来的数学研究所，被弄得七零八落，这种打击是十分沉重的。

有一次，在大批判会上，红卫兵拿了两幅从他家里抄走的画来质问他。一幅是中学时代教过他英语的老师马公愚送的，马公愚后来成为著名的书画家。在1952年院系调整时，苏步青调到复旦大学任教，一幅题为《菜根香》的国画成为送行的纪念品。另一幅是1956年当他获得中国科学院科学奖时,丰子恺先生赠送给他的,上有"种瓜得瓜,种豆得豆"的题字。

第一幅讲的是做老师要安贫乐道,要淡泊明志,能坐冷板凳,能安于菜根香,这是长辈鼓励晚辈的画。第二幅不只反映了丰子恺先生所信的佛教因果观点,也有勉励他十年树木、百年树人的意思。当年在抗战时期,他到丰子恺先生家里饮酒就曾写诗:"草草杯盘共一饮,莫因柴米话辛酸。春风已绿庭前草,且耐余寒放眼看。"

看到红卫兵却拿这些画当作罪证,批判他对新社会"有刻骨的仇恨,把美好的生活污蔑成为吃瓜豆菜充饥"!苏步青真是欲哭无泪。

又有一回,复旦大学的造反派声嘶力竭地质问:"苏步青,你搞的微分几何学究竟有什么用?"苏步青讥讽而又宽厚地看看那个不知天高地厚的后生大声说:"要知道,爱因斯坦的相对论也是在黎曼几何学创立50年之后才发现的!"话音未落,会场便响起一片鼓噪之声。

到了1968年秋天,所谓的"九五"行动又一次扑向苏步青的家里。据说是查什么电台、发报机,这些都是能置人于死地的特大罪证,可是他家里又怎么可能有这些东西呢?抄家者一无所获,看到一本1956年制定的12年规划的资料便如获至宝,认定苏步青泄密,要是能认定的话,也是一大罪证。可惜一查,这些规划政府早就公开印发了,有什么秘密可言呢?查抄者从书架上取走一本杂志,还有他发表的论文合订本。

3天后,苏步青被找去讯问,要他交代问题。苏步青左思右想不得其解,于是又把脱离实际搞科研的问题交代了一遍。讯问者根本不感兴趣,继续逼他交代"要害问题"。苏步青横下一条心,关也关了,批也批了,还能有更多的问题?索性不开口。突然,讯问者拿出一本日本数学杂志,要苏步青把里通外国的罪行交代清楚。"里通外国?"老教授的心好似被铁棍重重地击伤了。何其荒唐!要是不爱祖国,他当年又何必离开祖国越洋深造,学成后又毅然归国教书育人呢?在阴暗的隔离室里,他彻夜难眠,想起一桩旧事。20世纪30

年代，他曾经同苏联数学家菲尼科夫教授有过学术上的通信。有一次菲尼科夫教授从莫斯科寄给他一本著作，国民党特务机关认为是红色危险品，经严密检查后才交给他。从此，他就在反动派的黑档案里挂了号。事隔多年，现在却异曲同工！这，究竟又是为什么？原来，这是一本美国数学家编辑的《微分几何杂志》创刊号，苏步青的学生熊全治就是编辑之一。该书的编辑部设在美国，却在日本出版，而苏步青是留学日本的，所以"里通外国"证据就确凿无疑了。那时，苏步青急于解释，但怎么也无法申辩清楚。后来，在"复查"这件事时，还颇费了一番精力呢！这件事对苏步青的刺激很大，所以才有这样的诗句：

夜读《聊斋》偶成
幼爱聊斋听说书，长经世故渐生疏。
老来尝尽风霜味，始信人间有鬼狐。

在那个年代，基础理论被轻视、被践踏。复旦大学的基础数学专业被取消了，学生们只懂得一些应用，基础理论几乎等于零。苏步青心中万分焦急。他认为：基础理论乃科学发展的尖兵和后盾。牛顿力学的建立，靠的是欧氏几何；非欧几何的发展，又导致了广义相对论的产生。再看当代风行的计算机技术，它的理论依赖于开关代数。一切都说明这样一个道理：基础理论储备越厚，科学进步就越有希望；谁蔑视这一点，谁就要受到惩罚。

然而，有没有他说话的地方？没有。苏步青只能把一腔孤愤，万般愁绪，默默写进自己的诗歌：

顽　龙
顽龙原出自深潭，重返深潭岂厚颜。
铁爪锈多秋雨后，银鳞伤重暮风寒。
蟠腾云雾今非昔，脱换胎肠老更难。
纵有叶公相爱好，那堪图画上旗杆！

病　　鹤

声断九皋何处归？池塘水冷稻粱稀。
卫侯国破无轻辂，苏子亭空剩落晖。
仰宇独留丹顶在，望洋徒羡白鸥飞。
残翎敝羽谁能识？羞向西山采蕨薇。

老　　马

黑尾红鬃岁月侵，神州异域几登临？
四蹄想象霜晨月，双耳悠扬云外音。
伏枥未忘千里志，识途犹抱百年心。
穆王逝矣瑶池远，莫对秋风起暮吟。

处逆境见英雄本色。苏步青在诗中顽强地表现自己要坚持过去的立场，对"四人帮"的阴谋诡计嗤之以鼻，而对国家、民族的前途仍然抱着信念，老骥伏枥，志在千里，自责自勉，句句铿锵。

批判归批判，书还是要读的。到了1972年10月，苏步青已经稍微自由些，学校也开始"复课闹革命"，然而他还是不能搞老本行，只是有时间看书了。外国的数学界朋友每寄来一本新书，他就如饥似渴地研读起来，还做些笔记。他一点儿也不声张，别人当然也不知道，后来一数，笔记竟也有10万多字。这些资料对苏步青后来的研究和指导研究生学习，都有很大的帮助。

有一天，有人找上门来，说日文现在蛮吃香，要苏步青教他们日文。苏步青想，能为教学做点儿事也好，反正自己也闲不住。不过遭受了几年的批判，难免产生顾虑：重登讲台，会不会是翘尾巴，听课者会不会受牵连？

出乎意料的是，上日语课时，课堂爆满，大家听说留学日本多年的教授亲自讲授日语课，都想来听听。开始学校安排的是小教室，但人多坐不下，连讲课的老师都挤不进去，只好换了一间大教室。每次听苏步青讲课的有200多人。听课者不仅有数学系的教师，还有其他系的教师。其中有几位后来升为副教授，他们都很感谢苏步青当初为他们上课。

1972年夏天,"四人帮"借批判周培源提倡基础理论研究为名,把矛头指向周总理,学术界也刮起一阵批判理论研究的妖风。坚持基础理论研究的同志,被指责为搞"翻案""复辟",使一批研究者处于不知所措的境地。

有一天,研究抽象代数学的许永华,悄悄地告诉苏步青教授,他正在搞抽象代数,看这种气候,不想搞了。他说:"即使搞出来,也难以发表,您看如何?"苏步青由于挨过批判,知道其中滋味,所以有些犹豫。公开支持么,会立即再遭迫害;不支持么,这又是正常科研,于心不忍。苏步青就悄悄地对他说:

"他们批'理论风',让他们去批吧!你搞你的研究,有空儿的话,就到我家走走,也许我能帮你一点忙。"那时,苏步青虽然受到监视,但还是有不少学生到他家串门,许永华便是其中之一。白天,他被迫去搞什么"供批判用"的数学资料,晚上照常研究他的抽象代数,一有成果就把自己的一些论文送给苏步青看。许永华每次送稿子来,苏步青都抓紧时间看。过了几天,在一个黑夜,苏步青打着手电筒,摸黑到许永华家,从口袋里掏出许永华的论文交还给他。许永华因劳累过度,正躺在床上。他打开论文一看,上面多处留着老师工整的字,连一些错误的标点都改正了。这使许永华很感激,也很过意不去,因为那时苏步青已经年逾七旬了。后来,在苏步青的推荐下,许永华的第一篇论文于1975年在《数学学报》上发表,这篇论文提出的两个定理引起了外国学者的兴趣和重视,被称为"许-托曼那加定理"。此外,他还撰写了20多万字的数学论文。1981年初,许永华被提升为复旦大学数学系教授。

1974年,"文化大革命"动乱后期,仍是风风雨雨的不安定年代。9月份开始,苏步青应邀到上海工具厂讲课,直到1975年1月结束。

那时,有50多人听苏步青的课,讲义是教育科曹长炯先生送到一家誊印社打印的。科里几位从厂部下放的老同志想为厂里做点好事,就把苏步青这样著名的数学家请去,每次都派小车接送。有一次小车另有他用，便用大卡车。

华宣积教授回忆道：每个星期四（厂星期一）上午9时，工具厂施嗣伯师傅随小车来接苏先生，我则陪同前往。苏先生讲授的内容是基础数学，使用的教材是他和学生花费了几个月时间一起编写的。教材通俗易懂，工人和技术人员容易接受。

记得有一次苏先生讲微分几何中的一个著名公式——欧拉·沙瓦里公式。他说："我们厂里的工人和技术人员都知道生产渐开线齿轮的刀具形状是直线，但知道这是什么道理吗？今天讲的数学公式就回答这个问题。"这个开头一下子吸引了大家的注意。

他转身在黑板上工整地写了一个式子，向大家作了一些说明之后说："根据这个公式，齿轮刀具曲线的曲率应该等于零，一点也没有弯曲，那就是直线段了。"

原来如此！听众都露出了满意的笑容，课堂也活跃起来，习以为常的刀具中包含着深刻的数学理论。待安静下来之后，苏先生高兴地说："毛主席说过我们欢迎数学，社会主义需要数学。"

后来，华宣积根据苏先生收藏的一张照片（授课期间在机床旁拍摄的），在工具厂同志带领下，访问已退休的黄锡堂先生，他就是照片中的年轻人。黄先生回忆道："苏教授讲课结合实际，讲课期间常下车间，解答问题很耐心。我也保存着这张珍贵的照片。随着电脑的应用，数学越来越重要。能听到苏教授的课是很难得的。"

经过了一段时间，苏步青与工人、技术人员熟悉起来。课余饭后有不少交谈。记得1974年12月的一天中午，正当大家边吃边谈时，一位听课的青年工人突然提出一个问题："苏教授，您为什么不是四届人大代表呢？"教育科的一位老干部一面责怪那青年，一面把话题扯开。苏先生却笑笑说："没关系，没关系。"事后大家才知道苏步青早就有思想准备。"无官未觉一身轻，望党仍思担万斤。不作人民新代表，谦虚谨慎度余生。"这是他知道不当四届人大代表时写的诗句。虽然那个年头已经没有人批斗他，他可以去江南造船厂搞科研，到上海工具厂上课，但他还处在逆境中，是"一批二用"的。两年后，苏先生恢复了党的组织生活，重回教学、科研第一线，晚年再铸辉煌。

苏步青在上海工具厂齿轮刀具车间与工人师傅在一起（1974年）

36. 在江南造船厂

"文化大革命"动乱年代，"批判"成风。1969年底的一天上午9时许，江南造船厂船体放样楼下的大门左角处，传来"批判"苏步青的消息。

"批判"尚未开始，却看见苏步青蹲在地上，用拔钉器拆废旧木样板。过了一会，一位放样师傅主持了"批判"会。苏步青被叫到临时挂着的黑板旁，围观者有40余人，主要是放样工人以及几位复旦大学的老师与学生。

黑板上有两道题，一道是画着正圆锥与正圆柱相贯的投影图，要求作出相贯口线的投影。另一道是铅桶的投影图，并标有铅桶的高度及两个半径的数值，要求展开铅桶。

对于作相贯口线的问题，苏步青回答说："我作不出，但我年轻时研究过，这个相贯口线为四次曲线。"主持人说："作不出，就是作不出，不要装懂！"接着指指铅桶展开题，"这个，你做得来吗？"

苏步青思考了一下，正确地画出了铅桶的展开图，并标出展开图上的直线段长及两圆弧的围长。给人印象最深的是，他把底圆放置在桶体展开图的底圆弧角上，使两展开零件浑为一体。

主持人指着直线段与大圆弧的夹角问苏步青："这个角几度？"答："九十度。"再指着该线段与小圆弧的夹角问："这个角几度？"答："也是九十度。"这时，主持人有些发怒地问："你再看看，这两个角看上去就不同，怎么会都是九十度？"苏步青再次回答："确实是九十度。"此时，人群中传来"是九十度"的声音，主持人只好停止了质问。二十几年时光流逝，在现场的赵关洪先生谈起"铅桶展开"之事还记忆犹新，他对苏步青务实的学者风范赞不绝口。

1972年9月，苏步青在结束下放"劳动改造"后，由忻元龙和华宣积陪同，来到百年老厂——江南造船厂，参加船体数学放样的研究工作。

在船体车间数学放样小组，他们受到顾灵通、陆锡荣、赵文棋、葛锦春等师傅，以及蒋峰飚、王俊荣、谢鸣章3名大学毕业生的真诚接待。促成这项研究的就是数学系毕业生和教师罗文化。复旦大学数学系与江南造船厂船体车间协作搞数学放样已有多年，取得不少成绩，但碰到了更大的困难。系里已是第三次派人，苏教授又亲自出马，给船体数学放样小组增强了信心，但有些"造反派"头头持怀疑和观望的态度。罗文化相信苏先生定能发挥重大作用。

一个雨天，早晨5时15分华宣积到苏先生家。苏老已经起床准备出门，苏师母帮他找到高筒套鞋和长柄黑布伞，送他从二楼下来。等先生走到门口时，苏师母弯腰鞠躬，双手沿膝而下，行起大礼，苏先生说："都什么年代了，还要这样！你自己身体也不好，快上去吧！"看到他们相敬相爱的动人情景，不禁羡慕不已。

他们乘了3路有轨电车到虹口公园，再转18路无轨电车到江南造船厂正门口。在门外厂的食堂吃过早餐，进门沿着一条与江边平行的道路由东向西走15分钟，才到数学放样小组的办公室。路的两旁堆满了钢板和钢筋，两旁排列着许多吊车，时时要小心它们的悬臂钩

与复旦大学教师、江南造船厂工人技术人员合影（1997年）

起重物转动。路上又有许多钢铁垃圾和未拆除的铁轨，再加上来来往往的卡车和自行车，这对70多岁的长者来说，行路也是很困难的，每天从市区东北角到西南角，去时有座位，返回时就没有座位，车内又极拥挤，也没有人为七旬老人让座。苏步青有一首诗记录了当时的情景：

> 行车七十二，挂挤大洋城。
> 乡杖非所愿，蜗居了我生？
> 看花须走马，下海为捕鲸。
> 东望迢迢日，空夸腰脚轻。

这里"捕鲸"指去江南造船厂，"空夸"指日友茅诚司先生春节函邀苏步青夫妇出游，被迫作罢。

从9月份开始，他们每周去厂一次，主要是参观和熟悉环境。顾灵通等师傅陪他们上了放样楼。大家看到几名放样工正蹲在地板上用木样条画曲线，不时地跑来跑去，用眼睛观察这些曲线好不好。在放样楼里，要把初步设计好的船体表面的三向剖线（横剖线、水线和纵剖线）画在地板上，进行光顺处理。造多大的船就要有多大的楼，要几个月才能把船体的三向剖线光顺好。这种人工的放样不仅少慢差费，而且工人耗费体力很大，苏步青在参观后感叹地说："应该用先进的科学技术为他们减轻劳动强度，提高工作效率。"

第二次，苏步青等参观了计算机控制切割钢板的过程，将放样好的曲线数据输入由南京工学院制造的计算机，它就控制切割机自动地把钢板切割成需要的形状。

第三次，他们还参观了船体外板在自动切割成型之后的"火攻法"。一片凸曲面中间有个凹处，用火烧一下，再用水一浇，使凹处凸起来。10月14日，在数学放样小组的办公室里，由顾灵通师傅介绍原来使用的数学放样方法，包括本小组的及国内外各种方法。苏步青听得十分仔细，不时提出一些问题，不放过任何一个细节，原来的数学放样方法已经部分地得到应用，但对于大船，特别是对船艏或船尾较复杂的船型，原方法就不能应付了，需要更多的人工干预，寻求更好的数学放样的方法，这就是他们要攻克的难关。

那时苏步青虽然被"解放"了，但生活仍处在逆境中，他的党组织生活还未恢复，一级教授的工资被扣掉三分之二，20世纪50年代专为他建造的61号小楼，底楼全部被分给了别人，原来客厅的家具都堆在从一楼到二楼的楼梯旁。日本友人——苏步青的老朋友茅诚司先生要来拜访他，"茅诚司先生曾来过我家，当时我在宽敞的客厅里接待他，他听过我的夫人弹奏十三弦古筝。如今我在哪里接待他？琴也搁置多年，蒙上了一层又一层的灰尘，也没有地方可以弹它！"苏步青渴望会见老朋友，但现实条件太差，只好婉言谢绝。茅诚司先生又来信邀请他访日，苏步青又被迫作罢！那几年他患颈椎肥大压迫神经的毛病，手经常麻木，没有好的医院和医生治疗。后来，靠一位学生介绍的医生给治好了。

可是，就是在这种艰难困苦的条件下，苏步青感受到科技对生产的重要性，感受到理论与实际结合的重要性，决心把所学知识献给国家的科研事业。从 10 月份起,他与学生和工人一样上班。数学放样小组为他们 3 人买好 6 元钱一张的公交月票,71 岁高龄的苏步青开始过上了挤车子的生活。

船体放样的关键问题,是船鼻艏的线型光顺问题。船鼻艏就相当于人体的鼻子,一条万吨轮的船鼻艏就有 35 吨重,怎样才能用电子计算机设计出它的数学模型呢?这里还要介绍一点有关曲线的数学知识。

船体放样中的数学模型,主要是曲线的拟合和光顺问题。由无数个点组成的曲线可以由其中若干个"关键的点"决定的某类数学方程来近似描述,从这个方程通过计算机就可找出曲线上足够多的点来。如果所得到的曲线有多余的拐点,就显得凹凸不光顺。

苏步青经常同一起去的青年教师探讨问题。他对忻元龙说:"我们搞科学的,要有一股钻劲,不把问题钻出来,死不瞑目。"忻元龙深受启发。

晚上,苏步青回到家里,不顾乘车的疲劳,从书橱里翻出一大叠黑封面的数学笔记本,翻阅研究起来。桌旁的绿茶,冷了又换上,换上又冷了。只见白纸上出现了一道道数学程序。苏夫人见丈夫要熬夜,劝他早点儿休息,可是研究刚刚开了个头,怎么放得下呢?

苏步青深感当时我国造船技术落后,特别是应用计算机的水平肯定比不过世界先进的国家。他相信国外的杂志中肯定有可以借鉴的论文,利用厂休日(星期三)回学校查阅外国资料,发现了 4 篇最新的关于参数曲线和双三次曲面拟合的论文,其中包括现在计算机辅助设计系统中流行的 B 样条的德布尔-考克斯算法。苏步青将它们全部翻译出来,以复旦大学数学系和江南造船厂船体车间的名义编印出《样条拟合译文选》。该书在前言中明确地写着:"这些文章全部是由苏步青教授翻译的。苏先生的这一工作,不仅直接指导了我们的工作,还在全国的数学放样工作中,起到了引导作用。"

学生忻元龙教授回忆道:1975 年冬天的一个清晨,苏老突发脑血栓症。几天后的一个下午,我第一次进入苏先生的卧室看望他。冬日的阳光洒落在床上,他平静地躺着。几句问候之后,苏先生拿出他床头的笔记本交给我，希望我把研究工作继续下去。捧着写满工工整整字迹的一厚本译稿、摘记，望着苏先生期待的目光，我禁不住热泪盈眶。

苏步青的科学研究成果显著，与复旦大学数学系资料室数学期刊比较齐全有着密切的联系。该室有一部分图书资料是苏步青、陈建功教授在1952年院系调整时，从浙江大学迁并到复旦大学的。因经历第二次世界大战的影响，数学系原来订购的外文数学期刊中断了。苏步青十分痛心，不断流露出惋惜的心情，对已有的期刊特别爱惜。后来，学校特别向国家高教部申请外汇，逐步补充了各种外文数学杂志的遗缺，苏步青终于露出了笑容。苏步青选派专人管理资料室。由于资料室管理员吕慧芳加强了管理，不仅书刊丰富，而且井井有条，发挥了很好的作用。

1978年4月初的一天，中午近12时，校长办公室急寻吕慧芳。原来，苏步青校长马上要带西德专家来参观资料室。外事接待议程中事先并无此项安排，不料外宾看到校图书馆理科外文书刊后，表示资料太陈旧，与复旦的地位不相称，令主人很难堪。苏步青灵机一动，何不带客人参观数学系资料室呢？于是在得知吕慧芳仍在岗位上时，便带领西德科学交流中心的舒尔特教授一行4人来到数学系资料室。

外宾参观了资料室，看到国内外的期刊目录就有400多种，其中外文期刊占了四分之三，书架上的期刊都是新到的，舒尔特教授连声说："Good！ Good！"特别是看到德国数学杂志《纯粹与应用数学》时，更是惊喜不已。此刊创于1826年，距当时已有150多年，即使在德国国内也不多见，连声说：真想不到，太好了。他接着说，由于战争原因，这么古老的、完整的杂志，在德国国内也是很难找全的。从这个资料室的收藏，我就可以断定，复旦数学系的研究工作当是一流的。

苏步青关心资料室的工作，以及吕慧芳管理图书有方的事迹，《光明日报》《文汇报》和校刊随后都在显著位置上作了长篇报道，并发表评论文章。时任资料室主任的秦曾复教授说：复旦数学系图书资料室一直得到国家教委的关心和帮助，教委副主任朱开轩经常与苏步

1990年,在复旦大学数学系资料室与国家教委领导合影(左起分别为朱开轩、苏步青、华中一)

青就资料室建设问题进行切磋,及时给予资助,1990年2月,在华中一校长陪同下,他还特地到复旦大学视察数学系图书资料室,与系领导和资料室主任座谈,勉励管理人员把资料室办得更好,为教学科研服务。

1956年4月,复旦一批教授返回浙江大学娘家,苏步青、金福临都去了,在新建的大楼里,他们受到校领导刘丹、王国松的热情接待。复旦大学的刘大杰、吴文祺教授因赴杭州参加学术会议,也一同前往。苏步青对当初浙江大学的宽宏大量,同意将数学图书资料移送复旦大学,从心底里十分感激。后来,苏步青托人将从浙江大学搬来的珍贵数学资料影印两套,回赠浙江大学。这次回访谈得很好,大家心情舒畅。此后,浙大、复旦两校的交流合作与日俱增,情谊更为深厚。

有一天,苏步青正在翻阅资料,忻元龙高兴地对他说:"苏先生,我搞了个东西,你给看看。"说着,递上一份材料。这是曲线拟合中光顺边界条件的一个算法。苏步青看着自己的学生拿出东西来,心里非常高兴。他看了整个推导过程,觉得很有价值,并在文字上作了修改。但是船体放样实际上需要曲面的拟合和光顺。苏步青在忻元龙算法的基础上,和忻元龙一起深入探讨,反复研究,最后提出了"曲线检查，曲面修改"的方案，修改点和修改量可由光顺性条件确定。在这个基础上，忻元龙和船体车间的顾灵通一起编制了船体数学放样"基样条法"的全套计算机程序。利用这套程序对不同类型船体进行了反复的试算，结果完全证明苏步青的方法是有效的、先进的。

大约在1973年初，全国的船体数学放样会议在上海浦江饭店举行。当时没有政府领导出席，却有两位著名的学部委员（院士）莅临大会，他们就是大连工学院的钱令希教授和复旦大学的苏步青教授。钱先生在会上报告的题目是《数学放样的数值松弛法》，他形象地比喻为"纽扣太紧，把它松一下"。苏步青高兴地看到有几名学生也在搞船体数学放样。浙江大学董光昌先生、梁友栋先生与上海求新船厂协作，提出了"回弹法"；山东大学谢力同先生与上海沪东造船厂协作提出"离散点列光顺法"。苏步青应邀在大会上讲话，他谈了船体数学放样的重要性及他的一些看法。会议结束时，两位院士紧紧地握手，一同走出浦江饭店，在黄浦江畔亲切交谈。当钱先生知道苏先生还要挤车子回家时，他就立刻决定先送苏先生回去。当时钱先生有小车接送，有人曾冒昧地问他，各种待遇都已经恢复了吗？钱先生风趣地说："我们这些人（指他与苏先生）都是在里面臭，到外面香的。"他们会心地笑了。

辛勤耕耘，终于迎来累累硕果。苏步青用仿射不变量的思想深入地对三次参数曲线进行了研究，得到了有关拐点和奇点存在的定理和消除的方法，对曲线的光顺方法有直接指导作用，后来苏步青在《应用数学学报》和《复旦学报》上连续发表了一系列文章，为计算机辅助几何设计在我国的发展作出贡献。

苏步青在江南造船厂数学放样小组的消息不胫而走。那间搭建在放样楼旁的办公室，中午休息时常常是很热闹的。工人和技术员前来向他请教问题的不少，虽然那间办公室离其他厂房较远，门前还有未拆除的小火车的轨道，但人们乐意前来向苏先生请教外语和数学，还爱听他讲的故事。这许多有趣的事，可惜都未能记载下来。有文字记载的，只有协助解决伞齿轮设计问题，发表在《复旦学报》上的一篇论文《伞齿轮设计中的一些几何学问题》和发表在《数学的实践与认识》上的论文《球面锥齿分度圆上的压力角和其齿厚的测量数据》。文中注明所讨论的问题是在江南造船厂搞协作时，由该厂技术革新组叶镇仁同志提出，对叶镇仁同志表示感谢。

1974年前，苏步青仍不能上讲台教书，心情闷闷不乐。后来，学校招收"工农兵学员"，自然辩证法专业七四级要开设几何学，苏步青得到通知，让他为学生们上几何学课。为这个班开课的还有金炳华，他讲授欧洲哲学史，陈珪如讲授马列经典，倪光炯讲授物理学，谷超豪讲授数学，实力很雄厚。苏步青回忆当时的情景说：

"因为这是被赶下神圣讲坛之后第一次上课，我心情非常激动，早早就到教室门口等候。那时我的少许头发灰中带白，身穿灰白色的中山装，脚上穿一双塑料凉鞋。第二节课刚下课，我就疾步迈进教室问道：'你们是七四级自然辩证法专业吧！'学生点头称是，我即露出了宽心的微笑。可是有的学生却向我投来疑惑的眼光，好似在说，哪来的家长？既然找到班级，怎么不找自己的孩子？上课铃响后，我健步跨上讲台，他们一下子呆住了，原来我是他们的任课老师。"

上课时，苏步青依然按以往的教学方式，拿出自己的绝招，时紧时慢，讲点数学史故事，把学生吸引住了。有时插进一些似乎与数学无关的内容，却给人教书育人的启迪。

在教椭圆时，苏步青以太阳系行星轨道作比喻，为让学生有一个形象的理解，便讲起星球的故事：譬如哈雷彗星的一个焦点也是太阳，76年运行一圈，最近的一次靠近地球将是1986年，还有12年，你们都能看见，我已经72岁了，看不到了。我也很想看一次，不过，那时84岁了，不行，没那福分了。下课时，学生围过来，七嘴八舌地大叫："您能看到，您一定能看到！"后来还真的应验，1986年那次哈雷彗星出现时，苏步青特地到佘山天文台观看。

课间休息时，苏步青坐在学生中间，感到滋味很好。可是，那时工农兵学员都见过世面，稳重不足，调皮有余，跟老师耍起嘴皮来了。好在那时苏步青思维还算敏捷，你一言我一语，也算逗着乐。有学生劈头就问:"听说你现在的水平还不如你的学生谷超豪老师,他的名气比你大多了。"苏步青非常喜欢谷超豪,他在某些方面超过苏步青,但在那场合,为了教育学生,只见苏步青脸一板,马上出击:"哎,怎么能这样说呢?我的水平当然比谷老师高,我教出一个名气比我响的学生,他有吗?"苏步青这么一说,学生们怎么也没料到,70多岁的人还这么厉害,个个目瞪口呆,语无伦次。他们原想将苏老师一军,看看热闹,反而被老师闷宫将。

以往,工人、技术员根据自己的实践经验,对曲线某些部分进行修改,要另编程序,再次上机,这样常常要反复七八次。苏步青从理论上提出数学条件来判别有无多余的拐点。如有,则设计出一种方案来消灭这些拐点,通过绘图机,就可以画出光顺而符合要求的曲线,或者用数控机床直接按大小比例并经过切割机,切出预定的形状。一句话,在船体放样上,苏步青主要是用数学公式来检验船鼻艏是否光顺,并在发生问题时提出解决办法。这项科研成果,在全国科学大会上,荣获重大科技成果奖。

苏步青在江南造船厂科研项目的基础上,开辟"计算几何"的新领域。但是他认为基础数学的理论研究是很重要的,人数不要很多,但要精干。他认为忻元龙基础好,能文能武,就说服他并安排他进行"微分几何"的基础理论研究。苏步青说自己老了,不能做了,现在只有谷超豪、胡和生,后面没有人了,要忻元龙跟上去。为此,从1977年3月起,在数学系组织了"基础数学讨论班",参加的有谷超豪、胡和生、夏道行、严绍宗、许永华等和其他青年教师。开始几个月,全由忻元龙一个人报告,苏步青亲临指导。

后来,看到学生作出成绩,苏步青总是勉励有加。1983年在日本数学会广岛举行的年会上,苏步青报告中还专门介绍了忻元龙关于高维球面上稳定调和映照的不存在性定理。当他在特别强调忻元龙很年轻时,日本朋友质疑40岁为何称年轻,苏步青机智地说,"文化大革命"10年减10岁,30岁不就年轻了吗?因此,忻元龙1992年在苏先生母校日本仙台东北大学做数学学术报告后的留言本上以"生平几何念师恩"的句子,表达他对苏先生永不忘怀的感激之情。

37. 绿化的一个样板点

> 绿滋萝屋最娇娆,七月庭园似火烧。
> 夹竹桃遮红月季,鸡冠花映美人蕉。
> 雪泥无复留鸿爪,银汉空传渡鹊桥。
> 两袖清风双短鬓,退居二线自逍遥。

苏步青在20世纪50年代中期曾在自己屋墙边种了一棵藤萝,没几年,藤萝就把半壁屋墙遮盖,到后来,整幢小楼都被爬藤布满。初春的藤萝呈紫红色;到了初夏,屋顶四墙碧绿。据温度计测量,夏天屋内气温要比不种藤萝时低2~3摄氏度。为此,他的小楼还被拍成电视片,成为上海绿化环境的一个样板点。

提起种花养草,这种爱好要追溯到50多年前。那时苏步青一家住在遵义的湄潭县,他一边从事教学和科学研究,一边在居家庙前开

在复旦大学旁的苏步青寓所(1982年)

垦了半亩地，种上地瓜、蔬菜，以此供全家大小食用。这种田园生活激起了他的诗情，便有了以下这首旧体诗：

> 半亩向阳地，全家仰菜根。
> 曲渠疏雨水，密栅远鸡豚。
> 丰歉谁能卜，辛勤共尔论。
> 隐居那可及，担月过黄昏。

到复旦大学任教后，苏步青仍未放弃此爱好，在研究数学和教学之余，也在自己居住地周围的空地上，种上了蔬菜和瓜豆。由于经常松土、施肥，竟也收获颇丰。20世纪60年代还种出一只28市斤的冬瓜王。

随着经济生活的日益好转，苏步青逐渐从种蔬菜转移到种花卉。为了种几样高贵的花，苏步青像做学问一样，付出了艰辛的劳动。清晨、傍晚，都要在花圃里巡视一番，见草就拔，见虫就抓，还经常给花浇水、松土。冬天怕花受冻，花盆上加盖塑料袋加以保护；夏天怕花被太阳晒枯，设法给一些遮蔽。要是家里买回鱼虾，苏步青关照将鱼内脏、虾头虾壳留给他，作为肥料埋在花的根部周围。苏步青又像一位经验丰富的花农，把种好花的诀窍告诉来人："凡是施过这样肥料的，花朵都开得特别大、特别多。"每到花季，他家门前便繁花似锦，简直是一座精巧的花园。门前两株齐房高的夹竹桃开着红花。他亲手栽种的月季、蔷薇、兰花、美人蕉、菊花、桂花、荼蘼、洋桃等，吸引了宿舍区的邻居和行人。

人有情花亦有情。在"文化大革命"10年间，宿舍里流传着苏步青所种仙人球的一段故事。他家的玻璃门外小露台，曾排放着好多盆花草，其中有一盆并不太惹人注意的仙人球。虽然仙人球难得开花，可苏步青喜欢它的性格，不怕寒冷，又耐干旱。当苏步青带着伤病从"隔离室"被释放回来时，发觉花草有的枯萎了，有的被人搬走了。可那盆倔头倔脑的仙人球，却依然在朔风里，绿得那么素雅，那么凝重。他突然对仙人球产生了一种特殊的感情，冬天搬进，给予温

苏步青在寓所小院内亲手栽培的月季花盛开（1997年）

暖；春天搬出，沐浴阳光。由于精心照料，连续4年，仙人球都开出绚丽的花朵。

1974年8月4日夜，仙人球开白花，甚美。为纪念培育仙人球满10年，苏步青作诗一首：

> 绿衣仙子玉簪香，电烛夜开珠箔光。
> 细蕊柔心无限意，十年归梦旧花乡。

1975年6月12日晚8时，仙人球花开三朵：

> 去年初放一枝香，今岁三簪白玉光。
> 相对宵深花似语："此心安处是吾乡。"

1976年8月28日，仙人球三度花开，用旧韵：

> 碧球三度发清香，玉骨冰肌翡翠光。
> 谁说风情老来减，因花犹得梦仙乡。

1977年6月18日，仙人球提早四度开花，有诗为证：

> 一年一度发清香，朵朵依然碧玉光。
> 若问为何开得早，因除"四害"好还乡。

1981年苏步青赴厦门出席《数学年刊》年会，他的第一届学生方德植教授特地邀他到自家屋顶，观赏所种植的数百盆花卉，苏步青见到仙人球格外亲切。临走时，方教授特赠送几株名贵仙人球。带到上海后，苏步青精心培育，还动手嫁接仙人球获得成功，隔年即开出数朵花。

第五章

晴翠远芳无断时

38. 春天的脚步声

1977年春夏，中国这艘巨轮在徘徊中前进，处于拨乱反正、指明航向的关键时刻。

在3月10日至20日举行的中央工作会议上，陈云、王震等代表党内外广大党员、群众的愿望，郑重提出恢复邓小平的领导职务和为"天安门事件"平反的问题。

7月16日，73岁的邓小平复出，中共十届三中全会一致通过恢复邓小平中共中央副主席、中共中央军委副主席、国务院副总理、中国人民解放军总参谋长等职务。邓小平复职时，自告奋勇地向中共中央表示，愿意管科教方面工作。对此，中央同意了。中共中央还决定8月上旬召开科学和教育工作座谈会。

苏步青获悉自己将和上海交通大学的吴健中副教授作为上海代表参加座谈会，兴奋得难以入眠。屈指数来，到北京参加这样重要的会议，是他自1966年以来的第一次。8月3日，苏步青激动难抑，在赴京的飞机上，用诗句留下当时的心情：

> 银机冲汉指燕京，十一年来无此行。
> 身健更应坚晚志，为民为党献余生。

第五章 晴翠远芳无断时

> 任凭脚下白云浮,欲上青天瞰九州。
> 顷刻京华眼前见,心随机首共悠悠。

会议组织者对来京的教授十分尊重,特地派专车接送70多岁的杨石先教授、金善宝教授和苏步青教授。在驶往民族饭店的路上,苏步青想起,1949年7月,自己应周恩来副主席邀请,到北京参加科学家座谈会。在怀仁堂里,周恩来亲自打开葡萄酒,给他及每一位代表斟上,顿时一股暖流充满他的心间。他又想起,1956年初春,毛泽东主席在上海握住自己的手说:"我们欢迎数学,社会主义需要数学。"如今听说邓小平召集大家听意见,苏步青盘算着要把大学的情形和自己的想法和盘托出。直到躺在饭店5楼的卧室里,苏步青还处在亢奋之中,北京站的大钟敲过零时,还没有一点儿睡意。

8月4日,明亮的阳光透过高大的玻璃窗照进人民大会堂台湾厅,两排红丝绒沙发上坐着来自全国各地的33位著名科学家、教育家。邓小平身着白衬衣、绿军裤、黑布鞋,迈着稳健的步伐,神采奕奕地来到会场。他一坐定,便操着浓重的四川口音亲切地对大家说:"这次召开科学和教育工作座谈会,主要是想听听大家的意见,向大家学习。外行管内行,总得要学才行。我自告奋勇管科教方面的工作,中央也同意了。这两条战线怎么搞,请大家发表意见。"

苏步青第一个发言。

他慷慨陈词,提出要推翻教育战线的"两个估计"(所谓"两个估计",即"四人帮"1971年炮制的新中国成立后17年教育战线是"资产阶级专了无产阶级的政",是"黑线专政";知识分子的"世界观基本上是资产阶级的",是资产阶级知识分子),要实事求是地评估教育战线的成绩和知识分子的现状。

听了苏步青的发言,小平同志鲜明地亮出自己的观点:"对全国教育战线17年的工作怎么估计?我看,主导方面是红线。"苏步青开始发言时有些拘谨,听到小平同志插话支持,就畅所欲言了。

苏步青接着谈到,在"文化大革命"期间,有60多位爱好数学的青年寄论文给他,其中有十几位很有数学才能,可以作为研究生培养。

小平同志马上对身旁的教育部负责人说:"你通知这十几位青年,让他们到苏步青同志那里考研究生,来回路费由国家负担。对报考研究生的要给予关心,所在单位要支持这些人报考。"

苏步青又谈到,复旦大学数学所过去有18位科研骨干,被称为"十八罗汉",至今16人未归队。

"叫他们统统回来。"小平又对教育部负责人说。

当苏步青反映复旦大学中年教师许永华研究抽象代数,已写了20万字的论文,按现在的发表速度,到1990年也登不完时,小平同志说:"学术刊物要办起来。要解决一下科研、教育方面的出版印刷问题,并把它列入国家计划。"还说:"有价值的学术论文、刊物一定要保证印刷出版。现在有的著作按目前的出版情况,要许多年才能印出来,这样就把自己捆死了。"

在座谈会上,邓小平同志还指出,要重视科学技术人才的培养,加强中小学教育,一要有教材,二要有教师。他对苏步青说,你们要做教师的教师。小平同志的话讲到了苏步青的心坎里。1960年至1966年,苏步青曾为上海的重点中学编写数学教材,这是他吸取了日本、联邦德国、美国等国家教学的精华,结合我国国情而编写的。

可是,这却使他在"文化大革命"中遭到严重迫害。为中小学编写教材何罪之有?他心中不服。一次,有外宾到上海,"四人帮"余党派人将苏步青从"牛棚"拉出来,要他参加一个座谈会。苏步青曾挨过批斗,在会上气愤地说,我是"反面教员",何必让我出来呢?这下可触怒了"四人帮"。此后,"四人帮"在上海的余党就再不让苏步青会见外宾了。这事大概曾传到邓小平同志的耳朵里,小平同志在座谈会上特地对苏步青说,你就是要反"四人帮"之道而行之,这给了苏步青很大的鼓舞。苏步青心系中小学教育,他心底里已孕育着一个系统工程,那就是有朝一日按小平的话去做,为中学教师当教师。

在座谈会结束时的讲话中,邓小平说:"有人建议,对改了行的,如果有水平、有培养前途,可以设法收一批回来。这个意见是好的。"后来,小平的讲话公开发表了。每当苏步青阅读这篇讲话时,他的心里就格外激动,因为在那次会上他反映的复旦大学数学所"十八罗汉"一事,很快便得到解决。回顾那次座谈会,苏步青说,小平同志从4日至7日,每天上午8时半准时到会倾听专家、教授的意见,中午只休息一下,直到晚上华灯齐放时才离开。小平同志对科教事业的关怀,永远鼓励我去拼搏。

从北京参加座谈会回沪后,苏步青即着手重建数学研究所,招收研究生,恢复数学讨论班。数学所的原"十八罗汉"很快就回来一批。苏步青推荐的那批青年中,12个人成了复旦大学粉碎"四人帮"后的第一批研究生。

39. 细微之处见精神

1978年,苏步青当选为第五届全国人民代表大会代表和常务委员会委员,并于同年7月担任复旦大学校长。

大凡一所大学,必有其办学伊始就不断积淀下来、赖以支撑整个大学架构的精神。而这种精神内核,也势必根植于一个比较宽泛的校园文化背景之中,对于大学弘扬历久弥坚的文化传统、延续生生不息的发展血脉,具有不可或缺的作用,而其过程需经历代师生的共同努力。尤其作为一所名校灵魂人物的校长,其人格、品性、治校理念,以及运用权力管理学校的方式等,将对校园文化建设影响深远。苏步青亦然,他在担任复旦大学校长期间,一直十分关注校园文化建设并

为大学生作报告(1978年)

身体力行，对复旦优良传统的形成有着重要贡献。

学校以教学为本，教师以育人为要，良好的教学风气是校园文化的重要特色，苏步青作为著名的数学家、教育家、社会活动家，不仅在微分几何领域作出卓越贡献，而且培养了诸如谷超豪、胡和生、李大潜等中国科学院院士为代表的一大批科学家，在教育界形成了长久以来为人称道的"苏步青效应"。

同时他工于诗词，长于书法，墨宝常见于报章杂志，引得后辈景仰。复旦燕园历史悠久，重修后苏老为其题写了"燕园"二字，其字笔力苍劲，弥见功夫。而曦园卿云亭，苏步青则题写了一首勉励后学的七律：

> 超然此地一亭台，缦缦卿云复旦来。
> 园里漫游成乐趣，柳荫勤读出人才。
> 无忘任重红专健，莫负岁寒松竹梅。
> 他日神州迎四化，登临共举庆功杯。

该诗刻在亭边墙上，学校师生、外来游客、摄影爱好者，都喜欢在那里立此存照，多年来它已经融入复旦校园文化，和谐而不可分割了。

苏步青为复旦大学燕园题字（1986年）

其实，苏步青的书法也是习而得之，长期在校长办公室工作、精通书法的喻蘅先生可以佐证。早在1979年8月，时任校长的苏步青在百忙之中对毛笔字产生了浓厚的兴趣，一天他对喻先生说："你的字写得好，今天我试写了一个条幅，请你不客气地批评，看看我有没有培养前途。"其后，喻先生建议苏老开始练笔，自己愿意鼎力相助。根据他的性格、气质、特点，喻先生推荐了苏东坡的《赤壁赋》字帖，并赠送文房四宝，苏步青则表示"我一定努力向你学习，把毛笔字练好"。事实上，苏步青的书法进步神速，作品丰富。他一生留下了近千幅精美书法作品以及重要的题词，获得者无不珍若拱璧。

作为校园文化不可或缺的部分——复旦大学学生书画协会的成立和发展，苏步青是非常关心和支持的。1981年的某天，中文系教师楼鉴明想在复旦发起成立书画社。他们得知苏校长倡导学生文理兼通，就有意拜访苏老以谋求支持，并在书画社老前辈喻蘅先生的帮助下如愿以偿。"书画协会不能等闲视之。字写得不好，不仅仅是字难看的问题，这跟大学的文化氛围很不相称。书法是写字的尖端，也是学生文理相通的一座桥梁。你们找一些学生先成立起来，我一定支持。"苏步青十分坚定地表明了自己对书画协会的态度。

苏老的一席话，楼鉴明等人都很感动，学生受到了极大鼓舞，干劲更足。经过一年多的充分筹备，书画协会成立大会在物理楼三楼会议大厅顺利举行，苏步青担任首席顾问，郭绍虞、朱东润、吴剑岚、伍蠡甫、喻蘅等名家都被聘请为书画协会的顾问。

一年后，随着学校对外文化交流的日益频繁，学校对书画的需求也骤然增加。学校有关领导觉得，仅限学生参加书画活动，在规模和成色上都欠缺些。于是便提出：以校工会为主，把原学生书画协会的组织扩大为师生共同参与的校级对外社团——"复旦大学书法绘画篆刻研究会"，苏步青表示"我举双手赞成"。在筹备大会上，他鼓励与会学生说："你们这些小孩子，要有初生牛犊不怕虎的气概。搞书画不能闭门造车，要走出去向名家请教，而且在他们面前班门弄斧。"在该研究会正式成立时，学校请来了胡问遂、赵冷月、周慧珺、张成之、翁闿运等一大批国画、书法名家参加，并聘请他们为顾问，而苏步青则被聘为首席顾问。当时来参加会议的校外老先生都很感动,称唯复旦大学才有这种气派。

龙腾虎跃今胜昔,艺海遨游写春秋。1983年元月,复旦大学书法绘画篆刻研究会在虹口公园举行展览,一个月内共展出260件作品。1985年,该研究会又在校内举行书画展,大家请苏步青参观并提出宝贵意见。那天下午4时许,他办完公事后,兴致勃勃地来到展览现场,仔细观看欣赏,连连称赞:"太好了!"

"伟人已逝,遗风长存"。如今,复旦大学书法绘画篆刻研究会逢年过节都有展出,活动搞得朝气蓬勃,苏步青实在厥功至伟。

担任复旦大学校长,事情该有多忙啊!学校要拨乱反正,健全教学科研秩序,许多事情等待着做。1980年复旦大学聘请著名物理学家杨振宁博士担任名誉教授,时任校长的苏步青在授证仪式上发表讲话。

时隔两年,复旦大学又聘请著名的美籍华人物理学家李政道博士担任名誉教授,苏步青校长在授证仪式上,为他戴上复旦大学校徽。

1983年,参观第三届《复旦之春》书画展(左一为周谷城)

1980年,在授予杨振宁博士复旦大学名誉教授证书的仪式上(左二为杨振宁)

1982年,在授予李政道博士复旦大学名誉教授证书的仪式上(右二为李政道)

苏步青日夜操劳，处理行政公务，接待来宾，对校园的建设和校风的管理也不放松。那时"文化大革命"已结束，恢复高考招生后，学生年龄逐渐趋小。有一天，苏步青巡视校园，到教室和食堂巡视，发现浪费水、电、粮食的现象比较严重，平坦、宽阔的大道上，随处可见废纸团或果皮，十分反感，便多次在校长办公会上提出这个问题。

要叫大家遵守校规，做领导的更应该带头。苏步青一贯提倡艰苦奋斗，希望校园保持整洁。那天，他与秘书一起走进校园上班，在橱窗拐弯处，一眼就看到两三个废纸团，还挺大的。秘书没来得及思考，年逾八旬的苏校长皱了皱眉头，迅速走过去弯腰把纸团一个个捡了起来。秘书看了大吃一惊：校长怎么干这事？他抢着要夺过那些纸团。苏校长没有放手，一直将纸团带到校长办公室，丢进废纸篓里。

像这样的事还不少，苏步青经常为这些不文明的事发愁。校图书馆是学生借阅图书、自修的地方，学生们经常进进出出。大门口的墙上本来很干净，可学生们偏偏在那儿贴了许多启事，内容大多是丢失书笔，或是寻找同乡同学。苏步青发现后，好几次上前撕下启事，并要求有关部门发布通知，禁止在图书馆和教学楼墙上乱贴纸条。

尽管这些问题都那么细微，不碍大事，然而，苏校长却是那么重视，丝毫不放过。冬天一个早晨上班时，他看到大白天教室里还亮着灯，有的教室只有几个学生在自修，有的空教室灯也开着，便忍不住上前把灯一盏盏关了。后来一了解才知道，原来晚自修的同学离去时没及时关灯，学校统一熄灯后，第二天恢复供电，就出现天亮了灯还亮着的浪费现象。有人认为这都是不屑一顾的小事，何须烦劳校长。苏步青听了却认真地说："如果连这点儿小事都干不成，将来还想干什么大事？高等学校在精神文明方面，应该成为表率，这里的师生员工应该是最讲文明、最有礼貌的。本来嘛，学生应该从小就养成好习惯，进了大学后还出现这些问题，是很不应该的。"

苏步青之所以对这些问题十分敏感，又有强烈的反感，是与他平时的修炼分不开的。也许是出生在农村的缘故，苏步青过惯了艰苦的生活,养成了热爱劳动的习惯。到 60 多岁时,他还在自己住房周围种上各种各样的花草。每到春天,花红叶绿,生活在这样的环境中感到特别舒心。70 多岁时,他每天早晨起床,面对朝阳,做完"练功十八法"后,便提起锄头清除杂草,操起扫帚打扫庭院,那时家里的地板也是他拖的。

每次去外地出差,不管时间长短,春夏秋冬,他的衣服都是自己洗晒的。有一段时间,上海市的全国人大代表赴京开会,一些女代表常到苏老住处东张西望,好像在寻找什么东西。由于找不到,这才问他换洗的衣服放在哪里?原来她们很想帮苏老洗衣服。苏步青听了笑着说:"你们别想找到它,因为洗完澡,我就赶紧将换下的衣服洗了,晾在卫生间。冬天有暖气,第二天一早就干了。夏天我就晾在阳台上,晒干就收起来。"那些人大代表听后,都为苏老 80 多岁还那么勤劳而感动,敬仰的心情油然而生。

至于自己的办公室、书房,苏步青总要整理得干净、整洁。有人认为办公室桌上乱一点儿也无妨,因为自己放的材料好记,不至于找不到;如果经常整理得太清爽,反而会影响自己的办公、写作。这对某些同志可能适用,因为已养成的习惯,改也难。但是苏步青则与他们不同,书房收拾得很整洁,书架上的书按规定次序排列整齐,需要什么书,随时都能找到。办公室的书桌上,很少堆放东西。下班时,他先把堆放的文件、材料整理收拾完毕,倒掉茶末,洗净杯子放好,把自己坐的椅子放回原处才

苏步青在办公室看文件(1980 年)

苏步青在校长办公室（1986 年）

回家。办公室的同志怕他太累，抢着帮助做，他还是要自己干。"我以为，重视个人和环境卫生，搞好内务，不仅有助于身心健康，提高工作效率，还能反映出一个人的精神面貌和道德情操。"难怪苏老对这类事特别认真。

至于注意节约、反对浪费这些老生常谈的问题，苏步青不仅身体力行，更是苦口婆心。自从国家经济形势好转之后，有些人大手大脚，浪费现象也有蔓延的趋势。学生食堂桌上留下了不少饭团，有的菜不喜欢吃就一倒了之。苏步青看了不忍心，在每年新生开学典礼上，总要讲讲反对浪费的话："农民辛辛苦苦种出来的粮食、蔬菜，随便浪费掉是不道德的。'谁知盘中餐，粒粒皆辛苦'的教育，还需要坚持下去。勤俭节约、艰苦朴素是好传统，我们民族要永远立于不败之地，就要把这些美德世世代代传下去。"

这些道理，讲讲容易，但做起来并不那么容易。苏步青到北京出席人大、政协会议，有时服务员送上来的菜量比较多，他总是跟他们说："胃口没那么大，以后量少些，否则浪费了太可惜。"服务员看到苏老身份这么高，还如此注意节约、反对浪费，深受感动。苏老和其他同志一起用餐时，总劝着大家能吃就吃完，不要浪费。

苏步青觉得，反浪费、讲节约的风气要大力提倡和宣传，使绝大多数人都能意识到，并落实到行动中去，这样才能使好风气得以发扬。在学生食堂门口，以前有一排洗碗的水龙头。有些学生洗好碗，不关水龙头就走了。还有的学生没有关到位，水龙头滴水不止。苏步青在巡视时，看到这种情形，就把漏水的水龙头拧紧。这事被学生看见了，漏水的事就减少了。学校有关部门知道后，对关不紧的水龙头进行修理，学生们节约用水渐成风气。有一次，一个学生用毕忘了关水龙头，掉头就走，正好被边上的学生发现。他立即上前指责："你是不是留着让苏校长来关啊？"那学生顿时满脸通红，转过身立即把水龙头关上。

"近年来，大学生中的独生子女增多了，他们备受父辈、祖辈的关照呵护，自己动手洗衣、扫地的事也日益难见。听说有的大学生还雇保姆，帮助洗衣、打扫寝室，这可能是很个别的，但此风一定要赶快煞住。艰苦朴素、勤俭节约、文明礼貌是中华民族的美德，绝不是小事。我们一定要把这些美德世世代代传下去。"苏步青担任名誉校长后，还时时关心、询问学生用水、用电和饮食之类的事情，并谆谆告诫他们。

凡事都讲认真，在生活上是如此，在他做学问，或是看报、看电视节目时，在来往书信中，也常常会体现出一位科学家的科学精神。

1987年4月14日。上海外贸学院校刊刊登编者写的一篇文章，题目是"读苏步青教授给王国君的信"，虽然文章很短，却给读者留下深刻的印象。

文章说，经济系王国君同志给《上海老年报》翻译了一篇题为"长寿与精神保健"的文章。刊登后不久即收到复旦大学名誉校长苏步青指出译文错误的来信。苏步青是著名的数学家，他的研究工作和社会活动是相当繁忙的，但他还抽暇对小报上一篇小文章的一处小毛病提出了意见。这不只对王国君同志，而且对我们每一个已在进行或即将从事教学、翻译或文字编辑工作的人来说，都有极深的教益。基

苏步青在家中备课(1982年)

苏步青在家中读报(1985年)

于此，我们征得王国君同志的同意，将苏老的信在此发表。

苏步青的信是这样写的：

王国君同志：

您在《老年报》1986年2月25日第二版编译的文章"长寿与精神保健"，内容很好，读后很受启发。只是在译名"伯彻德·拉赛尔"上，我有一点儿看法提供参考。

据这一文看来，指的应该是Bertrand Russell（1872—1970）这位有名的所谓"逻辑主义学派"的创始人，他来过中国半年（大约在1921年前后），一直使用"罗素"这一名字，这是大家所周知的。据说他很佩服法国数学家Bertrand（伯特兰），所以取做自己的名字（详情请查阅《辞海》3846页）。

如果你所讲的是这位先生的话，那么，不但译名应该纠正，而且他在98岁那一年（1970年）逝世了。致敬礼！

苏步青于1986年3月6日

苏步青对别人的错误，一点也不放过。而别人对他出现的错误，又是什么态度呢？请看北京师范大学中文系教师葛信益给苏步青教授写的一封信：

苏教授：

我读了你在10月18日《人民日报》发表的"理工科学生也要有文史知识"一文，非常同意你的意见。你文章写得也很好，佩服佩服。我觉得全篇里只有一句话有点毛病，愿提出来同你商量：

"理工科学生读一点文史知识"（第五段开头），可否把"读"改为"有"或"学习"一类的动词，或者在"知识"后加"的书"二字，使"读"跟"书"在语意上就搭配上了。

你是全国、全世界知名的学者，你的文章影响很大。正是由于影响大，就不该有一点点毛病。一有点毛病也能使一般人跟着

学的。我就是出于这样的想法才大胆地给你写这封信。希望得到你的回音。不当之处请批评指正！顺祝

  大安！

北京师大中文系老教师葛信益谨上
1982 年 10 月 22 日

  苏步青看到老教师的来信后，连读两遍，不时点头，看得出他正在酝酿做一件事。不一会儿，苏步青便递给笔者一函，并说："看来高手不少，今后作文还得细细推敲啊！"笔者把苏老的复函抄录如下：

  葛老：

  接奉 10 月 22 日手教，谨已拜读。承蒙先生指摘拙文中的错误之处，非常感激，今后自当注意，庶几不辜负尊敬于万一也。

  为改正错误，正在准备给《人民日报》编辑去信修改请求

1995 年，出席复旦大学 90 周年校庆（右起分别为龚学平、黄辛白、苏步青、李政道、金炳华）

订正,能否得到该报的采纳,尚未可知。先修此函道谢,顺颂道安!

苏步青敬上
1982年10月28日

中国科学院院士王梓坤回忆道:我自恨无缘,不能得到苏老的耳提面命,但他对我的指导和帮助是终生难忘的。1977年,我写了一本小册子《科学发现纵横谈》。上海人民出版社为了加重分量,请苏老写序。苏老不以为陋,欣然命笔,勉励有加。两年以后,我收到一本书《微分几何》,打开来看,上面赫然有苏老的新笔题字:"王梓坤教授指正,苏步青敬赠,1980.4。"这使我又惊又喜,万分激动,愧不敢当。苏老是数学泰斗,一代宗师,又是我的长辈,"指正""敬赠",怎能担当得起?这本书我奉为珍宝,时时拜读,如见师颜,以为自勉。特别是苏老的墨迹,当垂之永远。苏老待人接物,一丝不苟,既

1992年,在复旦大学世界校友联谊会上(左二为谢希德,左三为苏步青,右一为华中一)

亲切，又端庄。在几次院士会上，哪怕是小组讨论，苏老总是不顾高龄，挺直肃坐，从不早退；而且思维敏捷，时有幽默隽语，使与会者在欢乐中受到启迪。

苏步青对于每件事都非常用心，非常认真。1992年的奥运会，年逾90的苏步青也被卷入狂热之中。有一天他对记者说，奥运会我天天看，太兴奋了！中国得16枚金牌，创造了纪录，出乎意料！中国选手表现太好了，过去称中国是东亚病夫，现在完全可称"世界健儿"！

他还说，美中不足的是女排和羽毛球，否则至少可多加两枚金牌。虽然胜败乃兵家常事，但我认为，总有失策之处。例如，女排打古巴时尽遣所有力量，不仅输球，还伤了主力。与荷兰打就只能派新手，力不从心了。其实古时孙膑兵法中有田忌赛马，田马不及齐王的马，调配得当，一败两胜。看来女排教练不大懂兵法，或者还有点儿轻敌思想，可惜！

40. 党员专家的言与行

苏步青是一位著名的数学家，又是一位忠于党的事业、有极强组织观念的党员干部。年近八旬时，身兼25个社会职务，工作十分繁忙，可是他从未忘记要参加党的组织生活。每到星期四，他就主动向党支部打听星期五组织生活的内容，以便提早安排工作，按时参加党的活动。凡是因病或到外地开会，他都向党支部请假。有一次苏步青上午到市区开会，回来已近中午，但想到下午有组织生活，没来得及休息就赶去参加。

有人好心劝他，你那么忙，年纪也不小了，又是党员专家，搞好业务就行了。苏步青听了觉得这话刺耳，马上对那人说："党员专家，首先是党员，第二才是专家，在我们党内可没特殊党员。"支部有时在他的办公室开组织生活会，苏步青总是立即把自己的座位移到旁边，与党员们并排坐着，带头发言。由于他平易近人，党员敢于讲话，会上气氛常常十分活跃。有一次，党支部组织党员学习《关于党内政治生活的若干准则》和讨论党章修改草案，苏步青在会上激动地说：国家"四个现代化"建设，需要全国人民的艰苦奋斗，更需要党员带头。他表示，自己是个党员，又是校长，要经常警惕，决不能有特权。有一天，女儿来探望他后即将离沪，一时叫不到去码头的出租汽车，只好临时从学校叫了一辆吉普车，但过后，他立即付清车费。他平时发信，只要信里有一点私事，就自己买信封贴上邮票发出。

苏步青对按时缴纳党费，更是一丝不苟。每当发薪时，他拿到工资，第一件事就是交党费。要是到外地出差，他总是提前将党费用纸包好，单独存放，回校后，及时将党费补交上。每当学校上党课，他总以一个普通党员的身份，坐在台下前排听讲，并认真作笔记。他更关怀青年一代的成长，有一次，根据校党委的安排，苏步青以亲身经历和感受，给全校党员上党课，宣讲坚持"四项基本原则"；他还为学生团干部作了长达3小时的报告，为电台提供稿件，教育青年要热爱社会主义，加强共产主义道德修养。

苏步青1959年入党，这种严密的组织观念，是党组织多年培育的结果。他从自己在新旧社会的不同遭遇中，得出了一个结论："必须紧紧地跟着党，坚定地走社会主义道路。"正是这种坚定的信念，即使在他被打成"反动学术权威"，"靠边站"，挨批斗，党的组织生活被停止的日子里，还在尽力地把数学知识用于造船工业的技术革新。1977年9月22日，当他恢复党组织生活时，欣喜若狂，挥笔写下《恢复党组织生活感赋》一首：

> 喜讯传来庆再生，依稀听得导师声。
> 年年心浪翻红雨，日日思潮望玉京。
> 岂为高明遭鬼瞰，毋因包袱碍轻装。
> 此身到老属于党，二次长征新起程。

此后，苏步青总是以共产党员的标准严格要求自己，不管在平时的学习、工作中，还是在重要的关键时刻，都与党保持一致。曾任复旦大学党委书记的秦绍德回忆说：

在一次党员进行登记的思想汇报会上，苏步青谈到两件事："文化大革命"中，他受到极不公正的对待，批判和迫害连续不断。"四人帮"既要打击他，又想利用他。但苏步青意识到，他们这样对待知识分子，逆历史潮流而动，肯定不是中国共产党的政策和本意，自己坚决不跟"四人帮"走。1989年春夏之交的那场"政治风波"，苏老当时正在国外访问，面对国外新闻记者的提问，以及某些人的"相劝"和"挽留"，他都明确表示自己对中国共产党的信任和忠诚，按时返回上海。他说，党员专家对党的坚定信念，是任何时候都不可动摇的。苏老的言行，体现出一位共产党员的高尚政治品德，对我们全体党员也是极为深刻的党性教育。

苏步青作为党员专家，其言行是受世界观所支配的。他从旧社会走过来，深知自己有今天，都是党教育和培养的。他说我苏步青剩下的时间都是党和人民的，因而对自己所取得的一切都十分珍惜，又总是知恩图报。苏步青平时常说自己是"教书匠"，秘书不解其意。苏步青解释说："在漫长的旧社会里，老师，尤其是中小学教师，都被看成寒酸的象征，坐的是冷板凳，当然是'寒'，吃的是青菜萝卜，还美其名曰'菜根香'，实则面有菜色，其'酸'也可想而知。所以'教书匠'是对旧中国不重视教育的一个看法。而新中国成立以后，特别是近20年的改革发展，教师成为工人阶级的组成部分，不再是坐冷板凳的，科教兴国成为我们的战略方针，这时说'教书匠'，表示出一种自豪。"听着苏老的解释，笔者更能理解"毕生事业一教鞭"诗句的深刻含义。让我们听听他在执教60周年纪念会上亲口所致的谢辞吧！

各位领导、同志们：

今天在这里为我举行这么一个盛会，使我感到无比兴奋，无比激动。对于领导的关怀，同志们的鼓励和鞭策，我表示由衷的感谢！

回顾60年来的教学生涯，时间不算短，走过不平坦的道路，大致分为3个阶段。

1927年，大革命失败了，当时我刚从日本东北帝国大学数学系毕业,被母校录取做研究生,而国内发不出公费。母校教授会主席林鹤一教授推荐我为数学系兼任讲师,教育对象是中学抽来的数学教师,我担任的一门课是高等代数。这是第一次教学,一直持续到1931年我获得博士学位回国为止,总共教了4年书。

第二阶段是从1931年3月到浙江大学担任数学系副教授,到1952年院系调整为止的21年,中间还夹着抗日战争。其间从数学系仅培养出106位毕业生,绝大部分当中学教师。新中国成立以来,在大专院校里当数学系主任和各研究所里当所长、副所长的,却有二三十人之多,可以说是茅屋里飞出了金凤凰。

第三阶段就是1952年调整到复旦来以后的35年,从数学系、数学所出来的人才就多了。由此可见,没有中国共产党,就没有新中国的教育,只有社会主义能够教育救国。关于这一点,我们必须用自己切身的体会教育我们青年一代。我们教师必须教书育人,身教言教,为"四化"建设多出人才。

光阴如箭,岁月如流。不知不觉地当了60年的教书匠。活到老、教到老,还要学到老。自从1983年春节退居二线以来,自己确实感到精力衰退了,上不了教学、科研第一线了。但是觉得肚里还有一点可用的东西,不应该和骨灰化为尘埃。因此,3年前自告奋勇,给上海部分中学数学教师办培训班,已开过两届。第三届预备在今年11月份开始。虽然不能说有什么大效果,总是聊胜于无吧。

大诗人杜甫在一篇名著《石壕吏》里讲到一个官吏夜里抽壮丁,老太公逃去了,老太婆对官吏哀求说:"我虽然年老力衰,请把我带到河阳打仗的前线去,还能够为士兵们烧早饭。"

我也像这位老太婆一样,请我们党把我这个年虽老而还有点余微的老头,带到"四化"长征前线去,为献身于"四化"建设的千千万万战士们"烧早饭"去吧。

再一次向领导,向同志们表示感谢。

苏步青

1987年9月23日

1991年4月，中共中央统战部和民盟中央，在北京举行隆重的仪式，祝贺苏老海外留学归来执教60周年。蒋民宽副部长代表丁关根部长，向苏步青表示热烈祝贺，高度评价苏老几十年来为我国的科技、教育事业，为我国的统战工作所作出的贡献。5月，国务委员、国家教委主任李铁映到上海视察高校，特地到苏老寓所，看望这位老科学家和老教育家，并亲切地关照：保护好自己的身体，这也是对国家的一种贡献。领导的关怀和鼓励，更加激励苏老的爱国热情和奉献精神。这年"七一"前夕，他在《人民日报》上撰文，表达了"此身到老属于党"的决心，他时时告诫自己，要像周恩来同志那样，活到老，学到老，改造到老，继续为人民服务，"尽罄余微方得休"。

1988年4月，苏步青荣任全国政协副主席职务，在有些人看来，这是一个大官，可以享受好多待遇，如配上专职秘书、司机等等，出门可以乘专厢等等。苏步青对此不感兴趣，他的关系仍在复旦大学，享受着和以前一样的待遇。有一次他出差西安，当地按规定，一定要给他挂火车专厢，苏老挥手说，要是这样，我就不乘火车了。有关部门的同志怎么也说服不了他，最后还是按他的要求，给他买了软卧票。至于到那些名胜旅游点休假、旅游，他也不感兴趣。直至88岁的时候，才上了一次黄山，时间仅一周。他说："国家的经济还没搞上去，我们仍然要发扬艰苦朴素的传统，与人民群众同甘共苦。"苏老一生中有一件永不忘怀的憾事。他的夫人于1931年随苏老从日本到中国来，生活22个年头后，于1953年在上海加入中国国籍。她任劳任怨，克勤克俭，为了丈夫的事业挑起了家务和培育8个子女的重担。她向往中国的首都北京，可是一生中没有去过北京。苏老从担任第一届政协委员至1986年，去北京的机会有上百次，可是苏夫人总因注意影响或忙于家务而不能同行。到能走开的时候，她却离开了人间。

1998年10月，苏步青教授荣获1998年度何梁何利基金科学与技术成就奖，教育部陈至立部长发来祝贺信，代表教育部并以个人的名义向苏步青教授表示衷心的祝贺。当笔者将贺信交给苏老时，他老人家戴上老花眼镜，连看两遍，说："组织上太关心我了。小王，把我的意思记下，整理一份回函。"笔者根据苏老的口述，整理成文后，苏老庄重地签上自己的名字。信是这样写的：

尊敬的陈至立部长：

十一月十六日惠函收悉，阅后非常激动，感谢组织上对我的关心和勉励。

"毕生事业一教鞭"。几十年来，我在教育战线上，从事数学教学和研究，培养了一批比较优秀的学生，使我感到欣慰。1983年退居二线后，我虽已力不从心，但仍关注中学教育，曾于1984年至1987年3次为上海市中学数学教师举办讲习班，并出版3本教材。这只是"千金买马骨"，希望有更多的大学教师关注中学教育。

我非常赞成党中央关于科教兴国的方针。教育是"四化"建设的基础，全党各级领导和全社会都要重视搞好教育。今年我已96岁了，不可能重上讲台，但仍想为国家、为人民再做些力所能及的工作。这次何梁何利基金奖励我100万港元，我已全部捐赠给教育事业，50万港元充实原有的苏步青数学教育奖，在全国范围奖励有突出成绩的中学数学教师；50万港元在复旦大学数学研究所、数学系内设"苏步青奖"，奖励优秀青年教师和优秀应届本科毕业生。我是党的儿子，所有这些，都是我一个共产党员的心愿，希望国家的教育能搞得更好，为"四化"建设培养更多的优秀人才。

最后，再次对教育部和部长的关怀，表示最衷心的感谢！
顺致
崇高的敬礼！

苏步青
1998年11月26日

复旦大学原校长华中一说，记得《左传》里曾经有一句名言："太上有立德，其次有立功，其次有立言"。用现代的话来说，就是第一是思想品德，其次是业务，再其次是文章。我想苏先生在这方面都有深厚的造诣，足以为人楷模。他几十年来所走过的道路，在中国老一辈知识分子中具有一定的代表性，非常值得我们学习。苏先生对我们这些"后生小子"的关怀也是无微不至的。对我来说，从下面几件小事中可见一斑。1983年我刚担任复旦大学副校长的时候，苏先生说："从我当教务长的时候开始，就不骑自行车了。"我体会他的意思，也就不再骑车上班。很久以后，他才解释说：担任学校行政工作后，脑子里往往有杂七杂八的东西，骑车容易出事故。1987年他看到我写的一篇科普作品《超导热》，他说应当让尽可能多的市民知道科技界发生的事情，于是亲自写了封信给《新民晚报》的总编，推荐我这篇文章。后来该报在5月3日以整版篇幅刊登，还曾得到1990年的上海市科普作品奖和1996年第三届全国优秀科普作品奖。后来苏先生说，他选择《新民晚报》是因为"在上海几张报纸中它的读者最多，有150万"。1998年他知道我从一些学会的"理事长"退下来，改任"名誉理事长"，他就说："叫你担任名誉或荣誉职务，就是叫你不要做事情。"我懂得他的意思，以后也就从不去干预学会的日常工作。

41. "整匹布"与"零头布"

时间对于每一个人来说，都是一样的。珍惜时间，分秒必争的人，能在同样多的时间里，取得更多的成果。苏步青先生可谓是驾驭时间的高手。

让我们来看一看苏步青极其平常的一个星期日吧！

1979年4月22日，是星期日。苏步青教授早晨5时半起床。活动、漱洗以后，便伏案阅读文件。上午8时，他到复旦大学礼堂，给上海市2 000多名应届高中毕业生作报告。报告结束后，学校的两位同志见缝插针，找他谈了落实政策的事情。下午，他外出办理出国事务，回校后已5时多，又接待了江西师院两位来访同志。晚上，老教授用毛笔誊写他的一些诗作。到10时他感到疲倦，于是放下工作，静静地入睡。

这一年，苏步青已77岁了，担任着复旦大学校长和其他许多领导职务。他要出席各种会议，参加各类活动，审阅许多数学论文；平均每天还会收到10来封信，大多是向他求教数学问题的。他是一个极认真的人，许多信要亲自回复，而且都是在收到信之后的几天里。

苏步青珍惜时间、巧用时间的许多事例被传为佳话，他的具体操作也是感人至深的。他把整段的时间称为"整匹布"，认为要搞大一点儿的项目，最好是用"整匹布"。1980年暑假，学校党委看到苏步青整天忙于公务，没能很好地休息，便特地安排他到浙江莫干山风景区休整3周。苏步青平时对外出旅游兴趣不大，许多著名的景点如黄山、北戴河都没去过。可是当他得知要去莫干山时，却异常兴奋，因为组织上送给他一块"整匹布"，手头有一部重要书稿正缺少"布料"。于是，他在适当休息外，把大部分时间都投入到《仿射微分几何》一书的写作中，该书最难写的几章，就是在莫干山上获得突破的。

在莫干山上，苏步青不仅抓紧写作，心中还记挂着中学教育，筹划一项重要的教育工程。就在苏步青迎来百岁华诞之际，项武义先生著文回忆说：近二三十年来，我每次回国工作访问，总会去拜见苏老。数学和中国的数学教育则是我们的共同爱好和执着，因此，我们每次相见都谈得热切而且投合。记得1980年我回国工作访问期间，苏老正好在莫干山休养，我还是上莫干山，和他老人家在林深竹茂、重翠清幽之处，畅谈中国的中学数学教改事业。其中他谈起把布拉施克的《圆与球》译成中文，用来给中学数学教师们讲解施泰纳所给的等周问题的一个初等证明。他认为中学数学教师应该对基础数学的精要有进一层的理解与认识，而等周问题则是人类理性文明中既精要又美妙的一个古典几何问题，理当是一个理想的进修课题。苏步青老师真是中国数学界人人敬重的前辈。

话说回来，像莫干山这种"整匹布"并不是经常可得，因此他常在"零头布"上动脑筋。别看"零头布"零零碎碎，但既然聚沙可成塔，时间也可以积少成多。

在"文化大革命"期间，苏步青受到莫须有罪名的迫害，被监管、批斗。那时看书、钻研业务的人并不多见。苏步青被解除监管后，他想，这种糟蹋科学、贬低知识的愚蠢做法终将会得到纠正，对数学的无限钟爱使他又悄悄地捧起书本。那时，外国同行照常给他寄来国外最新出版的微分几何新书。他爱不释手，反复诵读，吸取有益的养料，写下10万字的读书笔记。粉碎"四人帮"后，苏步青又可以登台讲课了。他利用点滴时间，在过去研究成果的基础上，又加进国外的新成果，编写出讲稿。1978年夏天，杭州处于高温肆虐，苏步青却往火炉里钻，用新写成的讲稿，在杭州讲学7天。回校以后，他一边整理，一边给研究生上了50个小时的课。《微分几何五讲》一书，就是这样一章一章地写成并且定稿的。1979年此书由上海科学技术出版社出版，第二年，新加坡世界科技出版社又将其译成英文出版。"零头布"就这样在苏步青的手中变成了"整匹布"，并且做成像模像样的衣服。

巧用"零头布"取得初步成效，更激发苏步青充分利用时间的热情。有时在外人看来，到了不可思议的地步，但对他来说却成了一种习惯和爱好。在担任复旦大学校长和上海市人大常委会副主任期间，出差、开会占去很多时间。尽管如此，他觉得这当中还是有"零头布"可以挖掘和利用的。如果到外地开会，一般活动安排得比较宽松，他每天早晚都能挤出3个钟头的"零头布"，用来搞重点项目研究；要是其间安排机动或休息一天至两天，则又是一块好布料，紧抓不放。如果是在家期间，他则把星期天当作"星期七"，照样工作。但星期天找他的人太多，每天能挤出两个钟头"零头布"，则心满意足了。如果在本市开会，他总是尽量捕捉机会。有一次，苏步青和笔者到上海展览中心开会，上午10时许休会，下午3时再换地方开会。苏步青屈指一算，这当中有将近5个钟头时间，坐等吃饭、休息太可惜了，就想到回家去干两个钟头。笔者说饭票都已经买好了，来回跑得不到休息等等，但他还是决定不在外吃饭。

那几年校务越忙，他的写作越多，接连出了几本书。《仿射微分几何》有20万字，据苏步青回忆说，大部分篇章是利用"零头布"

写成的。在这部书译成英文稿的过程中，他更是争分夺秒。研究数学的人特别会算计，他先计算出完稿前的一段时间，每天必须完成几页的译稿任务，然后就坚持不懈地每天如数去完成。要是哪天的计划被会议冲掉，第二天一定要想办法补上。到后来，因为时间抓得紧，每个阶段都超额完成任务，该书的翻译任务，竟比规定的时间提前20多天完成。

如此娴熟地驾驭时间的能力，并不是一年半载能够形成的。早在20世纪60年代，他就能妥善运用时间。那时他担任了一二十项社会工作，要抽出"整匹布"搞科学研究是有相当困难的。从那时起，他就开始把零碎时间抢过来用。如果那时有人到他办公室走一趟，就会看到他的办公桌上，右边放着公文，左边摆着参考书和杂志。当他批阅完右边的公文后，就会拿起左边的书籍看起来。办公室中的电话声、谈话声很嘈杂，苏步青却不在乎，好像没听见似的。巧用时间，并不是安排得越紧越好，重要的是提高时间的利用率。每天早晨，苏步青醒得较早，起床后做了健身操，还阅读古诗词，然后听中央人民广播电台的新闻联播节目。如果上午开会，早饭后的时间则用来阅读文件，做些会前的准备工作。晚上睡觉前，为了消除疲劳，还要哼上几句古诗。吟到得意处，他摇晃着那颗光光的智慧的脑袋，抽象思维换成了形象思维，人一下子觉得轻松了许多。除此之外，散步、聊天也是他的一种爱好，既可以消除紧张情绪，还被用来构思诗作。在每周日程排满之后，苏步青还能见缝插针，接待记者来访，与朋友座谈往事，评论诗作。这种劳逸结合、富有节奏的安排，各方面都兼顾到了。到该要专心致志用功时，少量的时间却能取得高效率的成果。

自己巧用时间，对别人则遵守时间，这是苏步青在对待时间问题上的一种高度统一。他最讨厌不守时的人，常为之发怒，甚至采用严厉的方式惩罚。笔者第一次陪他到市里去开会，约定的时间到了，还不见我的人影，他叫司机开车不等了。事后问起，笔者告诉他在路上遇到了朋友，多讲了几句话，误了两分钟。此后，笔者再也不敢误时，而且每次都是提前10分钟赶到，再也没有迟到过一次。

1978年8月21日，是原先计划好的小型科学讨论班开展活动的时间。可是复旦大学正遇到暴雨袭击，大水猛涨。几位青年教师望着窗外的雨帘和白茫茫的积水发愁，担心苏步青不会按时到来。当时有人议论说，苏先生已经76岁了，雨又下得这么大，看样子不能来了。但熟知苏步青脾气的弟子谷超豪教授却以肯定的语气说："苏先生一定会来的！"他话音刚落，苏步青就出现在教室门前。他高挽裤脚，手撑雨伞，趟着没膝深的积水，颤巍巍地走来，参加科学报告会。他的学生忻元龙哽咽地迎上去说："苏老，雨这么大，您怎么来了……"苏步青一边抹去脸上的水珠，一边就近坐在一把椅子上。伸手一看表，正好8时整。他喘了一口气，以商量的口吻说："报告会开始吧……"

谈起守时问题，苏步青说："我要求记者、学生准时到会，自己首先要尽量准时。随着年龄的增长，害怕迟到的心理越发严重，有时参加一项活动，往往要提前一刻钟甚至半小时抵达。秘书、警卫安排的时间都很紧，我生怕迟到，甚至说赶不上要他们负责，弄得他们只好一再提前，后来想起来，感觉有些过分了。"有人风趣地对他说："您一点儿也不像当官的。"他对此并不介意，还是那个观点："要求别人准时，自己起码不能迟到嘛！"

42. 开创计算几何学

1978年，苏步青教授在上海市数学会年会上作了题为《几何外形设计理论及应用》的大会报告，从此计算几何在国内兴起。他在担任复旦大学校长的同时，开设一门"微分几何五讲"的课，主持了一个计算几何讨论班。讨论班的基本成员有刘鼎元、孙家昶、华宣积等。唐荣锡、汪嘉业等也在讨论班上作过报告。

一次，苏步青约华宣积到他办公室，亲切地说："小华，你外出支教的两年，情况有很大变化。我们过去在江南厂搞的那一套理论，国外叫计算几何。我们一定要赶上去，把损失的时间夺回来。你是一员大将，快点跟上。"这一番鞭策与鼓励，使华宣积坐不住了，原来

苏步青为学生讲授计算几何学（1979年）

想休息半年的打算取消了。他从苏步青先生那里拿回一本《中国造船》杂志，仔细阅读了浙江大学董光昌、梁友栋等先生写的文章，在讨论班上报告自己研究的收获。

历史回到1946年，世界上第一台电子计算机问世以来，计算机应用的一个重要里程碑是1962年美国麻省理工学院发明的世界上第一台图形显示器。自此之后，计算机可以通过图形显示器直接输入、输出图形，并且可以在显示屏上通过光标的移动而直接修改图形。而在这之前，工程师是通过一厚叠纸上密密麻麻的数字来间接表达工程图形的。这里，让我们粗略地回顾计算几何学科的发展以及苏步青先生的贡献。

20世纪60年代，CAD（计算机辅助设计）国际上已有相当的发展。首先应用的领域是汽车、飞机和造船工业。这3个行业，由于产品的外形曲面特别复杂，要求特别苛刻，因而成为CAD首先应用的领域。20世纪60年代末70年代初，我国许多高校和中国科学院，与有关工厂合作，开始了CAD的研究。大约有10来所大学的数学系与

10来家船厂协作，研究船体数学放样，苏步青翻译了 4 篇最新的重要论文。

与此同时，也就发展出了一门新兴学科——计算几何，它在美国常常被称为 CAGD（计算机辅助几何设计），专门研究"几何图形信息（曲面和三维实体）的计算机表示、分析、修改和综合"。

1974 年 3 月 18 日至 21 日在美国犹他大学举行 CAGD 第一次国际会议，标志着计算几何学科的形成。大会肯定了法国的贝齐尔和美国的孔斯在 CAGD 方面起了基本的作用。该会议的论文集由常庚哲、孙家昶、熊振翔等人翻译，于 1978 年由《国外航空》编辑部内部发行。除了贝齐尔和孔斯等人的文章外，还有英国的福里斯特的文章《计算几何学——它的成就与问题》。

人们清楚地看到，苏步青对计算几何和 CAD 事业作出了很大的贡献。我国第一本《计算几何》就是由苏步青编著的，从事计算机辅助设计的研究人员，没有不读这本书的。1979 年初，上海科学技术出版社数学编辑徐福生向苏步青约稿，希望写一本既有理论又有应用的计算几何领域的著作，以满足从事计算几何和 CAD 研究及应用开发的大专院校师生、研究所和工厂的科技人员之需。

1979 年的一天，苏步青又约刘鼎元讨论书的大纲和目录，他亲自执笔写第一章绪论，以及最后一章仿射不变量理论，刘鼎元则写中间 6 章的初稿。为写此书他们收集了国内外文献几百篇，最后写成将近 600 页的大开稿纸。苏步青用红钢笔对每一页都作了密密麻麻的修改。

1981 年 1 月，《计算几何》专著出版，第一次印刷 12 000 册。当时，无论在国际或国内，正值计算几何和 CAD 迅速发展时期。国内是空白的，国际上也只是在 1979 年出版了一本由福克斯和普拉特合著的 *Computational Geometry for Design and Manufacture*，对象是设计和制造业的工程师，内容较为浅显通俗。

该《计算几何》则定位于：综合介绍直到 1980 年国际上关于计算几何中的理论、方法和应用，也包括了苏步青和他的学生的研究结果。读者对象是数学系师生、科技人员和工程师。既可作为研究生和高年级学生的教材，也可作为 CAD 应用开发工程师的参考读物。20 世纪 80 年代初，正赶上计算几何和 CAD 大发展的好时光，社会需求强烈，此书出版后几个月内即告售罄。一年后第二次印刷 8 000 册，也很快销完。如此热烈的反应，在数学和科技类著作中，是很少见的。

第二年，我国首次举办全国优秀图书评选，该书荣获"全国优秀科技图书奖"。

以后几年，通过国际学术交流活动，国外同行逐渐了解苏步青领导下的复旦大学研究小组在计算几何理论和应用两方面的研究成果。在德国伯姆教授（CAGD 杂志主编，CAGD 国际会议主席）的推荐下，美国学术出版社于 1989 年出版了这本书的英译本 *Computational Geometry-Curve and Surface Modeling*。该书的英译者是中国科学技术大学常庚哲教授，他在计算几何领域的学术造诣和英文功底，也得到国外同行的高度评价。

为了使我国能在这个领域跻身世界先进水平，在苏步青教授领导下，全国计算几何协作组宣告成立。这个协作组由浙江大学、中国科学院数学所、山东大学、中国科学技术大学和复旦大学等单位的同仁组成。协作组定期举行会议，举办计算几何训练班。苏先生率先在复旦办了一期训练班，全国各地学员来了 80 多人。

1982 年 1 月，在复旦大学举办同行邀请式的"计算几何研讨会"。当时，浙江大学梁友栋教授和山东大学汪嘉业教授刚刚分别从美国和英国访问两年回国，带来了国际上最新的研究成果和研究动向。在这次会议上，按照苏步青的提议，决定由复旦大学、浙江大学、山东大学三校联合举办面向全国的更大规模的研讨会和学习班。同年 7 月，在青岛，三校联合主办"计算几何讨论会"。国内高校、研究所、工业界共有 68 个单位、130 名代表参加。代表们普遍反映收获很大，希望能够每两年举办一次。会后委托浙江大学出版了论文集。在该论文集序言中，苏步青教授写道："可以期望，随着计算机技术的不断推广普及，CAGD 必将获得更多的养料和动力，将有更多更新的问题期待着人们去攻克，有志于此的同志们是可以大有作为的。"

1984年7月,在烟台,三校联合主办"计算几何和CAD学习班"。讲课内容除了计算几何外,特别增加了开发CAD技术所必需的计算机图形学、数据库和软件工程等课程。会议之前,只是在《计算机世界》报上发了一条消息,却有360名代表出席,变成大型学习班。此后每隔两年,这类讨论会、学习班都按期举办,参加者仍十分踊跃。

"七五"计划期间(1986—1990年),国家投入一亿资金开发内燃机、电机、机车、服装等26项重点行业CAD软件,是国内CAD技术大发展时期。这些CAD重点项目中的骨干力量,不少是青岛和烟台两期研讨会和学习班的成员。

经过5年的发展,到了20世纪90年代,国内的CAD技术步入普及推广阶段,大中型企业逐渐抛弃了丁字尺制图板的手工设计方式,而进入计算机设计和制造的年代,与国际水平缩小了差距。

1992年,第七次全国计算几何协作组会议定于5月18日在杭州举行。会议临近时苏先生却住进了华东医院。他坚持亲自出席会议,准备在开幕式上讲话,让人买好去杭州的火车票。华宣积教授回忆道:18日上午,当我们到华东医院准备随他去火车站时,医院领导劝阻了他。苏步青遗憾地表示服从,并且立即将事先写好的讲话稿拿出来,在上面签好名,让我们带去,并再三嘱咐:"要以经济建设中的重大科研问题为目标,以计算机为工具,科研成果要转化成生产力,真正体现科技是第一生产力。"在他的关怀下,计算几何协作组发展了,成为全国工业与应用数学学会下的一个专业委员会。2002年6月,以一批年轻教授和博士为主的第一次"几何设计与计算"会议在青岛举行。苏先生开创的事业后继有人。他的拼搏精神、科学态度和平易近人的作风,永远留在年轻学者心中。

浙江大学金通洸教授早在1980年秋就与苏步青有过合作。那时他曾就贝齐尔曲线磨光定理的凸性问题,写信与恩师苏先生商讨。同年12月10日,苏步青认真地给金教授复信:"你的论文中的论述使我完全了解定理和证明,前次所提及的疑问已消失无遗……你的磨光定理可以较简单地证明。现在把我的想法附在下面,供参考。"3页复信每个字都手迹工整、苍劲有力，假设与论证一步紧扣一步，一丝不苟，毫不含糊，没有一个字涂改。这封信不是计算机打印，而是一位年近八旬的数学大师的手书。苏步青在信中给了一个新的证明，同时还亲手绘制了贝齐尔曲线图，图画得工整明了。读完复信，金通洸感激和敬佩的泪水夺眶而出。

苏步青对计算几何这个新学科倍加爱护，他不辞辛劳出席所有全国计算几何协作会议。金通洸教授回忆说，有一次协作会议由浙江大学承办，开幕式在玉泉茶室举行。开幕式这天，苏老在北京开完会乘火车抵达杭州火车站，金教授去车站迎接苏老。由于当时还没有灵峰山庄，所以住宿就安排在浙江大学招待所。金教授在车上向苏老汇报协作会筹备情况，并告诉开幕式在玉泉茶室举行。苏老听完金教授汇报后，立即请驾驶员将车直开玉泉茶室，其间就不到招待所休息。他要尽快与协作组同仁商讨计算几何学的事。苏老不辞辛劳，从北京风尘仆仆直奔杭州协作组会场，与会者无不为苏步青的这种精神所感动。从这件事，年近80岁的苏步青对新兴学科的百倍呵护可略见一斑。

协作组推进了计算几何学在我国的发展，使我国在贝齐尔曲线的凸性研究和几何连续性研究方面达到国际先进水平，使应用领域从最初的造船、航空和汽车工业发展到服装、模具、机械、动画和机器人等。这些都离不开苏先生的关怀和他倾注的心血。

"数学要有应用，应用数学要面向国民经济"。这是苏步青对学生谈话时经常提到的，已经成为他在晚年根深蒂固的指导思想。在苏步青的影响下，这一指导思想也就变成学生们的信条，行动的指南。在苏步青和谷超豪先生的直接策划下，于1985年2月成立上海应用咨询数学开发中心，办公室设于数学系二楼，由李大潜教授任中心主任，担当起"应用数学面向国民经济"的任务。以后的CAD项目和其他应用项目，合同都由该中心出面签订，取得了许多出色的成果。上海应用数学联络组，乃至工业与应用数学学会的成立，增加了学术交流和普及的功能。

在苏步青领导下，复旦大学计算几何和CAD研究组，与工业界合作，开发一批 CAD 应用系统，其中"内燃机 CAD 系统"和"三维服装 CAD 系统"属于国家"七五"科技攻关重点项目。其中，获得的全国性和国家级奖励包括：

（1）1978 年，项目"船体数学放样"（与江南造船厂合作）获全国科学大会奖；

（2）1982 年，专著《计算几何》获全国优秀科技图书奖；

（3）1985 年，项目"计算机辅助几何设计"获国家科技进步二等奖；

（4）1985 年，项目"曲面法船体线型生成程序系统"（与上海交通大学合作）获国家科技进步二等奖；

（5）1997 年，教材《应用几何教程》获国家优秀教学成果二等奖。

作为大学的一个研究小组，计算几何和 CAD 的应用领域覆盖了造船、航空、汽车、内燃机、模具、机械、服装和珠宝等广泛领域，开发成功达到工业应用标准的大型 CAD 软件系统，而且多数含有理论上创新的功能模块，这无论在国际或国内，都是少见的。

43. 数与诗的交融

苏步青是著名的数学家，同时又是一位造诣很深的诗人。工作之余，他爱好吟诗，经常与唐诗、宋词为伴。多年来积累所作诗词，已有五六百首。

抗日战争期间，他同浙江大学师生西迁贵州湄潭，与一些老先生组成"湄江诗社"，通过社课，互相切磋，练出一手硬功夫。人们不禁要问：数学与诗为何结下不解之缘呢？苏步青认为，数学是数学，诗歌是诗歌，两者截然不同，但它们有共性，这就是数学和旧体诗都十分重视想象。但它们同时体现在一个人身上，那就有其特殊的感受。他说，搞数学的人，不能整天在数学里打圈转，我喜欢在休息的时候读点儿诗词，借此调节大脑的作用，像听一段轻音乐一样快活。再说，数学是讲究逻辑推理，诗歌也不能没有逻辑性。别的不说，押韵和平仄，就很有规律。不讲究格律，诗的味道就大为逊色。第三，读诗、写诗仅仅是我的业余爱好，并不妨碍科学研究的时间。他曾讲过这样一个故事：从前有个围棋名手同对方下棋，酣战中，对该走哪一子犹豫不决，感到非常烦闷时，他往窗外一望，却见天边正好飞来一行雁阵。他恍然大悟，下了一枚极精彩的棋子。苏步青说："我整天同数学公式、定理打交道，为了不使头脑僵化，读写诗词可起'窗外看雁阵'的作用。"

苏步青从事数学教学与研究，学生上千，科技、教育界朋友更多。同他们往来，大多数与数学有缘。除此之外，他在诗词方面的造诣，在写作和发表作品的过程中，还结交了不少各方面的朋友，可谓以诗交友，其乐融融。

1952年，全国高等学校院系调整，苏步青从浙江大学调至复旦大学任教。当时校内学生都知道他不但是著名数学家，而且是一位诗人，成为当时文科学生最敬慕的一位理科教师。

中文系有一位年轻教师，是吴文祺先生的学生，名叫周斌武。一天晚上，周斌武到老师家串门，正好碰上苏步青在座。周斌武曾获知苏步青擅长写作旧体诗，而自己又有业余写诗的爱好，立即向苏先生表示，愿拜他为师，学写旧体诗。苏步青知道周是文祺先生的学生，马上指着吴先生说："你们是行家，怎么向我学习？"周斌武说："我相信古人几句话：'诗有别才，诗有别趣。'学诗'入门须正'，应当老老实实地学习老师的著作。这如同坐在马车上沿着大路旅游，不会误入歧途。"苏步青很爽气，见有人要向他学诗，便很真诚地将自己在20世纪40年代所撰的部分诗词稿借与周斌武。诗词手稿到手之后，周先生认真研读，反复玩味，不仅学到不少知识，还找到苏诗自有的独到之处。

周斌武认为，苏步青每一首诗或词，都是凭他天赋的智慧与才华、深厚的功力与文学修养、熟练的写作技艺而写出来的。古人说过："诗之工在于才，意之达在于识（见解）。才识相互为用，则诗道备矣！"这就是说，诗人无才，则诗难工；无识，则意难达。但是，诗人的才识不宜在诗词里流露。苏步青有才华，有学问，但他写诗,从来不矜才恃气,用古人的话说,即"不以才学为诗"。苏步青是科学家,但他写诗偏重想象,善用形象思维;"不涉理路",不以议论说理为诗。苏诗诗体雅正,由于真体内充,故诗情豪放,意简而句健,言直而意切。因而诗味也十分深厚,意彻气贯,气胜而不怒张。在他的作品里,既没有诽谐怒骂之辞,也没有碌碌草草之句,更没有"大人气"与权威气,这可以说是苏步青诗作的一大特色。看来,苏步青的这名学生还真读出味道来了。如今他还在孜孜不倦地学习、研究呢!

苏步青诗作大丰收的年代,大约在 20 世纪 80 年代至 90 年代初,那时的《文汇报》《解放日报》《新民晚报》经常发表苏诗。一些苏诗的爱好者,只要守着这几张报纸,每年都能获得 10 来首佳作。

诗作《咏水仙花》

第五章 | 晴翠远芳无断时

1981年4月间,有一位名叫张官诚的青年工人给苏步青寄来一封厚信,其间夹着苏步青1961年发表在《解放日报》上的8首律诗剪报。这几首诗是苏步青60岁时发表的诗作,其中《雁荡山行杂咏》《游灵岩寺·中折瀑布》《大龙湫》《将别雁山作》是他最得意的诗作。"文化大革命"初期,他的诗作因抄家而失落。后来他把记得的若干首辑成一册,名为《原上草集》。粉碎"四人帮"后,他又从原载的《解放日报》上将以上8首重新抄录下来,编入《原上草集》,并作了七言绝句一首,以诗代序:

> 春来原上草离离,晴翠远芳无断时。
> 野火年年烧不尽,经锄或可化肥泥。

当苏步青读完小张的来函后,深深地为他对自己诗作的精心收集和研究感到兴奋。这些诗作离发表的时间有近20年之久,他又将自己喜爱的剪报寄赠予我,想想是多么不容易啊!苏步青立即回函致谢。信中写道:"收到4月9日来信,内附有你为我保存19年之久的8首律诗剪贴,使我重睹了原版。阅读之下,我感激不已。正如你信中所说的那样,这些原稿被'四人帮'打砸抢者抄去,至今未还。4年前,我曾从原载的《解放日报》重新抄录了下来,收入我的《原上草集》,并作了七言绝句一首,以代序文。为了对你的盛情表示一点儿谢意,除了将来件原封奉还外,特地把这首绝句书写成条幅附后寄上,请哂纳为荷。"

信中还写道:"我自幼爱好诗词,老来辄事吟咏即'拙爱诗吟偏有味'(4月9日《文学报》刊出小诗《春日感赋》中的一句),纯系业余,从未考虑过出什么'诗集',辱蒙过奖,顺以奉闻。承改'苍苍'为'葱葱',我完全同意。另外,《温州两首》后一首第二联'春潮早'应作'春汛早',请参考。"

小张收到苏步青写的条幅后,写来感谢信,并说已把条幅装进镜框,挂在墙上。小张也挥笔写了《恭和苏老〈原上草集代序〉》诗一首:

> 天涯芳草色青青，岁岁烧荒岁岁新。
> 春日东风春日雨，更须肥土护寸心。

后来，苏步青和小张之间又有几次关于诗作探讨的来信交流。看到青年中也有这样热爱和钟情于旧体诗的，苏步青每次回函都给予一番勉励。

写诗虽然是苏步青的一种业余爱好，但写多了，流传广了，有一段时间竟成了负担。一些诗词爱好者来函索诗不断，还有一些报刊慕名寄来一封封约稿信，苏步青这才不得不重申自己只是一个诗词爱好者，终于又恢复了平静。

但是，对于诗作也能在国际间、学术界作为交友的工具，苏步青是逐渐认识到的。那是1979年，他随中国大学校长代表团访问西德杜赛尔多夫城，在阿康饭店下榻。店主热情接待他们一行，临别时店主搬出笔墨请求客人题诗留念。然而这是一个理工科学者的团体，可舞文弄墨者毕竟不多，你看看我，我看看你，谁都希望此时有一位校长能站出来解围。苏步青早已陷入沉思，他才思敏捷，平时又有作诗这一手，但他还处在观望之中。直到后来确实没人承担此重任时，他才自告奋勇地站了出来，随着笔杆的挥舞，一首七绝跃然纸上：

> 西来处处把繁华，杜市阿康是我家。
> 中德人民长友好，不愁前路有风沙。

没想到此诗经翻译一解说，店主高兴得跳了起来，连说太好了，太好了！这时校长们也都如释重负。大家都称赞苏步青诗写得好，但他还是谦逊地说：“匆忙之作，权作以诗交友吧！”

1988年，法国著名数学家、科学院院士利翁斯60周年诞辰。这位数学家系复旦大学名誉教授，与复旦大学数学研究所有着密切的交往，并给予过很大的帮助，1982年苏步青访问法国，是利翁斯的邀请，他对此印象十分深刻，因此他特地赋诗一首：

> 巴黎五月正清和，花甲重周喜气多。
> 巨著宏篇凌宇宙，丰功伟绩壮山河。
> 邦联中法千秋固，谊结科筹一代豪。
> 把酒临风遥庆祝，愿公寿比南山高。

律诗写成条幅，漂洋过海，由李大潜带到巴黎，并加以翻译解释，利翁斯院士无比高兴。不久，苏步青收到他十分热情、充满感激的回信。真是"相知无远近，万里尚为邻"。

> 威震寰区誓禁烟，筹防抗敌史无前。
> 翻遭昏政贬千里，竟使明珠失百年。
> 忍耻蒙羞今洗雪，还珠返璧更辉妍。
> 行看香港施新法，两制辉煌焕史篇。

在全国人民以及港澳同胞、海外侨胞企盼香港回归的日子里，1997年苏步青按捺不住内心的激动，挥毫写下上面这首律诗，欢呼香港回归祖国。用旧体诗这特有的形式，表达中华儿女爱国之情，显得更为妥帖，更富有表现力。

有人问：写一首好诗，是靠天才呢，还是靠艺术？记得西欧有一位名家说得好："我的看法是：苦学而没有丰富的天才，有天才而没有训练，都归无用。"苏步青的诗词，佳作琳琅，警句特多，绝不是偶然的。他早年参加诗社的创作活动，受过严格的训练，经常要写限题限字限韵的诗词。通过这种习作，苏步青对韵句里日常用字和用词烂熟于心，写作时选词用韵不必查阅谱录。

有了写作的基础和技巧，苏步青更注重"诗言志"。他写作诗词，并不是想写就可以写出来，而是内心情感激发到一定程度时的真实流露，因而诗的意境深远。他把诗的内容称为"心灵美"，即主题要想清楚。同时把好的句子，称为"外表美"，两者很好结合，才能写出一首好诗来。具体说来，旧体诗七绝后边两句最要紧，可称为诗的"主干"。一棵大树没有主干立不起来，一首诗没有主干就会味同嚼蜡。他在写《灵隐寺前戏诗》时，就先想得后两句："劝君休坐山门等，不再飞来第二峰。"然后再回过头来去想前两句："古木参天宝殿雄，万方游客浴香风。"诗句写出后，常常要放它10天左右，不时对诗句字字反复推敲，到了自认为无可挑剔的程度，这才算作定稿。

新中国成立以前，苏步青诗作在报上只发表过两三次。有件事让他难以忘怀。那是1948年去秦淮时，目睹国民党政府腐败，作了一首七律《秦淮河》，其中有两句："无情商女今安在？半面徐妃可奈何？"前一句借用杜牧《泊秦淮》中的两句："商女不知亡国恨，隔江犹唱后庭花。"后一句借用了李商隐咏史诗《南朝》中的两句："休夸此地分天下，只得徐妃半面妆。"杜牧和李商隐的这两首诗，前者揭露陈后主政治腐败，后者谴责梁元帝荒淫昏聩。当时报纸的检察官未能看出其中借古讽今的意思，因此让它登出来了。可以说，苏步青借诗抒发情感是得心应手的。"文化大革命"期间，苏步青受到不公正的对待，身心苦不堪言，借用《顽龙》《病鹤》《老马》抒发自己内心情感，而最为显露的一首则是前已提及的《夜读〈聊斋〉偶成》。

苏步青写诗词，无论感怀、杂咏、应酬、赠别、口占，每一首都是缘情而发，缘事而作。诗里有他个人的生活内容，有他个人的真挚情感。1986年松本夫人因病去世后，苏步青愈来愈显得孤独，时时怀念夫人，为此写下了好几首悼亡诗词，情深悲切，细读令人凄恻。

端午来临，悼亡日近，因赋（1986年）
　　暮年丧侣亦昏昏，今日端阳更忆君。
　　梦里有时能见面，人间无处可招魂。
　　弦教纤指留音韵，镜为明眸掩泪痕。
　　欲鼓盆歌效庄子，偏怜宝玉遁空门。

江城子 1987年作，米妹逝世将满一年，赋此志哀，用东坡韵
　　一年如比十年长，自今后，怎得将！玉骨成灰，半分送仙乡。惟有此愁分不去，朝也想，暮难忘。

迢迢畴昔渡重洋，小儿郎，正牵裳。转瞬之间，相继去茫茫。若问老夫何所拟，挥尽泪，未成行。

周斌武教授感慨地说："诗人不是天生的。诗意既不是天上掉下来的，也不是写诗的人主观的兴致促成的，这一点我们只要诵读苏诗便能理解。你无论如何想象不到一位数学家能写出几百首诗词来。如果你有智慧，你有艺术实践，你善于运用形象思维与诗的语言表达自己的情思，你就是诗人。靠人家捧你为诗人或者你自以为诗人总归无用。当然你一旦能写诗，不要以诗家自居，正像苏老那样，这是苏老给我们复旦师生的身教。"

下面抄录几首情真意实的佳作，以窥一斑。

大哥寄赐一律，赠别依韵奉答
（1943年）

琼琚西下俗尘销，还是沈郎旧瘦腰。
春暮不堪听燕语，年时未卜怕龟焦。
家园去梦仍千里，骨肉离情待一要。
后日东归联榻话，莫嗔蓬鬓两萧萧。

这诗开首两句便用了两个典故："琼琚"，华美的佩玉。《诗·卫风·木瓜》："投我以木瓜，报之以琼琚。非报也，永以为好也。""沈郎"句用沈约因病身瘦，"革带常应移孔，以手握臂，率计月小半分"典故。苏老写诗用典，用得十分恰当，故诗意显得厚实，诗情不致偏枯。

词贵含蓄，言情于句内，寓意于言外。言有尽而意无穷。苏步青在这

游普陀山诗幅（1982年）

方面更是高手。

> 叠叠绛云淡淡烟，几株风暖玉楼前，赏樱时节忆当年。
> 一曲寒潮明月夜，满江红雨落花天，断肠人在海西边。

这首词写于1958年清明节前后，其中"玉楼"指什么？苏老早年在日本观赏樱花写过"万朵红霞飞净宇，千株彩雾罩金城"。只提"城"，不提"楼"。"寒潮""红雨"句原是苏词旧作，用在这里不难理解。1979年苏步青在这首词后写了一个附记："数学楼前几株樱花树，被砍忽已8年。从1960年以后，海外消息杳然"。看了附记，读懂了"玉楼"，也读懂了"海西边"的"海"指台湾海峡，海东有哥哥，海西是弟弟。

昌儿将归国喜赋（1948年）
故国万千里，他乡十二春。
乱离怜汝在，衰老惜余真。
蓬岛连云树，太平归渡人。
海天莫愁阔，风物正清新。

作家吴欢章在咏颂苏步青的诗作后说：苏先生是感情极为丰富之人，在他笔下所抒发的个人亲情、友谊，往往同国家之忧思、民族之大义脉脉相通。他的《夜饮子恺先生家赋赠》，从"春风已绿庭前草，且耐余寒放眼看"诗句中不难发现他们对当时国民党统治的不满，以及对寒冬终要过去、春晖即将降临的展望。苏先生无心做诗人，但他那持久不衰的生活热情，丰富多彩的人生阅历，渊博的学识，深厚的文学功底，娴熟的表现技巧，却使他每有所作皆臻佳境，成就为一位真正的诗人。

诗人肖岗在读了苏步青的《生死谣》后评论说：自然，诗的内涵，不只是上面说的。苏老认为：大至宇宙，小至原生生物，这万千世界，无不都在发展、变化。不断以新的代替旧的，旧的不断死亡，新的不断产生，这才是自然发展史，这才是人类社会发展史。诗把我们引入了一个既广阔又现实的境界，使我们浮想联翩。我们感到：作为一个革命者应当以这种历史唯物主义、辩证唯物主义的观点对待世界、对待历史、对待人生。用这种观点认识"四个现代化"建设，那就应当认识到：建设"四个现代化"的过程，不能不是一个不断改革的过程。新陈代谢，才有发展，才是进步。害怕改革，死抱老一套、老框框，只能走向历史的反面。为什么要对改革杞人忧天呢？天是不会坍的！苏老这样满怀激情地说："坐地日行八万里，会有一天地球停转凋残而后已。星星相撞发奇热，物质千秋永不灭。空间重复积成能量埃，千万亿年后，依旧五彩星云灿烂满蓬莱。"即使地球走向毁灭，也只是物质运动的又一个新阶段的开始。

44. 给记者出试题

1979年8月初，《解放日报》记者连金禾了解到，许多女学生认为"女同学的智力不如男同学"，对学习数理失去信心。她找到了复旦大学数学系胡和生教授，想请她写篇文章，与女同学谈谈怎样正确对待这个问题。当记者登门时，胡和生说："这个问题很重要，只是我正和同事与杨振宁教授一起，合作进行一项课题研究，计算任务较重……"她觉得很为难，表示考虑后再做决定。

过了几天，记者突然接到胡和生的一封信，信中说："昨天与苏师谈到您的约稿事，苏师说一定要写，并谈了他对女学生学数学的一些看法，所以我决定两天后开始动笔，12日交稿，特此奉告。"她说的苏师，即苏步青。12日，记者拿到这篇题为"与女青年谈谈学习数理"的文章时，心里非常高兴。这篇文章在《解放日报》刊出后，引起很大反响，许多女青年写信给胡和生教授和报社，说这篇文章非常切合实际，仿佛是针对她们的弱点进行分析和指导。一位女青年在信中说："我读了这篇文章，爱不释手，一口气读了5遍，觉得豁然开朗。我的顾虑打消了，勇气倍增。"后来，上海人民广播电台还请胡和生教授去录音广播，这篇稿子产生极大的感染力，当然也凝结了苏步青的心血。

苏步青几十年来与记者打交道不下 200 次，特别是他担任复旦大学副校长、校长后，接待记者的次数明显增加。在采访过程中，除了向记者谈教学与科研，苏步青还谈吟诗与写诗，以及他喜欢报纸的哪些文章，不喜欢哪些文章等等。"我喜欢朴实、自然、恰如其分反映事实的文章；不喜欢采访他的记者用高级形容词写文章，添油加醋。我写诗从不无病呻吟，而是有感而发；我的字不歪七歪八，而是一笔不苟。我的性格可以作这样的概括：严密。"苏先生的这些话语，对记者在新闻报道中崇尚写真，力求新闻刊物准确地、生动地反映生活起了很大的影响。

1977 年 11 月 30 日，来沪拍摄大型彩色宽银幕纪录片《上海》的香港凤凰电影公司人员，到复旦大学拍摄苏步青教授的镜头。苏步青提议，让自己熟悉的连金禾同志到学校外宾接待室拍片子，内容就是记者采访苏步青。苏先生对她说："我们熟了，拍起来自然些。"苏先生屡上荧屏，是个"老演员"了，充当起记者这个"新演员"的导演。

《文汇报》的记者奚迪华也是苏步青的常客，写过有关苏步青业余生活的文章以及大量的通讯报道。她记录整理的《鼓励学生超过自己》一文，受到广泛好评。每次接待结束前，苏步青都要对她说："我讲的供你们整理时参考，千万要实事求是，文章最好短一点。"要是重要的报道，他还要求记者送清样，然后再仔细审阅定稿。也许是他青年时代当过校对，时常能在清样上找出一两个错别字。由于接触较多，苏步青与记者显得很融洽，因而记者采访也能得心应手。有一位记者毕业于复旦大学，其丈夫在同校任教，苏步青曾风趣地向旁人介绍："她是复旦的女儿，也是复旦的媳妇。"

来自浙江杭州故乡的记者，更是苏步青的嘉宾和好友。《浙江日报》原总编江坪回忆：苏老虽然离开了我们，但我感到，他并没有离开。他对新闻工作的支持、对后辈的关怀、对故乡的热爱，一幕幕依然清晰地留在我的心里。江坪曾在《钱江晚报》"约会院士"专栏，写了一版文章《敬礼！百岁苏老》，书写了苏老热爱校园、献身科学、严谨治学、刻苦勤奋的优秀品德，表达了后辈对前辈的崇敬之情。苏步青也曾经给江坪的专集《我们的圣人》一书作序,指出他善于与专家、名人交朋友,挖掘出闪光的东西,他的作品因而富有真切的情感,字里行间浸透着苏老对记者的厚爱和情谊。

1983年2月,苏步青退居二线,担任复旦大学名誉校长。常跑复旦的连金禾得知苏步青为此赋诗二首,很想得到这诗作,并以记者的敏感,打算做些报道。当时苏步青还特别忙,会议一个接着一个,排得满满的。当年4月初在日本广岛举行的一个国际数学会议,还特地邀请他用日语宣读一篇题为"微分几何学在中国的成长和发展"的报告,为此他躲在一处房间里做准备。然而当他知道记者要采访他时,还是在百忙之中,为记者提供了一个独家采访的机会。采访那天,记者在秘书带领下,到了一个鲜为人知的工作室。苏步青向记者谈了退居二线的心情,还具体谈了今后在教学和科研方面的打算,如将为中学数学教师开办数学讲座;准备在应用数学,特别是在计算几何方面继续做些研究,使数学为经济建设服务等等。临走时,他还把写得工工整整的《退居二线感赋(二首)》让连金禾带回报社。

(一)

退居二线欲何为,腰脚犹轻任所之。
不上匡庐观日出,欲横东海附机飞。
天涯亲友应惊老,咫尺家山未赋归。
安得教鞭重在手,弦歌声里尽余微。

(二)

故乡遥在雁山陲,久客江南忘却归。
虽未龙钟须服老,岂因虎肖便扬威。
百年心事今奚似,四化胸怀昔所稀。
只为盛时歌颂党,退居闲咏几篇诗。

这次采访持续了一个多小时,记者抱歉地说:"占用您这么多时间,真不好意思。"苏步青马上说:"不,我很高兴,我是想同你谈谈的。"当记者表示要将此次谈话公开发表新闻时,苏步青满口答应:"好的,登了报,对我也是个督促。"1983年2月23日的《解放日报》,在第一版发表了《复旦大学名誉校长苏步青谈退居二线打算》。不久,他的两首诗也在该报副刊上发表了。

记者喜欢采访苏步青,还因为与他的交谈,能得到许多教育和启迪。有一次,苏步青问一位来采访的记者:"你已经工作多少年了?"记者答曰:"32年。"苏步青以敏捷的思维,马上引出一段哲理性很强的谈话:"32年的工作经历,意味着成熟,人的一生可以工作60年,譬如说从25岁开始工作,干到85岁,不就是60年了吗?你还有近一半的路程要走。"记者给他这么一说,思路一下子开阔了许多。"人的一生可以工作60年",这是苏步青出的试题,记者表示将孜孜不倦地努力,写好人生答卷。

退居二线之后,时间要宽松一些,因而也有了接待其他来访者的情趣。20世纪90年代初期,苏步青觉得身体尚可,就按常人的作息时间,每天上午在笔者的陪同下,到自己的办公室上班。1993年11月9日,书法家苏局仙在西北工作的孙子前来上海看望苏步青。一见面,他对年逾九旬的苏老还在上班办公,感到十分惊讶。原来,看望者先到苏家住处,扑空后才寻到办公室来。在此之前,苏步青曾收到他的一封来信,他要苏老为"郏县三苏纪念馆"题字。信是9月11日发出的,苏步青收到后,即按其要求写毕寄出,并附一函:"九月十一日来信谨已收悉。郏县三苏纪念馆匾额已遵嘱写就,现同封寄上,收到时乞函告为幸。专复,顺祝安好。苏步青一九九三年九月十六日。"苏步青长期养成办事快捷的习惯,决不拖拉,凡能做的,总是抓紧完成。他一见来访者,即想起那题匾的事,便问:"给'三苏纪念馆'写的匾,早已经寄出去,是寄给你还是寄到县里,我记不清,不过至今未见回音。"苏步青做事是非常认真的,最讨厌别人收到条幅或信函后不给回音。今天重提,来访者又感激又内疚,因为他经常外出,还未见到题字,只好一再表示感谢和道歉。过了几天,他给郏县打长途电话,托人将书信带回上海,才看到苏步青写的题匾。

随后,他们便闲聊起来。来访者提及祖父苏局仙的诗稿本中有一首写着"致步青宗亲兄"的诗,苏步青反应极快:"他是书法家,是给我写过一首诗的。"来访者又把发表在《健康报》、香港《新晚报》上的苏局仙长寿诀给苏步青看。苏步青阅后觉得很有意思,还议论了几句:"苏局仙生活在农村,比较清苦,去世时110岁,如果条件再好一点儿,还会更长寿。"

听他们的闲聊挺有意思的。

"我的老家在平阳山区,可说是穷乡僻壤。我从小爬山,受到了锻炼,所以至今走路很有劲儿。我家里也很穷,是吃地瓜干长大的。艰苦生活和锻炼对长寿有益。苏局仙去世时比我大20岁。这20年可不容易,正像攀登珠穆朗玛峰,爬到快登顶的最后几百米,几十米,难啊!"苏步青谈着谈着,发出感慨。

"您老体质、精神这么好,将来一定能超过我祖父,祝您长寿再长寿。"来访者接着说。

"我没有想那么多,任其自然吧!"苏步青听后笑了笑,平淡地表达自己的意思。

这种舒心的接待,彼此都有得益,也充实了苏步青的晚年生活。

有时,他也会碰上某些素质不高的记者,接待后他郁郁不乐。有一次,有位年轻记者上门采访,要他谈谈是怎样成为科学家的。苏步青说这可是一个大题目啊。你有没有事先看过有关我的报道。记者说没有。苏步青大为惊讶,报社怎么会派这样一个记者呢?他又怎样去完成这么繁重的任务呢?那次采访,没谈多久,就谈不下去了。因为苏步青在数学上的主要工作是研究微分几何学,而那记者却干瞪眼,问苏老"微分"两个字怎么写。更使他不快的是,约好上午9时接待,结果到9时45分才见到记者。苏步青时间观念特别强,曾给记者出道试题:"人的一生可以工作60年",现在他又给记者出道试题——"记者如何提高素质?"事后,苏步青吩咐秘书,对那些事先没约好临时撞上门来的记者,不予接待;对那些无故不守时的记者,也应给提个醒,并做好采访前的准备工作。

尽管如此,苏步青还是很愿意与记者接触,北京、南京、合肥、成都、沈阳、温州、厦门等地的记者,都在当地采访过苏步青,为此也留下了弥足珍贵的新闻资料。对于复旦大学出版社的编辑上门约稿，他不管多忙，总是有求必应的。

45."苏步青效应"

长江后浪推前浪，青出于蓝而胜于蓝，这是科学发展的规律。苏步青在培育人才方面，吸取世界各国育人的丰富经验，又与国内的实践相结合，提出鼓励学生超过自己的老师，造就了一批优秀的专门人才。有人在《光明日报》上发表文章，称为"苏步青效应"。

苏步青深知，我们培养人才，目的就是要学生超过老师，这样才能一代胜过一代。英国杰出的原子核物理学家欧内斯特·卢瑟福曾说过："如果我的学生在学业上没有新的突破，仍按我的理论进行实验而证实了数据，那他是无所作为的，我的学生应该有新的发现。"世界上有些科学家，就是把发现和培养新的人才看作自己毕生科学工作中的最大成就。

在许多不同的场合，苏步青对他的学生多次讲述了科学史上的这样一个佳话。牛顿的老师巴罗是剑桥大学当时唯一的数学讲座的首任教授。他发现学生才能超过自己，在任职6年后，主动让位给20多岁的牛顿继任。他的让贤为牛顿一生工作的安定奠定了基础。巴罗的这一举动对科学事业起了重要作用。人们在谈论牛顿时，忘不了他的老师巴罗。苏步青说："培养一个杰出的人才，其成就不小于重大的发现。我们不必为学生超过自己感到羞愧难受，而应当把它看作我们对'四化'建设的一个贡献。"

出类拔萃的学生，是国家的宝贵财富，是科学发展的希望所在。苏步青总是为他们超过自己的指导教师创造各种条件。在培养谷超豪的过程中，人们不难看到苏步青的智慧和决心。

早在谷超豪就读浙江大学数学系期间，苏步青就是他的老师。为了加大培养的力度，苏步青不仅让谷超豪参加自己主持的微分几何讨论班，还支持他参加陈建功先生主持的函数论专题讨论班，增加基础训练，不拘一格培育人才。据苏步青回忆，从1946年开始，谷超豪就跟他在一起。当时，苏步青发现他接受能力特强，思想敏锐，理解问题的深度往往超过自己的预想，就着意培养他。在1953年至1957年这4年间，谷超豪在学术上进步非常快，在吸收苏步青学问的同时，还学了许多新的东西。当时谷超豪30岁左右，在学术上的某些方面已经走在老师的前面。而苏步青已经50多岁了，他一方面看到自己有这样好的接班人，感到放心；另一方面，对自己的学生感情更亲，当成亲骨肉。苏步青了解到谷超豪还担任了许多行政职务，便向党委汇报情况，让其有充足的时间从事数学研究。随后又支持他赴莫斯科大学进修，了解世界最新成就，开辟研究的新领域。谷超豪由于在微分几何方面的创造性工作，1956年被推选参加全国先进生产者代表大会，见到了毛泽东主席。

1974年6月，杨振宁博士访问复旦大学，提出规范场理论的研究报告。规范场理论研究基本粒子结构及其相互作用的规律，牵涉一系列复杂的现代数学。杨振宁提出报告后，立即引起谷超豪、胡和生和其他数学、物理老师的热烈反响，使杨振宁感受到复旦大学数学家们雄厚的理论基础、研究能力和对现代物理问题的了解。没过多久，谷超豪等就对规范场的数学结构的研究取得了两项成果。杨振宁十分欣赏这次合作，高兴地提出与谷超豪联名发表《规范场理论若干问题》的论文。以后，杨振宁又两次到复旦大学，与谷超豪等合作研讨，取得了丰硕的成果。

粉碎"四人帮"后，谷超豪参加我国高等教育代表团访问美国，在麻省理工学院、马里兰大学等高等学府，就偏微分方程理论和规范场的数学结构，用英语作了4次学术报告，受到热烈的欢迎。陈省身教授特地写信给中国科学院数学研究所，赞赏他的报告。谷超豪的论著《经典杨-米尔斯场》发表后，一直被同行们广泛引用，其中闭路位相因子方法被应用在多种问题的研究中，谷超豪因此获得国家自然科学奖。

20世纪80年代，谷超豪在调和映照、极值曲面等方面继续获得一系列首创性成果，引起国际上一系列的研究，并获得两项国家教委科技进步一等奖。1990年被国家科委和国家教委授予"科技先进工作者"的称号。90年代中期，谷超豪被任命为国家重大基础研究攀登计划项目"非线性科学"的首席科学家，还担任中国科学技术大学的校长。2002年被授予"上海市科技功臣"的称号。

谷超豪和夫人胡和生是一对院士夫妇。胡和生还是中国数学界第一位女院士，也是第一个走上世界数学家大会诺特报告讲台的中国女性。1957年元旦，谷超豪和胡和生举行结婚典礼。当晚苏步青有事没来参加这个极为简朴的婚礼，第二天他来到新房时，新郎又外出了。这个时候，谷超豪正在主持数学系毕业班学生李大潜的专题报告。只有19岁的李大潜读大学时就在《数学进展》上发表了他的论文《关于n型卵形线》而得到好评。

1991年，胡和生当选院士，喜讯传来，她的丈夫谷超豪也兴奋不已，并挥笔写下一首诗《贺和生》：

苦读寒窗夜，挑灯黎明前。
几何得真传，物理试新篇。
红妆不须理，秀色天然妍。
学苑有令名，共庆艳阳天。

这首诗不仅表露了丈夫对妻子的由衷赞美，也刻画出胡和生苦读和攻关的精神。

20世纪60年代初，胡和生以数学家特有的敏感，抓住当时微分几何的一个热点：黎曼空间运动群的空隙性问题，给出了正交群的最大不可约子群维数的最佳公式，建立了确定空隙的一般方法，由此可得出黎曼空间运动群的所有空隙。苏步青得知后，十分高兴，并表扬胡和生的进取精神以及出色的工作，祝贺她解决了国内外数学家持续研究60多年未解决的重要问题。20世纪70年代中期，胡和生将微分几何运用于规范场的研究，与杨振宁合作做出的关于规范场强决定规范场的结果，被选入《杨振宁选集》。她发表研究论文80余篇，并荣获多种科技成果奖励。1991年胡和生当选为中国科学院学部委员（院士）。

1993年，与学生谷超豪（中）、胡和生（左一）两位院士在北京合影

在长期的培养人才的实践中，苏步青积累了一些经验，主要有3条：一是先勉励他们尽快赶上自己；二是不要挡住他们的成才之路，要让他们超过自己继续前进；三是自己决不能一劳永逸，还要抓紧时间学习和研究，用自己的行动，在背后赶他们，推他们一把，使中青年人戒骄戒躁，勇往直前。值得欣喜的是，苏步青鼓励学生超过自己的经验，已经在谷超豪及他的学生身上得到体现和推广。

对于导师的精心培育，谷超豪心里涌动热潮。客观现实世界的变化运动是永远没有完结的，数学的无限，它的无穷奥秘，不是几个人所能穷究的，它需要一代人、两代人、无数代人的持续不断的探索，需要老一辈不断地把接力棒传递给年轻的一代。1963年春节，周恩来总理参加上海市科学技术工作会议。总理刚和苏步青握手，又见到了谷超豪，他非常高兴，炯炯闪亮的眼睛来回打量着苏谷两位，称赞说："好啊，师徒一对。"总理问谷超豪：今年多大了？谷回答说："37岁。"总理笑了笑，思考了一下说："也不算年轻了，要多培养年轻的同志。"总理睿智的目光看得多远多深，短短的两句话，就揭示出科学工作上的一个重要规律，对他们在这方面的工作，作了深刻的总结。

谷超豪直接指导的学生李大潜、俞文鮆、陈恕行，都是复旦大学的教授。1979年10月间，谷超豪向纽约大学柯朗数学研究所同行介绍复旦大学有关"双曲型方程"的研究成果，美国数学家们听后十分赞赏。有关"双曲型方程"的研究成果，是由谷超豪开头研究，然后由李大潜、俞文鮆进一步研究完成的。20世纪70年代末，李大潜在法国巴黎进修期间，把偏微分方程运用到控制理论方面。法国数学家称李大潜是"一位卓越的数学家"。他在两年内就有多篇论文被《法国科学院通报》选刊，为中国赢得了声誉。在1974年至1986年12年间，他为解决石油开发中的一项攻关课题——判断油层位置及储量的"电阻率法测井的数学模型与方法"，曾6次到江汉油田进行调查研究，与实际工作者交流讨论，把深厚的理论功底转化为实际应用，干净利落地完成了这项研究工作。根据这项成果设计制造的微球形聚焦测井仪器填补了国内空白，在我国的大庆、江汉、南阳、中原等10多个油田推广使用后，为合理地估算油田储量及划分油层的厚度提供了依据，取得了很大的效益。他多次出国讲学，应聘担任10多种国际数学杂志的编委，科研成果卓著，于1995年10月当选为中国科学

1996年，4位院士，师生三代数学家（后右为谷超豪，前左为胡和生，后左为李大潜）

1982年,在比利时根特与比利时根特大学校长科特尼签订校际交流协议(前排左起分别为苏步青、科特尼,后排左一为李大潜)

院数学物理学部院士,后任复旦大学中法数学研究所所长。

对其他学生,苏步青也都为他们的每一个进步感到自豪。同时,苏步青也千方百计地为他们的成长创造条件,如出题目、介绍资料、指导做论文等等。这种和谐的师生关系,为数学人才的培养打下了坚实的基础。

1979年初,在苏步青的大力支持下,李大潜赴法国进修,临行前,苏步青与李大潜游北京北海公园。一老一少,在游人中格外引人注目。在赠别诗中,苏步青是这样写的:

> 北海风高白塔寒,快晴初日到林端。
> 冻匀湖面圆圆镜,步稳行廊曲曲栏。
> 此日登临嗟我老,他年驰骋待君还。
> 银机顷刻飞千里,咫尺天涯意未阑。

1982年6月,复旦大学与法国、比利时有关研究所、大学签订合作协议,李大潜陪苏步青同行,一路上给予无微不至的照顾。苏步青感慨地说:"没有他,我真不知如何动作。"正巧那段时间,谷超豪、胡和生也在巴黎,就有了《同谷超豪、胡和生、李大潜游巴黎作》的诗句:

万里西来羁旅中,朝车暮宴亦称雄。
家家塔影残春雨,处处林岚初夏风。
杯酒真成千载遇,远游难得四人同。
无须秉烛二更候,塞纳河边夕阳红。

《光明日报》刊登赵红洲、蒋国华的文章《苏步青效应》写道:
"苏步青教授是著名的数学家。他培养了我国一代年轻的学者,其中有的已经是世界知名的数学家。有一次,苏先生在接见自己的学生时说,人家都说'名师出高徒',我看还是'高徒出名师'。我自己

1997年,学生在苏步青寓所为老师祝寿(右起分别为洪家兴、李大潜、谷超豪、胡和生、忻元龙)

并没有什么了不起的地方，倒是你们出名了，把我捧出了名。但是，我要说，有一点你们还没有超过我，那就是我培养了一代像你们这样出色的数学家，而你们还没有培养出超过自己的学生。"

"这是多么崇高的师道，又是多么深刻的哲理啊！苏先生的一席话，可用一句话概括，那就是'教师的天职——培养超过自己的学生'。我们不妨把能培养超过自己的学生的教育现象谓之'苏步青效应'。"

"苏步青效应"是现代科学和现代教育规律的集中体现，是现代科学健康发展的基本保证。苏步青在现代科学的条件下，能发挥这种效应，是最值得尊敬、最值得歌颂的"师道"和"师德"。

46. 心系故乡

苏步青的故乡在浙江省最南边平阳县的山区。青少年时代，故乡属于穷乡僻壤，从来没有听说出过什么大人物，但苏步青却非常怀念她，无论走到哪里都想着她。这是因为小时候在那里长大，他的大部分同辈是农民；尽管他们去世了，可是苏步青仍很想念他们，好似他们还活着。

1980年，值苏步青离开家乡61个年头时，家乡寄来一封长信，叙述故乡的变化；还说他所住的腾蛟区成立了文化站，下设业余文艺创作组，一班青年业余文艺工作者办了一本杂志。苏步青酷爱文学，听说家乡的青年一代已改变贫穷落后的面貌，有心思开展文艺创作，怎么能不感慨万千呢？苏步青找出一幅近照，在背面题诗：

梦里家山几十春，寄将瘦影问乡亲。
何时共赏卧牛月，袖拂东西南北尘。

这里的卧牛指的是家乡的那个小山冈。苏步青到过不少国家，衣衫上确实沾了很多"征尘"，总想有朝一日能够回到家乡把它洗刷干净。但是在20世纪80年代初期，是很难做到的，苏步青已担任复旦大学校长，教务、政务缠身，只有"星期七"，没有星期天，而且整个国家正在加紧"四个现代化"建设，苏步青想回乡也是难以抽身啊！

到了1987年，苏步青早已退居二线，荣任名誉校长；且由于自感学问老化，很难再在第一线指导研究生。苏步青一边把精力投注到中学教育，一边利用有限的机遇，到各地走走，也不忘对青少年进行一番爱国主义教育。

满船涛声，半窗月色，9月13日凌晨3时，在上海开往温州的"繁新"轮上，85岁高龄的苏步青再也不能入睡了。无穷的乡思使他留下这样的诗句："永夜涛声摇远梦，半宿月色报清秋……"

在他人生的秋天，苏步青回到了眷恋已久的故乡。18日下午，当他来到腾蛟镇带溪村老家时，脚步变得那么急切！他来到屋后绿竹掩映下的一口古井旁，对随行的同志说："我就是喝这口井水长大的。"他对腾蛟镇的干部说："老乡们发财了，千万不要把钱花在拜菩萨、办丧事上，要鼓励、引导大家出钱办教育，那才是'真菩萨'。"就在这天上午，苏步青到母校平阳县中心小学探望师生，并深情地告诉同学们："只因有共产党，才有我的今天；只因有共产党，才有你们的今天。"勉励同学们艰苦朴素不能忘，勤奋学习不能忘，做"四有"新人。苏步青思念家乡，但又不能多待几天，因为他心中惦挂的是"大家"：

舟车南下二千里，来饮家乡古井水。
白尽鬓丝不自量，尚期重作农家子。
近亲远戚齐围观，忽见青葱卧牛山。
当年牛背讴斜照，今朝钿毂涉清滩。
村中父老几人在，执手乡音犹未改。
问我离家几十年，此番为何不多待。
我谢乡亲非不思，欲为人民尽余微。
待得神州"四化"日，重回故里寿一卮。

苏步青对故乡有特殊的感情，对两个儿子尔馥、尔滋，女儿素丽都很关心,特别重视孩子和孙辈的学业。由于大哥没有儿子,他把尔滋过房给他,尔滋在台湾长大,后来获得纽约州立大学博士,是台湾大学物理教授,更名苏德润。

由于大陆和台湾长期相隔,他们有 34 年不通音信,一直到 1980 年年中才有音信。苏步青写了几首给他的台湾亲友的诗:

平生未礼佛,老始访名山。列岛屏千翠,怒涛响万滩。瀛洲初日丽,野寺晚钟闲。寄语台澎友,归来风一帆。

河淡星稀夜色幽,一年佳节又中秋。共看明月思千里,欲御长风行九州。丹桂无因栽玉宇,嫦娥何事在琼楼。何当携手团圆聚,销却年来两地愁。

苏尔馥回忆说:"父亲继承了先祖父重视对子女教育的家风。1931 年 3 月 5 日,父亲在日本留学获得东北帝国大学理学博士学位,回到杭州在浙江大学任教。'毕生事业一教鞭',到 1983 年退居二线为止,职业为教师足有半世纪多。解放以前,货币贬值物价飞涨,全家维持最低生活水平已不容易了,更无'多余'的钱供给子女上学缴纳昂贵的学费,但父亲宁可在浙江大学搞好教学外,挤出时间到中学去兼课,得到一些'额外'收入,作为培养子女读书的费用。"

1952 年尔馥考入华东化工学院(现为华东理工大学),1956 年大学毕业,留校当教师,1958 年结婚生了个女儿。随着孩子长大,除了吃穿用不断增长,教育经费也不断增长。记得有几学期,大女儿读大学(住宿),老二、老三念上海中学,又是住宿。所以一开学除了学杂费外还要上百元的住宿费。当时他们也受到家风影响,家庭经济再困难,也要培养子女读书,宁可紧缩家庭开支,也要让孩子上学。当时只好向校工会借款,交了 3 个女儿的学杂费、住宿费等,直到培养 3 人大学毕业,其中两人还出国留学,一个获硕士学位,一个获博士学位。

苏素丽回忆道:"平时,父亲对菜的要求不高,只要几粒油炸花生米就可以了;吃饭亦简单,往往泡一碗紫菜汤也能应付。记得困难时期，父亲在一封来信中曾写道：'寄来虾米一包和附条都已收下，当今物价上涨，像虾米之类的食品变成了极其宝贵的东西……'不过父亲最爱吃的还是家乡的芋艿头，每次从家乡捎来，父亲总要写信致谢。"

"父亲曾有几次归来。1950年冬天祖母去世时住过几日；1991年90岁寿辰时回过平阳带溪看看老屋，坐坐睡过的眠床，看看宅后的水井，终因诸事繁忙，停留时间不长。记得1987年、1991年父亲两次回温州，日程排满，视察、座谈、接见，忙得不亦乐乎。当然谈论最多的还是他老人家最关心的教育。"

素丽的丈夫深情地谈起了与父亲的一次相见：那是1971年冬日，他由温州回安徽，途经上海。船至沪已晚，到父亲那儿已是半夜两点，父亲仍在孤灯下静候。见到他，不由分说亲自下厨炒鸡蛋饭。当知已购了返程火车票，便说："吃了饭就走吧，还是少在这里停留为好。一则你工作忙，再说家里地方小……"并提着行李执意要送到公交车站。当他透过车窗，看到寒风中站立的老人，背后是长长回家的路，眼圈不禁发酸。要知道，当时70岁的老父亲正处在被管制之中……

作为故乡温州大学的名誉校长，1991年苏步青应学校邀请，又一次踏上返乡的旅途。去温州之前，他就与党委书记、副校长"约法三章"：一要住温州大学宿舍，不住宾馆；二不要搞宴请；三不要讲排场。后两条，苏步青都如愿以偿；唯有第一条，温州方面"违约"了。对此，苏步青在离开温州前的几小时仍"耿耿于怀"。他说自己是山里人，学校宿舍为什么住不得？！

11月16日上午，苏步青参观温州水心住宅区，途中经过妙果寺。市人大常委会主任、同乡卢声亮告诉他，寺里住持是平阳人，其他出家人不少也是平阳人。苏步青听了摘下鸭舌帽，用手摸着自己的头，风趣地说："哦，难怪我没有头发，我也是平阳人哪。"

坐在妙果寺迎宾阁内，苏步青亲切地拉着住持的手，问家在平阳什么地方，每天还念经吗？听说现在的妙果寺是由旅法爱国侨胞黄忠英女士捐资重新改建的，苏步青又问台胞和海外华侨来拜菩萨的多不多,住持告诉他不少。苏步青叮嘱他,要注意做好宗教工作,"温州和台湾地理位置很近,平阳话和台湾话也基本相通,加上温州在台人员不少,回来人也多,你们要利用自己的优势和条件,协助政府做好统战工作,争取使台湾早日回归祖国。"

随后,苏步青站到工商银行大楼17层俯瞰温州全景。他了解以前的温州,一看到今日温州,高兴地说:"变了,变了!房子高了,道路宽了,完全不是4年前那个样子了。了不起,了不起!"有人告诉他,人民路改建工程将于1993年完工,苏步青劲头十足,马上接着说:"我3年后一定再来!"他动情地说,走来走去还是温州最好,吃来吃去还是家乡的芋艿最香。

在温州的日子里,苏步青最关心的是学校,温州大学、温州八中、温州中学、温州师范学院,都留下了他的足迹。每到一校,他总是提醒师生们看清国情。学校接待室装修讲究,他便直率地对有关人员说:"接待室搞得那么漂亮干什么?"他主张把有限的办学经费用到师资培训等节骨眼上去。他说,已故温州著名教育家金嵘轩先生当

在温州与部分家人在一起(1987年)

年为了筹集办学资金,将自家在平阳的田地全卖光,自己的生活非常艰苦。他还说:"不是对漂亮一点儿看不惯,比如人穿得漂亮一点儿,当然好。但教师如果一味追求漂亮,用于备课的时间就少了;学生追求穿戴,学习时间也就少了。这不是老封建。"苏步青每到一所学校,总要进行艰苦奋斗的教育,看来,他对学生品德的教育是十分看重的。这次温州之行,苏步青用这样的诗句,来表达自己的心情:

铁鸟南飞云路悠,耄年来尝鹿城秋。
胸中雁荡嵯峨在,眼底瓯江委曲流。
几处楼台初矗立,何时车辆恣奔游。
纵横黉舍弦歌里,待看群英耀九州。

为水头镇第一小学题写校训(1997年)

此后几年里,苏步青对家乡教育的关心更进了一步。1987年故乡带溪小学办了一个《小溪》校刊,苏步青获悉后,立即挥笔为它题词:"小溪流水日潺潺,万代千秋无限春。不断跟踪勤学习,他年'四化'作人才。"平阳一中拟了八字校训:"尊师、重道、敬业、乐群",苏步青亲笔题写。平阳二中希望苏老题写"务实、奋进"4个字,很快就收到了他的笔迹。鳌江中学40周年校庆发来请帖,苏步青送去4个大字:"桃李芬芳"。水头镇第一小学请苏步青题写校训:"认真学习,奋发向上",苏步青也满足他们的要求。他知道,年纪实在太大了,现在只能做这点儿事;以后连这些也做不了,得赶快做。

到了20世纪90年代中期,苏步

青的身体已不容他每天步行上班,他不时住进华东医院治疗休养。这段时间,来访者已大大减少,而且因精力不支,能不接待的都由秘书婉言谢绝。然而家乡来的人却不能不见。

1995年12月的一天,平阳县教委主任张文和县小校长王德平前往上海衡山宾馆,拜访在那里休养的苏步青。苏老见到母校年轻的校长,似乎看到家乡教育和学子们的希望,兴致勃勃地专门为校长王德平赠写了一句话:"攀高贵在少年时,为学应竭毕生力。"并为学校的立鹤亭题写了"凌云"二字,嘱咐王校长让学生"立凌云壮志",让"小鹤"振翅高飞。

1996年10月的一天,张文又与平阳一中的校长王振中到医院看望苏老。一听说他们人已来了,苏老便从床上起来,欢迎来访者。他们带来了家乡的新闻:苏步青的学生、美国宾夕法尼亚大学数学教授杨忠道先生在平阳一中设立了"苏步青教授数学奖金"。每当家乡来人,苏步青就有讲闽南话的机会,"乡音未改鬓毛衰",家乡的一草一

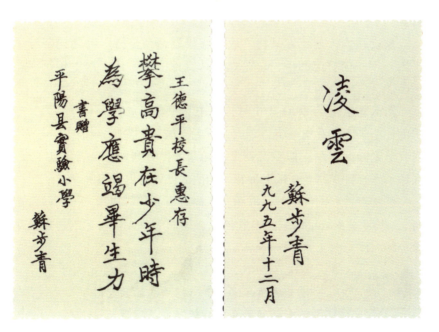

苏步青题赠母校(1995年)

木,又勾起苏老的无限怀念之情。"一别名山四十春,有时归思寄南云。""秋来处处堪留念,朱橘黄柑又几村。"雁山鳌水的温馨融会在爽朗的笑声中。

来访者突然提出:"和您照个相,行吗?"苏步青欣然同意:"行啊!"于是他们要苏老坐在当中,大家都站着。苏步青执意不肯,便拉住张文的手说,"大家都站着吧!我最矮,你们都比我高,还是平阳的营养好。"这句话把大家都逗乐了,钦佩苏老富有幽默感。

王振中校长更不舍得放弃这来之不易的机会,请苏步青教授再为平阳一中题几个字,勉励家乡的青年。苏老深知当时手有些抖,恐怕写不好,答应他们等手不抖时再写。他们仍不罢休,又提出能否为家乡的青少年讲几句话。苏步青对着话筒,录音机留下了他的一段深情的话语:

"希望青年人要一代超过一代。时代在发展,教育事业科技事业都在发展,青年人要比老一代更加努力,更加前进一步,把国家的科学水平提高到国际水平。这是他们的责任,这也是我对他们的最大希望。"

没过几天,苏步青又将"成才在于勤奋与坚持"的题词寄给了平阳一中。他答应的事,总是那么认真地去做,让王振中校长兴奋不已。

跨入新世纪的2003年1月,平阳县教育局局长应元涨等人,专程前往华东医院看望苏步青老人。苏老在病床上深睡,当护士喊醒他时,苏老睁开眼睛,似乎看到家乡的亲人,听到乡音,嘴角动了动。大家不忍心打扰苏老,送上鲜花,劝他休息后退出了病房。

苏步青曾在阅读浙江《联谊报》时,看到一幅摄影——《瓯江泊舟》,想起家乡当年情景,不胜依依,遂命笔草成一首七绝,寄托对家乡的无比思念:

一幅丹青惹我思,江心烟雨认依稀。
多年未睡圆篷底,却梦潮香凤尾时。

第六章

毕生事业一教鞭

47. 深深爱恋的地方

"浙大好似我初恋的情人,是永远不能忘记的。"苏步青留日归国工作的第一站是浙江大学,他一生无时不爱恋在浙大的 21 个不平常的春秋。

2000 年 7 月 1 日,时任浙江大学党委书记的张浚生一行,专程赴上海华东医院,看望重病住院的苏步青学长,汇报学校顺利实现历史性合并的喜讯,并祝苏老早日康复。

苏步青是在 1952 年全国院系调整时来到复旦大学的。那年八九月间,复旦大学党委副书记邹剑秋带队,同行的有周谷城、陈传璋,一起到浙江大学拜访党委书记,看望将调往复旦大学的苏步青、谈家桢、吴征铠教授等。

说起院系调整,不能不提到浙江大学原校长刘丹同志。苏步青回忆说:

"我和刘丹同志第一次见面,是在中华人民共和国刚成立后不久的杭州,听说他是一位参加革命战争的老革命干部。后来,他担任浙江省文教厅厅长,负责起全国高等院校院系调整这项十分艰巨的任务。当时从浙江大学调往北京、上海、南京等地的,大多是学术造诣较深的著名的教授、学者,对浙江省来讲,大有舍不得放走之感;对那些被调出的教授、专家来说,也怀有留恋老巢的思想。对此,刘丹同志还是从大局出发，正确贯彻执行了中央的院系调整政策，对被调离的教授做了大量深入细致的工作，使大家高高兴兴地走上新岗位。我就是其中一员，在他的开导下，1952年比较愉快地服从调整，到现在的复旦大学来工作。刘丹同志着眼大局，细致筹划，取得很大成功，这对我确是一次深刻的教育。"

苏步青人在上海，一有机会总会回浙大走走、看看，向师生们讲讲自己的经历。

1982年，苏步青应邀回母校参加浙江大学建校85周年校庆，在庆祝大会上，他深情地说："我热爱杭州，更热爱自己多年工作过的高等学府——浙江大学。这里的学风艰苦朴素，这里的学生聪明勤勉，这里的教师诚恳踏实，这些都是造就接班人不可缺少的条件。我为自己能在浙江大学工作过而感到光荣。"话音刚落，全场师生报以长时间的热烈掌声。

又过了10年，1992年春，苏步青应路甬祥校长邀请，回母校参加95周年庆典，在浙江大学新落成的体育馆，他又一次作了精彩的演讲，最后当他讲到抗战时期，英国学者李约瑟在中国赞颂浙江大学为"东方剑桥"时，苏步青慷慨激昂地说："我还抱着这样一个希望，终有一天，我们浙江大学能不能有一位教授，像李约瑟博士那样，去英国剑桥大学参观访问，称赞剑桥大学为'西方的浙大'呢？"全场又一次报以经久不息的掌声。

1996年5月，与苏步青教授交往颇深的朱宝禄受浙江大学潘云鹤校长的委托，专程到上海邀请苏步青回校参加浙江大学百年校庆，并请苏老为浙江大学百年华诞题写贺词。苏步青非常兴奋，似乎忘记了自己正在住院，情深意切地谈了许多关于浙江大学建设、发展的建议，并且斩钉截铁地说："一定去！你们不请我也要去！"可是，当要求给母校庆典题词时，他却十分沉重地说："老了，一直不服老，现在该服老了，脑子里空了，写不出东西。"可不到半个月，朱宝禄接到苏步青委托笔者写的来信，信中说："关于请苏老题词之事，已进行了10多天，因对联长，苏老动手改了3次，至今仍不满意……"真没有想到，病中的苏老，办事还是那么认真，一丝不苟，足见他对浙江大学的一片深情。苏步青最后定稿的贺词是：

学府经百年树校风钟灵毓秀
伟业传千秋展宏图桃李芬芳

由于健康原因，尽管苏步青十分盼望回母校参加浙江大学百年校庆，但医生始终未予同意，使他遗憾了好一阵子。

苏步青把浙江大学当作自己的家，回家的感觉特别好，而住宿、饮食则很不讲究。他住浙江大学招待所，起居饮食都很规范、简便。苏步青吃得很清淡，以素食为主，不吃高档菜，如果接待人员客气，请他多吃一点，苏步青就会风趣地说："老蝗虫到，吃光用光。"说完便拿出从上海带来的一瓶低度白酒，饮上一小盅，这并非是他嗜酒，而是一种习惯。现在看来，也许这正是苏步青健康长寿的一个秘诀。

为浙江大学建校百年题词（1996年）

作为一位教育家，苏步青的心总是与青年学生相通的。对于新一代的求知学子更是情有独钟。1989年的初春，正值梅花盛开时节，苏步青应邀回浙江大学讲学。一天上午，接待人员陪苏老和他的秘书去灵峰观梅，遇到一批浙江大学学生，苏老主动上去与学生们交谈。当学生们获知他就是浙江大学老校友苏步青先生时，都争先恐后请苏老题名，苏老一一予以满足。他风趣地说："50年前，我在浙江大学教书，50年后，你们在浙江大学读书，我们之间是相隔三代的校友，今天老校友会见新校友，大家很高兴。你们真幸运，社会和家庭给予优越的条件，希望你们牢记竺可桢校长的教导，勤奋学习，努力工作，攀登科学技术高峰，为祖国争光，为母校争光。"学生们围着苏老，久久不愿离去。

金通洸教授回忆道："我校 2002 届计算机系毕业生杨时俊在中学时代就非常敬仰苏步青教授，他希望得到苏教授的勉励题词。1998 年 2 月，我在拜访苏老时，说起杨时俊同学的恳求，苏老不假思索，欣然给时俊同学题写了'勤奋'两个字。苏老的题词，不仅是对杨时俊同学一个人，而是对浙江大学新一代求是学子的勉励和关爱。"

在纪念竺可桢先生诞辰 100 周年的时候，浙江大学工会潘津生组织青年教师召开座谈会，专门邀请苏步青参加，苏老高兴地应邀出席。在会上，青年教师谈了改革开放以来，浙江大学快速发展的大好形势，同时也谈了他们的希望和要求。苏老认真地倾听了青年教师关于职称、住房、工作环境等方面的意见，坦诚地发表了自己的看法。最后，苏步青说："你们是浙江大学的生力军，奋战在教学和科研的第一线，浙江大学的发展靠你们，祖国高等教育事业的发展靠你们。你们说的都是工作、生活中的实际问题，我一定把你们的意见和合理要求反映给学校领导，请他们根据有关政策和浙江大学的实际情况，逐步、逐项地给予解决。"第三天，在路甬祥校长送他上车回上海时，苏步青都一一向路校长转达了。

几十年来，苏步青与浙江大学结下了不解之缘，只要浙江大学需要，他都会尽自己最大的努力去完成交办的任务。1993 年底，学校领导决定出版一本有关竺可桢校长生平事迹的书，纪念竺校长逝世 20 周年。杨达寿和老校友杨竹亭先生合作，在短短几个月内写就《科学家竺可桢的故事》。该书拟由苏步青题字、写序，苏先生不顾工作繁忙，欣然允诺。在序言里，苏步青回忆了抗战烽烟燃遍半壁江山的苦难岁月，竺校长西迁办学的动人事迹及其与师生的情谊。苏老在序言里深情地说："这样的好校长，把教授当宝贝，我们怎能不感动呢？当然，我也把竺先生当作知己，凡是他要我做的事，不管情况怎么困难，我都乐意去做。"

之后，学校领导又决定编写《浙江大学简史》。当简史第一、二卷完稿后，负责这项工作的同志又写信给苏老，请他为校史作序。苏步青欣然同意，还在序言里深情地写道："我从日本留学回国就在浙江大学任教，直到1952年院系调整时才离开，前后工作了20多年，担任过教授、系主任、训导长、教务长等职，还在解放前夕，受离校赴沪避居的竺可桢校长的嘱托，和严仁赓先生等一起临时主持浙大的校务。抚今忆昔，我和浙大有着很深的渊源，也有着很深的感情，经常怀念那段艰难困苦而又富有朝气的年代。"

浙江大学原校长路甬祥回忆说："苏老对浙大一往情深，感情真挚动人，是深受浙大师生员工崇敬和爱戴的老师长、老校友。苏老在浙大任教的21年间，正处在艰难困苦的年代，是他精力最旺盛的年代，也是他科研成果最丰硕的年代，苏老协助竺可桢校长，为促进浙江大学的第一次崛起，倾注了大量的心血。虽然1952年由于高等院校院系调整，苏老离开浙大到了复旦大学，但仍然非常关心着浙江大学的建设和发展，此心此情，令我们非常感动。苏老满怀深情地说：浙江是我的故乡，浙江大学是我的母校。"

的确，苏老与浙江大学结下了不解之缘。粉碎"四人帮"后的10余年间，苏老几乎年年到杭州讲学，都到母校浙江大学访问，也留下了许多怀恋浙江大学的美好诗篇。每次苏老在学校作报告或恳谈，会场都是座无虚席。苏老一说到浙江大学，总是语调激昂，激情洋溢，他对浙江大学一片情真意切的深厚感情和殷切期望，深深感染着每一位聆听的同志，也深深激励浙江大学的师生员工发扬求是创新精神，实现历史性的腾飞。可以这么说，浙江大学取得的历史性发展和成绩，也凝聚着苏老的一腔心血。

1990年3月5日，苏老专程到浙江大学参加竺可桢诞辰100周年纪念大会，即席赋诗：

> 百岁诞辰怀竺公，文章道德仰高风。
> 世传求是今逾昔，誉载剑桥西复东。
> 遗像忆曾离乱里，伟功铭永简篇中。
> 黉门危耸武林日，处处弦歌彻碧空。

1990年,在杭州举办的竺可桢诞辰100周年纪念会上(中为苏步青,右二为路甬祥)

这充分表达了苏老对竺可桢怀念和崇敬的心情。会后,路甬祥与苏老一起,手持花篮,迈步走向竖立在校园里的竺可桢铜像,献上老一辈和新一辈共同的缅怀之心。

> 南闽有家归梦远,西湖无庙属杯难。
> 平生最是难忘处,扬子江头浙水边。

苏步青就是这样,深深地爱恋着浙江大学。

48."生也有涯,而学无涯"

粉碎"四人帮"之后,苏步青于1978年7月荣任复旦大学校长,各方面的工作非常繁忙。

苏步青是我国著名的数学家、复旦大学校长,同时兼任着许多领导职务。他要出席各样会议,参加各类活动,审定许多数学稿件。他平均每天要收到 10 来封信，大都是向他求教数学问题。他是一个极认真的人，大都要回信。1978 年，他忙里偷闲写了一本 10 万余字的《微分几何五讲》。1979 年的一本《计算几何》，又要赶着完成。每星期他还要给研究生们上半天的课。

老教授忙得不亦乐乎，他想起了一个办法。中国古代描述学者的勤奋，常说他们爱在三个地方看书：马上、餐桌上、茅坑（厕所）上。上海没有马，有，他也不大敢骑。小时候他放牛，一跤摔在尖利的竹茬旁，从此看到马、牛就有点发毛。后两个地方，他却是乐得其所。

仍然忙。于是他又想起了一个办法。全国科学大会结束后，他在一次会议上宣布，从此以后，他不要星期日了。他像一头老牛一样地工作着，忘记了自己。有一次，他的一个外孙从家乡浙江平阳来上海出差，知道他平时忙，专等星期日去看望他，可是整整 6 个星期日，次次扑空。外孙生气地说："我外公现在当大官僚了！"

外孙的埋怨，苏步青可以不管，但连续工作后的疲劳，却要迫着他休息。每当劳累之际，他便吟起唐诗——

两个黄鹂鸣翠柳，一行白鹭上青天。
窗含西岭千秋雪，门泊东吴万里船。
……

烈士暮年，他向往有机会再爬杭州狮子峰；向往荡一叶扁舟，在西湖轻轻地一点双桨。然而，他是一位科学家，向往的是祖国"四个现代化"的实现。他说："我盼望祖国早日建成社会主义强国，这要靠大家的奋发努力才能成功。我把星期日用来工作，就是想为'四化'多出一点力。"

尽管如此之忙，苏步青还十分关注青少年的健康成长。有一天，他收到一位小学生家长的来信，反映他的孩子对一道数学题的理解。这道题说："有 8 个队，每队 5 人，一共有多少人？"孩子用"8×5"的算式来表示，老师说不对，应该是"5×8"。这位工人家长不理解，特地给数学家苏步青写信。苏步青不仅没有感到厌烦，而且抽空立即给他写了回信，讲清楚这个问题。后来，那位家长很感动，将苏步青的回信向《文汇报》作了反映。不久，《文汇报》用较大的篇幅，刊登了家长的来信和苏步青复信全文。苏步青也出乎意料，一封回信竟能产生如此大的反响。《文汇报》说，苏步青担任复旦大学校长，还能关心科普工作，足见苏步青对少年的关怀。苏步青则认为，青少年是祖国的将来希望所在，自己有责任和义务，对他们的成长，做一些力所能及的工作。

1979 年 2 月，一个未出茅庐的 12 岁少年，怀着忐忑不安的心情，写信给苏步青先生，请教如何学好数学。苏步青接信后即亲自作复，勉励他"生也有涯，而学无涯"，希望少年"在老师的直接教导下，德智体全面发展"。

这个 12 岁的少年即是施展，出生于宁波市北仑峙头的一个贫困的山岙。施展资质聪慧，勤奋过人，4 年读完了小学课程，被镇海中学破格录取为高中学生。镇海中学是浙江省颇有名气的重点中学，鲁迅先生所器重的青年文学家柔石，曾在该校执教。少年施展进入镇海中学后，得到了校方和教师的全面关照，很快适应了高中阶段的学习生活，与同班的大哥大姐们相处得很好。天真的小施展对数学有特殊的兴趣，甚至设想集中精力专学数学，而少学一些其他课程，于是写信向苏步青教授请教。苏老看到少年的来信后，既欣喜又认真地给他复函。

施展收到苏教授的亲笔信后，激动万分。他认真领会老前辈的心意和愿望：努力学习，力争德智体全面发展。这其实也是对他准备单科独进的错误做法提出批评。不到一年，施展这个越过初中课程的少先队员，又在镇海中学名列前茅。当时，中国科学技术大学办少年班，派人到各地物色少年英才。宁波市教育部门向中国科学技术大学推荐了施展，有关教师亲赴镇海中学当面考察，对施展很满意，决定录取其为中国科学技术大学少年班的学生。但小小的施展却坚持经过高考争取进入中国科学技术大学，放弃了免试入学的机会，曾有不少人为他的这一举动表示惋惜。几个月后，施展参加高考，以总分 465

分的优秀成绩，顺利考入中国科学技术大学数学系，成为当年该校入学最年轻的学生。

施展从宁波来到合肥，环境变了，一切都是生疏的。13岁的孩子生活自理能力差，遇到不少困难。但在老师的关照和同学们的帮助下，他又名列前茅。毕业时，他报考中国科学院数学研究所的公派留学生，以总分第一被录取。于是，18岁的施展漂洋过海，到法国巴黎玛丽·居里大学攻读数学，获得硕士、博士学位后，又跨过英吉利海峡，在伦敦大学攻读博士后。两年多以后，施展重返玛丽·居里大学任教。作为一个对拓扑学有相当造诣的青年学者，他的一篇篇论文，赢得了同行的高度评价。1996年年仅30岁的施展，在法国获得教授资格，继续在以居里夫人名字命名的玛丽·居里大学执教。

施展的成功，确有他个人的资质和勤奋，但离不开前辈的关心，他仍一如既往地怀着对老前辈的深深敬意。试想，当年苏老如果对一个孩子幼稚的想法，只是一笑了之，施展或许真的会放弃其他课程，甚至进入误区。但作为大数学家的苏步青，对一个乳臭未干的少年却那么认真。现在，施展成功了，应该说这也是苏步青的成功。

1983年1月，苏步青收到浙江慈溪一位青年来信，信中叙说自己的苦闷。

他是1980届高中毕业生，幼时因患小儿麻痹症，造成了右脚微跛，曾3次参加高考。第一、第二次成绩较差，去年经过一番努力，终于达到录取线，自己以为可以上大学了，可还是未能被录取。他心里很难受，同时也很明白，谁让自己是个跛脚啊！

他不希望自此消沉下去，选择了自学的道路，立志使自己成为一个有用的人。他做过一番努力，写了近10万字的电影文学剧本和小说。然而没有理论指导的实践，是盲目的实践，这些东西连自己看了也不满意，一气之下，把它全烧了。看着烧后剩下的灰烬，心上蒙上一层疑云：我能自学成才吗？

他羡慕已在校内安然就读的人，也羡慕那些在校外精心修炼自学有成的人，而自己左半边身子进了大学校门，右脚却被卡住了，他发出痛苦的呻吟，感情泛起波浪。看了电影《石榴花》以后，他哭了，影片中的陈湘失明了还能进音乐学院，石榴花残疾了还能照常工作，对比现实生活，自己为什么不能像他们那样呢？他希望苏爷爷指教：怎样解决这个矛盾，使自己既能生活，又有所作为。

苏步青读了这封信，被他渴望学习的热情所感动，也理解他在生活和自学的道路上遇到的困难。苏步青劝他不要太悲观，请他不要一个人在心里发闷，不妨将困难和自己的想法向组织上反映，跟家长一起商量，争取他们的帮助，也许有个切实可行的办法。在回信中，苏步青写道：

"有志气有才华的青年人，被身体上的残疾所困扰，产生苦闷可说是必然的。问题在于怎样正确对待和处理这个苦闷。从你的信中可以看出，青年人在这方面就暴露出缺乏生活经验的弱点。你把上大学看作自己唯一的出路，以致在未被录取后，一直影响着自学的情绪和信心，我认为这中间带有很大的盲目性。当个人的理想一时得不到实现的时候，就像脱缰之马那样任性乱闯，思想上陷入一个可怕的境地，这是很不好的。

"我是一个老知识分子，生平遇到的困境不算少。积以往之经验，我总是鼓起勇气，树立信心，面对现实，解决困难。我以为你当前应该用自己的双手，做些力所能及的工作，或者学习一两门手艺，以摆脱生活上的困难。其次还要靠自学打开新生活的大门。你已有较高的文化水平，又在农业第一线，要积极参加农村的科学技术实验，为发展农业生产作贡献。"

退居二线之后，苏步青的工作安排，相对没有在任时那么繁忙，因此，对于中小学生的来信，就更有时间关注了。1986年，广东省台山县第一中学高一（2）班的任伟东给苏步青来信，并寄来小论文《不定方程 $x_1^3 + x_2^3 + x_3^3 + x_4^3 = 0$ 的整数解的一个必要条件》。苏步青看后非常高兴，一名高中生能对数论中的一个难题做有益的试探，这是很值得称道的。在即将赴北京参加全国人大常委会会议之前，苏步青给台山一中的校长回了一封信，表示要将论文推荐到《数学通报》上发表。当时的副校长刘发荣收到苏步青的信之后，很快就寄来回信：

"我是广东省台山县第一中学副校长，大教拜阅，不胜高兴。为教师者，最大安慰，莫过于看到学生的长进，苏校长亲笔介绍任伟东同学论文给《数学通报》，给我校教师，特别是数学教师莫大鼓舞。在此，我代表本校全体师生，向苏校长致以最衷心的感谢。

"我校自从大力开展科技活动以来，每学期均举行一次学生小论文展览，深感学生的思维能力不错，少数学生颇有创见，但苦于没有更好的方式给予表彰，今得苏校长之助，使无名小辈，能登上全国权威性刊物大雅之堂，这不仅是对任伟东同学的最大奖赏，亦是对全国青少年的一种激励。"

就在刘副校长给苏步青写回信的前几天，苏老忍不住心中的喜悦，又给任伟东同学写了一封信，肯定他的那篇论文很好，同时又用任伟东的方法，对论题做了演算。最后，苏步青写道：

"以上是我临时想到而且动笔写成的，可能有不对的地方，希望你到你高中班的数学老师那里去请教请教，如有问题，请来信告诉我好吗？

"我明后天将去北京开会，月底一定回上海，那时希望看到你的回信。"

说来真有趣，正在苏步青与台山中学继续通信时，任伟东已是复旦大学电子工程系的大学生了。后来他写了一封信送到校长办公室，大家才得知更多的有关细节。因为那篇小论文已是两三年前写的。

一位老数学家对年轻的数学爱好者关怀备至之心，清清楚楚地展现在我们面前。《数学通报》编辑部收到苏步青的去信和转去的稿件，很快进行研究，认为"作为一个高中学生写作还是相当不错的，我们可考虑发表并作些精简"。此事后来终于有了一个好的结果。

1992年高考公布成绩之后，苏步青收到浙江省衢州市某中学一名高考落榜生的来信，他自称是"一位生活中的迷途者"，在高考录取无望的情况下，向苏步青诉说自己内心的痛苦。同时他认为，老师劝他再复习一年，考出优异成绩来，是"浪费了我们青年人黄金时代宝贵的一年，增加了当农民的父亲的负担"。他深情写道："苏爷爷年轻时的事迹使我激动，我希望能成为一位科学家，像苏爷爷一样给国家作出贡献。然而，现在我却迷失在生活的道路上，不知怎样做好，苏爷爷,您能帮帮我吗?"

苏步青收到这封信后,很同情这名落榜生的遭遇,想到社会各界都应对高考落榜的学生给予关心和帮助,使他们从迷惘中走上正路,于是他亲笔给这名学生回函:

"据说你在本届高考中未被录取,闻言之下,深表同情。当前摆在你面前的路只有两条:要么复习一年,考出好成绩来;要么去做工作。"并对他的错误想法提出批评,"来信中提到什么复习一年即意味着'浪费了我们青年人黄金时代宝贵的一年',这是不正确的说法,复习也是很重要的学习,弥补过去学习的缺陷,即使明年再不被录取,巩固你过去学习的知识,对将来参加工作也有帮助。青年人要有理想,而知识是通向理想的阶梯。"写完信,苏步青想象着这位青年一定会妥善安排自己以后的路程,于是装好信封,自己贴足邮票,在笔者的陪同下,亲手将这封回函投入邮箱。

49. 谈读书技巧

1991年10月,笔者给苏步青教授当秘书已逾10个年头。在平时工作和生活中,经常遇到如何读书的问题,因而特别关注苏先生的读书方法和技巧。

一天上午,在宽敞明亮的办公室里,苏步青教授又一次翻阅不

与复旦大学原校长谢希德（左）亲切交谈（1991年）

久前出版的《苏步青文选》。这本装帧印刷都十分精美的文选，收录、精选了苏老几十年来治学育人、科学研究的成果和文史资料，其中还有一些漫谈读书的心得体会，教导理工科青年学生要阅读一点文史书籍，努力做到"文理相通"。乘苏老兴致，笔者便向他请教如何读书。

苏老那时已年届九十，但是几乎每天要看报、读书一两小时。在他的书桌上，常能见到《求是》等最新的杂志。苏老对我说："这本杂志办得非常好，其中刊载的文章，理论水平高，又联系当前我国的实际，我大都念完。像关于科学技术是第一生产力的一些论述，还有江泽民同志的几次重要讲话，我都要细细阅读，它对一个人坚持正确的政治方向，是必不可少的。"这不禁使我想起，在党的组织生活会上，苏步青畅谈对国际形势剧变的认识，以及坚持"一个中心，两个基本点"的体会时，是那么深思熟虑，一板一眼，原来这还得益于理论书籍的阅读。

除了政治理论读物外，苏步青阅读更多的是专业书籍。他说："专业书非常多，所以读书应该为了研究和写作，在写作中带着问题读书，长期坚持，相互促进，产生连锁反应。"苏步青的学术著作，他自己笑着认为主要是善于读书"读出来的"。为了解决船体数学放样的关键问题，他曾到资料室查询50多篇有关的外文资料，大部分是挪威、瑞典、美国、日本的最新造船技术。从这些文献中，他汲取了有关的养料，大大开阔了思路。随后又运用基础数学功底较深的有利条件，终于取得了重大的科研成果。那本由上海科学技术出版社出版，后译为英文在新加坡出版的《微分几何五讲》，也是运用这种读书方法，经过艰苦努力而写成的。

苏步青主张博览群书，"一个人读书的兴趣要广泛一点，不要只读专业书，各类图书穿插着读，既不感到单调乏味，又能取得多方面的效果"。作为一位著名的数学家，在从事数学研究之余，苏步青特别喜欢阅读古典文学、诗词精品。他从小就有较好的古文功底，《左传》《聊斋志异》《水浒传》等名著，都不止念一遍。后来他又对诗词发生兴趣，还经常咏读、写作。直到晚年，《唐诗别裁》《宋诗别裁》之类的诗集，仍百读不厌。即使出差外地，在他随身携带的公文包中，也带有这类诗集。他对复旦大学徐鹏教授的著作《孟浩然集校注》，一连阅读了好几遍，每次阅后都觉得很有收获，赞不绝口。当然，苏步青还特别说道："我这个人读书，也并不是什么书都读，而是根据需要有意识地加以选择。特别是在如今科技书籍成千上万地增多之时，即使有更多的时间和精力，不但难以读全，也没有必要。读书是为了有目的地研究和写作，相互促进，才能使自己的思想、学识日臻丰富。"

苏步青任校长期间，经常在欢迎新生进校的开学典礼上，向同学们讲述读书的方法和技巧。1982年，他发现复旦大学这样的部属重点大学，前几年招收的理科学生中，语文科成绩不及格者竟有几十人之多。理工科学生中，有一部分人对学习祖国古代文学和历史知识的重要性，仍缺乏正确的认识。一些毕业班学生在撰写论文时，有的学术论文内容不错，却写不好一段"导言"；有的论文缺乏逻辑，语句不通，错别字也不少。更值得引起重视的是，一些理科学生，不了解祖国的历史，讲不出"三皇五帝"，说不清中国经历了多少朝代，我国历史上哪个朝代最强盛等等。试想，一个连养育自己的祖国都不甚了解的学生，又怎能为祖国而奋发学习、攀登科学高峰呢？因此，针对以上问题，苏步青在《文史知识》和《人民日报》等报刊上发表了《理工科学生要有文史知识》一文，强调理工科学生对学习祖国文史知识的重要意义，引起全国大学生的强烈反响。

苏步青又希望文科学生也要学一点理科知识。对青年学生，当然也包括一般的青年同志而言，任何偏科的现象，都会给今后的学习和工作带来许多不利。他说：数学是其他自然科学，甚至是社会科学必需的基础和重要的工具。自然科学中的物理、化学、生物等等，文科的各科专业，都有数学渗透进去，为它们服务，并成为解决问题的基础。同时，社会科学里面没有数学也不行。马克思写的《资本论》第一章就用了数学概念的例子，并举了学化学、物理、生物跟数学密切关系的例子。

有学生问：那么学中文的要不要学数学呢？苏步青说：学中文的人不懂数学也不行，甚至学中国古代文学的人，也要懂得数学，并讲了一个故事：

有个硕士生，专攻中国古代文学专业，研究苏东坡。他给苏步青送了好几本书，苏步青看了一篇关于《赤壁赋》的文章，问他《赤壁赋》是哪一年写的？他说是1080年。苏步青一听就知道是错的。学生说："为什么错？"苏步青说："去年是1982年么，壬戌之秋啊。"《赤壁赋》开头几句："壬戌之秋，七月既望"，苏步青说："我看到这里，就觉得一定是60的倍数，如果1080年到去年的话，则是902年，但902不是60的倍数，所以一定是错的。这一年应该是1082年。"他还说，苏东坡几时生，几时死，也可以推算出来。苏东坡是1037年生，他活了66岁，所以在这一段期间，哪一年是60的倍数，那只有1082年。因为第二次壬戌苏东坡已死，若活到1142年的话，他应该活到105岁，这里面就有数学。学生们听得入神了，原来数学在人的生活中是处处少不了的。

广州黄远葆教授回忆说，对于什么叫读书，苏步青还有更深刻的说法。他于20世纪60年代初，在上海数学会举办的一次学术报告会上，有幸聆听苏步青的教诲，当时苏步青已60出头，但精神矍铄，思维敏捷。在会上，黄远葆发现报告人没弄清楚、没说清楚的地方，在苏老面前是过不了关的，多次听到他对报告人提出严肃而认真的质疑。

苏老平易近人，黄远葆问他："苏教授，请你也给我们开个读书讲座，好吗？"

苏老说："我近来没有读书，没什么可讲。他们有读书，有心得，就有东西可讲。"

黄远葆有点茫然，"何谓读书？"

苏老说："书读三遍、四遍不算读，要读到将书合起来自己能写一本才算。"他沉思了一会，接着又说："读数学，前面几页的基本概念一定要下功夫弄清楚。不然，就如看外国小说一样，姓名记不住，读到后来是谁都弄不清。"

黄远葆感慨不已，苏老的"写出一本书来"，实际上是强调要保持自主的地位和编写的身份。当然，只读一本书去写一本书是写不好的。"读书破万卷","破"字就是本本都要超过。这样,下笔才有神;否则,无超过,即便读再多书,也还是书呆子。像苏教授这样的学者,不可能不读书,他说:"近来没有读书",只是暂时未选到真正值得下功夫读的书而已。

苏老还说:"有的人喜欢说'不太懂'。其实,哪有不太懂。不懂就是不懂,何必说成不太懂……"

苏步青讨厌"不太懂"的说法,给后人留下很多启迪。西安校友吴寿锽先生是学物理的,不是苏先生的亲授弟子,但苏先生以其言行典范,成为对他影响最深的老师之一。他回忆第一次见到苏先生,是在1952年10月中,那时他已到复旦大学报到,但因院系调整推迟上课,空闲时间很多。一天下午,吴寿锽听说数学系有报告会,就跑去旁听,一问竟是苏先生陪华罗庚先生来作报告。一下子见到数学界两位宗师并聆听报告,兴奋异常,会场上听众情绪十分热烈,高潮迭起。报告会后,数学系的老同学们向新生介绍苏先生的经历和为人,苏先生的爱国、正直、敬业、严谨治学、对学生循循善诱等优秀品质给吴寿锽留下了深刻的印象。从那时起,吴寿锽就觉得要在新社会做一个好的学生工作者,应当学习苏老先生这样的人,以他的言行作为自己学习的榜样。

吴寿锽毕业后留校工作。为了向苏先生学习怎样当老师,吴寿锽有时去旁听他主持的讨论班。虽然,那些专题报告吴寿锽十有八九听不懂,但从苏先生的言行中也得益甚多。所谓"读书学问如做人",一次有位年轻人作报告,大概由于准备不足,有些地方显得逻辑混乱。苏先生不像平常那样和颜悦色,及时打断了他的话问道:这里你自己弄懂了没有?学生答:还不太懂,苏先生严肃地说,不懂就是不懂,什么"不太懂"?并立即作了纠正。整个过程不过两三分钟,但给了吴寿锽终身的影响:做学问必须踏踏实实,知之为知之,不知为不知。此后,吴寿锽总是要求自己不论讲课还是写文章,决不强不知以为知(事后发现仍然有错误的,当然还有),而且"不太懂"这个短语从此和他断绝了关系。

"书山有路",苏老的这条读书的路是值得大家学习的。

50. 高山仰止

"安得教鞭重在手,弦歌声里尽余微。"1982 年,苏步青已 80 高龄,即将退居二线。那时他还担任复旦大学校长,从事数学的教学和研究,忙得不可开交。后来与中学教师接触多了,发现有的教师知之不多,对学生提出的问题回答错了,很需要提高素质。而自己继续在第一线从事高深的数学研究已非力所能及了。由此,苏步青教授有了一个新的想法:为中学教师举办讲习班,分别以高中和初中的数学教师为对象,每期讲授一个到两个数学专题,着重介绍数学的思想方法,以提高中学教师的论证能力和数学素养。具体说来,就是指导他们用高等数学的观点来看待初等数学,以提高教学水平。

经过反复考虑,苏步青向有关单位提出了办讲习班的打算。经上海市教育局、上海市科技协会、上海市数学会的积极筹备,这个别具一格的讲习班终于诞生了。

那是 1984 年 1 月,正值上海严冬季节。一辆来自郊外的小轿车,载着苏步青和他的助手,急匆匆地朝市中心飞驰而去。一贯健谈的苏老此时缄默不语,他正在想象着讲习班的新尝试,将如何开场?学生们会做何反响?这位在大学讲台上耕耘 50 多年的老教授正处在激动之中。

小车驶进了上海科学会堂,这幢法国式楼房二楼的一间教室,就是讲习班的课堂。几个月前,苏步青要为中学教师办讲习班的消息传开后,要求参加学习的教师多达千人,最后获准的只有 63 名教师。有的同志已在中学埋头教了 20 多年课,从未获得系统进修;现在敬慕已久的苏步青亲自为他们开课,更使他们感到这个进修机会的珍贵。

苏步青精神抖擞地跨上讲台。他目光清澈,腰杆挺直,说起话来犹如洪钟:"先和大家约法三章:不迟到,不早退,不旷课。迟到的不要进来!名师不一定出高徒,严师才能出高徒!"兴奋的学员用热烈的掌声通过了"约法三章",苏步青满意地笑了。

在中学数学讲习班上授课（1985年）

　　接着，苏老来了个开场白：数学上有不少问题属于初等数学的范畴，而对它们的论证却往往难乎其难，不仅涉及许多高等数学的内容，还要做开拓性的研究。这类问题有平面等周问题、空间等表面问题、任意角三等分的尺规作图不可能实现、欧拉公式等等。有关它们的论证，在中学教材中全无反映，高等学校也不讲授。这些"两不管"的问题长期得不到解决，教师在教学中就事论事，学生也抓不住要点。

　　这里不能不提到"任意角三等分问题"。20世纪80年代初，由于个别杂志和中学教师宣传任意角三等分问题属尚未解决的难题，不少青年学生为这个问题耗去不少精力。苏老经常收到这类来信，有时一天有两三封，总共达300多封。1985年4月，苏步青给湖南沅江县一位青年复信时指出：对于任意角的三等分可能或不可能的理解，看来是有问题的。所谓"初等几何作图法"是指在下列两条件之下使用圆规与直尺的作图法：一是圆规只能做画圆之用，不许用做分度计或做量长度之用；二是直尺只能做连接两点的直线之用。如果没有上述两条件，任意角的三等分当然是可能的。据苏老说，三等分法有几十种之多，有了上述两个条件，任意角的三等分是不可能的。从这里，我们可以看到，苏步青是很关心中学教育的，他劝青年学生不要在"三等分"上浪费精力，真是用心良苦。

　　苏步青站在教师的立场上讲课，总要把他几十年的教学经验和盘托出：教师对所教内容的来源、方法均应有所掌握，才能做到"深入浅出"。"深入"就是有较高的学术观点,"浅出"则是有好的教学方法。为了做到"深入浅出"这4个字,他曾用一年的心血精心编写讲义,从选题、参阅国内外文献到编写讲义,无不斟酌再三、缜密考虑。讲义编成后,先在复旦大学数学系本科四年级学生中试讲,结果效果很好,增强了他办好讲习班的信心。

"我要讲的第一个专题是等周问题,这是古希腊数学家阿基米德曾研究过的问题,是一个古老的整体几何问题……"苏步青侃侃而谈,他在论证平面等周问题的过程中,尽量运用三角、复数、行列式等初等数学知识,强调中学数学的基本知识、基本方法的重要性,引导教师寻找高等数学和初等数学的内在联系,了解高等数学的来龙去脉。

在讲课中,苏步青有意识地不时插入一些数学史的典故,着重介绍前人是怎样一步步攀登高峰的。学员们在轻松愉快的课堂气氛中,体察到了苏老希望他们掌握数学思想方法的苦心。对中国古代数学家的成就,苏步青更是津津乐道,如数家珍。他那强烈的爱国激情,深深地感染了学生们。

学生们乐于听苏步青讲课,常常被他精彩的教学方法和生动的语言所折服。"文化大革命"后期的苏步青的学生顾家柱是这样谈论苏步青授课的:

大数学家上基础课驾轻就熟。只见苏步青手中拿着一本跟我们工农兵学员同样版本的教科书,眼睛却不看它,也不看学生,看着后排无人的座位,侃侃而谈,讲得称心时,还自我微笑。我们却不敢笑,也不知他为啥笑。抽象的解析几何原理和公式,被他讲得十分形象、精彩、简明易懂。他给我们讲课,有时似乎是在跟小朋友讲大灰狼的故事,生动而有趣。有时,他回忆自己当年学几何的情景,得意而自愉。他说:"圆嘛,就是跟中心一点同样距离的封闭轨迹。现在教圆比较麻烦,还要带教具圆规,我学圆时,老师把辫子中段往黑板上一摁,另一只手拉着辫梢兜一圈,就成了。大圆小圆由之,十分简便。"我们哄堂大笑。他又说:"圆周率是中国最早发现的,魏晋的刘徽把圆周率精确到3.141 6,南北朝的祖冲之推算出圆周率为355/113,

比欧洲发现的同样精度早了 1 000 多年。这个数你们能记住吗？其实最好记了，只要把 1，3，5 这 3 个数字写成'113355'，再一分为二，前后分置下和上就成了。"经他这么轻轻一提示，原来头脑中像糨糊一堆的分数，就一辈子也忘不了了。

转眼间，3 个月的讲课结束了。在上海科学会堂的大草坪上，63 名中学教师簇拥着苏步青教授合影留念。学员们知道不久还要发放结业证书，都非常高兴。苏步青对学生的严格要求从来是"严"头"严"尾。他又提出要求："每个人都要把听课笔记交给我看一看，还要写一篇学习小结，我满意了才签名发证。"真是严师的风格。

要求学员做到"约法三章"，对苏步青也是一种考验。他住在郊外的复旦大学宿舍区，但每次上课都提前半小时到教室，自己动手擦黑板、挂示教图、准备投影仪……苏夫人一直卧床不起，苏老和她几十年相濡以沫，感情甚笃，每日下午都去医院陪伴，但从未影响上课。讲课期间，他两次到北京参加全国人大常委会，每次都安排好了课程才放心离去，学员们亲身体验老一辈教育家的工作态度，从中领悟到怎样去做一名好教师。

进入盛夏季节，毕竟岁数不饶人，多年未见的痛风病发作了，而且到了必须住院的地步，这是苏步青所没想到的。在这之前，苏步青从没有住过医院。第一次住院，什么都感到不适应。那时住在一个狭小的单人病房，窗外蝉声阵阵，室内干净整洁，但十分闷热，就靠放在地板上的一台老式电风扇吹吹风。由于第二期讲习班已定于来年开讲，苏步青觉得在医院里没多少事，就叫人搬来参考书，写起讲稿来了。这一讲内容定为"拓扑学初步"，他总结第一讲的经验教训，充满信心编写讲稿。每天除应付医生查房之外，抓紧时间埋头苦干。他运用数学方法，每天按时完成规定任务，并且都超指标。

又是一个寒风呼啸的早晨，年已 83 岁的苏步青教授，从复旦大学宿舍赶赴上海教育学院，为中学教师讲授数学的重要分支——拓扑学理论，这是他再次登上讲台。

离上课时间还有 20 分钟，苏教授已走进了教室。各区、县冒着严寒前来听课的中学老师陆续进来了。此时苏步青已脱去大衣，在黑板上画起正十二面体图形。他的助手上前帮忙，却被他劝了下来："我还画得动，很快就可以完成。"

9时整，苏教授正式上课了。他站在讲台上，时而比画，时而板书，洪亮的声音传遍整个大教室。"我们试说有一位老太太，要到20个庙去烧香，庙与庙之间开辟12面体式的通道，一个庙只烧一次香，不能重复，怎样走才是最佳路线？"深奥的拓扑学理论，他讲得如此饶有趣味，通俗易懂，把听讲的中学教师吸引住了。第二期讲习班要办3个月，每周一次，每次2小时，听讲者有60名。

时间过得很快，苏步青已经连续讲了5次。原先教育局的同志怕苏步青身体吃不消，曾答应让苏步青只讲一小时，另一小时由助手上。可是苏步青一点儿也不让，坚持自己上课。学员们从他的无私奉献中深受教育，更激发起搞好中学教育的热诚。

每当课间休息时，苏步青都要走到学员中间问这问那，如"这堂课听懂了吗？"学员们回答："听懂了。"他听了就高兴地笑了。当有的学员向苏步青提出印发讲义的要求时，他告诉大家，教材已送出版社出版，为的是让更多的中学数学老师都能看到。

有记者采访问及此事，苏步青坦率地说："我苏步青剩下的时间都是人民的，举办讲习班就是做一点儿力所能及的工作。我这只是'千金买马骨'，希望能有更多的大学老师为培养中学教师做有益的工作。"

《光明日报》在报道苏步青为中学教师办讲习班时，加了编者按："苏步青教授是大家熟知的数学家。半个多世纪以来，他为祖国培养出几代专门人才，桃李满天下。如今，这位老教育家再执教鞭，亲自为中学教师讲课，为培养更多高水平的教师作出了宝贵的贡献。他的精神风貌，令人高山仰止。

"现在，提高教育质量已成为全国人民关心的一件大事。千千万万的老教师正在为此献出'余热'，苏步青是他们当中的突出代表。他提出，希望能有更多的大学老师为培养中学教师做有益的工作，是应该得到响应，能够很快成为现实的。希望各级教育行政部门为此多做些组织工作，倡导更多的大学教师及退休中学教师参加到这一事业中来。"

报道发表的第二天,《人民日报》予以全文转载,还发表"编余短论",题为《不遗余力》。短论写道:"'安得教鞭重在手,弦歌声里尽余微'。83岁高龄的苏步青教授,退居二线之后,即以其高才博学,培训中学教师,为了人民的教育事业,真可谓不遗余力。献身教育,要不遗余力;支援教育,也要不遗余力。希望大家都来学习苏步青教授。"6天后,《香港商报》《中报》也都全文转载了《光明日报》的这篇报道。

在结束第二期讲习班后又过了一年零十个月,苏步青于1987年11月开办了第三期中学数学教师讲习班,讲授他撰写的《高等几何学五讲》。这期讲习班由上海市教育局、上海市数学会、上海教育学院联合举办。在第一堂课上,苏教授讲了一个小时,随后由华宣积副教授开讲第一讲。毕竟岁数大了,苏步青不得不退居二线,他说:"这期讲习班,除了我外出开会外,此后每次课只讲15分钟,其余时间由华宣积副教授来讲。希望今后有更多的比我年轻的大学教师来关心中学的教育。"85岁的苏步青教授还是如此孜孜不倦关心中学教育,使在座的40位教师深受感动。经过3个月的讲学,这期讲习班又获成功。

51. 一次访谈录

作为一位驰名中外的数学家,总有其成功的治学经验,苏步青的治学方法和治学成果,吸引了一批教育研究工作者的关注,也是大中学校迫切要求了解的。苏步青的学生李大潜教授受《群言》杂志的委托,花费不少心血,作了一次精彩的访谈,从中我们可以清晰地了解到苏步青的治学思想和治学方法。

李:苏先生,您作为驰名中外的数学家,当初是怎样对数学产生兴趣,并决心献身数学的?

苏:一开始也是糊里糊涂的。中学时代只不过是爱好数学,基础比较好。后来东渡扶桑,由于经济原因,1920年考入有公费资助的东京高等工业学校，学的是电机科，但入学考试数学得了满分，对录取起了决定性的作用。1923年东京大地震，家当全被烧光，才破釜沉舟，并以第一名的成绩考入了东北帝国大学数学系，受到当时系主任林鹤一教授的赏识，坚定了学数学的决心。当时下决心献身数学还有一个重要的原因，即曾经也是东京高等工业学校学生的陈建功改学数学后，1923年在日本的《东北数学杂志》上用外文发表了一篇论文，这在当时是破天荒的事，对我是一个很大的激励与鼓舞。我就这样开始与数学结缘，并且，终生坚持不改了。

李：陈省身教授曾说过："在30年代能发表数学论文的中国人还寥若晨星，而苏教授却以自己的丰硕成果闻名于世。"当时微分几何的大师、德国的布拉施克教授曾称赞您为"东方第一几何学家"。您在进入数学研究领域不太长的时间内，即跻身前列，在国际数学界享有盛誉，成为我国现代数学的开创者之一。您觉得有哪些经验，值得我们年轻的数学工作者借鉴？

苏：当时我所从事的微分几何学，在高斯、黎曼、达布、克莱因等前辈数学大师的开创性工作的影响下，正在蓬勃发展。德国汉堡的布拉施克学派在仿射微分几何学方面颇多建树，并和我的导师洼田忠彦教授有较密切的联系，他对我有很大的影响。意大利的一批学者对射影微分几何学的研究也居于前列，我通过和他们的通信联系，将他们一套也学到了手。可以说那时我对国际上方兴未艾的前沿课题现状的了解与掌握是下了一番苦功的。为了阅读这方面的文献，我在大学学习时还专门学习了德文和意大利文。

李：这是不是像牛顿所说的"站到了巨人的肩膀上"呢？

苏：可以这么说。但学习是为了发展、为了创造。我固然也跟在他们后面做过一些锦上添花性质的工作，但那时年纪轻，精力旺盛，入了门就下决心啃硬骨头，力图解决一些带根本性的重大问题。像仿射微分几何与射影微分几何，以往大家一直分别进行研究，对竟两者之间有什么关系这个重要问题，从来没有人研究过。我以"仿射空间曲面论"为题，一连在《日本数学辑报》上发表了12篇文章，彻底地解决了这个问题，这也是我的博士论文的主要内容。另外，布拉施克学派所用的一直是传统的微分形式的方法，几何意义很不明显，能否用一个纯粹几何的方法来建立整个的理论，在方法上另辟蹊径呢？我从日本回国后，从 1935 年开始连续花了好几年的时间，借助于平面曲线可表奇点的几何结构，建立了与前人完全不同的构造性的方法，清楚地将整个理论一下子展现出来，真正别开了生面。陈省身先生对此颇为欣赏，认为在平常的研究中总是把奇点撇开，而我恰恰抓住了奇点，用奇点处的不变量对其他几何不变量作出了解释。

李：要抓住当代数学发展的主流，要努力攻克带根本性的重要问题，要解放思想、勇于探索新的思想和方法，您的这些经验对培养第一流的数学工作者应该是具有普遍意义的。您在仿射微分几何和射影微分几何方面取得举世公认的成果以后，接着又开展了对一般空间微分几何学的研究。请谈谈您是怎样不断拓展自己的研究领域，并继续作出高水平的成果的？

苏：一般空间微分几何学是在黎曼几何的研究取得巨大成功的基础上，由美国著名数学家道格拉斯在 40 年代中期提出来的。由于黎曼几何在相对论中的重要应用，一般空间微分几何学作为黎曼几何学的扩充，一提出来就引起了人们的重视。我能够进入这一领域开展研究工作，也同样是下了大功夫的。为了掌握法国数学家嘉当提出的外形式法，我不仅花了很大力气啃了他关于黎曼几何及李群的两本法文原著，还把它们翻译出来，开设了有关的课程。1947 年我还硬着头皮花了一个暑假的时间念完了托马斯所著 70 多页的关于一般空间微分几何的著作。这不仅使我掌握了在这方面开展深入研究工作的基础，而且也看清了进一步研究的方向，从而才有可能带领一些学生在 K 展空间、芬斯勒空间等方面做出系统的成果，将研究工作推进到一个新的阶段。

李：苏先生，您过去是搞基础理论研究的，在"文化大革命"中，才由在江南造船厂搞船体数学放样课题开始进入应用数学的领域，以 70 多岁的高龄开辟了计算几何这一新学科，并一直重视和支持应用数学与工业的结合。您认为结合"四化"建设的需要开展应用数学的研究，对数学学科的发展究竟有什么作用呢？

苏：应用数学很重要。一方面"四个现代化"建设有实际的需要，同时计算机的迅速发展提供了强有力的计算工具，应用数学现在已蓬勃发展起来，将来还会更兴旺地发展下去。我自己的体会，结合实际为数学理论开辟了广阔的用武之地。搞船体放样课题，要了解样条曲线上奇点发生的规律以便加以控制，我原来研究了多年的仿射微分几何中的不变量理论在这儿发挥了重要的作用，成了解决问题的关键。另一方面，丰富多彩的现实世界中的实际需要也为数学理论的发展提供了一个重要的源泉，反过来对理论的研究又起了极大的推动作用。我对一般空间中样条曲线的仿射不变式所作的系统研究成果，就是受研究船体放样课题的推动而得到的。运用有关的数学理论，可以很方便地找到一切可能的拐点的位置，颇受一些国外学者称道。我自己虽只初步尝到了甜头，但也充分显示了理论与实际密切结合并互相促进是一个正确的方向，是大有可为的。

李：您认为作为一个青年数学工作者，应该具有怎样的素质并作哪些方面的努力，才能真正脱颖而出，成长为新一代的学科带头人？

苏：我觉得最主要的是要高瞻远瞩，具有宽广的胸怀。个人的成名成家是次要的，重要的是要根据时代发展的要求，努力使我国的科研教育事业一代代地不断发扬光大。作为一个学科带头人，不仅要努力培养学生，而且要鼓励、帮助学生超过自己，真正做到承上启下，继往开来。否则，业务再好，但心胸狭窄，"老子天下第一"，一定成不了大事，甚至会"断子绝孙"。要做到这一点，还要正确地认识自己，把自己的成绩和贡献摆到一个恰当的地位。牛顿晚年尚且认为他只是在大海边上拾了几个贝壳，又何况于我们！"曾经沧海难为水"，我搞了65年的数学教学科研工作，回过来想想，也不过就搞了这么一点点东西，有什么值得骄傲的呢？！世界无穷尽，科学无止境，真正重要的发明和发现，还得寄希望于一批批成长起来的年轻同志。我自己一直希望学生能超过我自己，看到学生一批批地成长起来，将我手中的接力棒接过去，而且个个对我十分尊敬，内心总感到说不出的高兴。我90岁了，身体还相当好，这也是一个很重要的因素。

李：现在不少学者和专家都兼任着繁重的行政工作，平时的社会活动也不少，您自己就更多了。在这种情况下如何坚持做学问？您能否说说自己的经验？

苏：我的经验很简单。如果有整匹布做衣服自然最好，否则就用零头布拼起来做。没有整段的时间，我就利用出差途中、开会间隙种种零碎的时间看书、研究，这就是我的"零头布"。当然，我也很重视假期中的一整段时间，将"零头布"拼接起来，集中做一些事。我的好多著作及论文就是这样完成的。

李：您一直强调要文理相通，提倡学理科的要多学一些文科的知识。您自己在旧体诗词及书法方面都有很高的造诣。您觉得这对做一个出类拔萃的数学家究竟有什么好处呢？

苏：首先可以扩大视野，避免思想的僵化。在埋头做数学的同时，也要抬头看看世界的风云，了解当代科学技术的发展。这有助于扩大知识面，使头脑开阔、灵活，变得更加聪明起来。马克思主义的哲学，是指导思维的科学，对数学研究同样有重要的指导作用，可以使我们的脑筋开窍。董仲舒"三年闭户，不窥庭院"的办法，是绝对不行的。同时，文字与语言的表达能力，包括外文的修养，对进行研究工作、总结研究成果及进行学术交流都起到直接的作用，绝不可低估。此外，还可以调节身心，使生活充满情趣。一天到晚愁眉苦脸，是搞不好科研的，更不可能有别开生面的见地。空闲下来，做一两首打油诗，给生活添加一些润滑剂，又何乐而不为呢？！

52. 不仅仅是名誉

1984年4月，国务院把温州列为进一步对外开放的14个沿海城市之一。在上海工作的温州籍专家学者座谈会上，大家一致认为，办一所大学有益于温州的对外开放和经济发展，并推举苏步青教授出任名誉校长。5月初，省高教会议在杭州召开，魏萼清汇报了此事，引起了薛驹省长的重视，筹办温州大学一事，很快便提到日程上来。

虽说万丈高楼平地起,可往往是开头难。温州大学筹办初期,市政府仅拨款47.5万元,给了占地6亩、校舍面积3 000平方米的原行政干校作为办学基地,连同一辆旧的上海牌小车。这样一所小而穷的学校,请苏步青这样一位名人出任名誉校长,筹办者难免心里不踏实。哪知苏步青听了介绍后,并不介意,"穷没关系,要有志气","我们立一个理想吧,花30年,把温州大学办成国内第一流的大学。"苏老坦荡的襟怀和恢弘的气度,使办学者深受鼓舞和教益,也在无形之间给他们增添了无比的信心。

1987年9月15日,作为名誉校长,苏步青第一次到温州大学参加八七级新生的开学典礼。虽说早在3年前,苏步青就接受了温州大学的聘书,但因忙于公务而一直未到学校。那年金秋,天高气爽,苏步青登上南下的客轮,回到他阔别25年的家乡,也第一次和他担任名誉校长的"温州大学"深情相拥。在船上,面对滚滚而去的江水,他思绪万千,诗情一时难以自禁。

申江北望思悠悠,身寄铁轮南下舟。
永夜涛声摇远梦,半窗月色报清秋。
良朋老伴今何在?锦瑟华年空自流。
为偿黉门几多债,遂忘懒拙向东瓯。

在赴温州大学的船上(1987年)

一首七律，字里行间，流露着对家乡亲友的眷恋之情，凝聚着对温州大学的深厚之意。正如诗中所言，"为偿黉门几多债，遂忘懒拙向东瓯"，在会上他带着愧疚的心情说："欠了温州大学3年的债，再不来，就变为不名誉的校长了，那就不行了。"师生们为苏老的强烈责任心感动，为他的幽默风趣鼓掌！

1991年，苏步青第二次到温州大学，看到学校4年来的变化，非常高兴，他在为全校师生所作的报告中谈道："这次来看到温州大学的面貌完全改变了，非常高兴，觉得自己也变得年轻了。这些年来我们温州大学发展很快，已经为国家培养了一批急需的专门人才，有些毕业生已经作出了成绩，这是值得庆贺的。"

苏步青虽然大部分时间在上海，但对温州大学的情况大多知道。原来，凡有温州人到复旦大学，他都要打听温州大学的情况；学校寄去的校刊，他每期必看。作为名誉校长，苏步青并不把它看成一种"名誉"，一个简单的挂名，他始终坚持在其位谋其政，对温州大学发展经常提出许多重要的指导性意见。

"解放思想，实事求是"，这是苏步青办学思想的精髓和总纲。他说："温州大学是新办，一开始就要注意从实际出发。"他特别强调："学校千万不要办社会，切不可求齐求全。"在苏老的指导下，温州大学就是依靠政府出资、华侨捐资、社会集资来创办的。他们还率先实行"收费走读，不包分配"。

"艰苦创业，争创名牌"，也是苏步青名誉校长对温州大学的严格要求。他强调："温州大学要有5年到10年的艰苦创业过程，要好日子当穷日子过。我主张'双增双节'，工作要增效率，要讲质量，开支要节省，要节约。要艰苦朴素，精打细算，钱要用在刀口上，千万不要讲排场。要艰苦奋斗，艰苦创业，办出温州大学的特色。"1989年温州大学5周年校庆前夕，苏老特意去信叮嘱："温州大学5周年校庆即将到来，届时举行庆祝活动，理所当然。但鉴于今年全国经济情况比较严峻，我以为，庆祝校庆应该严肃朴素，千万不要铺张。"

要办好一所大学，选好校长很重要，教师队伍建设是关键。苏步青一再提醒温州大学领导："校长、副校长要选实干派，不一定名望大。""各系的系主任要选既能办事、又能教书、有事业心的人来当。只有选有才的,才能一个当十个。选这样的人不容易,像谷超豪就是。""选用教师注意非好的不聘,宁缺毋滥。要任人唯贤,保证质量。人才挑选要严格,好的要千方百计聘进来。每个方面聘一名骨干,做不到的,就派人出去培养。""进来的人要一一审查。一般地说,好的教师原单位是不大愿意放的,要走也是有什么原因。对于要调进来的人要了解,究竟是怎么一回事,我们要挑选,要派人出去了解。""将来实行聘任制,会有很好的教师,包括博士生导师。退休的也可以聘过来,这种人70岁不算老,有必要可聘过来。""不要心急而大批进人,请教师最好要年轻一点,年轻人容易适应环境。"在这些字字珠玑、声声关情的言语之间,所体现的恐怕已经远远超过一个名誉校长所应该承担的职责范围了。

苏步青有着丰富的办学经验,特别看重教学计划和教学内容,反对关门搞教学,要了解社会上需要什么,要让教学计划经常去适应变化发展的需要,这样办学才能有的放矢。"教师要根据需要,在自己大本本基础上,年年修改教材,一年一小改,五年一大改。改教材的过程,也是教师边教、边学、边改的过程。照本本读,十年一贯的教材,学生就教不好。"

随着改革开放的逐步深入,人才需要日益显得十分迫切。如何面向温州经济发展的需要,培养社会急需人才,是温州大学领导经常思考的问题。苏步青多次指出:"一定要针对社会实际的需要,培养急需人才。我们温州大学是为建设温州而创办的,培养目标非常明确。现在温州经济发展这么快、这么好,迫切需要人才为她所用,我们也应该乘这个机会培养好人才,来帮助她发展经济。""办学目标要搞清楚,最近最需要哪些人?办顶需要的、马上要用的专业,要适应温州需要培养人才。三个面向,当前主要是面向温州,适应温州经济发展需要,为对外开放服务。"1984年10月,温州大学第一届新生开学典礼时,苏步青发来贺电:"乘春华育禾苗遵三个面向,待秋实出英俊展四化宏谋。"建校5周年之际,苏步青又重书了这一贺联,集中体现了他的办学指导思想。

苏步青在温州大学把育人放在首位,多次指出:"我们培养的人要又红又专,要培养德、智、体全面发展的人才。"苏老两次到温州大学给师生作报告,都是围绕"爱党、爱国,多作奉献,振兴中华"这12个字展开的。他以自己的亲身经历谆谆教导大家:我希望大家热爱我们自己的祖国,要看到我们今天的生活来之不易。没有共产党就没有新中国,只有社会主义才能救中国,请同学们无论如何把这两句话通过自己的思考,通过自己的学习,通过向老师请教,深刻地印在自己的脑子里面,落实到行动上。提倡要让学生"吃苦头",现在学生娇生惯养得很,除学习之外,还要艰苦奋斗,要有刻苦耐劳和创新开拓精神。他甚至提出:大学可以搞奖学金,不搞助学金。

苏步青在温州大学,严格要求自己,以身作则,给那里的校党政领导、师生们留下良好的印象。他当选全国政协副主席后,曾给温州大学领导写过一封信:"政协选我当29位副主席之一,垂老之年,深感荣幸有余而精力衰退。但人民的委托,党的决定,决不可违背。只有为人民尽绵薄之力而已耳。"他常说:"党和人民给我很大的待遇,自己觉得很惭愧,我没做什么工作。"他身为"高官",却生怕"惊民扰民",两次到温州,都交代领导接待一切从简,吃饭时间不要用得太多。回到平阳老家,听说当地人民要给他修缮故居,建造纪念馆,他便对县委领导说:"我的侄儿、侄孙很多,旧房子给他们住算了。我一生为人民服务不够,有什么功劳?绝对不要搞故居、纪念馆。"其实,苏老在温州的平阳老家住所都很破旧了,屋顶四处漏水。校领导让学校后勤部门去看看,帮助简单修理一下。苏步青获悉后,多次去信,再三道谢。

苏步青名重四海,但待人却谦恭有加、礼数周全。他接见温州大学领导是这样,会见亲朋也是这样。他身为名誉校长,对师生关怀备至。1987年到温州,日程计划安排中原来没有师生座谈会,是他提出要安排一次干部座谈会和一次师生座谈会。更令人感动的是,那次到温州大学给师生作报告,烈日当空,他穿上他认为最漂亮的礼服,以表示对全校师生的尊重。校领导问他是否宽宽衣服,他风趣地说:

"不行啊，我等一下还要当演员呢。"两次在温州，家乡来的亲朋也都接见了，谈笑风生，甚为融洽，全无名人架子。

53. 给中学生复信

苏步青年逾八旬之后，特别关心青年人的学习和思想。每次出差到外地，一些中学、大学的领导请他为青年学生作报告，他基本上每请必应，谈的话还是又红又专。不过对红与专的内涵，苏步青总会结合现实，联系自己的经历进行辨析。有一次在浙江大学作报告，听众一场就鼓掌30多次，可见受学生欢迎的程度。

"不知怎的，人越老越喜欢和青年人在一起，与他们共处，自己仿佛也年轻了许多。"苏步青说。有一年，复旦大学诗社的几名学生向苏老索诗，没几天，一首激情浓烈的七律便送到诗社：

我爱青春亦爱诗，老来闲梦少年时。
扶桑东渡波涛涌，故国平居离乱悲。
孰谓百篇能问世，不图双鬓早成丝。
家山咫尺慵归去，步履空夸健似飞。

苏步青积多年之经验，认为关心青年首先从读书学习入手，效果会好一些。因此他很善于在教学中教育学生。他当复旦大学校长时，学校从有些省市招收了一批数学拔尖的学生，准备作为重点对象培养。可是进校没几个月，有些同学就慢慢落后了。什么原因呢？经过一番了解后发现，这些学生平时爱好数学，中学时数学单科突进，而对语文学习很不重视，阅读理解和表达能力差。一年后，这批学生中有的人数学课程竟然要补考。针对这种情况，苏步青曾说过："欲考复旦大学数学系的学生，若语文不及格，即使他数学再好，也不能录取。"有些青年朋友对这话感到不可思议，而苏步青却非常认真地写了一篇文章《语文与数学》，详细谈了他的看法。后来，这篇文章还被收入语文课本，供每一名中学生学习。

平时，苏步青收到不少青年学生的来信来稿，阅读中发现不少问题。譬如有个青年寄来10道初等数学题解答，苏步青发现，估计有一半习题是因为没有看懂题意而做错了。有个青年寄来的数学解答，计算结果是对的；但在最后写答案时，由于文字表达不妥，反而将正确的题解给弄错了。有的大学生，论文做得相当出色，但论文前面那段二三百字的内容提要却写得很差。苏步青认为，现实中存在的这些现象很大一部分原因可以从轻视语文学习中找到答案。

为什么要重视语文学习呢？因为语文是一种学习工具，是基础的东西，就像工人盖房子需要打地基一样。数学是学习自然科学的基础，而语文则是这个基础的基础。作为一个有文化素养的青年，学会正确运用祖国的语言，应该是起码的要求！苏步青说："语文水平低，讲义看不懂，怎么能学好数学呢？你要解数学题，连题目要求什么都不懂，解题非错不可。相反，语文水平提高了，阅读能力增强了，不仅有助于学习数学，还有助于学好其他科学知识。"其实，语文也是一门科学，它和数学一样，重视逻辑推理；它和其他科学一样，需要通过语言来表达。

由此，苏步青还从语文和数学的关系，引申出理工科学生需要有一点儿文史知识。这是因为有了这方面的知识，可以帮助他们学习和继承中华民族的优良传统，激发为祖国而奋斗的热情；可以有效地阅读古代科学著作，以备将来从事科学技术研究；还可以有利于大学生运用祖国语言文字撰写自己的研究成果。

在关心青年学习文化知识的同时，苏步青还很关心他们的思想，适时回答青年人提出的各种问题。1989年10月，华东师范大学一附中高一年级杨蓓等10名中学生给苏步青写信，提出许多疑惑。有的同学问："妈妈要我成名，但成名又为了什么？"有的同学问："名誉对您来说，意味着什么？"

苏步青看了来信，感到这些孩子天真可爱。他们生活在大社会中，开始思考各种社会问题，我们如果不正确引导，就可能使他们走上岔路。于是苏步青抽空提笔为这些中学生写了回信，以自己的亲身经历和奋斗历程告诉他们："名誉是党和人民对我的鼓励和鞭策，名誉只代表过去。我已有很高的职位，但我不愿意在家享清福，不做点儿工作心里就感到不安。我之所以有今天，可以说是一辈子艰苦奋斗得来的。不付出血汗，希冀成绩会从天而降，那是幻想。能够成名并非坏事，关键在于要为祖国、为人民服务。"

这些中学生收到信后十分惊喜，他们没想到苏爷爷会亲自给中学生复信。他们在回信中说："我们一谈起将来成名成家，好像那'名'和'家'就像触手可及的苹果一般。然而，我们终究太幼稚、太简单了。您的经历告诉我们，人生的道路是崎岖的，要靠自己长期不懈的努力才能成为有用的人，才能为社会作出贡献。"来信，复信，沟通了老少几代人的思想和情感，促进了青年的进步。两年后，杨蓓等10名学生又给苏爷爷写信汇报各自的进步，有个叫曹嘉康的同学，读了苏步青的回信，下决心刻苦钻研，一次比赛中，在美国获得了数学竞赛一等奖。

中学生和刚上大学的青年学生都有良好的愿望，但是，在实现自己的理想时，又往往会遇到各种各样的问题和挫折。好不容易考入复旦大学的学生，面对出国潮的冲击，有的动摇了；面对个人发展和社会责任的关系，他们感到很难摆正位置。于是又有人给苏步青写信，有人找上门来要求给予指教。

1991年11月30日，苏步青曾针对学生的提问回过一封信。信上说："同学们想要出国留学，并不是什么坏事，把国外的好学问、好技术学回来，洋为中用，完全有必要。问题在于，有的人受了社会上的不良影响，认为出国能赚大钱，或借此可以躲过目前国内生活尚不富裕的困境，等到国家繁荣时再回来，等等，那就不妥了。我们应该向钱学森、路甬祥等教授学习，学成回国，作出贡献。"信寄出后，苏步青心里好舒畅。正因为他自己就是这样做的，现在才有资格教导青年一代也这样做。

54. 高等教育理论与实践

苏步青教授是一位杰出的数学家和教育家，从教70余年，积累了大量的实践经验。1956年9月担任复旦大学副校长，1978年4月荣任复旦大学校长，苏步青为学校的建设和发展，为我国教育事业特别是高等教育事业的发展，作出了重要的贡献。他的办学思想和教育思想，对复旦大学乃至全国产生了重要的影响。

教育战线与国家的发展形势，总是紧密相连的。苏步青在担任副校长、校长期间，教育战线受到自然灾害、"文化大革命"等冲击，学校破坏十分严重。但是，苏步青以教育为己任，全身心地投入到教学行政管理，以及"拨乱反正"的工作中去，领导复旦大学尽快医治好"文化大革命"留下的创伤，开始带领全校师生员工，朝着建设一流大学目标奋进。在这段时期内，苏步青认真抓好教学和科学研究的领导工作，重视对学生进行思想政治教育，要求他们德智体全面发展。

担任复旦大学副校长后，苏步青分管学校的科学研究工作。他认为，高校的科学研究必须结合实际，而不能脱离实际，应该努力为社会主义建设服务。即便是抽象性比较强的数学，也是如此。现代数学中新的分支的发展，都是与生产上重大的新发展、现代技术的新成就相联系的。在他的领导下，复旦大学数学系高年级学生，根据教育计划的规定，定期到业务部门、生产单位参加生产劳动，协助解决生产中的数学问题。其他系所科研人员也重视科研与生产相结合的问题，取得一批优秀成果。

科学研究的深入开展，又为开创现代技术、发展新兴科学打下坚实的基础。苏步青引导科研与教学人员大胆创新，开辟科学的新领域。复旦大学原子能、技术物理等研究所相继成立起来。他与数学系的教师，在从事基础理论研究的同时，参与筹建上海计算中心，使之为国防、工农业等各方面事业服务。此后，学校又成立计算数学专业和力学专业，学生修完必修课程，便能开展程序设计。

担任复旦大学校长后，苏步青主管全校工作，带领一班人制订1980—1985年的发展规划，总的奋斗目标，就是"要把复旦大学办成能反映我国科学文化先进水平的国内第一流大学，为国家培养更多优秀的专门人才"。在日常工作中，苏步青重点关注教学和师资培养工作。他多次倡导教授要为本科生上基础课，并身体力行，使一批批教授走上讲台，加强了基础课教学。他还强调抓好教材编写工作，不断提高教材质量；广泛开设选修课，以利因材施教；改革教学，使课程内容更加科学化、现代化。为了解决师资青黄不接等问题，苏步青提出要抓好师资培养，特别是重视中青年教师的培养，尽可能按不同学科形成梯队。这些措施的落实，加快了学校的学科建设与事业发展。苏步青还针对一些学生忽视文史知识的倾向，撰写关于理工科学生要有文史知识的文章，强调扩大学生知识面，提高人文修养，在全国高校学生中产生很大的反响。

高等学校是国家培养事业接班人的重要基地，加强对学生进行思想教育，关心他们的健康成长，是校长应尽的职责。苏步青治学严谨，育人有方，经常勉励学生要德才兼备，全面发展，并为此投注了相当多的精力，体现出教育以人为本的重要思想。他抓住各种机会教导学生要热爱祖国，坚定社会主义信念；要勤奋学习，刻苦钻研，保持艰苦奋斗的优良传统；要谦虚谨慎，坚持实事求是的学风。苏步青身教重于言教，鼓励学生超过老师的崇高师德，赢得广大师生的赞誉。他曾谦虚地对当时的学校党委副书记邹剑秋说，他的学生谷超豪的学术水平早就超过了自己（在谷从苏联学成回国后）。以致在20世纪60年代初，邹在北京与当时的高教部副部长刘子载同志研究"两弹一星"的"点将"时，说服了刘副部长不要抽调谷超豪离开复旦大学，以保持苏步青领导下较强的学术梯队。

正是由于苏步青治校有方，带领、团结学校校长班子，在党委领导下，使复旦实现历史上的第二次腾飞，为以后复旦大学的发展奠定了坚实的基础。复旦之所以有今天这样的成就，能有今天这样的地位，苏步青教授功不可没。

几十年来，苏步青以教育为己任，辛勤耕耘，培养出多名中国科学院院士，桃李遍天下，曾为复旦大学数学系培养出教授、博士生指导教师。70年间苏步青在教学实践中，创造和总结出一些关于高等教育的思想，根据笔者的体会，这主要有：教导学生学会独立思考和创造的观点；坚持教学与科研相结合的观点；正确处理基础理论和应用科学研究的关系，积极为国民经济建设服务的观点；严格要求学生德才兼备，鼓励学生一代超过一代的观点等。下面拟就苏步青教授以上观点作一简要的论述。

教导学生具有独立思考和创造的能力。苏步青一向认为,大学生的学习方法不同于中学生,更注重于思考和理解。因此,他认为,"教师讲课与辅导,既要使学生听懂,又要回答学生提出的各种问题,这就说明教学不是简单的复述,而要有创造性。"在几十年授课过程中,他总是精心备课,熟记教材内容,进行启发式教学。与之相应的就是编写一本有特色的教材。1988年国家教委有关部门决定,重版苏步青四十几年前出版的《微分几何学》,可见其独特的价值。

对于学生,教导他们学会思考和独创,不仅仅停留在口头上,重要的应有具体的方法。由陈建功教授和苏步青教授在浙江大学共同倡导和主持的"数学讨论班",就是引导学生学会思考和独创的一种有效方法。讨论班采取学生自己阅读,轮流上讲台作报告,教师听讲并提问的方法。这样的学习比单纯听老师讲课,记笔记,再做习题,当然要高了一个层次。这是有指导的学习,是学生由学习到独立从事研究工作的过渡阶段,学会了去图书馆寻找资料与独立思考一些问题,能力差距就拉开了。因此,这对于培养学生独立学习与工作能力,以及发现富有创造性才能的学生,都是一个很好的方法。

这种讨论班的教学形式,在浙江大学、复旦大学使用至今,并且有所发展。陈、苏两位教授用这种方法培养了大批数学家,逐渐形成了国内外广泛称道的微分几何学"浙大学派"。苏步青的第一届毕业生方德植,毕业后一年间,就发表论文,改进法国著名数学家达布的一个公式,随后又在外国数学杂志上发表科研成果。后成为中国科学院院士的谷超豪、胡和生,也都是在苏步青"数学讨论班"的教导下成才,为数学事业作出了重要的贡献。

重视教学与科研相结合,创新学科育人才。苏步青认为,要使自己的教学取得好的效果,"除了教学经验的积累之外,主要是依靠科学研究,对新学科发展加强了解"。很明显,教师科研成果越多,教学内容就越丰富,而且富有新意,学生愿意听讲,培养出来的学生才能适应今后工作的需要。苏步青在大学念书期间,并不满足于学习一般的知识,而向自己提出了更高的目标——跨进科学研究的领域。

大学三年级，他写出了第一篇数学论文，发表在《日本学士院学报》上，成了当时能在该刊物发表论文的唯一的中国学生，引起全校的轰动。

苏步青一贯重视科学研究。20世纪80年代，科学技术正处于相互渗透的一个新时期，提倡并坚持教学与科研相结合，才能发展新学科，跟上飞速发展的科技形势。苏步青认为，"教学和科研相长，使数学系和数学研究所获得教学、科研双丰收，一批学有专长、造诣较深的专门人才也迅速成长起来"。正由于平时教授们总是选择适当的课题，争分夺秒地进行艰苦的科学研究，才使学生们拓开了视野，增强了适应性。1974年6月，美籍华人杨振宁博士访问复旦大学，提出规范场理论的研究报告。之后10年间，复旦大学数学系还不断开出新课程，而且研究领域也从原来的两个方向，扩展到16个方向，不少优秀数学人才，在新创办的管理科学、统计运筹、财务学、计算机科学、应用力学、应用数学等系科中，成为重要的骨干，同时培养出一批学科带头人。

1982年，在上海微分几何与微分方程国际会议（DD2）代表合影（前排左起分别为布尔吉南、乌伦贝克、谷超豪、村上信吾、苏步青、帕莱、谢希德、劳森、小畑正史，第二排左一为彭家贵、左二为李大潜、左五为胡和生、左十为龚升）

处理好理论与实践、基础与应用的关系。基础科学与应用科学之间，有着极为密切的联系，苏步青认为，"当今科学技术飞速发展，出现了许多新学科、新技术。要研究和发展这些新科技，没有广泛而巩固的基础科学是不可能实现的。另一方面，随着这些新科技的发展，必然会对基础科学提出种种新的问题，使基础科学也得到发展"。

苏步青从事基础数学的教学和研究长达40多年，擅长于一张纸、一支笔的公式运算和教学。一次偶然的机会，使他加深了基础数学为经济建设服务重要性的认识。在研究船体放样的过程中，苏步青解决"船艏艉线型光顺"等问题，也使他尝到加强应用科学研究的甜头。

基础科学与应用科学研究相结合，使苏步青在教学思想和科学研究上产生了一次飞跃。他把代数曲线论中的仿射不变量方法，引入计算几何学科之中。经过几年的努力，苏步青和他的学生们不但在"计算机辅助船体建造系统""汽车车身外形的计算机辅助设计（CAD）系统"的研究中获得成功，而且将这些理论和方法，应用到开发建筑、服装、内燃机等行业的计算机辅助设计系统中去，获得了成功。

苏步青认为，"当然，基础研究方面，确实有一些课题现在还无法直接在生产上应用，但是科学和技术是一个整体，基础科学还是非常重要的。我们要从我国国情出发，充分发挥基础科学的作用，直接、间接地为提高经济效益多作贡献"。

提出严格要求，鼓励学生一代超过一代。苏步青认为，为国家培养德、智、体全面发展的事业接班人，是教育的根本目的。他在实践中，特别关心学生的健康成长，经常以亲身经历，教导在校学生热爱社会主义祖国。每当出差到外地，总会应邀到高等院校，鼓励学生坚持"四项基本原则"，树立为人民服务的世界观。当一些学生给他写信，探讨做人真谛时，苏步青又与他们恳谈，帮助学生解除思想苦闷，坚定社会主义信念，为振兴中华而发奋学习。苏步青在政治上、业务上对学生要求非常严格，一丝不苟。在培养人才上注意对拔尖学生的培养。"拔一个，带一批"，这是复旦大学为苏步青总结出来的主要经验，在学生中至今仍有相当大的影响。

从 1931 年至 1952 年的 21 年间，他培养出 106 名毕业生，其中新中国成立之后担任大学数学系系主任、数学研究所所长的，就有 30 多位。在复旦大学工作的几十年间，他培养的一大批学生，目前正在各条战线上起骨干作用。他的学生学习、运用和发展老师的经验，培养出新一代博士、硕士，为祖国的"四个现代化"建设事业作出贡献。

苏步青曾风趣地说过，"名师出高徒"，天下没有不出高徒的名师。但是，他又觉得这句话还不全面，应该是"严师出高徒，高徒出名师"，学生的本领大了，无形中就把老师的威望提高了。苏步青教授把"名师"改为"严师"，虽然只是一字之差，但充分体现了一位老教育家严谨治学的高尚风范。凡是他的学生，几十年之后，都还能谈出苏老师对他们严格要求的许多事例，这足以说明教师的严格要求，在学生中产生了终身的效益。

55. 莫 干 山 上

一向惜时如金的苏步青，对于游山玩水兴趣很淡，组织上考虑到他年近八旬，应当劳逸结合，曾几次安排他去庐山观日出，赴北戴河避暑，然而他都不愿去。1980 年七八月间，又有同志关心他的暑假生活，提出送他去莫干山休息一段时间。不知是因故乡情深，还是借游览而取得一"整匹布"，苏步青竟爽快地同意了。

为了让苏步青好好度过假期，学校特准其夫人同行，又派了一位医生相随，以便在山上给予及时的照顾。果然，苏步青的行装，除了几件换洗的衣裤外，更多的还是数学书籍和厚厚的稿纸，闲不住的苏步青，上莫干山心里还记挂着他的那本《仿射微分几何》！除此之外，身边与之相随的还有两本诗集，写作休闲之时，咏咏诗句，也是令人心旷神怡的了。

在莫干山上，剑池留下苏步青的足迹。"林泉从此属人民，清风明月不用买"，陈毅《莫干山纪游词》给他很深的记忆，激情来临之时，他写下了一首七律。

> 重访莫干今老翁，杖藜犹幸未龙钟。
> 瀑声千级迂回路，篁影万竿高下丛。
> 日暖山秋怀往事，河清人寿庆新容。
> 吾生难得闲如是，拟看朝阳攀顶峰。

就在苏步青莫干山休养的时候，上海市农场局 38 名中小学教师正巧也在游览，得知复旦大学苏步青校长在山上休养、写书，便派人前往联系座谈。苏步青一听是中小学教师邀他座谈，便兴致勃勃地与他们作了一次长谈。

在座谈中，就怎样当好老师、上好课等农场教师普遍关心的问题，苏步青以自己的切身体会谈道："这要靠教师不断探索、积累和总结经验。教师的主要任务就是把学生教好。我教微分几何这一门学科教了 16 年，都是自己编讲义，第十六年的讲义比第一年讲义的内容增加一倍，但是书的厚度却增加不多，因为我经常进行删改，把老的内容去掉，增加新的成果。第一年的学生听我讲课觉得模棱两可，不好理解。第十六年听课的学生反映，听了就懂，这与教材大有关系。教师一定要用心钻研教材，增加创造性。"

苏步青小时候是出名的调皮，有些中小学老师对调皮学生很反感，常采用惩罚的办法来压服学生，苏步青对这种做法很反对，小时候就消极对抗，当了老师之后，就经常提醒老师要特别注意调皮学生。说："调皮学生往往是人才，对他们既要严格要求，又要了解他们的心理爱好和兴趣，尽量发挥他们的特长，提高他们学习的积极性。"

在谈及检验教学效果问题时，苏步青并不局限于学生平时的成绩，从大的背景看，"当老师的一定要让你的学生赶上你，超过你。要是学生都超不过老师，那祖国靠谁去建设呢？我们把学生教好了，让他们到祖国各条战线上去发挥聪明才智，去创新、发明，这样才能推动祖国不断前进。教师应该将自己的所有心血倾注在学生身上，让他们早日成才"。苏步青关于教师和学生的这个讲话，使在座的老师思想境界提高了许多，教育也是深刻的。

苏步青最后鼓励教师们抓紧时间努力自学，提高自己的业务本领。细心的苏步青了解到，农场的办学条件相对要差些，于是又说："生活是靠我们自己去美化、去丰富的，条件不好可以去创造。怕艰苦，那生活永远是艰苦的。"苏步青的一席话，像一股清泉滋润了教师们的心田。他们决心艰苦奋斗，创造条件，搞好农场的教育工作。

苏步青在莫干山上关怀中学师生，只是他一生中的一次偶遇。其实，人才的培养要经过幼儿、小学、中学教育。中小学的教育好坏，直接关系到大学生的质量问题，这是苏步青经常考虑和关注的问题，只要有机会，他都会对中小学的教师和孩子们给予关怀和支持，就是上了莫干山也不例外。

他每次出差外地，除了开会之外，访问当地大、中学校是不可或缺的内容。在上海，只要有中学校长来邀请，苏步青很少推辞。1988年12月，苏步青和李大潜教授应格致中学邀请，兴致勃勃地参加该校首届数学周开幕活动。格致中学数学教学有着优良的传统和优异的成绩，截至当年，该校在全国数学比赛中有40多名学生获奖。苏步青很有兴致地与数学兴趣小组的学生亲切交谈。

1992年，全国政协副主席、复旦大学名誉校长苏步青由吴淞中学的校友王威琪教授陪同，于5月12日到学校视察，为亲笔题写的

勉励少先队员努力学习（1988年）

吴淞中学校名揭牌，并挥毫题写："今日满园桃李，他年遍地英豪。"王威琪教授平日里对苏老十分尊敬和爱戴，关心他的家人健康。苏老更是爱惜人才。早在1988年，王威琪在美国首都华盛顿获得世界生物医学超声联盟（WFUMB）和美国超声医学会（AIUM）联合颁发的医学超声先驱者奖时，校长办公室副主任蒋培玉将此事汇报给苏老，苏步青便写了横幅，表达衷心的祝贺：

王威琪教授荣获国际医学超声先锋奖状志庆
波联国际　泽被人间

苏步青撰贺
1988年12月

苏老还为王威琪、归绥琪夫妇赠送一幅题为"为学生诗社赋书"的条幅。如今，王威琪教授已是中国工程院院士。

不久，苏步青又为市重点中学南洋模范中学学生社团"飞帆社"题写了一首热情勉励的诗，表达他对青年一代的无限希望：

模范校园春色澜，瀛洲万里好飞帆。
他年曦泊三山路，尽望蓬莱绝顶攀。

苏步青教授既重视重点中学，又对普通中学给予厚爱，"因为办学条件不同，再加上师资水平的差异，不可能所有的中学都办成一流的。因此，更应该关心数量众多的一般中学，特别是农村的中学"。苏步青关照笔者，对于一般中学的请求应抱热情的态度。为此，他特地到上海的一般中学看望师生。

1986年，地处闽南的一所农村普通中学漳浦二中校长，希望在该校建校50周年时，能收到苏步青的题词。秘书转达了该校校长的殷切期望。不久，苏步青教授即亲笔题写："加强普通教育，提高民族素质，为祖国四化建设培养大量合格的毕业生而奋斗。"这个面向中国大多数中学的题词，不仅激励了漳浦二中师生办学的信心，也是对全国处于办学较为困难境地的中学的一种鼓励和希望。

后来，苏步青教授还将亲自题名的《苏步青文选》赠送漳浦二中，该校校长杨珠维说：这是到目前为止学校收到的祝贺校庆的最珍贵的礼物。在苏步青教授的鼓舞下，该校10多年来办学实现了飞跃的发展，取得了良好的业绩。

1985年，党中央颁布《关于教育体制改革的决定》，同年全国人大常委会决定每年9月10日为中国教师节。接着邓小平同志针对当时教育经费不足，教师地位不高，师资队伍不稳定等问题，要求"整个社会应当尊师重教"，提出教师是培养社会主义现代化建设合格人才的关键，"要提高人民教师的政治地位和社会地位"，对于优秀教育工作者，"应该大张旗鼓地予以表彰和奖励"。为此，在1986年全国庆祝第二届教师节大会上，中央决定成立中国中小学幼儿教师奖励基金会，苏步青荣任该会的副理事长。

自那以后，苏步青每年都要到北京，参加基金会理事会，讨论重要事宜，向各地基金会的领导了解中小学教师的现状。他还在全国人大常委会上，多次提及教师疾苦，反映他们的呼声。

1987年教师节，经上海市委、市政府同意，上海市中小学幼儿教师奖励基金会宣布成立，陈国栋同志任理事长，苏步青、舒文、张承宗、罗竹风、刘佛年、赵宪初、王生洪等领导、教育家和知名人士担任副理事长。一个开拓、求实、奉献、服务、廉洁的基金会工作班子，开始运作起来了。

时年85岁的苏步青，不辞辛苦，竭尽全力地领导和支持基金会的工作。

当他得知1988年国际中学数学奥林匹克竞赛，上海学生获得第二名时，苏老在基金会理事会上兴奋不已，并强调指出，学生获奖，我们可不能忘了教师辛勤培育的功劳，对指导教师应给予表扬奖励。

当他得知师范院校生源差，学生专业思想不巩固，毕业不愿当教师时，苏老坚决支持基金会奖励师范毕业生坚定当教师的优秀代表，并多次强调基金会要特别重视奖励农村中小学教师。

当他得知基金会在市领导和一些企业、社会人士的支持下，已筹集到一笔可观的钱款时,苏老特别关照基金会:"钱集自社会,来之不易,要十分注意节约,真正用在刀口上,不要搞花花绿绿。"

当他听取基金会评选园丁奖工作汇报后,又十分认真地提出,市园丁奖一定要搞好,少而精,宁缺毋滥,使所有获奖者得到教师们的认可,成为大家学习的榜样,他还欣然命笔为上海市园丁奖题字。

"春风化雨",这一桩桩、一件件,具体而生动地展现出苏步青对基金会的支持。基金会取得的成绩,无不凝聚着苏老的心血!

上海市基金会在陈国栋理事长的领导下,在后来任名誉理事长的苏步青的关怀下,取得了迅速发展。12年来,基金会采取多种形式开展表彰活动,有20 000多人次的优秀教师和教育工作者喜获各种奖励。先后出版了《耕耘者之歌》系列丛书14集,以及《上海普教群英谱》《尊师重教》《为了奠基工程》画册和《在教育史册上——上海当代普教名人传略》;组织拍摄了150部《耕耘者之歌》系列电视片;多次举办优秀教师先进事迹展览;还精心编辑出版《上海教育丛书》,帮助中小学教师著书立说。苏步青在听了汇报后,夸奖基金会工作扎实,取得实效。对全体人员辛勤工作、廉洁奉公十分满意。

1993年2月24日至27日,全国教师奖励(教育)基金会第四次工作研讨会在上海举行,时年91岁高龄的全国政协副主席、中国中小学幼儿教师奖励基金会副理事长苏步青受国家副主席、中国中小学幼儿教师奖励基金会理事长王震的委托,冒着风雪来到了会场,转达他对全国各地基金会工作同志的亲切问候,希望把会议开好,把基金会工作推向一个新的阶段。

随着年岁的增长,苏步青对青少年的关心和爱护的心情也与日俱增,看到小朋友们活泼可爱,他打心眼里喜欢他们。1989年11月初,苏步青访问浙江大学期间,学校知道苏老热爱杭州的山山水水,特地安排去几个著名景点游览。每到一地,苏步青都能说出名胜典故,景点特色,以及以往游此地的趣闻轶事。有一天,当苏老来到玉皇山顶时,正巧遇上附近学校的小学老师,带领一大批少先队员上山秋游。苏步青看他们活蹦乱跳,唧唧喳喳,高兴得合不拢嘴。少先队员得知他是苏步青爷爷,敬仰之情油然而生,围住苏爷爷看了又看。老师出面请苏老给孩子们讲几句话，题个词，苏老都应允了。少先队员为表达对苏爷爷的盛情，由一位少先队员指挥，给苏步青爷爷唱了一首歌。苏步青站在孩子们当中，心里充满着无限的欢乐。

56. 学一点修辞

苏步青从事数学教育和研究70多年，数学成了他毕生为之奋斗的专业。但是一个人如果整天埋头于业务，也容易变得孤独。因此，苏步青选择了作文、写诗、书法和种花作为自己的业余爱好。钻研一阵子数学，再念念诗句，写写条幅，生活过得丰富多彩。

提起作文、写诗，便会涉及修辞学。苏步青自称不懂修辞学，但在长期的写作中，对学习修辞的必要性有很深的认识：掌握了修辞学的基本知识，不仅能使语言的应用具有规范性和艺术性，在文体、风格、技法上还可以反映出自己的特色，提高文章的质量。

他在实践中领悟到，要掌握修辞技巧，应从熟读名著入手。中学时代，他就会背《左传》，《史记》中不少文章也会背诵。"暮春三月，江南草长，杂花生树，群莺乱飞"，他欣赏极了；王维的"大漠孤烟直，长河落日圆"对仗工整；温庭筠的"鸡声茅店月，人迹板桥霜"，把名词作动词用，写得何等漂亮啊！名著为人们提供修辞范例，熟读对写作很有帮助。苏步青在中学一年级读书时，曾仿《左传》笔法写成一篇作文，老师把它列为全班第一。由于此后的持续努力，他逐渐掌握了修辞的一些基本知识，对作文、写诗都起了作用。

要真正把修辞学到手，苏步青认为还要靠平时刻苦的练习，反复锤炼。众所周知，王安石有句名句"春风又绿江南岸"，作者在写作时注意推敲，"绿"就曾改动过4次，"到""过""入""满"，都不如意，最后确定"绿"字，可见作者态度之认真，修辞水平之高超。苏步青为《竺可桢诞辰一百周年纪念文集》写序，发现初稿记叙平淡，缺乏文采。在修改时，便运用了一些修辞手法，如序的头上有一段话："人的一生确实是短暂的、有限的，但是一生中，为国家、为人民献身于科学、教育事业，这一光辉业绩则是永恒的、无限的，将永远留在人民心中，竺可桢先生就是这样一位伟大人物。"他将原用的"永久"改为"永恒"，"深远"改为"无限"，"一位故人"改为"一位伟大人物"。这样一改，语言似乎更加规范，也增添了一点文采。序言的末尾，初稿有突然刹车之感，言犹未尽，他又从篇章结构入手，增加了一段话："《文集》的问世，无疑对于推动今后的教育改革和发展将起巨大的作用。我怀着对竺老深切缅怀、万分崇敬的心情，回忆往事，勉草此序，聊以表达景仰之情于万一云耳。颂曰：教育立国，患难兴邦；先生之德，万古流芳。"经他改动后的这100字，也许能把写序的意义和自己的感情表达得更清楚一点。

还有一次，笔者为苏步青草拟了一份电文，内容是因故不能参加某教授执教50周年的活动。他一看初稿是这样写的："欣闻某教授执教50周年驰电祝贺因事不能赴会鉴谅苏步青。"觉得不满意，便批评道："打电报也有学问，起草一份好的电文也不容易。别看字少，但撰写得好，可以反映人的情感，因此要学一点修辞，注意推敲。"他接过草稿，提笔边看边修改。几分钟后，电文改为"欣闻某教授执教50周年纪念会召开谨以此电祝贺本人因事未能躬临盛会为歉苏步青"。短短的26字电文，他就改动了6处，文字增删16字之多。他把"不能"改为"未能"，"赴会"改为"躬临盛会"，"鉴谅"改为"为歉"，这样一改，就更能体现苏步青的个性，实际效果更佳。

有一天，苏步青收到一封外观精美的信，信封上居然在收信人后面加上"谨启"二字。他一看到这个"谨"字就生气了。怎么能对收信人指手画脚，要人家恭恭敬敬、小心翼翼地开封呢？本想不拆了，要将信直接退回。但为了弄清写信人的身份，苏步青还是拆开了。原来是一位大学讲师寄来一篇论文，请求苏老提意见。苏步青不看内容，便立即原封退回，并写了一纸回条。条子写得很诙谐，大意是：收到你的信，我不敢看。因为我这个人太随便，不"谨"严，保密观念差，看了对你没好处，还是你自己拿主意吧。这位讲师就是因为信封上误写了一个"谨"字，结果使自己的目的没能达到。看来，学一点修辞，还真有学问呢！

第七章

弦歌声里尽余微

57. 在参政议政的舞台上

十载明堂鬓已秋,如今更上协商楼。
老为民仆寻常事,尽罄余微方得休。

自从新中国成立前夕第一次赴京参加全国自然科学工作者代表会议筹备会之后,直到1954年12月当选为第二届全国政协委员,苏步青又上北京参政议政。

其后,苏步青历任第二、第三、第五、第六、第七届全国人大代表,第五、第六届全国人大常委,民盟中央副主席、民盟中央参议委

与复旦大学原党委书记夏征农在上海政协举办的国庆联欢会上(1987年)

员会主任委员。

1988年4月，相隔28年之后，苏步青又重返政协，当选为第七届全国政协副主席。10日上午，苏步青刚当选后就有新华社记者来采访。那时他心情很激动，有许多话要说，但一时不知从何说起，就先表个态："多做工作，尽绵薄之力，为人民服务。"

谈起28年来人民政协的变化，苏步青说，和过去相比，现在人民政协的任务更重要了。如"肝胆相照，荣辱与共"，就有许多事要做。所谓"荣辱"，就是成绩是大家努力的成果，问题要大家共同来解决。

苏步青参政议政向来十分积极，反映问题，发表意见，十分尖锐。许多大中小学的教师都把他看作自己的代表，平时就积极向他反映，并期盼能把大家的意见带到北京。

"前几次人大、政协会议上，代表们对教育经费问题反映较多，不知您有何看法？"记者话音刚落，老教授敏捷地接过话题："我们国家人口多，底子薄。一下子不可能给教育拿出很多钱，这个大家能理解。现在的问题是，教育经费在国民总产值的比例要保证。"他伸出双手比画说，"比如像一块蛋糕，蛋糕大了，教育多得一点儿，蛋糕小了，教育少得一点儿，这个好理解。问题是现在蛋糕小了，不按百分比，有些部门照样得到一大块，而教育却被挤了，今年又要压缩，这怎么行？教育经费紧张，而有些部门浪费现象实在太厉害了。"他引证的材料说，从1980年到1985年，全世界各国平均的教育经费占国民总产值的比例是3.3%，而我国只有2.6%，低于世界平均水平。"这样一来，问题就大了。你想在本世纪末达到小康水平，不可能办到，因为教育是基础，教育上不去，你人才没保证。希望从上到下进一步认识教育的重要性，该给教育的钱一个也不能省。"

苏步青当时已执教60个春秋，深知教师的甘苦。他说："现在物价涨得快，教师工资就增加那么一点点，解决不了问题。如果让教师整天为菜篮子、房子、孩子奔波，他就不可能全心全意搞教育工作。现在，小学教师不安心，师范院校招生很困难，大家都不愿当教师。"他抬高了嗓音，"这是很大的问题哟，比工农业减产还要厉害，比天灾还要厉害哟！希望政府能采取措施，不要让教师空欢喜"。值得欣慰的是，苏步青反映的这些问题，都已逐步解决，报考师范，当中、小学教师越来越成为青年的首要选择。

"我们要实现'四个现代化'，可新文盲还在出现。作为一个教育工作者，我是忧心忡忡啊！"说到这里，苏步青语调深沉，嘴唇都在抖动。这情真意切、掷地有声的话语，表达了这位饱经忧患的老知识分子企盼教育振兴的殷切之情。

细心的记者发现，在公布的第七届全国人大代表和第七届全国政协委员的名单里，都有苏步青的名字。他自知年纪大了，精力不如以前，自己觉得当政协委员就行了。但在上海市的差额选举中，苏步青还是被选上了全国人大代表。有几次苏步青既要参加人大上海代表团的会议，又要参加政协民盟组的活动，显得特别忙。但是凭他的秉性，当上了代表、委员，就应当尽责，所以累一点儿也不在乎。

苏步青每次参加会议，几乎都要发言，重点讲教育存在的问题，再就讲科技工作。干了几十年，总想把自己的看法跟大家交流，做好参政议政的工作。在讨论教育改革时，苏步青又是第一个发言："我们的教学科研，范围太窄，基础太窄，急于求成，专业分得过早过细，学经济的不懂数学，学数学的不懂经济，这怎么行？现在搞科研，需要多方面的知识，不但是自然科学同社会科学分不开，就是每门自然科学之间也是互相渗透的。因此，我们的大学教育应当把学生的知识面拓宽一些，大学一二年级不要分专业，到三四年级再说。'四个现代化'建设需要我们对教育的体制、内容抓紧进行改革、调整，希望政府有关部门通盘考虑。"毕竟是一位身经百战的老教授，对教育、科学研究有着独到思考。苏步青的发言都能触到改革的关键部位。他的许多发言，常被全国人大、政协会议秘书组写进简报，报送到中央领导同志那里。他和同志们共同撰写的提案几乎每年都被送到有关部门处理。

1992年，年近九旬的苏步青不辞辛苦，又一次出席全国政协大会。3月22日，虽然是星期天，然而委员们还在京丰宾馆的会议室里，热烈讨论李鹏总理的政府工作报告。

1995年出席全国政协常委会（左一为苏步青）

9时30分，时任全国政协副主席的苏步青早已坐在教育32组会议室。会议一开始，苏步青总是聚精会神地听取大家发言。当刘云旭委员发言提到"小康"的标准时，苏步青立即插话："'小康'的标准是800美元，合5000元人民币。"老人反应这样敏捷，在座者无不赞叹。

休息时，黄辛白委员、张文松委员与苏老亲切交谈："您身体好吗？"苏老说："不行啦，年龄大了！"黄辛白委员说："您身体很好，讲话声音洪亮。"

讨论继续进行，张文松委员请苏步青发言。苏老激动地说："李鹏总理的政府工作报告令人兴奋。加快改革开放，关系到我们国家的千秋大业，我相信一定会搞好，中国人民是有气魄，有能力的。我老了，心有余，力不足，唐代大诗人杜甫的《石壕吏》中有这样几句：'老妪力虽衰，请从吏夜归。急应河阳役，犹得备晨炊。'在改革开放的事业中，我不能做什么大事情，但还可以像诗中的老太婆那样，给你们烧早饭好不好？我还可以为国家的经济建设做点儿小事。"对苏老的谦虚和奋斗精神,委员们报以热烈的掌声。

据秘书统计,从1978年苏步青当上全国人大常委会委员之后,专程赴北京开会就有120多次。好在那段时间他身体尚健,旅途和食宿均没感到有什么问题。随着年龄的增长,慢慢地有时也发生一些突发疾病,但凭着北京接待方面的热情照顾,以及自身的抵抗力,他每次均能康复。

为了开好全国人大、全国政协会议,苏步青不辞年迈来回奔波;而接待过苏老住宿、饮食,为他提供过医疗、用车的单位和服务人员,都付出了艰辛的劳动。每次结束会议离京前,苏老都要关照秘书给这些单位写封感谢信,并郑重地签上自己的名字,"他们做得好,应该感谢"!

58. 我是当年游学者

1955年寒冬腊月,郭沫若亲率由享誉世界的科学家组成的中国科学院代表团,东渡扶桑作为期一个月的学术交流。

1955年,参加以政务院副总理郭沫若为团长的中日科学代表团赴日进行学术考察,图为在日本般若院(右三为郭沫若,右一为苏步青)

当飞机在羽田机场降落时，有数不清的旗帜、鲜花和笑脸，欢腾的人群在欢迎代表团的到来。代表团下榻的东京帝国饭店，求见的名片像雪片一般飞来。从早晨 7 时到晚上 9 时，等在旅馆外面请见的人们像是一条长龙，他们要求与代表团的成员见一次面、握一次手，祈求从中华人民共和国的代表身上，得到一种愉快和满足。

作为译员的李德纯与苏步青同志朝夕相处。灯火阑珊时甫抵东京羽田机场，苏步青同前来迎接的师友欢叙旧情，那一口字正腔圆的日语以及举手投足间的洒脱，令李德纯叹服不已。树木葱茏、素有"森林之都"美称的仙台令苏老难以忘怀。仙台的松岛是"日本三景"之一，尤以日出蔚为壮观。夕阳西下时分，他们在日方安排下驱车前去松岛旅馆住一夜，以便翌日晨光熹微前去海边观赏红日的升腾。翌晨，黎明尚未拉开夜幕，他们便踏着未褪的夜色余光来到海边。苏步青凝神静气极目远眺，似乎沉浸在当年于仙台留学东北帝国大学的旧时往事中。

是在仙台他获得了理学博士学位，也是在仙台他同松本女士邂逅并喜结良缘。曾任日本学术会议会长（相当于我国科学院院长）和东京大学校长的著名物理学家茅诚司，当时也在该校读学位，高苏步青一班，两人相交笃深。茅老先生在自传体《我的履历书》中披露了苏步青当年课余学"尺八"（日本的一种箫），同夫人邂逅陷入情网，由茅老先生从中撮合而结为伉俪的故事。在他们结束访问搭船回国途中，苏步青望着碧波荡漾的日本海，愤慨地告诉李德纯："七七事变"前，他偕夫人去日本探亲，往返住的是一等舱。对此，日本船长傲慢纵恣。苏步青义愤填膺，在夫人建议下，把文部大臣签署的理学博士证书钉到房门上，回以颜色。船长从此来了个 180°的大转弯，对苏步青肃然起敬。夫人来中国后改名"苏松本"，同苏步青同甘共苦，既沐浴过阳光雨露，也遭遇过急风暴雨，最后埋骨于中国的黄土地。

李德纯在日本讲学时获悉茅诚司老先生逝世，曾把有关追悼文章寄给苏步青，苏老百忙中复了李一函，从中似可听到劲竹鞭风挞雨之声。

李德纯同志：

　　新春首先向您祝愿身体健康，工作顺利！一月卅一日惠函并两份有关茅诚司先生的讣告都已收悉，表示感谢。我于1988年12月1日应日中协会之邀，曾去东京奔丧，8日经大阪返回上海。您访日想必在这之前，因为茅先生逝世是在1988年11月8日。

　　回顾1955年在郭老领团之下，和您一起访日之行，忽又经过了33年，中间还夹着10年浩劫，虽无后福，但大难不死，尚期为国为民尽余微，老年乐事也在其中矣。只是老伴在1986年去世后，颇感寂寥耳。身体尚健，唯耳聋深感不便，奈何！

　　匆匆未尽欲言，先此奉复，顺颂

　　研祺

苏步青

1989年2月11日夜

　　李德纯继续回忆道：仙台的方言，日语叫作"滋滋辩"。辩，腔也。日本东北人讲话多滋音，故名。阔别仙台数十年的苏老两脚刚踏上仙台土地，"滋滋辩"就脱口而出，令我不禁想起贺知章那脍炙人口的"少小离家老大回，乡音无改鬓毛衰"的诗句来。苦了我不谙东北方言，有时译不出或译错，此时苏老便和颜悦色予以更正，引起一片笑声，表现出对苏老方言的叹服。

　　20世纪80年代，我去复旦大学讲学，苏老邀我到他家做客。他特地在客厅茶几上摆了几张照片，烟熏火燎，显然是"文化大革命"抄家的遗物。我们那次访日，日方曾赠送每人一本以本人为中心的精致相册，这几张仅存的照片就出自那本相册，苏老对它们非常珍视。

　　日本是苏老所熟知的地方，他的日本情结使他一直致力于中日友好活动。1923年9月关东大地震时，苏老正在东京"藏前高等工业"学习深造，他曾推着装有被褥和书籍的板车，汗流浃背地走在残垣断壁的本乡（东京大学所在地）坡道上，从那时就已在他心中撒下了为中日学术交流而穷尽毕生精力的种子。

这次访问日本所见所闻，使苏步青产生了强烈的感触。他曾在日本待过12年，饱尝了在"支那人"这一鄙薄称呼下所受到的屈辱。当时中等以上的旅馆，中国人没有住进去的资格。在即将离开日本时，他遇到了一段久久不能忘怀的情景：

72岁的著名医学家熊谷岱茂，几十年来从不起身出门送客，那次苏步青到他家做客，老医师那么热情地向他问这问那，滔滔不绝地赞扬从中国商品展览会上看到的中华人民共和国建设的伟大成就。他起身告辞时，这位老医师还兴致勃勃地移动脚步，一路笑谈送出门外，并在门口与苏步青合影留念。

> 翠松围护招提寺，人物风流说盛唐。
> 晓苑鹿迎投饵客，晚钟僧拜诵经堂。
> 德川幕府衣冠古，明治维新岁月长。
> 我是当年游学者，带将情谊诣扶桑。

1979年6月，以苏步青为团长、舒文为副团长的上海科学代表团访问日本大阪市，受到了十分热情的接待。在此之前，日方曾组团访问上海市，了解到上海市的中小学里，教科书很少，特别是数学和英文，而且内容不充实，因此准备了3 000册教科书和高等学校的全部教材，赠送给上海市的教育部门。在一次隆重的聚会上，大阪市教育委员会的官员，将登有全部图书的54册目录交给苏步青团长，拟于6月底用船运达上海。

这是苏步青第二次以学术交流学者的身份访问日本，所到之处，他受到热烈的欢迎，也有旧地重游的亲切感受。第一次访问日本时，是随以郭沫若为团长的中国科学代表团访日的，在那次访问中，苏步青见到了一些亲属和好朋友。20多年后，苏步青又来到日本，东道主安排游览了许多著名景观，勾起苏步青对早年留日时的美好回忆。在京都国际饭店，苏步青的儿子、代表团成员苏德昌介绍了父亲与母亲松本米子的婚恋经历，特别提及母亲弹古筝的艺术造诣。自从松本米子来到中国，所带之琴从没离开过她，她常常弹琴给丈夫欣赏。为此，东道主特地举办了一次演奏会。这次访问，苏步青用诗记下了自己的心情，送给日本诸戚友：

> 翼暖风轻云路长，青松碧海认扶桑。
> 千年旧谊添新谊，万里他乡作故乡。
> 幸未衰残宁白发，何如欢聚可清觞。
> 阿倍宝剑鉴真寺，文化之花代代香。

在游京都岚山后，他写下了自己的感慨：

> 廿载重游感慨深，且轻腰脚试登临。
> 我来不见岚山雨，独对诗碑正客襟。

1983年4月日本数学会广岛年会期间，苏步青率中国数学会代表团赴日本访问。在欢迎宴会上，苏步青作了热情洋溢的讲话。他说："中日两国文化交流已经有2 000年的历史。其间，如大家所知道的，阿倍仲麻吕远渡重洋，到了唐朝，还做了官。中国的鉴真和尚来到奈良。20世纪以来，中国曾派了大批留学生到贵国来学习，鲁迅在仙台，郭沫若在福冈。我本人也是从1919年到1931年留学，长达12年之久。对我来说，日本是我的第二故乡。这次来访和1955年、1979年那两次一样，是探亲来的，是拜访亲友来的。"在会议期间，苏步青作了题为"微分几何学在中国的成长和发展"的演讲，获得与会者的高度评价。之后，苏步青尽情地与许多老同学、老朋友见面，重叙友情，并重游学生时代常常涉足的乳首山。

4月13日，苏步青在好朋友茅诚司夫妇的陪同下，访问仙台，见到了母校东北帝国大学的校长。在校长招待会上，苏步青再次发表讲话。他说："这回，中国数学会访问代表团承蒙日本数学会的邀请，参加了广岛年会。今天又来到了樱花烂漫的美丽城市——仙台市，回到了母校东北帝国大学，今晚还参加这样的盛宴，使我毕生难忘，心情十分激动。"并说："这次访问母校是回娘家来的。看到母校这样繁荣壮大，校址也从片平町迁到这个美丽的青叶山来了，心里非常高兴。我回忆起50多年前在母校所度过的愉快生活，广濑川河鸟的鸣声，爱宕山的红叶，依稀犹在耳目中。指导我的导师林鹤一先生、藤原松三郎先生、洼田忠彦先生等虽然作古多年，但是他们给我的教导，使我能够在教育界、科学界作出一点儿贡献，是终生难忘的，是永远值得感谢的。"

苏步青用诗《赠京都日中教育友好恳谈会友人》记下访问情景：

祗园灯火暖香卮，瀛海相逢似故知。
但使儿孙长友好，不愁白尽鬓边丝。

苏步青在日本游览各地，山水风情尽收眼底，唤起对以往的回忆。有茅诚司好友时时相陪，有各地要员迎送，使苏步青度过了美好的时光。他在《四月初历访日本各地》的诗中，充分表达了那时愉快的心情：

走马东京复北都，相逢谈笑尽鸿儒。
老来未有寻春兴，犹看樱花千万株。

提起茅诚司夫妇，苏步青与他们有60多年的交情。苏步青与松本米子缔结良缘，还始于茅诚司先生呢！自从苏步青学成归国后，虽因两国间的政事有过几次断断续续的折腾，但他们之间时常牵挂、思念。随着日中关系的转变，他们之间的来往也日趋密切。

茅诚司先生是东京大学原校长、东京大学名誉教授、日中协会会长、日中科学技术交流协会顾问。他以研究铁磁学、取向性硅钢片闻名。1929年获理学博士学位。曾发表过不少有关铁磁单晶方面的论文。他的理论常被日本国内及国际上的铁磁学者引证。

茅诚司先生是日本有名的和平人士，极力倡导和平，反对战争，认为科学家"应是掌握和平的关键"。他曾在1955年与日本文化学术界知名人士汤川秀树等人组织"呼吁世界和平7人委员会"，多次就和平问题发表声明。茅诚司先生主张和平利用原子能,要求日本政府"带头向世界呼吁裁军",主张召开新的裁军会议,解决"全面禁止核试验,销毁核武器和全面裁军"等问题。

茅诚司先生一直是中国人民的好朋友,早在20世纪50年代就要求恢复日中邦交。1955年6月,茅诚司以日本学术会议代表团团长身份首次访华。1975年以来,茅诚司先生多次访华,热心于中日两国的科学技术交流,推荐了不少知名科学家和学者访问我国。茅诚司先生和复旦大学也有过多次的来往,给复旦大学师生留下难忘的印象。特别是他任学术振兴会会长期间,对复旦大学访问日本的代表团热情接待,关心留日学生的生活。他在85岁高龄时还为发展中日友好、促进两国科学技术交流而努力,使复旦大学的领导和师生十分钦佩。复旦大学于1983年10月19日举行隆重仪式,授予茅诚司先生名誉博士的称号,他成为复旦大学第一位荣誉博士获得者。

1980年,与茅诚司及其夫人在杭州(右一为茅诚司)

当时任复旦大学学位评定委员会主席、名誉校长的苏步青在致辞中说："茅诚司先生和夫人不远千里，莅临我校出席授予仪式，我们为此感到十分荣幸，表示最热烈的欢迎和衷心的祝贺！"

每当茅诚司夫妇抵沪，苏步青总要亲自陪同游览杭州、北京。一次，在游览八达岭后，苏步青写下这样的诗句：

> 八达岭边秋气清，共轻腰脚试攀登。
> 千年友谊千年史，万里佳宾万里城。
> 身健未愁双鬓白，夜寒犹爱一灯明。
> 银机后日送君去，咫尺天涯无限情。

1988年11月，苏步青忽闻好朋友与世长辞，即给日中协会发去唁电：

> 惊悉贵会名誉会长茅诚司先生不幸逝世，不胜哀悼。茅先生的逝世是国际科学界的巨大损失，中国人民失去了一位尊敬的老朋友，复旦大学失去了一位崇高的名誉博士。特此驰电表示深切的吊唁。并请转告茅先生家属务必节哀保重。
>
> 苏步青拜上
1988年11月9日

1988年12月，应日中协会邀请，苏步青再次访问日本，正如他在诗中所写："此行不是试清游，为吊扶桑茅夫子。"60多年来，他们之间有许许多多可供记载的史实，如今都化为诗作：

> 机飞往返万余里，身寄苍茫云和水。
> 此行不是试清游，为吊扶桑茅夫子。
> 六十年间友亦师，传来噩耗不胜悲。
> 谊联中日垂千古，永记先生伟大姿。
> 忆昔仙台同舍日，相从相励乐无极。

朝勤暮聚共钻研，春赏樱花秋红叶。
君迁北海道三年，我返杭州执教鞭。
谁知一别三十载，梦魂不到思绵绵。
天回地转新中国，喜在京城把手握。
尔来五度莅神州，我亦登门未轻忽。
方谓邦交逐日新，岂期今岁损芳辰。
从知自然规律在，记此小诗怀故人。

除访问日本以外，1988年2月，苏步青有了一次访问泰国的机会。这是以陈丕显副委员长为团长的全国人大代表团访问泰国，苏步青作为代表团一员，回国后曾作这样的记载：

这次访问非常成功，加强了人大常委会与泰国国会之间的相互了解，代表团两次会见了泰国国会主席，同下议院议长会谈并受到宴请。本来两国关系就比较好，通过这次访问，有了提高。国王接见时间竟达到75分钟之久，团长应对得体，从容不迫。副团长何英海南

与法国科学院院士勒雷教授夫妇在上海（1987年）

岛出身,是第五次访问泰国,情况熟悉,有很多朋友。团员梅益是潮州人,访问效果显著。

此行代表团参观了纺织厂,团员钱敏做了很好的工作。由于时间限制,团员年龄偏高,没有去参观农业方面的单位。

与此同时,苏步青还留下了三首《泰国之行赋》:

> 万里迢迢泰国行,大寒时节喜春晴。
> 花开曼谷真添锦,月照湄南似洒银。
> 象鳄凶顽能驯服,舞歌纯朴亦轻盈。
> 只缘兄弟般深谊,赢得邦交无限情。

> 暖域和风春正深,两邦交谊贵于金。
> 泰民犹执僧伽礼,华裔长怀故国心。
> 地胜西南无匹敌,人归东北永知音。
> 他年如有旧游梦,应逐花丛椰子林。

> 悠久暹罗土,文明泰国邦。
> 花开遍平野,绿涨满山乡。
> 歌舞欢宾主,楼台耸壁墙。
> 此身忘是客,盛宴几清觞。

59. "将来博士几门生"

1995年6月,博士生陈岚的论文答辩会在复旦大学举行,这也是苏步青最后一次参加博士生论文答辩。

苏步青在秘书的陪同下,早早来到数学楼622教室。当时他的身体状况已不佳,大家担心他坚持不住,早已给他预备好一张沙发放在进门的地方。可是当时,苏步青坚持要坐在硬硬的长条凳上,而专为他安置的沙发却空着,任凭大家的劝说就是不肯落座。

在开始答辩前,他先应大家的要求发言:"今天是陈岚同学的答

1995年，出席博士生陈岚的毕业论文答辩会（左起分别为苏步青、华宣积、陈岚）

辩会，承蒙各位专家前来参加，十分感激！今天的主席是唐荣锡先生，这张沙发理应是主席的座位，所以请唐先生坐到这里。"唐先生当时虽然60多岁，可比起苏先生只能算小字辈，在不断推脱之间最终恭敬不如从命。而苏先生就坐到主席台下的第一排，与金通洸等教授一起认真地听起学生的报告。尽管由于身体原因，精神不那么抖擞，但苏步青还是坚持到答辩会结束。

"一生著述开宗派，百载树人播馥芬"。事实上，苏步青对我国的研究生和学位工作十分关注。早在1977年8月，他参加由邓小平同志主持的座谈会，就提议恢复大学招生考试制度和研究生培养制度，为"四个现代化"建设培养各行各业急需的专门人才。

当时，苏步青爽朗地对采访的记者说：新中国成立32年来，两次试图建立学位制都没有成功，这次成功来之不易。从目前看，实行学位制的条件已经成熟，我国教育、科学事业在新中国成立以后有了很大发展，积累了培养大学本科生和研究生工作的经验，我们培养博士、硕士的导师队伍基本形成；粉碎"四人帮"以来，教育和科研工作恢复很快。特别是党的十一届三中全会以后，党和政府真正相信和依靠知识分子，调动了知识分子为"四个现代化"尽力的积极性，这使我们深受鼓舞。实行学位制，是我国实现"四个现代化"的重要措施，可以激发人们在学术上的进取心，有利于促进科学专门人才的成长。

1981年8月，国务院学位委员会科学评议组召开会议，苏步青说：目前正在建立的学位制度，是新中国成立以来曾一再想建而未建成，现在终于成功的一件大事，势必引起国内外的关注。我很有信心地认为，我国的学位标准不会低于外国的水平，因为我们方向明确，执行学位制度的决心大，广大知识分子具有主人翁的工作态度，这是外国所没有的一个特点。这次评议工作基本上做到"坚持标准、严格要求、保证质量、公正合理"这 16 个字。当然也存在一些问题，如老学科和新学科之间还不那么协调，个别审核工作还不很公正等等，尚有待今后在实践中不断调整。我们的生活是无忧无虑，但在工作中尚还有千忧百虑。为如何尽快培养出又红又专的宏大队伍而忧；为怎样肃清林彪、"四人帮"的流毒，用马列主义、毛泽东思想武装自己，提高为人民服务的自觉性而虑。杜甫有两句诗："新松恨不长千尺，恶竹还须斩万竿。"希望中青年科学家，如万千"新松"迅速成长，尽快接替老年科学家；"四人帮"等"恶竹"，则务须斩尽锄绝。中年科学家要承前启后，责任重大；青年科学家应以实现"四个现代化"为己任，听党的话，坚持又红又专的方向，坚持社会主义道路，向老年、中年科学家学习。老、中、青三代人紧密团结，努力奋斗，我们的事业一定能成功。

有人不禁问苏教授：西方一些国家实行学位制已有几百年历史，我们刚开始搞，在学术上能达到国际先进水平吗？苏教授给予肯定的回答。他说，中华民族是聪明智慧的民族，曾为人类文明作出过重大贡献，只是 100 多年来我们落后了。这次评审学位授予单位，实际上是对我国教育、科学队伍的一次大检阅，我们的水平是不低的。而且经过 50 个部委，1 600 多位专家、教授的初审，又经这次国务院学位委员会学科评议组 400 多位专家的严格把关，质量是有保证的。从这次评审的做法看，既强调了法制观念，又充分发扬了社会主义民主。每位专家不代表任何个人和单位，认真严肃地审议和执法，这在别的国家是很难做到的。我们培养的博士、硕士、学士，首先是从中国"四个现代化"建设的需要出发，不仅有学术上的要求，而且又红又专，是为人民服务而不是为个人名利。苏步青充满信心地说：肯定会成功的，10 年后可以鉴定嘛！

1981年8月,苏步青有幸出席在北京召开的学科评议会,心情很不平静。各地专家学者聚集一堂,为培养我国自己的博士积极筹划,意义十分深远。此时此刻,想到自己近80年的坎坷经历,以及党和人民给予的殊荣,他心中又升起报效祖国的满腔激情。夜晚,在明亮的灯光下,苏步青诗兴盎然,挥笔写下了一首七律,表达自己献身研究生培养的决心。

群贤毕集北京城,共为中华谋振兴。
已往翰林无后继,将来博士几门生。
树人犹抱百年志,报国长怀四化情。
惹得老夫难坐稳,神州一派骋驰声。

苏步青博士既是一位举世闻名的科学家,又是一位著名的教育家。他在复旦大学数学研究所同时招收基础数学和应用数学两个专业的研究生,为学生开设了多门课程,并主持讨论班。他希望学生有广博的基础,对于他主讲的《微分几何五讲》和《计算几何》,要求他的学生都参加听课。"桃李不言,下自成蹊",从我国恢复博士培养制度至此,苏步青教授一共为我国培养的博士达到15名,其中基础数学专业微分几何方向6名,应用数学计算几何方向9名,他们已在各自的岗位上成为教学和科研的骨干,并取得不少优异的成绩。此外,在他的学生中,曾有20多人历任大学数学系主任或数学所正副所长,有近10位弟子经他直接培养,或离校后深造而成为中国科学院院士,成为我国数学研究的学术带头人。

关于如何培养研究生,苏步青在1979年就提出要瞄准现代数学的国际先进水平,对我们原有较好的基础分支,"三年恢复,五年赶超",10年内在这些学科的某些方面作出国际先进水平的成果,并解决一些在国民经济、国防、尖端技术发展中急需的重大数学问题。同时加紧开辟新的应用领域和发展边缘学科。他不但要求研究生掌握好基础理论,还要具有很强的实际应用能力,就是要正确地处理好理论和实际的关系。

到了 1988 年，苏步青对我国研究生培养又提出新的看法。"我国自己培养的硕士研究生仅从专门的论文这一方面来作比较，是不会比外国的一般水平差的。但如果从基础方面来检查，我们的研究生的知识面比较狭窄，对培养博士研究生不利。比方说，数学专业研究生只懂得数学，甚至只懂得自己专攻的一门学科如微分几何，而对其他学科如物理学就懂得不多，像生物学更是一窍不通，这样是出不了大师的。因此，对硕士研究生的培养，既要使之具有比较专门的知识，又要使之注意到其他有关领域的一般知识。对博士生的要求就更高了，不但论文要有更多、更高的创造性，还要求他们具备用深厚的基础科学知识去解决广泛范围的应用科学课题的能力。博士生至少要掌握两门外语，对浏览国外多种主要科学论文和新著作要像读中文一样的精通。如果不照上述的质量标准进行培养，那就会出现'开小花，结酸果'的现象，不符合国际水平，也不适应'四个现代化'建设的需要"。苏步青的这些意见振聋发聩，对复旦大学和我国的研究生培养产生了深远的作用。

苏步青在学业上精心指导学生，帮助他们形成良好的学术风气，刻苦钻研，很快占领数学科研的前沿阵地。1982 年 5 月 14 日下午，复旦大学数学研究所党支部，组织研究生指导教师与该所八一级 19 名研究生座谈理想与学业问题。苏步青教授回顾了自己成长的曲折过程后说，当年我出国留学十分艰苦，是靠自己当兼职教师、做图书管理员的一点收入维持学习的；现在你们进学校全部费用都由国家包下来；我从日本回国后在浙江大学任教，学校图书资料奇缺，就靠陈建功教授和我写的论文，拿点稿费订阅杂志；现在复旦大学数学系图书资料室的图书杂志由新中国成立之初的几千册增到 60 000 册，在国内外都有点名气，这些都是你们成才的更加优厚的条件。你们要牢记我们的祖国今天还很穷，花费这么多的资财来培养你们，是对你们寄予很大希望的，你们一定要好好为振兴中华出力。苏步青还对他们说，青年人要有革命的理想和志气，但又要脚踏实地，学好每一门功课，做好每一件事情。你们学习上有什么困难可以找老师，思想上有什么问题，也应该找老师谈，争取老师的帮助。座谈会后，许多研究生都反映，苏老抓住根本关心他们，深受启发和教育。

到了20世纪90年代初，社会上的一些问题反映到学生当中，使研究生感到困惑不解。一名研究生对社会上的某些现象看不惯，觉得社会风气每况愈下，有些人追求的唯一目标就是金钱，理想和社会责任感在青年人心目中越来越淡，安心读书的人越来越少……他说："您曾写过这样的诗句：不辞衰老敲边鼓，敢助青年闯险关。现在虽然非处于险关，但确有家园失落之感，先生若以为孺子可教，请先生教我。"

苏步青读了这封信，心情十分沉重，不过好在这名研究生把问题提出来了。苏老要秘书把这名研究生请来，详细了解其苦闷，并谈了自己的看法。他说："青年人思想苦闷，同教育工作存在的问题、经济尚未搞上去等等有关，我们要从思想上锻炼自己。研究生比本科生要有更多的思想准备。国家还不可能一下子富起来，人民仍需艰苦奋斗。搞学术研究，是不可能舒舒服服的，我们的眼光要放到15年至20年后，但现在不能失去信心。困难正是磨炼青年的好机会，希望你坚定信念，不为不良风气所影响。"这名研究生听后表示，自己一定要到同学中间去，把苏步青的话转告大家，让更多的人树立起信心，为祖国为人民刻苦学习。

这种身教言传的教育，在平淡中进行，在潜移默化中取得成效。1993年硕士生常文武重返复旦大学，他回忆起这样一次经历。那年正值《数学年刊》编委会召开，众多数学家云集复旦大学，苏先生又一次以其诙谐幽默的发言博得大家的热烈掌声。他对研究生说："你们知道吗？这些人可是大牌的数学家。他们比起那些明星一点不逊色。请他们来是不容易的呀，他们不要出场费，还贴了路费与大家见面。所以同学们要珍惜这个机会，认真听讲。"常文武最后感慨地说："苏老用自身的风范教导我如何做人，如何对待荣誉，如何对待科学，我一辈子永记心间。"

60. "科普村"里的嘉宾

1999年10月1日，共和国迎来了她的50岁诞辰。《人民日报》

国庆专版,刊登一篇专稿《苏步青:孩子们的科学偶像》。

文章是这样开头的:"在中华人民共和国,每当鼓励追求科学、追求现代化之际,苏步青这个名字,便会偶像般在孩子们心目中熠熠生辉。哦,算起来是好几代孩子了。翻开《十万个为什么》的扉页,就有苏步青的名字,他对科普事业一向不遗余力;国家要开科学大会,传媒提到著名科学家,必有苏步青;重要的教育方面的会议,苏步青那口浙江口音,也必定活跃其间……"

苏步青在青少年中有着很高的威望,这和长期以来他对青少年的科技活动的密切关注和大力支持是分不开的。在上海市少年科技站系统建站10周年之际,苏步青不仅参加庆祝活动,还在同期举办的中小学生科技节闭幕典礼上讲话:

"当前的经济改革需要科技人才,长远的'四个现代化'建设需要知识。人才也好,知识也好,不是从天上掉下来的,必须努力进行培养,而从小就进行科普教育,效果尤为显著。我们上海10年来涌现了一批具有较为扎实的基础知识,有较强的实践动手能力的'人才苗子',究其原因,除了上海中小学教育比较好这一条件外,应该归功于市、区(县)少年科技站的直接培训,例如,数学竞赛在国内名列前茅,在国际竞赛中,欧阳峰、车晓东、吴思皓、张浩、陈晞等都得了一等奖或金牌。"这无疑给青少年以很大的鼓舞。

苏步青成为几代孩子们的科学偶像,还在于他身教重于言教,为之付出了艰辛的劳动。上海市南北高架威海路口的储能中学门口,挂着一块"上海市中学生数学业余学校"的校牌,这是由苏步青教授亲笔题写的。那是1987年3月1日下午,苏步青和本市科技界、数学教育界的专家教授,在科学会堂出席了上海市中学生数学业余学校的成立大会暨开学典礼。校长就是获得首届苏步青数学教育奖的复旦大学附属中学的特级教师曾容。他1954年毕业于复旦大学数学系,几十年如一日献身于基础数学教育事业,长期积极从事培养数学优秀学生和尖子人才的工作,提议创办上海市中学生数学业余学校,为上海和全国培养了人才,取得了较好的成绩,曾被评为上海市优秀教育工作者兼获《文汇报》首届"园丁奖"。在苏步青的倡导下,培养数学人才的工作，在各方努力下开始谱写新篇章。

苏步青培养数学尖子人才的构想和行动，可以追溯到 20 世纪 50 年代中期。1956 年，作为上海市数学会理事长的苏步青，在全国率先发起了中学生数学竞赛。他认为，举行数学竞赛的目的，一是"有组织、有计划地在中学教师指导下，倡导热爱数学、学习数学的好风气，有利于加快我国科学事业的发展"；二是"数学竞赛也是打破常规，不拘一格选拔人才的一种有效措施"。苏步青多年抓数学竞赛，为上海和全国发现和培养了一批尖子人才。华东理工大学教授汪嘉冈就是 1956 年第一届竞赛第一名的获得者。

"文化大革命"中，举办竞赛成了苏步青的一大罪状。1964 年的一位获奖者是川沙张江中学毕业的，苏步青还被拉到川沙去陪斗。粉碎"四人帮"后，1977 年，苏步青出席邓小平同志召开的座谈会，会上不仅提出恢复高考和研究生招生的建议，还建议举办中学生数学竞赛。不久，全国的中学生数学竞赛都开展起来。涌现出像李骏、欧阳峰等一批数学尖子。苏步青以更大的热情关注数学竞赛，20 世纪 70—80 年代每次颁奖大会苏步青都会参加，并多次作热情洋溢的讲话。

1978 年，在上海市数学竞赛颁奖大会上给获得第一名的李骏颁奖（左一为李骏）

苏步青关心数学尖子人才的培养，在数学专业的学习上有很严格的要求，而在思想品德素质方面，也从不放松。他鼓励中学生参加国际数学奥林匹克竞赛，要像中国女排一样得到世界冠军，他还要求优胜者在德智体诸方面健康发展，说："你们不仅要成为数学竞赛的优胜者，而且要成为全面发展的优胜者，真正使你们这一代胜过我们老一辈。培养出来的人，数学比我们厉害还不行，你还不能超过我苏步青，你要培养出来的人比我苏步青还要多，还要好，那才是胜过我。这一点是对你们的考验。到将来你们有成就了，从国外回来，东也请你们当教授，西也请你们当教授，在培养学生的时候，你把我这句话想一想好吗？很重要，没有这一点的话，'四个现代化'肯定不能建成。要把自己学习数学的心得体会和经验向自己的同学讲，同时注意学习别人的长处，互相学习，共同提高，这很重要，一辈子不要忘记。现在当学生的时候是如此，将来当老师的时候也应如此。"虽然一代代数学竞赛尖子有的已经年过半百，但在他们心中，永远不会忘记苏步青对青少年数学爱好者的热情培养和关怀。

上海市数学会原副秘书长薛福田深情回忆道：粉碎"四人帮"后，上海市数学会各专业学会陆续开展正常活动。1978年，本市开始恢复中学生课余培训和数学竞赛活动。我们从举办大型辅导报告会入手，利用周末休闲时间吸收青少年数学爱好者自愿参加听讲；坚持在普及基础上求得提高，通过数学竞赛选拔一批学有余力的数学尖子学生，为参加国际国内数学竞赛作好准备。苏老尽管很忙，但经常出席数学竞赛授奖大会，热情勉励学生培养学习数学的兴趣爱好，为祖国勤奋刻苦学习，不断跟踪世界高新科技发展的需求，做有志向、有真才实学的青少年。

"苏老热心参与科普工作，参与'上海科普第一村'活动，并为其题名。"薛福田详细介绍苏步青热心科普工作的事迹。1987年卢湾区瑞金二路街道巨二里委在筹建科普村时，打算请苏步青题写"科普村"的铭牌。为此，薛福田专程去复旦大学拜访苏老，转达里委群众的迫切心情。没想到，苏老一口答应写好以后尽快派人送去。当时的卢湾区领导都感慨说："'上海科普第一村'得到苏老亲笔题字多么不容易呀!"

同年8月7日中午,苏步青亲临视察,为科普村揭牌,并参观了科普宣传成果展和多种课题活动室。他笑着对在场同志说:"你们这样认真在里弄宣传科普,真不简单,要坚持下去呀。明年一周年,我再来看新发展。"一年后,苏步青果然又来巨二里委参加科普活动了,在居民群众中间问长问短,希望他们推广经验,使"科普村"有更大发展。不久,近旁里弄相继也建立了富有特色的科普安全村和敬老村。

时隔7年,93岁的苏步青在寓所热情接待了巨二里委的干部群众,并在学生代表周晶晶的日记本上题词留念。如今,上海的科普村已遍地开花。

在苏步青院士诞辰百年的庆贺大会上,受中国科学技术协会主席周光召、书记处张玉台书记的委托,复旦大学原校长杨福家说:"苏老为我国科技团体的发展倾注了大量的心血。中国科技协会的前身是全国自然科学工作者代表会议,简称科代会,苏老为科代会的筹备会议,共议中国科学技术的发展大计,为推动我国科技团体的发展发挥

与校董会名誉主席李政道、校长杨福家共庆复旦90周年华诞(1995年)

了重要作用。苏老十分关心科学普及，身体力行写出了很多人所欢迎的科普文章，如《谈谈怎样学好数学》一文就凝聚着他代表的一批老科学家对科普事业的关爱。"

61. 主编《数学年刊》19年

1998年10月，教育部科技司对苏步青担任主编19年之久的《数学年刊》做出很高的评价："作为面向国内外的综合性数学刊物，自1980年创刊以来，始终坚持抓刊物质量和数学人才的培养。经过19年的努力，已经办成为在世界数学界有一定影响的国际性数学杂志，先后获得国内多部门的嘉奖。"

《数学年刊》作为国家教育部委托复旦大学主办的一份面向国内外的综合性的数学刊物，主要刊登纯粹数学和应用数学两方面具有创造性的学术论文。该刊创办于1980年。当时，我国数学界的同志们迫切希望能多办一些数学刊物，使具有创造性的数学论文发表既多又快，使我国数学工作者的优秀成果能够抢时间、争速度地在世界上涌现。《数学年刊》就是为实现这个愿望，在国家科委和教育部关怀下，经许多数学家的大力支持，在我国科学的春天里问世的。

为加速与国际数学界的交流，《数学年刊》采用两种方式发表论文：一种是以中文为正文，附英文摘要；一种是以英文为正文，附中文摘要。以上两种，分别以A辑和B辑区分，内容不重复。1991年以来，A辑每年6期，B辑英文版每年4期（季刊），有时还出版增刊。从1988年起A辑中的一部分稿件转译成英文，以《中国当代数学》（以下简称C辑）的刊名，由美国阿伦顿出版公司在美国出版发行，每年4期。A辑、B辑、C辑一年共出14期。至1998年共计出版了19卷，其中A辑113期，B辑64期，C辑42期。

近20年间，苏步青为创办刊物，投注了许多精力。为了开好《数学年刊》常务编委会和全体编委会议，苏步青不顾高龄，奔走于大江南北，亲自主持8次会议，发表了不少重要意见，直到91岁。

《数学年刊》已经走向世界,成为一本有影响的国际数学杂志。

1985年5月,在《数学年刊》创刊5周年之际,苏步青回顾走过的历程时说:

要办好自然科学期刊,尤其像《数学年刊》这样专业性强、难度高的杂志,要坚持办下去很不容易。办好一个期刊,发行量的大小并不能衡量期刊办得好坏。我在六届三次人代会的发言中就提了这个问题,希望有关领导能重视我国科技期刊。目前《数学年刊》的发行量只能说是一般水平,但英文版的发行量还很少。虽经努力,但也无大的改变,从经济上讲,是亏本的。我们花了很大的本钱,出版英文版,到底为什么?我想无非是为了促进国际间的学术交流,提高我国在国际上的地位。从过去引进到现在输出这也要有一个过程,以往我国自然科学书籍是进口的多,用外文出口的少,但我们中国人本身并不比外国人差,甚至在有些方面超过了他们,现在我们外文版图书期刊出口了,有这样好的途径,我们为什么不充分利用呢?我看办外文版还是需要的,尽管发行少,亏损大,除我们认真做好发行宣传工作外,还是要坚持办下去。

经过5年的努力,我们是在摸索、改革中前进,发展起来的。从最早的中英合刊的季刊,逐步发展到双月刊,到今天的用中、英文版分辑出版10期,目前已初具规模。同时《数学年刊》的文章质量和印刷水平也越来越高,不断得到国内外专家的好评,我希望《数学年刊》能坚持下去,走自己的路,开创新局面。

《数学年刊》编委会在无锡召开,同时引来复旦大学校友的关注。章左声先生回忆道:1985年5月21日那天,苏步青亲临无锡复旦大学校友会成立大会会场——华晶宾馆会议大厅,全场起立热烈鼓掌。导师以复旦大学名誉校长的身份,代表母校,对参加复旦大学校友会成立大会的近300名学子,恳切地提出了希望:

"凡是太湖的风吹到的地方,人都是聪明的。希望你们在无锡发挥聪明才智,在现代化建设中作出贡献,发挥更大作用,为复旦母校增光添彩……"

掌声如雷,经久不息。

会后,大家又围着苏步青交谈,导师问寒道暖,亲切动人,他鼓励大家加强与母校的联系,常到复旦去看看;在无锡这个"小上海"好好干,为国为民创出一番事业来……校友们的相机不时亮起闪光灯,留下了一个个美好的镜头。

此后,苏步青在无锡市数学教师见面会的讲话中再次强调数学的重要性。他说:"前不久,全国举行一次考试,要从经济系的大学生中,选拔一些学生出国学经济管理。复旦大学组织了经济系、世界经济系、管理科学系和数学系的学生参加考试,结果第一、第四、第六、第九名都是复旦大学数学系的学生。从这里也可以看出,数学是一门很重要的科学。近几年,许多拔尖学生不愿意考数学系,不愿学数学,这是不正常的。希望数学教师担负起重任,为高等学校和社会输送合格的学生。"

1987年,国家教委《数学年刊》第六次编委会在成都合影(前排左六为苏步青、右三为越民义、右四为程民德、左五为柯召,第二排左一为严士健、左二为路见可、左三为莫绍揆、右一为李明忠、右二为金福临、右三为余家荣、右四为白正国,第三排左三为李大潜、右二为杨振声、右四为汪嘉冈)

值得欣慰的是，10多年后，数学的重要性越来越得到人们的承认。一些拔尖的学生纷纷报考数学系，"行情看涨"。苏步青的讲话再一次被证实。

到了1993年4月第八次常务编委扩大会议上，苏步青披露，《数学年刊》B辑自1980年以来，一直被美国科学引文索引（SCI）评为世界核心期刊，而且是中国进入SCI核心期刊中唯一的纯数学期刊。《数学年刊》A辑中文版的翻译本作为《当代中国数学》期刊在美国出版发行，在国际上进一步扩大影响。同时，《数学年刊》坚持立足国内，继续保持了它的办刊特点和风格，A辑、B辑均被列为中国自然科学核心期刊，越来越被公认为一本在国内有着重大影响和相当权威性的期刊。《数学年刊》先后被国家科委、中宣部、国家新闻出版署、国家教委，以及上海市科委、科协、新闻出版局等单位评为优秀期刊，曾分别获得特等奖、一等奖、二等奖、三等奖、优秀奖等20项荣誉称号。

《数学年刊》办得如此出色，还在于主编海纳百川，以至于群贤毕至。在庆贺苏步青院士百年华诞之际，四川大学担任《数学年刊》编委的刘应明院士特地发来热情洋溢的贺函。他说："我是1980年开始参加《数学年刊》编委会工作的，从而直接受到心仪已久的苏老的教诲。在以后每年一次的编委会活动及其他活动中，心领身受，更深刻地感受到这位中国现代数学先驱的睿智与巨大人格力量。编委会当时基本由我国数学界耆宿名流组成，从而编委也多在东部地区；而我还较年轻，在搞模糊数学，又偏处西南一隅。苏老接纳我加入以他为主编的编委会，表明了苏老这位中国数学界领导者的博大胸怀，对年轻学者一贯的关怀与对新兴学科所具有的锐利目光。20世纪80年代末，苏老还亲临四川大学主持了一次《数学年刊》编委会，以近90高龄对川大师生发表了精彩演讲。地不分东西，学不分先后，兼容并包，尽展其才，这些都生动地反映了苏老作为把现代数学引入中国的先驱的历史责任感。中国数学现在发展迅速，饮水思源，我们不能不对这位为中国现代数学鞠躬尽瘁、但仍有幸健在的先行者与领导人，产生最深切的敬意，祝他健康愉快。"

如今《数学年刊》已由苏步青的学生李大潜院士接任主编。教育部科技司希望他们把《数学年刊》办得更好。

在此，我们还要提到苏步青很喜欢的一个学生，他就是1966年前的研究生张爱和。他富有数学研究的才能，然而几十年却安心于编辑出版工作，曾为苏步青编辑出版多部专著，特别是为《苏步青数学论文全集》的出版呕心沥血，竭尽全力。几十年来，苏步青都是把他当作自己的亲儿子一样对待。1992年苏步青到北京开会，抽空与张爱和夫妇晤谈。张夫人董文芳著文回忆道：

"我的先生张爱和是一个言语不多、和蔼温厚的人。他是苏步青先生'文化大革命'前的研究生，爱和毕业前，辅导老师胡和生先生曾把一个别人做不下去的课题交给了他。不料，他居然不声不响地很快就解出来了。论文答辩时，白正国等先生均参加了评审，大家一致评价很好，赞其不愧是名师高徒。作为妻子我当然也为他感到高兴。1978年长期分居后，我由湖北奉调回京，也来到高等教育出版社，改行当了编辑，与先生成了同事。拨乱反正后的中国，也迎来了中国科技的春天，但当时我国的各级科研机构的人才，大多青黄不接。20多年前，爱和还是一头黑发，我眼见中国科学院几次派人来要他，便极力催他抓紧前去。当编辑、教书我一直以为是个好汉子不干、懒汉子又干不了的营生。在出版社干到头，也不过还是个编辑而已。高教社怎么就非离不开他呢？我一直以为他更适合去做数学研究。可老实巴交的他，虽说也是个数学研究生，似乎怎么也算不过账来，劝来劝去他竟然老是一句话：'高教社不会放我，我看这里也很好……'哎呀！眼睁睁一个数学家没了！当编辑无非是替别人做一辈子嫁衣，他的不离不弃，着实叫我隐疼了多年。"

1992年，苏老来京与我们晤谈，记得那天老人家很高兴。我说："这些年我们在出版社都搞了出版，爱和也就是组组教材，帮个别老师编编写写，在数学研究上，没取得什么成绩，实在愧对先生。"不料先生连连摆手说："不，不能这样说！记得爱和毕业那年，高教社派人来复旦要研究生，我说本校长这儿有的是，不过我倒没想到他们要的是张爱和。可我这个学生呢，他人就是那样，从来不会对我说一个不字。其实出版社的工作也非常重要，我教了一辈子的书，搞教学没有好教材可不行，教材是最基本、最重要的。年轻时，我回国后教书，首先就是自己动手编教材。1937年全面抗战爆发，浙大西迁，经江西，入广西，辗转3年多才到了贵州。带着几百个学生，在破庙里的油灯下我仍然坚持编写教材，进行教学研究。强敌入侵，国破家亡，那是多么艰难的条件，你不还得坚持吗？而日后的浙江大学给中国出了多少人才！"老先生数着他如今星散在全国各地乃至国外的学生津津自得。他又说："现在的条件多好，你们高教社出了不少好书，数学书也有不少获了奖嘛！爱和现在干得不错，他很有成绩，这就了不起呀……"老人的话平实、中肯，爱和与我唯唯连声。老人敬业无私的经历不意间冰释了我胸中的块垒，把我内心深处的那个小字压得羞愧难容，正是先生的这次教诲，半路改行的我才彻底安下心来，踏踏实实地争取当个好编辑。心安不仅理得，连时光也似乎从容了。

奉献是贯穿在苏步青身上的一条红线，只要对国家、对人民有益的事，苏老总是义无反顾，全身心投入。长期以来，苏步青不仅主编《数学年刊》，还参与《辞海》的撰稿和领导工作。

早在1958年8月《辞海》修纂工作正式拉开序幕后，苏步青经常出现在锦江饭店南楼，投入了编纂条目的紧张工作之中。对于一位国内外闻名的数学家，按说为数学名词下个定义，应该是轻而易举的事。但他认为，对于中华人民共和国的第一部《辞海》来说，只有以严谨的作风、一丝不苟的精神，才能出版这样一部具有重大影响的辞书。别看简短的几十个字，字字融进苏步青的心血。这就是他经过几次反复、字斟句酌而定下来的关于"直线"的条目释文：

  一点在平面上或空间中沿一定方向和其相反方向运动，所画成的轨迹是直线。通过两点只能引一条直线。两点间以直线距离为最短。

（《辞海》第299页）

从此以后，苏步青一直关注着《辞海》的成长和发展。在建党

40周年的大喜日子里，苏步青为《辞海》的编纂一事，挥毫题诗一首，表达他对这项利国利民、发展文化的事业的赞颂：

> 辞海汪洋景万千，高楼有幸集群贤。
> 洛阳纸贵今犹昔，歇浦春寒雨似烟。
> 宝塔原从铺底石，轻舟好挂顺风帆。
> 争鸣端赖百家在，向党欢呼四十年。

转眼间 20 多年飞逝，《辞海》经历风雨考验，愈显出其强壮的生命力。一批编纂专家、学者，以更大的热情，投身于《辞海》的修订工作。苏步青年已 70 多岁，但仍十分关注这项伟业。正好赶上辞书出版社建社 30 周年，为此特写诗庆贺：

> 勤奋经营岁卅周，辞书质量逐年优。
> 申江风物无边好，壮志宏图定可酬。

在与上海辞书出版社交往中，苏步青难忘的一件事是，1993 年，《辞海》台湾版问世。早在 1989 年 6 月，上海辞书出版社与台湾东华书局股份有限公司在数次洽谈后，签订了双方合作在台湾地区出版大陆《辞海》(1989 年版) 的协议。《辞海》是大陆数千学者精心编撰的学术性大辞典，不仅受到大陆亿万读者的欢迎，也对台湾学者和各界人士了解大陆学术研究及各方面状况具有参考价值。上海辞书出版社与台湾东华书局议定，不仅在台出版大陆的三卷本《辞海》，而且把大陆版 26 分册改编为 10 分卷，同时在台湾出版。

自 1989 年秋起，上海辞书出版社即开始了此项工作，3 年间陆续向台湾东华书局交付印刷底片。其间 3 卷本已于 1992 年 10 月在台湾出版发行，引起台湾地区各界的关注，语词分卷以《语词辞海》为书名，早在 1991 年 4 月即已出版，其余各分卷也已陆续出版。在两岸文化、科学、技术交流日深之际，《辞海》的合作出版，无疑是一项极有意义的事，必将有力地促进两岸同胞的相互了解和增强联系，也为大型书籍的合作出版开拓出新的道路。

1945年苏步青曾受命赴台湾,作为接收大员之一,从日本人的手中接收台北大学。他无时不思念台湾,曾写过"女娲定补鲲南天,海峡两岸盼统一"的诗句。台湾版的《辞海》出版,使苏步青欣喜不已。他怀着激动的心情,写下了《贺〈辞海〉台湾版问世》诗一首:

> 辞海汪洋连海峡,喜看两岸闪新光。
> 干枝原自同根出,花蕊应仍并蒂香。
> 自古山川传接壤,而今文化盼呈祥。
> 辉煌事业功成日,共为中华举庆觞。

就在1993年举行的《辞海》主编会议上,苏步青不仅亲临会议,还发表热情洋溢的讲话。他说,《辞海》编纂出版工作是毛主席、周总理生前关心的一件大事。从1958年开始,我和复旦大学一批同志就参加了这项工作,到现在已整整35年了,其中的甘苦自然不言而喻。1989年版《辞海》在大陆受到了好评,出版之际江泽民同志专门题词,朱镕基同志撰文祝贺。对我们来说,一部书出版以后,能够受到读者的欢迎,这就是最好的表扬、鼓励。现在,《辞海》又成为海峡两岸交流的纽带,更是令人激动。这说明大陆的学术水平很高,也说明《辞海》能够为台湾人民所接受。

他说,自己的案头就放着《辞海》,几乎天天都要翻。《辞海》从1965年出书到今天,陈望道老先生和一批学者、专家相继作古,我们将永远记住他们的卓越贡献。现在,《辞海》编委会又增加了新鲜血液。我衷心希望《辞海》这部巨著一代代传下去,一代胜过一代,永远青春。

62."大文化观点"

1986年的春天,上海到处涌动着新的改革热潮,时任市领导的江泽民同志为了加快推进上海的改革开放步伐,发起和制订了具有历史意义的上海文化发展战略。按照这个发展思路而成立的上海市对外文化交流协会，是上海对外交流的重要窗口，也是上海进一步走向世界、建设国际文化中心城市的重要步骤。

该会需要有一位德高望重而又有国际影响的同志来挂帅。为了落实合适的人选，江泽民同志曾给予极大的关心。市领导认为苏步青是著名的科学家、社会活动家，在国际上有很大的影响，由他担任对外文化交流协会会长是再理想不过的人选。然而领导们又担心苏老年事已高，身体状况恐难以适应，想听听苏老的意见。不料，时年85岁高龄的苏步青，竟欣然表示自己毫无保留，一切听从组织安排，毅然兼任了上海市对外文化交流协会会长，肩负起开创上海的国际文化交流的全新领域的重任。

苏步青从不把担任对外文化交流协会会长一职当作一个荣誉或者是个挂名的闲职，他把对外文协当作一个事业、当作一项神圣的使命来对待。从担任会长之后他为此投注了许多精力，在这片"处女地"上辛勤地耕耘，到处播撒友谊的种子，成为名副其实的对外文协的创业者和实干家。

刚刚创立的对外文协，真可谓是"一无所有"。办公地点是临时的，人员是从各行各业调来的，有的还是借来的，文协的活动经费一时难以到位。在这种情况下，苏步青和对外文协的领导白手起家，一边找人、找地方办公，一边还要找项目搞交流，同时还要筹经费。这对于一位80多岁的老人来说是何等的艰巨啊！工作遇到不顺心时，他操着带有温州口音的普通话说笑话，逗得大伙儿忘却了暂时的困难。同志们都自觉地以苏老为榜样，默默地奉献自己的一切，度过了对外文协最初几年困难的时期。上海对外文协的老同志每当想起这一切，仍然十分感慨和难忘。

对外文协成立之初，苏步青充分发挥了自己早年的海外关系，亲自写信联系项目。他利用留学日本时的社会关系，帮助对外文协与日本的一些文化组织建立起联系，举办中日民间的文化交流活动，如"富士山摄影展"等。有的海外团体就是冲着苏老这样一位有崇高威望和影响的科学家而来的。俄罗斯、美国等著名的大型芭蕾舞团、音乐团体和世界明星、海外华人歌星以及北京人艺、中央乐团纷纷应邀来沪演出。一些大型社会科学、经济建设的国际研讨会，也在对外文协的精心组织下顺利举办。

苏步青在对上海国际文化交流现状作客观分析后，用科学的思维开展文化交流，可谓上海对外文协的一大特色。成立不久的对外文协急需解决发展问题。有的认为以引进外国的文艺演出为主，有的则认为要搞旅游，这样能广交朋友，等等。苏步青则冷静而敏锐地提出了对外交流的"大文化观点"。他认为，作为对外交流的窗口，不能只局限于文学、艺术、体育等单个独立的领域，虽然这些活动群众十分迫切，而且影响也比较大，但是这些专门的领域有自己的对外交流机构，文协不应与它们"争项目"，而要发挥我们的跨领域、跨部门的优势，做大上海的对外交流。我们要做人家不能做或者人家一时难以做到的交流。苏步青说，从科学本身的发展看，它就是在不断地分化和不断地融合中发展的，我们的协会就要像促进科学学科的发展一样，有意识地做这种包容性大、接触层面广的对外交流。苏步青指出，现在国家制定以经济建设为中心的方针，更需要我们借鉴海外现代化建设的经验、管理知识。文化交流应依据这一方针，凡是有利于现代化建设需要的，凡是有利于我们与海外增进友谊的，不论文艺体育、科学技术、金融贸易、旅游服务、教育卫生，都可以放手去搞，不要受某个领域的限制，不要"画地为牢"。

苏老提出上海"大文化观点"，使大家豁然开朗，思想也统一起来。实践证明，实施"大文化观点"的对外交流策略是文协发展的必由之路。1987年夏，对外文协抓住机遇，召开了首次大型国际学术交流活动"太平洋地区经济发展与中国"国际研讨会，在苏步青的关心和精心指导下，会议一举获得成功。那时，由一个刚成立不久的人民团体来主办大型国际会议，显得困难重重，尤其是研讨会涉及30多个国家的100多名代表，讨论的又是当时比较敏感的市场经济的体制与机制问题。有不少同志担心，会议精神把握不住，硬件设施跟不上，服务工作不到位，一句话，怕研讨会"捅乱子"、搞砸了。关键时刻方显英雄本色，苏步青坚定地表示这种研讨会可以锻炼、培养队伍。他为此反复与协会领导详尽地研究每一项工作,力争做到万无一失,还经常鼓励大家坚定信念。他举出科学上不少功败垂成的事例,教导全体同志自己要有信心,认真对待每件事情,把困难设想得更多一些,才能在真的碰到问题时,不会因为没有准备而忙乱。苏步青的每一次谈话都给大家增添了许多自信与勇气。

当时的上海市领导对这次国际研讨会十分感兴趣,江泽民同志不仅参加了研讨会的开幕式,而且在会议期间多次听取会议的汇报,召集经济学家座谈,收集对上海经济发展的意见。会后,江泽民同志对研讨会表示很满意,对外文协的社会影响急速扩大,有的海外组织慕名而来,主动要与对外文协合办此类大型活动。

对外文协刚成立的那几年,事情特别多,八九十岁高龄的苏步青不辞辛劳地到处奔走,使文协的领导于心不忍。有一年夏天,天气很反常,连续高温10多天,协会领导想到苏老身体会吃不消,就派人悄悄地到他家安装了一台空调。正在安装时被发现了,他坚决不同意,要求立即停工,使安装空调的同志很为难。后来协会领导出面做了多次工作才总算答应下来。

苏老虽年事已高,但他的严谨作风未减当年,这给文协的同志留下了深刻的印象。1997年秋天,在由复旦大学和上海文协举办的苏步青回国执教65周年的庆贺仪式上,96岁的苏老执意站在讲台上致辞,以示对来宾的尊重,感人至深。1998年春即将召开对外文协理事会的前夕,苏步青亲笔写信向江泽民同志以及其他领导汇报工作,江泽民同志闻讯十分高兴,欣然挥笔为上海市对外文协题词:"加强对外文化交流,汲取世界优秀文化精华。"这一题词深深地鼓舞着众多从事对外文化交流工作的同志。

在新建的上海对外文化交流协会办公楼里,一座闪耀光芒的苏步青铜像,吸引着无数海内外人士,看到这座铜像,人们就自然会想到苏步青会长。经过15年的辛勤努力,上海对外文协理事会已荟萃海内外社会各界知名人士90余人,与世界近50个国家与地区的上百个组织建立了经常性联系,每年能举办数十个大型文化、科学国际交流活动,组织10多个团组出访许多国家和地区,接待成千上百的海外

1992年,与老校友冯德培在上海市欧美同学会成立8周年主席台上(右为冯德培)

友人进行各种文化交流。这与当年的苏步青艰苦努力打下的基础是分不开的,苏老功迹永载史册。

1991年8月,由上海市人民政府对外友好协会、中国日本友好协会、上海市广播电视局、中国摄影家协会上海分会、日本创价学会等5个团体共同举办的"日本池田大作摄影展"在上海美术馆举行。

池田大作先生是日本创价学会(日本最大的政治性宗教团体)的名誉会长。他一直从事国际和平、社会政治和文化艺术多方面的活动,为推动世界和平访问了40多个国家和地区。他也是一位优秀的风光摄影爱好者,在和平旅途上时时把各国的风光、场景之美收入镜头。此次展出的作品,是他在20多个国家、地区访问时所拍摄的130幅照片及创作的12首诗作,其中的6首以及标题、献词,是中国著名书法家赵朴初、启功、董寿平、卢光照、刘炳森、张森、王伟平、谢稚柳挥毫书写的。

8月1日开幕那天,苏步青早早就赶到美术馆,在开幕仪式上,上海市副市长赵启正致开幕辞,时任全国政协副主席兼上海对外友协名誉会长的苏步青、专程从北京来沪的中日友协会长孙平化、创价学会副会长三津木俊幸三人为展览会剪彩。之后,苏步青仔细观看全部摄影。在"四季光彩"摄影前,他对随行的秘书说:"作品画面反映的是平淡生活和自然风光,却给人美的感受和丰富联想,是一种享受。"苏步青在池田的长诗作《樱花绿——赠邓颖超女士》作品前,驻足许久，细细品味作品中所反映出来的对周恩来总理的崇高敬意和怀念之情。

池田大作摄影展的举办，引起苏步青对往事的美好回忆。苏步青与池田先生的第一次见面，是在1978年9月中旬的一天。那时苏步青已任复旦大学校长，亲自在校门口迎接池田先生为团长的代表团访问复旦大学。3年后，池田大作先生先后赠送复旦大学3 000册图书，充分表达了创价大学对复旦大学的深厚情谊。

"池田大作先生一向致力于日中友好的发展，为促进日中文化交流做出不懈的努力。我们之间虽然交往不多，但给我的印象是非常深刻的。"苏步青如是说，"通过池田大作先生，复旦大学与创价大学之间建立起校际交流关系。我们牢记1984年6月9日这一天，池田大作先生以他的杰出成就和对中日友谊发展的贡献，被复旦大学授予名誉教授。授证仪式后，池田大作先生作了题为'中国传统的历史观'的纪念演讲，给复旦师生留下深刻的印象。"

1984年，在授予日本池田大作名誉教授称号的仪式上（左三起分别为杨恺、池田大作、苏步青、邹剑秋）

在池田大作的积极促进下，1984年11月初，创价大学授予苏步青名誉博士称号。苏步青为此发表讲话说："人生的价值决定于为人类作出过多少贡献。绝不要做个坐食之徒。基于这个意义，我很喜欢'创价'这个名字，因为这里带有为人类而创造价值的心意。"这次东行，池田先生给苏步青以十分热情的接待。他们重温旧谊，加深交情。返沪没多久，苏步青便以炽热的情感，用诗作回忆这次访日的感受，抒发自己的心愿：

> 万里归来秋已深，瀛洲东望忆登临。
> 富山银影芦湖碧，热海朝暾枫叶金。
> 轻毂坦途忙客眼，温泉丽水净人心。
> 新交旧雨频相约，毋忘天涯寄好音。

后来，在纪念中日邦交15周年之际，池田大作将他的诗作《和平大河》寄送给苏步青。这首诗作配上池田先生访问复旦大学的照片，同时发表在日本《创价圣报》上，这是他们之间珍贵友谊的一个见证。

1986年底，日本《奈良日日新闻》上的一幅彩照映入苏步青的眼帘，这不是他和池田先生在上海锦江饭店会见时的留影吗？照片引起他对那次亲切、友好见面的回忆。那时，池田大作先生饶有兴趣地问苏步青先生："您作为数学家，对探究真理抱什么态度？"苏步青回答："从事科学研究要踏踏实实，一步一个脚印。"池田大作先生当场评价说："这是一位兢兢业业做出极大努力的人从心底里讲出来的话。"

1993年6月3日，日本天皇通过日本政府授予苏步青勋二等瑞宝章。苏步青在授勋仪式上，想起了1919年至1931年在日本求学的12年岁月。"我在东北帝国大学攻读数学，并获得了理学博士学位，我要借此机会感谢在此期间各位日本老师和朋友给予我的多方关照。1931年我归国后一直服务于我国的教育界，至今已有62度春秋。我特别怀念我的已故妻子松本米子。1928年她与我结缡仙台，以后便随我一同来到中国，与我朝夕相伴，风雨同舟。58年间，她对我的教育事业和中日友好的交流工作给予了莫大的帮助。现在我已年逾90，不可能有很大的作为，唯愿在此余生中为中日文化交流事业竭尽绵薄之力。"总领事小林二郎先生和其他来宾出席了隆重的授勋仪式。

63. 民盟的杰出领导人

2003年3月17日，民盟中央名誉主席苏步青逝世后，民盟中央领导和广大盟员，以各种形式，深切悼念这位杰出的领导人。民盟中央名誉主席费孝通、钱伟长、谈家桢，民盟中央主席丁石孙，民盟中央名誉副主席吴修平、江景波等敬献了花圈，民盟中央常务副主席张梅颖，民盟上海市委名誉副主席翁曙冠、徐鹏、黄茂福等出席了送别苏步青同志的活动。

作为民盟的杰出领导人，苏步青与民盟有50年渊源。他于1951年在杭州加入民盟，1952年秋天，因院系调整，来到上海复旦大学，作为民盟上海高教委员会的负责人，为宣传党的教育方针，推动高教民盟工作开展，苏步青的足迹遍及上海各个高等院校。从1956年起，苏老先后担任第二、第三届民盟中央委员，第五、第六届民盟上海市副主任委员，为上海民盟的发展作出了贡献。1977年10月，他开始主持上海民盟工作，当时民盟正处于恢复活动时期，百废待兴，举步艰难。苏步青以他崇高的威望，为上海民盟恢复活动，重显活力，发挥了不可替代的作用。从1978年起，他先后担任了民盟第四、第五届中央副主席。1987年他担任了新设立的民盟中央参议委员会主任，肩负起组织盟内老同志继续参政议政，为民盟发展献计献策的重任。在1997年召开的民盟第八次全国代表大会上，苏步青同志被推选为民盟中央名誉主席。

民盟中央副主席江景波曾在苏步青百岁华诞庆贺会上发表讲话说：我们今天在这里聚会，除了要表达对苏步青同志的敬意外，更重要的是要在苏老的人生轨迹上，找到我们要继承发扬的优秀品质。我们要学习他热爱祖国，献身科学、教育和社会事业的崇高品德；学习

1995年,上海市政协主席陈铁迪等人看望苏步青(左一为陈铁迪,左三为王生洪)

他作为学者严谨、科学的态度;学习他作为教育家热情负责地培育新人、提携后人的奉献精神;学习他作为民主党派杰出领导人对党的信任,对革命事业的忠诚,对党的统战工作所表现出来的高度责任感。苏老的这些高尚的品质,作为老一辈民主党派领导人开创的优良传统和作风的一部分,一定会在新时期民主党派工作中得到发扬光大。

时任中共中央统战部常务副部长刘延东对苏老做过这样的评价:"苏步青同志是中国共产党久经考验的亲密朋友,几十年他始终与中国共产党风雨同舟、肝胆相照、荣辱与共、亲密合作。在政治上和中共中央保持一致,在行动上自觉地服从与服务于大局,表现出了高度的政治热情和社会责任感。"

作为民盟中央德高望重的领导人,苏步青和民盟中央其他领导人一起,团结带领广大盟员所联系的知识分子,围绕中心,服务大局,积极参政、议政,献计献策,为经济发展、社会进步,特别是科教兴国战略,提出了许多很好的意见和建议,有些意见、建议得到了党中央和国务院领导的重视。在与中国共产党长期合作共事中,他和我们党以毛泽东、邓小平、江泽民为核心的三代领导集体，结下了深厚友谊。他知无不言，言无不尽，以自己的政治见解，赢得了大家的尊重。他还充分发挥自己联系广泛的优势，在对外联系和交往中，积极宣传党的方针政策，传播中华优秀文化，促进人民外交事业的发展。1987年，为推动民盟中央的领导人新老交替，他主动让贤，充分体现了作为一个政务活动家的宽广胸怀和为人民事业奉献的高风亮节。他虽然年事已高，但仍然壮心不已，在病榻上仍然关心国家大事，关注改革开放和社会主义现代化的进程。2001年元旦他还在病榻前书写《世纪感言》，展望新世纪，希望祖国更强大。在中国共产党建党80周年之际，他又撰写了难忘的党的三代领导人对他关怀的文章，表现了苏老为党为民献身的高尚情怀，令人十分感动和敬佩。

民盟中央原副主席吴修平长期从事民盟工作，较早结识苏步青同志。每次到京出席全国人大、全国政协会议，苏步青总要与他倾谈，逐渐成了忘年交。

吴修平深情地回忆说：1991年，精选了苏老诗文著述的《苏步青文集》出版。我很快就得到了苏老的签名赠书。作为一位90岁的老人，作为一位德高望重的民盟前辈，他是这样友好、这样用心地对待我这个晚辈，确实使我非常感动。从苏老赠书的美意，到我拜读这部大书时对苏老思想和文采的领悟，都进一步增加了我对民盟前辈的崇敬心情。

2000年9月，我获知苏老生病住院，便专程赴沪看望。我走进病房，看到他正在病床上输液，不便说话，但他的头脑十分清醒。我坐到他的身旁，他紧紧握着我的手，默默无声之中表达着千言万语，让我心中久久不能平静。临行时，医生嘱咐我在本子上留言，我一边写"祝苏老健康！吴修平代表民盟中央前来看望"，一边想着苏老为民盟工作所作的贡献。

早在1987年，他为促进民盟组织领导人新老交替工作的顺利进行，从民盟中央副主席的位置上退到二线，主持参议委员会的工作。在1987年1月9日举行的民盟中央参议委员会第一次会议上，苏老表达自己的心情说："我为能有机会为民盟继续贡献力量感到无比荣幸！……我们人老心不老，民盟的同志又这样信任我们，而我们自己也有参政议事的愿望，我想，这也是一个很好的机会。我们要珍惜这样一个机会，尽自己的努力，进一步为民盟中央领导机构新老合作和交替，做力所能及的工作。"

1998年10月，当苏步青获得何梁何利基金"科学与技术成就奖"之际，民盟中央领导费孝通、钱伟长、丁石孙立即联名致电向苏步青表示祝贺。

尊敬的苏老：

在20世纪即将过去，新的世纪将要来临之际，喜悉您获得了在国际国内很有影响的何梁何利基金1998年度"科学与技术成就奖"，我们为此由衷高兴，并向您致以诚挚的敬意。作为和本世纪同龄的人，您在数学研究和数学教学中的杰出成就，不仅给本世纪的中国人民带来光荣和进步，而且对于国际数学界也带来了重大影响。

1994年，与钱伟长院士等在北京合影（前排左一为钱伟长）

这次您获奖,也给全盟带来了光荣。这个殊荣是在您96华诞得到的,则更具深意,正如国务院副总理李岚清在颁奖大会上指出:对于有突出贡献者给予奖励,正是尊重知识、尊重人才的具体体现。

我们相信,您的获奖将鼓励广大盟员同志更加奋发工作,为祖国科学技术的发展和世界文明进步作出更大的贡献!

最后祝您健康长寿,万事顺利!

费孝通

钱伟长

丁石孙

1998年10月28日

64. 年近九旬上黄山

是什么证书那样鲜红又闪亮?苏步青捧着它,爽朗地发出笑声。这是珍贵的"全国健康老人"证书,一千几百万人中仅有10名,苏步青在上海荣获了这一光荣称号。了解他的人一点儿也不感到惊讶,

荣获"全国健康老人"证书、奖杯(1995年)

因为他的确受之无愧。健康老人都有养身之道，那么，苏步青的养身之道又是什么呢？

他说，一个人要保持身体健康，首先应有正确的目的，即身体好，就要多为国家的"四个现代化"尽力，多替人民做有益的事情。"长寿不是我的目的，但一个人若想为祖国和人民多作贡献，需要长寿。"有了这种认识，他锻炼身体、注重保健才有了一种持久的动力。苏步青锻炼身体始于念中学时，那时学校里有乒乓球、足球等运动项目。别看他个子瘦小，当足球守门员，左右开弓扑球，把大门看得严严实实。到日本留学时，常与同学登山、旅行，特别爱好的运动项目还有网球、划船、溜冰、摩托车越野等。1990年9月，苏步青在一篇谈体育锻炼的文章中说："给我留下最深印象的，要算网球。直到现在，每当夏季我穿上短袖衬衫时，有的同事就会发现，我的手臂右粗左细，这就是当年网球运动给我留下的。"生命在于运动，苏步青深深懂得这一点，而且又身体力行坚持了几十年，这种坚韧精神不能不让人佩服。

在长江宜昌三游洞前
（1987年）

要说苏步青的养生观、健身观，倒是一个比较全面的范例。我们从他的一天生活安排中也许能琢磨出一些有益的启示。

坚持全身运动。苏步青认为，人一定要动，这样才能使生命充满活力。从清晨5时半起床至6时半，这是他搞内务和锻炼身体的时间，雷打不动，风雨无阻。75岁前他特别注重锻炼两条腿，快速走路锻炼他的体力和灵敏性。还用洗冷水澡来刺激全身，不管春夏秋冬，每天都用冷水洗身，即使是在零下五度的严寒天气，也要淋洗五分钟，然后用干毛巾把全身擦红。随着年龄增长，苏步青不能再做太剧烈的运动，"练功十八法"这种稍显平和的操练成为他首选的锻炼方式。说来挺有趣的，《练功十八法》这本书，当时书价是一角八分钱，苏步青对人戏称："一法一分钱"，但这功法的价值就无法估计了。春夏他在空气新鲜的室外，找个环境幽静的地方练，秋冬或雨天则在室内或楼内走廊上练，一节紧连一节，从不马虎。练功可以入迷，外面的杂音也听不见。练完功法，自觉浑身轻松，精力充沛。

苏步青说："正由于每天坚持不懈，所以走起路来，显得轻快自如。有一次不小心走路踢到一块石头，眼看就要摔倒，但小腿灵活一伸，身体晃一晃，马上又保持平衡。这就是体育锻炼给我带来的好处之一。"

他觉得运动量还不够，再练走步。在家时绕居室走上五六圈。早饭后还要与笔者一起步行到1 000米外的学校办公室，每天来回行程约2 000米。笔者见他已是七老八十之人，要穿过一条宽20多米的大马路，危险得很，多次阻止，提议用专车接送。苏步青笑着对笔者说："到学校去实际上是锻炼两条腿。到走不动了，办公室也就不会去了。"笔者恍然大悟，再不向苏老提议用车送行上班的事了。要是出差外地，他总会利用有利的地形，安排锻炼身体。比如在宾馆的后花园伸展肢体；沿小道或走廊，每天上下午两次，走500米至1 000米不等。别看他年龄日增，走路却练就了一双"飞毛腿"，不知底细的小伙子，有时还赶不上他呢！

注意饮食卫生。运动消耗体力，饮食则是体能的必要补充。苏步青对饮食很讲究，但不是挑选高档菜肴，而是选择新鲜的和营养成分高的食品。晚年牙齿欠佳，食品需软嫩，易于消化。外出时喜欢在宾馆、饭店专设的软席位就餐。在家里喜欢吃海鱼、芋艿及新鲜菜。饮食很有节制，吃个八分饱，从不暴饮暴食。

苏步青有喝早茶的习惯。每逢出差外地，笔者总要想办法尽早为他送一瓶当天的开水，供泡茶之用。常住招待所的服务员了解他这一习惯，也会主动送水上门。所用茶叶大多为绿茶，尤以杭州的龙井为最。因为有些饭店备用的是红茶，所以苏步青每次出差，旅行袋里少不了绿茶。他说："绿茶有明目、提神、帮助消化和利尿等多种功能，可清志爽悦。"此

在复旦大学步行上班（1993年）

外他还有喝酒的爱好。晚餐时喝一小盅白酒，为的是活血利眠。在他90岁高龄之后，这一爱好日渐减退。与年轻时痛饮白酒相比，苏步青似乎也意识到，暴饮对身体的危害不可低估。

随着年龄增长，夜晚睡眠欠佳已对他的身体构成一种威胁，但他从不随便服用安眠药，而是采用按摩头部穴位，使之自然入睡。即使非用安定不可，也是能少用则尽量少用，以保护肝肾等重要器官。因此，直至1999年上半年，他体内的重要器官均无什么疾病，这是他得以高寿的原因之一。"文化大革命"期间曾患下的脑血栓疾病，长期服用中成药丹参片，效果很好，其他常用药有杞菊地黄丸等。有一段时间稍有便秘，他便坚持在每天早晨空腹喝一杯蜂蜜水，以保持大便的畅通。

丰富业余生活。苏步青退居二线之后，时间相对多一点儿，阅读古典诗词、练习书法有了机会。遇到灵感来时，便挥毫写诗，作品常在报刊上发表。夜晚不宜再伏案念书写作，便找来笔墨、宣纸，将自

在上海华东医院指导护士学习（1995 年）

己的诗作写成条幅。别看这功夫活轻松，真干起来还挺锻炼人的。提笔需悬空，这是锻炼神经；用笔需有劲，这是考验腕力；着笔需匀称，这是寻求美感。长期以来，书法健身作用显露出来。写完之后，欣赏得意作品，不仅心情舒畅，而且觉也睡得特别香。

晚饭后，收看中央电视台的新闻联播节目，苏老从不间断。待到看完全国天气预报之后，驻地医务人员便会按时上门给苏老量血压，结果每次都保持在 130/80。苏老还很关心笔者，总是让护士也给秘书量量血压，结果是 150/90，有时还出现 130/100。护士开玩笑地对笔者说："年纪轻轻的，血压还没苏老好，得向苏老学习学习。"

略事休息之后，苏老便开始记日记。他说："脑子也要不断运动，动则灵，不动则钝。健脑的办法是多看、多想、多写。"只要能正常活动，苏老没一天离开笔。这也是苏老思维敏捷的奥秘之一。

晚 9 时，是苏老沐浴的时候，洗澡时无需他人帮助。然后上床休息，睡前苏老还要按摩头部。"头部有许多穴位，认真按摩，可以舒展筋骨，有利睡眠。"他很少服用安定之类安眠药，有时过早醒来，才勉强吃一粒安定，又会进入梦乡。

苏老健康的体魄，确保他精神饱满地参加各种会议。秘书有时怕他老人家过度疲劳，总劝他休息。苏老最讨厌听这类劝说的话。"不能参加会议就不要来，既然来了，就要积极参政议政。"有时上下午都有会，一天来回 100 公里，这点路程苏老根本不在话下。有一次开会转换场地,在人民大会堂上一层楼,就有通常三楼那么高,苏老一口气步行上楼,也不觉困难。休息日的上午,苏老和秘书、警卫兴致勃勃地首次登上香山,饱览了蔚为壮观的景色,并留下了苏老强健的身影。

苏步青认为,多年来的经验表明,任何一项健身方法都有其局限性,必须将身体锻炼和心理调适综合进行。适当的体力劳动,能锻炼人的筋骨。有一次,苏步青在介绍自己的健身之道后,突然对来访者说:"我健身的秘密只公开了一半,你们猜,还有一半是什么?"当大家还没想出来时,

在北京香山留影(1988年)

他自己先揭了谜底:"那就是精神疗法。一个人对前途要有信心,要有强烈的事业心,乐观豁达;精神一振奋,会驱邪祛病,一个成天唉声叹气、愁眉苦脸的人不会长寿。""文化大革命"中,苏步青遭到迫害,此后还到江南造船厂参加技术革新,取得重要的科研成果。他说:"我坚持走过来了,就是靠精神的力量。'文化大革命'10年,我年届70,'四人帮'那样整我,如果没有精神作用,身体再好也非垮不可。"接着,苏步青还针对老年人的特点,讲了心理调适的经验。他认为,早年他坚持扫地、除草、种花,甚至拖地板,都是一种自觉的锻炼行为。从心理上讲,老人怕寂寞,与老朋友聊天,同年轻人交谈,不但有助于了解社会,而且能使生活过得充实。有适当的机会,到祖国名胜一游,更能使人心旷神怡,延年益寿。苏步青八旬之后还到过西安、重庆、武汉开会,顺路游览黄鹤楼、长江沿途,在88岁时还上了黄山呢!他的诗是他那健康身心的展示。

雨中上黄山（1990年）

雨中游黄鹤楼

一夜秋声江上寒，朝来江上绿犹浓。
晴川阁出翠林里，黄鹤楼沉烟雨中。
唐宋词人供画刻，古今书法竞雌雄。
一从崔颢题诗后，壁际长留绝唱功。

黄　山　行

（著名画家刘海粟先生90高龄10次上黄山）

自笑平生懒且顽，耄年尚未上黄山。
岂敢望尘刘画伯，十分之一亦心甘。
轻车联毂侵晨发，好友良朋共欢洽。
江浙皖连公路平，千里山河任趋越。

> 黉门别墅隐深林，车息雷声暮霭侵。
> 四面环山楼抱翠，一溪流水客听音。
> 黄山索道揽游客，直上云霄五千尺。
> 烟雾凌空身似飞，须臾北海眼前立。
> 未因天雨怨天公，林壑胜于南画工。
> 迎客松藏不见影，天都莲花如梦中。
> 北海清樽才信宿，攀高眺远窥全局。
> 雾散风清千嶂岚，泉鸣石击万条瀑。
> 不虚此行且赋归，始信峰边尚依依。
> 明岁重来观云海，九十年华寿一卮。

就在他登黄山的第二年，浙江科技出版社出版了《苏步青文选》。精致的封面显示出科学的庄严，粗实的黑体字透视出汗水的沉淀，360页整洁的正文弥漫着油墨的清香，30万个思维的符号，浓缩了苏步青先生60多个春秋奋斗的结晶，也折射出我国大半个世纪以来科学的颠沛、民族的兴衰。《苏步青文选》精选了苏步青几十年科研、治学、育人生涯中所积累的丰富科学及文史资料。

苏步青在自序中写道："蒋培玉同志多年来为我收集各个时期的照片多幅，并编写出我的重要活动年表，如教学、科研、外事活动等，分别刊载于卷首和卷末，使《文选》生辉。李大潜教授大力整理了第一编的书稿，并且与周仲良同志一起翻译、校阅了陈省身教授为我的《苏步青数学论文选集》写的献辞和《微分几何讲义》（英译本）的前言等。尤其值得提出的是，王增藩同志最近10多年来，他为我整理各个时期的讲话、报告和文章，并加以修改补充，使内容较为完备，本《文选》第三编的文章就是明证。"苏步青对以上几位同志的努力收集和认真整理，表示由衷的感谢。

90岁高龄、当时任全国政协副主席的苏步青教授，精神矍铄地专程到杭州，参加了《文选》出版首发式。苏步青在会上深情地说："这本《文选》主要收录了我几十年来关于教育思想和科研思想的论述，其中一部分是为青年人写的，我经常用自身的经历告诉青年，

与李大潜（右一）、王增藩合影（1996年）

'没有共产党就没有新中国''只有社会主义才能发展中国'。这是从我国的国情出发得出的结论，也是我几十年经历的一个总结，我希望这本书能对青年们继续有所帮助。"省委副书记刘枫在祝词中说："苏老是我们浙江人，是一位杰出的数学家、教育家、社会活动家。浙江出了这样一位科学家，是中华民族的光荣，是浙江的骄傲。苏老在学问、道德、文章3个方面都足以为人楷模。他几十年来所走过的道路，在中国老一辈优秀知识分子中具有一定的代表性，对年轻一代如何在党的教育下健康成长，具有现实教育意义。"

第八章

文章道德仰高风

65. 苏步青数学教育奖

1998年10月22日,香港何梁何利基金会年度颁奖仪式在北京人民大会堂隆重举行。苏步青院士荣获该年度何梁何利基金"科学与技术成就奖",奖金100万港币。这是对苏步青几十年来在科学研究中

1998年,谷超豪院士祝贺苏步青老师荣获何梁何利基金"科学与技术成就奖"

取得卓越成就的表彰。当苏步青获知得奖的消息后,感到非常高兴。他首先想到,是党和政府的关怀、学校和数学系领导给予的帮助,才有他今天的成就。所以,他决定将这笔款项全部用来设立奖励基金,以奖励优秀中小学教师和大学的科研人员,为教育事业再作贡献:

中共复旦大学党委:

　　我获得何梁何利基金奖(1998)成就奖,我愿意把全部奖金100万港元捐给教育事业,其中50万港元捐给复旦大学数学所、数学系,作为奖励优秀师生基金。另50万港元捐给苏步青数学教育奖。

　　妥否,请指示。

苏步青
1998 年 10 月 27 日

　　面对前去探望的复旦大学校领导,苏步青谦逊地表示,如今住在医院里,想再做些工作也难了。捐赠这笔奖金,就算为基础数学教育和学校数学系(所)的发展再作些贡献吧。

　　苏步青对优秀教师和学生一向非常鼓励和支持,只要有利于教育事业,他都十分关注。

　　1991 年 9 月,为了发展中国的基础教育事业,表达对苏步青教授毕生致力于数学教育事业的敬意,海外华人数学家项武义教授及夫人谢婉贞博士,苏老的学生谷超豪教授、胡和生教授共同提议设立"苏步青数学教育奖"(简称"苏奖")。苏步青院士任名誉理事长,复旦大学数学所所长谷超豪院士任理事长,下设评审委员会。每两年评比颁奖一次,奖励分为集体和个人两种。

　　1992 年 8 月 6 日,在"苏奖"获奖名单中,上海市青浦县数学教改实验小组、上海市大同中学《中学数学实验教材》实验研究组获团体奖。复旦大学附属中学特级教师曾容、上海市南市区教育学院特级教师李大元、上海市徐汇区位育中学高级教师金荣熙获个人奖。

1990年,欢迎项武义先生来复旦大学讲学(右起分别为胡和生、苏步青、项武义、蒋尔雄、忻元龙)

1994年,第二届"苏奖"在部分省市开展评奖、颁奖后,各地要求参加评选的来电、来信日益增多。在酝酿"苏奖"推向全国的时候,苏老和"苏奖"秘书处又收到不少群众来信(其中包括苏老的学生)。他们认为设立"苏奖"是为国家做了好事,对提高教师地位,肯定在中学基础教育中做出成绩的教师,是一种很好的奖励。但考虑到苏老的地位、威望和成就,认为"苏奖"应该和华罗庚数学奖、陈省身数学奖一样,除奖励中学教师外,还应扩大到奖励高层次的人才。

然而,苏老并不这样认为。他强调指出:"中国'四个现代化'建设需要各方面的人才,中小学教育搞得好不好,关系到整个中华民族文化素质的提高,关系到祖国的大业,全社会都应关心中小学的教育。"同时苏老告诫大家:"没有优秀中小学教师培养出好的中小学生,大学的人才从何来?高、精、尖的人才怎么培养?关键还是在中学,大家千万不要忽视了这一点。"

由此可见，苏步青教授对设立"苏奖"的目的是非常明确的，这就是贯彻落实科教兴国的战略方针，促进基础教育事业的发展，加强基础数学教师和教学研究人员队伍的建设。

"苏奖"办公室主任许温豪回忆说："苏老对设立该奖十分重视。在筹备'苏奖'理事会时，苏老就欣然答应担任该奖名誉理事长。他还积极参与'苏奖'《章程》的制定和修改，对评选工作提出自己的意见，并对获奖者进行认真的核定。在认真听取'苏奖'理事会汇报工作后，苏老说，我要感谢我的学生谷超豪夫妇和海外华人数学家项武义教授夫妇，他们共同提议的以我的名字命名的奖项，这不仅是给了我荣誉，更使我感到自己的责任。为奖励广大中学数学教育工作者在平凡的岗位上做出的成绩，我们应该实实在在地为他们做一些事情，认真把这项工作做好。"

正是苏步青教授的威望、崇高精神和重要贡献，使"苏奖"具有很大的感召力。各级领导及有关部门的关心，使"苏奖"的工作更上一层楼。教育部、各省市教委和全国及各省市数学学术团体、高等学校及中学对"苏奖"给予热情的支持。教育部部长陈至立会见谷超豪教授，表示同意将"苏奖"推向全国，并派员参加理事会会议和评审工作。各省市教委领导也非常重视这项工作，不少省市由教委一把手或分管主任担任领导小组或评审小组的组长。各地、市广泛宣传、发动，中国数学会、中国教育学会中学数学教学专业委员会、上海市和有关省市的数学会积极参加推荐和评审工作。这些都保证了获奖者具体事迹的真实性，保证了逐级评审的公正性和群众性。对此，苏老表示由衷的感激。

第四届"苏奖"获奖者、北京市代表孙维刚老师，是一位从教40年的老教师，曾荣获全国劳动模范和优秀教师光荣称号，多次受到党和国家领导人的接见和表彰。在荣获"苏奖"后他激动地说："以著名数学家苏步青教授名字命名的'苏奖'，是一个实实在在的奖。她奖励我们这些在中学数学基础教育中取得成绩的老师，有着不可估量的意义，也是尊重知识、尊重人才的具体表现。"孙老师抱病出席了颁奖大会，并在颁奖会上作了"使中学数学教育在整个

第二届"苏步青数学教育奖"获奖代表领奖（1994年）

中学教育中发挥更大的作用"的报告，受到与会领导和广大教师的赞扬。

2001年第五届"苏奖"颁奖活动在苏步青的家乡温州举行，来自全国各地的获奖者，手捧获奖证书，露出灿烂的微笑。苏步青获知喜讯后，以双手作拳，感谢谷超豪理事长及秘书处工作人员的辛勤工作，希望"苏奖"能永远坚持下去，让更多的优秀教师和研究人员获得该奖。颁奖大会上，复旦大学副校长郑祖康说：支持"苏奖"是苏老晚年对教育事业的又一贡献，是顺应时代潮流前进、不断开拓进取的又一硕果。我们复旦大学全心全意支持"苏奖"的工作，希望大家共同努力，把"苏奖"一届届办下去。

66. 爱永远留在心底里

樱开时节爱情深，万里迢迢共度临。
不管红颜添白发，金婚佳日贵于金。

1978年，苏步青与夫人50年金婚喜庆，他写下这样的诗句，同时也回忆起难忘的共同生活的日日夜夜。"毫不夸张地说，我的学问和成就，一半是夫人给的。"苏步青掩饰不住内心的激动，说出时时埋在心中的真话。

夫人原名松本米子，日本仙台市人。1926年他们相见于不二寮，两年后结婚，1931年偕同回国。那时松本米子已是两个孩子的母亲。刚到中国，她在生活上很不习惯，遇到吃乳腐，她就说太脏了，很讨厌。苏步青先是劝说，这么好吃的东西不吃，是不是太可惜了。夫人笑笑，看着丈夫不说什么。只见苏步青动手对乳腐进行一番改造，把那层乳腐皮去掉，再加上少许白糖，送给夫人尝尝。这一吃便吃出味道来了，乳腐变成夫人喜欢吃的食品了。再说，中国的皮蛋，在日本也没有，慢慢地她也习惯了那特殊的香味。日本人习惯每天都要洗澡，到了中国就没有那样便利的条件了。苏步青总想让夫人能在中国生活得好些，便请人用铁桶做了一个浴缸，但也只能让她一星期洗一次，夫人面对现实，体谅丈夫的苦衷，不久也习以为常了。

后来，逐渐适应的生活已不是他们重点关注的问题。苏步青任教于浙江大学数学系，每天都处在紧张的教学和科研之中，松本米子夫人深深懂得，要让丈夫成为有独创贡献的数学家，自己必须放弃早已立志献身的音乐事业，全心全意地操持这个家。苏步青曾回忆道，夫人少女时代是高级女子学校的高才生，有比较高的文化素养和艺术造诣。弹奏古筝是她的一大爱好，还常上广播电台去播音，来中国时，她带了一把十三弦的古筝。她还是书法艺术的爱好者，书法功底很深，在她的影响下，自己才在业余时认真地临帖写字，慢慢赶上夫人的水平。为了事业，松本米子默默地放弃了自己的爱好，将全部心血，都融化到对丈夫的体贴和支持上，倾注到对子女的抚育和培养上，让苏步青毫无牵挂地驰骋在数学王国里，去攻克一座座堡垒。

1937年，全面抗日战争爆发了。随着日本侵略者的南侵，杭州告急，浙江大学举校内迁，由于各种不确定因素，苏步青将夫人及孩子送回故乡平阳暂住，自己则随内迁队伍出发了。这对于松本米子来说，又是一个难以想象的困难，她承受得了这巨大的压力吗？故乡的人们以大极的热情,欢迎这位远道而来的"媳妇"。松本米子则常用自己微薄的力量,为乡亲们做一点儿事情,一直到中华人民共和国成立后,她和乡亲们仍保持着真挚的感情,不管是关系多远的亲戚上他们家,她都要亲自迎接,为他们安排食宿,从不表示厌烦。家乡的人说:苏先生太忙了,要不是苏太太,我们还真进不了苏家的门。每当听到这些,苏步青就脸红,同时也从内心深深地感谢夫人的这些举动。

困难一个接一个向苏步青一家人扑来,首当其冲的又是夫人。在浙江大学内迁至遵义后,苏步青在竺可桢校长的关心下,将全家从家乡接出,一家9口人,住在湄潭的一座破庙里。虽说苏步青已是教授,但连吃饭都成问题,吃山芋蘸盐巴,一连就是好几个月。竺可桢校长一天漫步来到破庙前,看到苏夫人把最小的儿子背在背上,正忙着做晚饭,这才了解到,苏步青一家由于孩子多,薪水全拿来买米也不够。校长立即给予照顾,让孩子到学校免费食宿。就在这样艰辛的日子里,苏夫人从来没有一句怨言,总是想方设法、节衣缩食地过日子。有时给她的钱实在不够开销,她宁肯自己挨饿,也要让先生吃饱,让孩子们吃饱。苏步青深情地回忆道:"我在这样的困境下,没

在贵州湄潭时与家人合影(1946年)

有中断微分几何的研究，相反那是一生中论文写得最多的年头。她为了我，把自己的一切都贡献了……"

正如当初商量留在日本还是返回祖国时所说的："不论你到哪里，我都跟你去""你爱中国，我也爱中国""中国是你的故乡，也就是我的第二故乡"，句句掷地有声，句句都经得起历史的考验。苏夫人战胜了生活的困难，更重要的是在人生的关键时刻，帮助苏步青战胜了一个个难关。

"七七事变"发生后，苏步青一家收到来自日本仙台的电报，传来的是松本米子的父亲病故的噩耗。夫人悲痛万分。苏步青作为女婿，也力劝她回日本去送别亲人。毫无疑问，贤惠温顺的松本米子此刻多么怀念亲人，渴望见上父亲最后一面。可是她想得更多的是苏步青的生活和事业。她担心万一战局恶化，可能再也无法回到先生的身边，想到患难中的丈夫离不开自己，她忍着父亲离世的痛楚，断然打消了回日本去的念头。一天，日本驻杭州领事馆的一位不速之客，来到当时担任浙江大学数学系系主任的苏步青家，对苏夫人说："听说夫人是日本人，不知夫人是否有意到我们领事馆品尝日本饭菜，我们将热情款待。"面对这位说客的引诱拉拢，苏夫人说："很遗憾，我已过惯了中国人的生活，吃惯了中国饭菜，尤其是中国的皮蛋，还有绍兴的豆腐乳……"来人见事不妙，讪讪而去。

抗日战争胜利后，发动侵略战争的日本，百业萧条，民不聊生。松本米子的母亲含辛茹苦，操持家务，熬瞎了双眼，于1947年不幸逝世。苏步青夫妇不得不将寄养在外婆家的四子德昌接回中国。不久，全国解放的炮声响了，正在杭州航空学校执教的苏步青，引起了国民党政府的关注。有人策划，要使身为中央研究院院士的苏步青不落在共产党手里，就得设法将其孩子一个个先送往台湾，然后迫使苏步青一家跟随国民党逃往孤岛。"一个家庭不能分开，一个民族也不能分开，我嫁给中国人，我的命运应属于中国。"苏夫人说。她非常爱孩子，也十分注意对他们的培养和深造。在新中国成立前夕的这段时间里，她却整天将孩子们牢牢看住，不肯放他们出国，更担忧被国民党特务弄到台湾去。

1952年,根据全国高校院系调整的需要,苏步青来到上海复旦大学工作,松本米子一起迁居上海。她在中国生活了22个年头后,于1953年正式提出加入中国籍的要求,得到上海市有关部门的确认,成为中华人民共和国批准的第一批入籍外国人之一,批准书的编号为NO.79,也就是第79名加入中国籍的外国人。以后几十年,苏步青夫妇一直记住这个难以忘怀的数字。从此,松本米子改名为苏松本。入籍后,苏夫人常常喜欢一个人去公园散步,上四川路购物,用带有日本腔的汉语同营业员、售票员交谈。"阿拉是上海人。"听者笑着对她说:"听侬口音,不像上海人,顶多是个广东人。"每次遇到这种情况,她回家总要说给丈夫和孩子们听,全家人共享她那种做中国人的自豪感。

在国家遭受自然灾害的20世纪60年代初期,苏夫人挑起家务和培养子女两副重担。头几年,她看到国家有困难,就把自己节约下来

苏步青与夫人苏松本在上海家中(1980年)

的粮票、肉票上交，帮助国家渡过难关。她在家里从来不收受任何人的礼物，即使不得已收下了，一定要加倍奉还人家。到了后几年，苏步青的收入逐渐增加，有一次还获得一笔奖金。他打算给夫人添置一些服装，可这事一提出，夫人就摇头，一件也不肯做。她说："我们有那么多的孩子，家庭负担还很重；我又一直在家里，不需要多做衣服。"直到1979年，她才同意添置两套新衣服。一套穿着回到阔别多年的故乡——日本仙台；还有一套一直存放着，到临终时她才穿上。每当提起此事，苏步青总是流露出对夫人的深深歉意。

10年"文化大革命"给国家带来深重的灾难，也使苏步青一家陷入痛苦之中。苏步青遭到不公正的待遇，连遭批斗，还被造反派无辜关了4个月。刚回到家里时，一看老伴原来一头青丝，竟然变成银发一片，苏步青惊呆了。当时的苦难实在超过一般人的忍受力。苏步青作为一级教授，工资降为每月50元，扣除房租水电杂费后，只剩下3角钱。可是，苏松本见到丈夫回家时，依然像以往一样笑着问好，一点儿也没有流露出悲伤的情绪，没有一句痛苦的怨言。她知道此时的丈夫需要温暖和抚慰。苏步青深深地领会夫人所忍受的痛苦，这是一位既温柔又坚强的女人。面对着生活的窘迫，苏松本害怕给丈夫增添忧愁，一点儿也不让他知道，自己默默地想方设法克服困难。后来在外地的大女儿知道了，才不时寄些钱来接济。"一切都会好起来，要看得远一点儿。"苏夫人常常这样安慰自己的亲人。"文化大革命"期间，"造反"成风，宿舍区内的保姆也串联起来，造自己东家的反。有人来鼓动苏步青家的保姆也造反，但她却理直气壮地告诉来人："我们东家苏太太是个大好人，我不造反，你早点儿走吧！"

粉碎"四人帮"后，苏步青担任复旦大学校长，工作十分繁忙，苏夫人更加细心地照顾先生。丈夫经常工作、学习到深更半夜。这时她不得不走进书房，提醒老伴休息。一经提醒，苏步青马上合起书本，这已是他们多年的习惯了。

1982年冬，《科学生活》记者周家骏、陈连强来苏步青寓所采访。之后，苏步青因有事到学校去，记者征得家人同意，上楼探望苏太太。在一间简朴明亮的卧室里，苏太太静静地躺着，满头银丝披在枕边，清秀瘦削的脸上洋溢着慈和的微笑。记者环视四周，房里没有豪华的陈设，只有床边斜靠着一把日本古琴，非常引人注目。一人多高的琴身，用蓝底白花的日本花布套子裹着，亭亭玉立，富有浓郁的异国情调。苏太太见记者对琴感兴趣，便笑着说："这把琴是我1931年时带来中国的，一直没离开过我……"擅长古筝的苏夫人，空闲时还要拿出结婚时先生送给她的那架筝弹上几曲。有时苏步青则在旁边幽默地说："咳，我听不懂，你这是对牛弹琴啊！"接下来便是老两口爽朗的笑声。

苏夫人给苏步青一家做出了无私的奉献，却很少考虑自己个人的享受，一切都为了丈夫，为了这个家。苏步青每想及此，脑海里都会浮现出一件令他终身遗憾的事，那就是夫人一生都没到过首都北京。现在提起，确实有些令人不敢相信。苏步青从担任第二届全国政协委员起，到北京开会、出差不下百次，难道就抓不住百分之一的机会吗？苏步青曾经有过提议，可是苏夫人总推说孩子太小，家务这么忙，怎么走得开。到了可以走出去时，苏夫人又推说，跟你到北京，影响不好吧？就这样一次次拖下来。等到孩子长大了，苏夫人的年岁也上去了，再加上一些病痛，就更不容易成行了。苏步青怨恨自己，可以说这是难以释怀的遗憾事。

1981年，苏夫人因患多发性骨髓瘤卧床不起，被送进长海医院接受治疗。疾病折磨得她度日如年。在规定探望病人的时刻，不论工作多忙，苏步青总会准时出现在她面前，带去她爱看的画报或孩子们的来信。夫人总是强忍疼痛，安慰丈夫，有时以听日本民谣来解除痛苦。苏步青要是出差北京，夜晚总要挂念她的健康，在日记本上写几句企盼她康复的话，回到上海后必定出现在夫人身边。1985年春天，苏夫人的病情似有好转，便出院回家住一段时间。可是病魔还在侵袭她的肌体，当她再次住院治疗时，病情已处于晚期。

苏松本患病之后，从上海市领导到复旦大学党政领导都十分关心。长海医院选派最好的医护人员积极组织抢救，终因病势过重与世长辞。

1986年5月，苏步青的学生、中国科学院院士谷超豪教授在苏松本追悼会上致辞：

"我们敬重师母，是因为师母是一个正直的人。她的一生和苏老的事业联系在一起。苏师母坚定地与浙大师生迁居广西、贵州等地，支持先生为我们民族、我们祖国培育数学人才。在艰苦的岁月里，师母放弃了自己的爱好，毅然挑起操持家务的重担，不辞辛苦，带大了子女。全国解放前夕，国民党官员纷纷逃往台湾，有人曾策划将苏先生弄到台湾去。他们想首先将孩子送走，苏师母坚决不同意，时时守卫在孩子身边，和先生一道迎来了新中国的诞生。全国解放后，苏师母于1953年正式要求加入中国国籍，成为中华人民共和国批准的第一批入籍的外国人。从此，苏师母改名苏松本。在'文化大革命'期间，苏先生受到严重迫害，苏师母忍受着巨大的痛苦，一面安慰苏老，一面想方设法克服困难。在林彪、'四人帮'最肆虐的年头，她每天站在门口等待受造反派批斗的先生回来一道吃饭，使先生挺过了那最艰难的10年。在先生患脑血栓期间，由于苏师母的日夜精心护理，终于使先生早日康复。粉碎'四人帮'后，苏师母终于得以赴日本探亲，她严格按照规定，如期返回她的第二故乡——中国。她一生为中日友好不懈努力，做了很多工作，为中日的友好发展作出了贡献。

"在她离世前，还能讲话时，还一再表示：我一个普通妇女，人民和组织花那么大气力为我医治，我心领了。一再表示了对长海医院领导、医生、护士的衷心谢意，对学校组织、领导的诚挚感谢。当苏老向医护人员和前去探视的党委负责同志表达师母的这份情义时，我们越发从心里钦佩师母诚挚待人的品德。一个加入中国国籍、在中国这片土壤上生活了50多年的外国人，这样地热爱我们的国土，这样地支持丈夫所从事的事业，这样地和我们民族的人民同甘共苦、生死与共，她的人生就是一本很好的教科书，她教导我们怎样做人，怎样做一个有益于社会、有益于人民的人。"

苏夫人把爱留在人间，苏步青把爱永远留在心底里。失去了亲人，苏步青一直沉浸在悲痛之中。每每想起，他只能以诗寄托自己的无比思念，无限情深。在追忆中也激起他对未来的情怀：

> 花开花落思悠悠，扬子江头忌又周。
> 对月空吟孤影恨，倩谁倾诉暮年愁。
> 尽无夜雨还惊梦，纵有杜康难解忧。
> 百岁光阴仅余几，仍须放眼望神州。

长期劳累，再加上年岁不饶人，1999年苏步青病倒了。但是他仍顽强地与病魔作斗争，时时还记挂着学校和学生。2000年3月，国务院总理朱镕基到医院探望苏步青教授，给予亲切的问候。苏步青凝视着朱总理，紧握的手，久久不肯松去。苏步青时时挂念全国人民都过上小康的生活。从老人期盼的眼光中，我们似乎看到了中国美好的未来。

67. 以苏步青命名的国际数学奖

苏步青是中国现代数学的重要奠基人之一，对我国数学的发展作出了卓越的贡献。短短的几十年时间，他和他的继承者们把复旦大学数学学科建成为一个国内名列前茅、国际上享有很好声誉的学科，这在国际数学史上也是罕见的。据查美国仅有麻省理工学院在维纳的领导下，半个世纪里从50名以外进入了前10名。

苏步青教授对数学学科的影响绝不限于复旦大学，他是中国数学界人人敬重的前辈，在国际上有着很高声望。2003年7月，国际工业与应用数学联合会（ICIAM）决定设立 ICIAM 苏步青奖。这是国际工业与应用数学联合会继已设立的拉格朗日奖、科拉兹奖、先驱奖及麦克斯韦奖外设立的第五个奖项，用于奖励在数学对经济腾飞和人类发展的应用方面作出杰出贡献的个人。和其他4个奖项一样，ICIAM 苏步青奖每4年颁发一次，每次一人。首届 ICIAM 苏步青奖于2007年在瑞士举行的第六届国际工业与应用数学大会开幕式上颁发。

ICIAM 苏步青奖是以我国数学家名字命名的第一个国际性数学大奖。这是国际数学界对苏步青先生的成就、为人、作用和地位的高度认可，是苏步青先生的光荣，是我们国家和民族的骄傲，也是复旦大学向国际一流大学迈进征途中的一个闪闪发光的标志和象征。同时，中国工业与应用数学学会（CSIAM）已于 2003 年 11 月决定设立 CSIAM 苏步青应用数学奖，用于奖励在数学对经济、科技及社会发展的应用方面作出杰出贡献的工业与应用数学工作者。此奖每两年评选一次，每次不超过两人。得奖人可由中国工业与应用数学学会推荐申报"苏步青奖"。首届 CSIAM 苏步青应用数学奖于 2006 年颁发。这是我国国内数学界继华罗庚奖及陈省身奖后的第三个数学大奖。

连同已设立多年的面向中小学教师的苏步青数学教育奖，现在已经有了以苏步青先生命名的 3 个不同层次、不同范围的数学奖项，它们充分反映了苏步青先生一生对数学的教学和研究方面的关注、热爱和奉献，也深刻体现了他在数学的教学与研究方面贯穿一生的思想、精神和风格。

马克思有句至理名言："一切科学只有在成功地运用数学时，才算达到了真正完美的地步。"70 多年间，苏步青在数学王国里不知疲倦地奋斗，在纯粹数学和应用数学的研究和运用中，取得了国内外公认的成就。苏步青不愧为卓越的数学家，在他走完人生的全部历程后，让我们回顾数学发展的历史，追踪苏步青留下的足迹。

曾任上海市数学会副秘书长的谈祥柏教授在 20 世纪谈及中国数学会成立时写道：我国现代数学的发展，可以追溯到本世纪初。到 30 年代，国内一些大学已聚集起一批卓有成就的数学家。为联络各地数学工作者，推动数学教学与研究，1934 年秋，著名数学教育家何鲁教授专程到上海，拜会各方人士，倡议成立中国数学会，获得上海数学界人士的赞同。1935 年 7 月 25 日至 27 日，代表全国各地数百名数学工作者的 33 名代表在上海交通大学图书馆举行了中国数学会成立大会。

中国数学会成立后，会址设在上海亚尔培路（今陕西南路）明复图书馆，组织上设置了下列一些机构：一、董事会。共有 9 名董事，其中包括学会发起人顾澄、何鲁，由胡敦复任主席。二、理事会。共11人，其中有具"伯乐"眼光大胆提拔华罗庚的熊庆来先生，从日本学成归来声誉鹊起的苏步青，拓扑学专家江泽涵以及新中国成立后曾分别担任杭州大学、武汉大学校长的陈建功、曾昭安等。常务理事由朱公谨、范会国担任。三、评议会。共有21人，其中有中算史专家钱宝琮、数学教育家傅种孙（解放后曾任北师大校长）、"智力游戏大师"陈怀书以及高扬之（女）等。四、会刊编辑委员会。由7人组成，苏步青任主编，华罗庚为助理编辑。五、杂志编辑委员会。有13名委员，由顾澄任主编。

数学会在其宗旨中，揭橥"绍介新知，促进吾国之数学"，并提出具体的8个方面：基本观念之讨论，中外论著之批评，会员研究之心得，各国名著之译述，大学教材之介绍，中国古算之考订，国内著述之提要，中外数界之消息。学会成立后，国内学术大大活跃起来。1936年，《数学学报》问世。当年夏天，在北京召开第二次年会时，发表的论文比成立大会时多了几倍。在学会推动下，还出了一大批数学书籍，以商务印书馆为例，就有大学丛书、算学丛书、算学小丛书以及数学科普书，并翻译了一些外国名著。

苏步青和陈建功教授在浙江大学取得一系列研究成果，被称为"陈苏学派"。在抗日战争时期，当时的中央教育部曾推行过一种"部聘教授"制，作为当时学术上的最高荣誉。推行方法是由全国各大教授选举产生。前后两届，共推出教授30余人。其中数学系总共3人，浙大数学系占了两名，即苏步青与陈建功两位教授（另一人是西南联大华罗庚教授）。在那次庆祝苏、陈二氏当选大会上，一位教拓扑学的蒋硕民教授（蒋作宾的长子，后任南开大学数学系主任，新中国成立后在美国普林斯顿高级研究所专事数学研究工作）在会上介绍说："如今世界学术界公认数学科学已形成三大派系：一是以美国为代表的美洲学派，二是以意大利为代表的欧洲学派，其三是以中国浙大苏陈两先生及其门弟子为代表的东方学派（或称亚洲学派）。所以苏、陈两先生的当选是极其必然的事。"

新中国成立以后，中国科学院成立，在筹建数学研究所时，苏步青是研究所所长之职首选对象。可是苏、陈两先生都不愿担任此职，希望继续留在复旦大学进行教学工作。后华罗庚先生由美国回国，大家就推华先生担任数学所所长之职。

陈建功留学日本回国后到浙江大学数学系任教，当时系主任是我国数学史专家钱宝琮教授。不久钱先生把系主任一职让给陈先生。苏步青1931年从日本学成归国后，应陈建功之聘到浙江大学任教，陈先生又把浙江大学数学系系主任让给苏步青担任。从此他们通力合作，在数学王国里作出了许多卓越的贡献。

1937年，日本军国主义者发动全面侵华战争，中国数学会已不能正常开展活动。抗战期间和抗战胜利后，虽然条件非常困难，数学会仍然做了一定的工作，但都没有恢复到1936年前后的水平。直到中华人民共和国成立后，中国数学会经过改组，在新形势下工作有了很大的进展，在促进经济建设和科技发展中，作出了贡献。

1981年8月，在上海召开的微分几何与微分方程国际学术讨论会上，苏步青作了题为"微分几何学在中国的成长与发展"的报告，其日文稿后在1983年4月日本数学会广岛年会上作为演讲稿。该文特别指出："20世纪以来，提到几何学家，首先会想到姜立夫（1890—1978年），他恐怕是中国最早获得博士学位的数学家吧。他在哈佛大学库利奇教授指导下取得了学位，归国后，姜教授多年在南开大学任教，培养了相当数目的优秀学生。其中，有江泽涵（北京大学，拓扑学家）、吴大任（南开大学，几何学家）和陈省身等人，尤为突出。在中国数学界有巨大影响的数学家，还有陈建功、华罗庚教授。"

关于姜立夫先生，苏步青后来回忆道：我从温州中学毕业前夕，学校来了一位从美国留学归来的数学博士姜佑佐先生（就是姜立夫先生），据刘厚庄老校长说，姜先生虽然中了"洋状元"（这是对博士的称呼），但他回故乡平阳时，不坐轿子，自己拿行李。有人恭维他的学问渊博得无以复加时，他却回答说："数学这门学问好比一棵大树，而我所知，不过是一片树叶。"这番话给了我深刻的教育，使我体会到，我只学到一点知识，首先从谦虚开始，千万不要"半瓶醋，响当当"。

后来，我留日而且也学了数学，用洋文发表了几篇论文，被在南开大学当教授的姜立夫先生看中了。从1928年至1931年的3年间，我在日本东北帝国大学当研究生，接连收到厦门大学、北京大学、清华大学、燕京大学等校聘为教授的电报，但由于研究工作未告结束，全部予以谢绝了。后来才知道，这些都出于姜立夫先生的介绍，而姜先生是从刊物上读论文时得知自己英文名字的。

1931年，我也中了"洋状元"并回国了。那时，姜立夫先生才知道我和他是同行加同乡，我也初次知道聘我当教授的推荐人是姜先生。我又一次从姜先生那里受到教育：提拔后辈，必须大公无私。因为，当时的中国社会不像现在这样不分门户派别，相反，东西洋留学分派别，往往把日本留学生看作不值钱的"东洋货"，姜先生明明知道我是留日的而不知道我的中国姓名，更无法知道是同乡，但还是那样千方百计地要我回国当教授，这不是爱才如命、提拔接班人大公无私，又是什么？！更为感人的是，当我决定去浙江大学时，姜先生也已收到浙江大学聘书，连所用的教材都已准备好，但为了让我充分发挥作用，姜立夫毅然收回成命。我至今还把姜立夫先生给我的教育铭记在心，没齿难忘："我这个'东洋货'，没有姜立夫先生就不会有今天。"

由于姜立夫先生的影响，在温州高中毕业生中，专攻数学而取得成就的科学家、教育家有相当的数目。李锐夫先生就是其中的一个。他曾任华东师范大学副校长、上海市教卫办副主任。他说：姜先生的风格，对于自己后来选定数学为本人专攻的学科是有着决定性的意义的。

关于华罗庚先生，在他逝世的时候，时任全国人大常委、教科文卫专门委员会副主任的苏步青于1985年6月15日接受中国新闻社记者采访时说：

> 今年4月，在参加六届十次常委会时，我和华罗庚同志相见，那时他的行动比以前更不方便。我握着他的手，劝他多保重。但他还是坚持出国，为日本数学会作学术报告。没想到，我

1978年,在北京与华罗庚和参加全国8省市中学数学竞赛的优胜者亲切交谈

们的那次握手,竟成了与华先生的最后握别。6月12日晚,我得知华先生不幸逝世,甚觉悲哀,本想立即发唁电,又苦于不知发往何处。现在,我又一次地借中国新闻社表达我自己对华老的悼念之意。

华老患心脏病已有年数了,他多次表示宁愿死在工作岗位上,而不愿死在床上。这种为祖国服务、促进国际间的学术交流的精神,是非常可贵,值得我们学习的。华先生是我国著名的数学家,为我国数学的发展与应用作出了卓越的贡献。

现在华老离开了我们,这是中国数学界的巨大损失。我们数学界的同行要化悲痛为力量,继承华老的遗志,团结一致,努力工作,为我国数学的发展和繁荣作出新的贡献,以告慰华罗庚同志。

关于陈省身先生,苏步青与他是数学上的同行,都搞微分几何,又是几十年的老朋友,君子之交淡如水,但他们的彼此钦慕和推崇,则又感人至深。苏步青回忆时说:"陈省身气魄大,是大得不能再大的几何学家了。他在理论上搞整体,具有开拓性,学术领导上也具有战略眼光。"陈省身曾在《微分几何讲义》(英译本)前言中写道:

我知道苏教授的大名是在30年代初我当研究生的时候。那时，作为一个微分几何方面的学生，我读了他早年撰著的许多论文。这些论文篇篇都显示出作者丰富的想象和广博的学识，我从中得到的教益至今仍给我带来美好的回忆。1941年，苏教授在美丽的杭州城担任国立浙江大学的数学教授。他创建了一个微分几何的学派，培养出许多优秀的学生，其中有熊全治、张素诚、杨忠道、谷超豪、胡和生等。从他的学生们所写的一些论文中可以看到他的重大影响。

2000年11月为庆贺苏步青先生百岁华诞，陈省身先生亲笔写来贺词："欧氏公理，刘徽勾股，克莱有群，步青投影，苏步青教授对中国几何有巨大贡献。值百岁寿辰撰芜句以献——陈省身。"陈先生把苏步青与欧几里得、刘徽、克莱因并列，给予了高度的评价。

唯一获得世界数学界最高荣誉"沃尔夫奖"的华人，被国际数学界尊为"微分几何之父"的陈省身先生，于2004年12月3日晚因病医治无效在天津逝世，享年93岁。大家知道"陈省身梦想——中国要成为数学大国"，苏步青和陈省身一样，都为实现这一梦想，奋斗了整整一生。

数学大师江泽涵先生九十华诞出版纪念文集之际，苏步青题写了一对贺联："桃李光风春正好，文章道德寿而康"，祝福江先生事业辉煌，健康长寿！

到了1991年9月的微分几何国际学术讨论会，苏步青以会议致辞的形式，再一次系统地总结了自己微分几何研究的成就。他说：

"这次学术讨论会是继1981年和1985年两次微分几何和微分方程的上海学术讨论会之后的又一次盛会。我作为一个同行来参加，感到无比兴奋，无比欢欣。会议的名称还标上'In honor of Su Buchin'等词句，使我感到无上的光荣，对此表示由衷的感谢。预祝此次学术讨论会圆满成功。

"在1981年那一次双微讨论会（DD 2 Symposium）上，我曾经作了以'Growth and Development of Differential Geometry in China'为题的报告。简括地说，微分几何在中国是从20年代开始成长的。已故教授孙镕（Sun Dan）当时在芝加哥研究射影微分几何，后来归国在清华大学任教，陈省身教授（S. S. Chern）30年代初期就是在他的指导下当过研究生的。我本人于1926—1931年在日本仙台（Sendai）先钻研仿射微分几何，后来搞射影微分几何。这个时期的研究是从Fubini和Blaschke那里受到影响而开始发展的。我于1931年归国，任教于浙江大学，继续培养数学人才，形成了国际公认的浙江大学微分几何学派。40年代以后，E. Cartan学派经过陈省身教授杰出的贡献，整体微分几何萌芽和发展，到今天发展更为迅速。值得一提的是，除了几何的理论的研究之外，最近10多年微分几何向两个方面的发展。一个是自1976年以来，首先把微分几何引进到计算几何、应用几何中来，在造船工业、航空工业、裁剪、建筑等方面收到显著的成效，在CAGD（计算机辅助几何设计）中起到空前的作用。这是第一个方面。另一个方面是同偏微分方程理论相配合，在非线性科学领域，特别在数学物理，如Yang-Mills Theory中闯出一条新道路。"

作为一位数学家，苏步青不仅致力于数学教育和研究，还特别关注中国数学的发展。在谈到发展方向时，苏步青指出：应该重视纯粹数学与应用数学相结合，创出我国特色，走向世界前列。这个思想早在1965年前就已具雏形，到了1985年中国数学会成立50周年前夕，苏步青对此已有较为详细的阐述。

在上海召开的中国数学会成立50周年庆祝大会上讲话（1985年）

他说，50年来，中国数学会经历的道路是曲折的。在旧中国，创业艰难，中途发生了抗日战争，靠少数人的坚持努力，做了有限的工作，《数学学报》勉强出了两卷，便难以为继。中华人民共和国成立后，数学会才得以新生，在党的领导下成为为我国社会主义建设服务的机构。新中国成立后也有过曲折，包括10年内乱时期。党的十一届三中全会明确了我国社会主义现代化建设的路线、方针，从而向数学工作者提出了一个问题：如何为"四个现代化"建设服务？中央关于科研体制改革的决定中指出：加强应用科学的研究，重视基础科学研究，这也是数学工作的方向。

苏步青说：现在数学与经济、社会发展的密切关系越来越明显。搞好经济建设，离不开数学。比如，现在调整农业结构，粮食作物与经济作物的比例究竟怎样才合适，靠经验估计有很大危险，必须根据数据，列出几十种方案，用计算机来计算，找出最优方案。"四个现代化"建设向数学工作者提出了重大的任务，而数学学科本身也有着广阔的发展前景。

苏步青说，纯粹数学的研究是需要的，但人数不需要很多，而且这种工作也不是人人都适合搞的，大量的应该是应用研究，去解决"四个现代化"中的实际问题。他强调指出，应用数学与纯粹数学相结合，这是一个发展方向。例如计算几何，虽然是国外率先搞起来的，但现在我国在这方面已走在前面。利用计算机进行图形设计，在船舶、汽车、航空工业方面都已应用，发展前景非常广阔。我和刘鼎元合作编写的《计算几何》，发行了20 000多册，仍远远不能满足各方面的需要，因为它在实际工作中很有用处，最近，美国数学界要求把它译成英文出版，现正在接洽中。为什么我们能在这方面处于领先地位？因为在国外，计算几何大多是工程界的人搞的，他们缺少数学理论基础，而我们把基础理论与应用研究结合起来了。苏步青说：我是搞纯粹数学的，但与应用研究结合起来，就在工程技术上用上了。我们朝这个方向发展，可以创造出我国自己的特色来。

谈到这里，苏步青教授特别强调，研究机构与高等学校要加强团结协作。他说，过去在我国学术界中，数学界的团结合作是比较好的，很少门户之见。他深情地回忆了我国数学界的前辈冯祖荀、姜立夫教授，称颂这两位前辈虽然分别留学日、美，但团结合作得很好，而且都十分注意提携后辈，包括他自己在内。苏步青教授说：今天，我们在从事"四个现代化"建设中，更需要加强团结协作。各人学问有高低，成就有大小，但都是为着一个共同的目标，首先是要团结一致，否则就不可能完成我们的历史性任务。

1990年10月，苏步青在中国工业与应用数学学会即将成立之际，亲笔致函预祝大会圆满成功。他在信中写道：

"大会之后，我希望大家在已有的基础上继续进行扎扎实实的工作。现在许多应用数学课题，已不能靠某个人的关门奋斗去解决，它往往需要数学家、计算机科学家、其他非数学领域的专家以及活跃在工业、企业、经济界第一线的工程师、实验师、统计师等多方面人才的全力合作。我们要重视这方面的合作，同时要把自己所承担的工作做好，并且与国际同行保持密切的联系，使我国工业与应用数学学会为祖国的繁荣昌盛作出应有的贡献。"

中国科学院院士、中国科学院数学与系统科学研究院院长杨乐说：

苏老十分关心中国数学会的工作，常务理事会上对学会工作认真发表意见。1985年，中国数学会成立50周年之际，当时条件远较现在为差，举办大型的纪念与学术会议牵涉一系列工作。苏老主动提出会议在上海举行，由复旦大学承担了许多组织工作。会前，苏老亲自与我们讨论大会的主题报告，会议进行得十分圆满。

在国务院学位工作的评审会议上，苏老倡导"高标准，严要求"。在中国科学院数理学部的会议上，苏老也总是认真地对学部咨询与学部委员增选工作发表意见。在中国大百科全书数学卷的编纂工作中，苏老与华老同时出任主编，亲自主持编委会议，掌握重大编辑方针。

苏老十分重视国际学术交流。在"文化大革命"10年浩劫中，我国完全割断了与国际上的学术交流与联系。1978年4月，我与张广厚应邀赴瑞士参加国际分析会议并顺访英国，可以说是粉碎"四人帮"后数学界最早的出访活动。当年5月，在上海举行全国函数论会议，

第八章 | 文章道德仰高风

1995年，在北京参加中国科学院增补院士投票（左一为苏步青）

安排我报告出访西欧情况。苏老特地来参加会议，听取了出访情况。后来，他担任复旦大学校长，常常会见外宾，并远赴西欧访问。1983年，他担任团长，率领王元、胡和生两位教授，赴日本访问，受到热烈欢迎。1995年，我参加在日本仙台东北帝国大学举行的日本数学会年会。东北帝国大学数学系的教授陪同我参观图书馆，他们首先拿出苏老1983年访问时的影集，对东北帝国大学有这样的校友感到自豪。

苏老对青年学者十分关切、爱护，谈话幽默、风趣。我虽然与他年龄相差三四十岁，然而在他面前感到很亲切，并不拘束。记得80年代初，有一次我见到他时问起他的身体状况。他说从70岁到80岁，一共掉了两颗牙齿。我开玩笑地说，按照这个速度还可以。他不以为忤，而是笑笑说是啊。

1981年5月，改革开放以后的第一次学部委员会议期间，胡克实副院长遇到苏老和我，互相问起年龄。当时苏老79岁，克实同志60岁，我41岁。我还开玩笑地说我们3人正好是等差。苏老说你总是三句话离不开本行。

68. "一定要经我过目"

在苏步青的身边,活跃着一个 3 人小组,为首的是校长办公室副主任蒋培玉,还有笔者、司机王建敏。他们都为苏步青工作了至少 23 年,长的近 40 年。苏步青关心身边的工作人员,更多的则是对他们严格要求。

1978 年上半年,苏步青由数学系教师陪同去江南造船厂。校车队派王建敏开车送苏步青。早春 3 月,早晚天气较冷,小王衣服穿得较少,回来时感觉越来越冷。只听苏校长说:"我看你衣服穿得少,回家多穿些,不要急,我等你,没关系的。"听这一说,小王很感动,苏校长这样关心司机,很有人情味。当年 8 月的一天,同事到王建敏家通知说:"单位领导决定,你开苏老专车。"从此,王建敏作为专车司机干了将近 25 年,直到苏老辞世。

1987 年,与身边工作人员在办公室合影(左一为王增藩,左三为蒋培玉,左四为王建敏)

1980年3月，因工作需要，笔者服从组织安排，从党委办公室调至校长办公室，为苏步青当秘书。

苏步青在治学上十分严谨，笔者早有所闻；他对秘书的严格要求，却是笔者亲身体验的。初到校长室，笔者感到工作不顺手，不光数学方面笔者是外行，就拿三天两次会议，再加上各部门的拉差事，就有点吃不消。不久，笔者发现苏老经常到北京开会，而笔者长这么大，连长城都还没去过。要是跟苏老赴京，不但吃住行不成问题，北京的风景任你参观游览，岂不妙哉？有一次，笔者壮着胆子向他提了要

本书作者给苏步青当秘书的第一张合影（1980年）

求，希望到北京散散心。苏老想了想说："开会只要我一个人去，带你去，要增加国家的开支，还影响你在学校的工作，不去吧！"是啊，那时苏老耳聪目明，腰脚犹轻，应付出差之事，显得从容不迫，考虑到学校财务支出的节约，是没有必要陪同。3个月后的一天。苏老关心地问笔者："工作习惯了吗？秘书工作很辛苦，但很重要，不可掉以轻心。到北京出差，你以后会有机会的。"

果然，两年后，苏步青80岁了。领导考虑到他的健康，决定出差外地时由笔者陪同。这样，笔者出差北京的机会每年有五六次之多。说来奇怪，真正要到北京了，却想不到逛长城，因为笔者感受到自己肩上的担子很重。记得第一次陪苏老赴京，在飞机上他风趣地对笔者说："你的心愿可以实现了。"笔者还摸不着头脑。他又说："我准你一天假，到长城、十三陵水库去游览一天。长城是中国的骄傲，很值得去。"苏老要做的事很多，还把秘书这小小的心愿记在心上，

秘书陪同苏步青出席全国人大代表会议（1993年）

苏步青与秘书在钓鱼台合影（1993年）

出席会议时,秘书寸步不离(1995年)

笔者真是感激不已。

经过一段时间的适应,笔者的工作逐渐走上正轨,一些同事、朋友知道笔者为苏步青当秘书,有什么难办的事,也喜欢找上门。有一位同事来信反映住房困难,希望苏老批转办理解决。笔者拿了信请苏老批示。过一会儿,只见上面写着:"请总务处按规定办理。"笔者在旁边轻声地说:他的住房太困难了,能不能写上"尽快解决"的字样。苏步青马上反问笔者:"房子的事情很复杂,你又不了解具体情况,怎么可以乱批条子呢?这样会给办事部门增添困难,不能那样批。"事后,他还关照笔者:"凡是招生、住房、职称、工资这些和名利挂得很紧的问题,批转意见时,一定要经过我过目,不可随便向基层发号施令。"笔者听后深受教育。从此以后,再也没有发生过类似的事。

提起蒋培玉,她从1955年开始,就在苏步青身边工作,时间就更长了。苏步青对工作人员要求严格的许多往事,她都记忆犹新。那是发生在1965年,复旦大学接受一批越南留学生的教学任务。原在校长办公室工作的蒋培玉,兼任外国留学生办公室的党支部书记。在一次庆祝晚会上,留学生们十分兴奋,纷纷举杯向校领导敬酒。此时的蒋培玉也激动起来,端了酒杯向校领导敬起酒来。事后,时任副校长的苏步青严肃地向她指出:"在这种场合,留学生向领导敬酒,是为了表达他们对我们国家、我们学校的敬意,而这时候你也加入这个行列来,就不妥了。"蒋培玉开始并没有想到有什么问题,经过苏步青的批评,并联想起平时领导关于"外事工作没小事"的教育,才感到此举有点过分,在后来的工作中更加谨慎了。

人们常以为,苏步青担任校长时已近八旬,办事、做决定还不是身边的主任、秘书说了算?其实并非如此。苏老对办公室工作人员的意见也不是全听,他有自己很强的决断能力,所以,在接待来访者时,工作人员都是以相商的口气处理工作。有人希望苏老撰稿,有人希望约见,诸如此类需要苏老亲自办理的事,大家从不敢立即应承,而一定要征得苏老的意见后再作答复。有一回,几位摄影师要为苏老摄影,作为一次影展的展品。但由于一时没有把事情来由讲清楚,有年轻摄影师又多讲了几句话,苏老显得很不高兴,拒绝摄影。工作人

秘书向苏步青请示工作(1986年)

员见了这个情况，觉得这里有些问题，但考虑到摄影师从很远的地方赶来，还想劝说几句，但苏老坚决表示今天不拍了。

时间一分一秒地过去了，会客室处于寂静状态。苏老看看大家一言不发，心情也逐渐平静下来。他心里有不愉快的事，不想拍照片。可是摄影师已从远处来了，怎么办呢？蒋培玉便上前打招呼说："他们来一次，好不容易，这次摄影是为了……"苏老听进去了，就配合得很好，使摄影获得成功。后来，从寄来的照片中看到，苏老是很上照的。在送摄影师回去的路上，苏老对大家说："看来我脾气太急了，最后，还是你们胜利了。"其实，他还是从顾全大局出发，作出了比较合适的决定。作为工作人员，以后就更应该把工作做得细些，尽力避免这种事情再发生。

一般说来，熟能生巧，但有时熟练又会产生轻飘。秘书随时都要防止自满。几年来，笔者随苏步青工作，常见高一级领导人，参加一些重大的活动，开阔了视野，工作也不像初期那样拘谨。有一次，在虹桥机场一号厅，笔者竟不知不觉地端着茶杯，边走边喝，苏步青赶忙叫人提醒笔者坐下。事后，他给笔者敲警钟："在领导人面前，或是公共场合，要注意自己的举止。"笔者意识到自己的这一失误，可是对此还没有引起足够的重视。在出席全国人大六届四次会议时，有一次笔者了解苏步青因出席另一重要会议，不能出席主席团会议。按会务组安排，上海代表团苏步青和裔式娟同乘一辆小车。笔者便自作主张，把这事告诉裔大姐，请她坐别的小车赴会。苏步青得知此事后，十分不满地对笔者说："你是个秘书，裔大姐是主席团成员，你有什么权力随便叫她乘别的车子？赶快向她作检讨！"笔者一时没想通，但还是向裔大姐作了诚恳的检讨。裔大姐非常客气地说："这没什么，你说一声，我就有了思想准备，还要感谢你呢！"裔大姐特地向苏老说明情况，笔者才得到了谅解。

苏步青对身边工作人员管得紧，但也不是整天板着面孔训人。平日里，大家若有什么困难和要求，跟他说说，苏步青又十分热心，总是想方设法帮助解决。王建敏回忆说：

"1983年下半年的一天晚上，苏老接待外宾后，我送他回家，在

苏步青与秘书在浙江杭州（1991年）

车上，我随口对苏老说：'我和小杨结婚旅行想去杭州，担心没地方住。'那时去外地住宿不太容易。哪知说者无心，听者有意。过几天，苏老对我说：你要去杭州，我给你联系。苏老即给他的学生梁友栋先生去函，梁先生立即回信。苏老把回信转交给我，作为去杭州的介绍信。就这样，我去旅游时就住在梁先生家里，从而解决了我的住宿，却给梁先生一家带来诸多不便。"

1983年，苏步青退居二线，荣任复旦大学名誉校长，直接交办的校务工作少了。笔

苏步青与秘书在北京香山（1993年）

者就想乘此机会改行从事教学工作。但是办公室领导考虑到苏老的需要，希望笔者继续留任。这就是说，一面要承担办公室布置的工作，一面还要完成苏老交办的任务，工作更加忙碌。苏老似乎发现了笔者的思想问题，关切地说："上次就跟你讲过，当了秘书，也不要放弃中文专业的学习。现在我再提醒一次，你不能整天这么忙，应该学一点理论，教教书，否则将来怎么评职称呢？"

开始，对苏老的话，笔者并没引起重视。笔者何尝不想去教书，但时间有限，精力也不够，只能先把本职工作做好。可是，苏老又提起教书的事，笔者才有所觉悟。苏老关心笔者的前途，但从不在笔者面前许诺什么，而是教导笔者要靠自己的努力工作和科学研究，争取评上职称。这样，笔者开始了"双肩挑"，挤出时间从事教学，并对高等教育学的一些问题进行研究。41岁那年，经审批笔者获得了讲师的职称。在评职称不那么规范的年代，笔者对此十分珍惜，下决心把工作做得更好。

王建敏还回忆说："1984年8月，随着一声啼哭，儿子来到人间。初为人父的我望着襁褓中的儿子，有些发愁了。儿子出生要起个名字，报个户口，这样才能领取奶制品票，购买奶粉喂孩子。可起个什么名字好呢？晚上睡在床上苦思冥想，不得解决。此时，我想起何不请苏老给儿子起个名字呢？第二天，我赶到学校，正好在理科图书馆前遇见苏老，我迎面赶上胆怯地对苏校长说：'请您给我儿子取个名字好吗？'说完这话，我心里七上八下，苏老工作那么忙，哪有时间给我儿子起名？但是出乎意料，他一口答应了。但静下来一想，要是拖个十天八天的，儿子可就喝不上牛奶了，我真想再次向苏老说明此事的紧迫性。"

"第二天中午时分，骄阳似火，没有一丝风，连空气都是热乎乎的。那时我家对面管理公用电话的阿姨，忽然大声喊着我的名字。接电话一听是苏老的声音，他说：'小王啊，我想了很久，儿子名字叫王子扬吧，三横王，儿子的子，提手偏旁的扬，意思是小王的儿子小杨（注：小杨是小王的妻子）生，取其音。你如果认为没问题，就报户口吧！'我放下电话，兴奋不已，立即回家与父母商定，最后按苏老意思给儿子起了名。事后我才知道苏老为了给儿子起名,放弃休息,花了很多时间。这使我想起平时苏老对我说的,人是要守信用的,答应的事情一定要做到、做好。苏老是这样说的,更是这样做的。如今儿子已是复旦大学二年级的学生了。他得知自己姓名的由来,特别感激和怀念苏老。"

由于体质向来较弱,再加上过度疲劳,笔者突然因胆石症住进了医院。苏步青得知后很着急。那是夏日炎炎、挥汗如雨的日子,他星期天上午专程到医院探望手术刚完毕的笔者。笔者想到自己的工作很有限,却得到苏老这样热诚的关心,怎么能不激动呢?同房病友看到80多岁的苏老亲自到医院看望秘书,无不齐声称道。后来,苏步青又两次到医院和家里看望笔者,给予慰问和鼓励。本来以为这次手术后可以免当秘书,看到苏步青这么关心自己、重用自己,笔者决定听从组织安排,继续干下去。

作为文字秘书,苦点、累点都不怕,就怕稿件久改通不过。笔者刚到苏步青身边不久,《人民画报》记者就前来采访,他们准备向国内外读者介绍数学家苏步青的简况和成就。照片拍摄好后,记者要求学校配一篇文字稿,这任务便落到笔者的身上。初来乍到,对苏老的情况不了解,还真无从下笔。再则,过去写惯公文、简报,而画报稿需要文采,一时还扭不过来。当笔者连写三稿送审都没通过时,心急得都快跳出来。苏步青见状劝慰说:"别急。短文比长文更难写。你不能贪多求全,要舍得删去枝叶,文字搞得简练一点,再修改一稿吧。"根据他的提醒,笔者大刀阔斧地改了一稿,果然像篇画报稿。几个月后,它在1981年第2期《人民画报》上刊登了。虽然只有1 000字,但笔者非常兴奋,因为这是在苏步青身边经过奋斗独立完成的第一篇文章,又是刊登在中央一级的画报上。后来笔者一下子买了5本画报,有中文版的,还有英文、俄文、法文版的,留作纪念。虽说文字秘书是辛苦的,但笔者此时却沉浸在欢乐之中。

苏步青身边的工作人员深知,与文理并茂、才华横溢的苏教授相处,为他办事,还真的要有高素质。没有很强的写作能力,几个月都待不了。苏老有很好的文字功底和很强的表达能力,在古典诗词方面造诣很深，这都是工作人员望尘莫及的。更重要的是，苏老知识面很广，懂得的东西很多。平时，和苏老同车外出时，最怕他向大家提出各种问题：你看这首诗押韵对不对？肖邦的曲子喜欢不喜欢？道旁那盆花是什么花？3 000英镑折合多少人民币？工作人员常含糊其词地应答，真怕他再追问下去。怎样改变这种被动的状况？逃避是不行的，不懂装懂更不应该，责任感驱使大家努力去缩短这段距离。节假日，大家常借阅一些科普书籍，接触一下数学、物理、电子计算机等方面的知识，有时还学习一些中国和世界历史，以便取得与苏老对话的资格。

笔者当了几年文字秘书，工作已经比较适应，给笔者教育最深的，要算是对文字工作重要性的认识。文章白纸黑字，不容篡改，关键性的文字，一字似有千斤重。特别是为负有声望的专家、学者整理文稿，更要有高度的责任感。苏步青是国内外享有盛誉的数学家，又兼任了重要的社会工作，记者来访、约稿不断，但接受约稿的比例并不高。这是因为苏老对写作一向认真负责。他亲笔写的文稿、诗稿都很注重推敲，一般不急于投邮。有一回，他写了一首诗，被对方逼得没办法匆匆寄出。当天晚上睡觉前一推敲，觉得其中一句欠妥。第二天一早，急忙寄出修改稿，并一定要索回原作。几天后原作寄回，他才松了口气，露出笑容。笔者被苏老这种对文字高度负责的精神感动了，在写作过程中，也养成了推敲和精益求精的风气。

在苏步青身边，接待工作的任务相当繁重，怎么把好这个关呢？大家都在实践中不断增长才干。众多记者上门采访，回绝他们没理由，统统接待又负担太重，怎么处理这些难题呢？大家跟着苏步青学习。有一回，两个杂志社的3位记者同时登门，一个要求苏老谈怎样从事诗歌创作，一个希望苏老对中小学教育改革发表意见。记者没谈成，完不成任务不肯走。苏老真诚地对他们说："我主要是搞数学的，虽有业余爱好，但不是样样精通。譬如对中小学教育改革，具体情况不了解，能谈出什么建议呢？这方面最有发言权的是中小学老师。"记者们看苏老实事求是，说得在理，才愉快地走了。事后，苏步青特别关照身边的人：凡是用他的名义整理文章，都必须经过他审阅，这是一个原则问题。此后，大家对以苏步青名义发表的稿件都特别重视，整理后不管时间多紧迫一定要送审。苏老审阅稿件常常是看两三遍，有时作较大的改动，连错别字都一一改正。

工作人员以认真负责的态度完成组织上交办的任务，同时也在每件事上维护苏老的声誉。记者采访名人，多是怀着尊重、敬仰之意，但也有个别记者、编辑借名人行不轨，苏步青对此常有警惕。一天，工作人员收到某出版社来函，请苏老作序，便向苏老汇报。苏步青若有所思，然后说："为书稿写序是一件很慎重的事，书稿要送来看过才能决定。有些出版社就是拿名人作广告，书稿一塌糊涂，却要人讲它是读者的良师益友，这不是坑害人吗？你可要当心，千万别上当受骗。"是啊，书稿内容没看过，就随便叫秘书写一通该书如何好，别人看了岂不骂你胡说八道？这时，工作人员更感到笔杆子只有三寸长，但它却有千斤重，一句话、一个词使用不当，都会给党的事业带来不良影响，不可掉以轻心。

69. 暮年的一件憾事

"50年前，正当全面抗日战争的第四年，浙大师生历尽艰辛，西迁遵义、湄潭、永兴办学，这一壮举已载入浙江大学史册，也在湄潭留下了一页宝贵的篇章。没有这里得天独厚的地势、物华和纯朴的人民，就没有浙大的今天，更谈不上浙大'东方剑桥'的称号了。我作为一位在湄潭工作、生活了6年的浙大教师，每当回想起湄潭的往事时，心里总是充满着兴奋和感激。"这是苏步青为"浙江大学西迁陈列馆"揭幕典礼写的一封祝贺信。在信的最后，他写道："为参加这次揭幕典礼，本人早已作好准备，整装待发。不料足疾复发，阻我西行，万分遗憾……"苏步青把未能亲自到湄潭走访当成垂暮之年的一件憾事。

1940年春，苏步青来到湄潭，在这里居住了近7年。在这个山清水秀的小小县城，他孜孜不倦，辛勤耕耘，为国家培养了一批出类拔萃的数学人才，为新中国成立后的教育和经济发展打下了坚实的基础。湄潭期间是苏步青人生道路上最为困难的时期：一家8口人住在一个破庙里，吃的是地瓜（番薯）蘸盐巴，夜晚在油灯下写作。然而这7年也是他人生中最为辉煌的时期。正如我国核先驱王淦昌先生所说："湄潭是我们的黄金时代。我和苏步青、谈家桢、卢鹤绂、束星北、贝时璋等同志的一批重要的学术成果，就是在那里作的，浙大被誉为'东方剑桥'也是在湄潭。"因此，苏步青对湄潭有着特别深厚的感情和终生难忘的情怀。

从1985年7月至1991年9月的6年间，苏步青与湄潭的客人有过多次的接触。1985年7月，苏老第一次见到湄潭客人的时候，特别高兴。他说："岁月如流水，转眼又是40多年了。想当年湄潭人民对我们帮助真不小啊！湄潭的一山一水至今仍经常浮现在我的脑海中。如今老了，但有机会，我还想回湄潭看看，看看湄潭的变化，看看我住过的朝贺寺还在不在。"苏步青还为县委等4套班子题写了4张条幅。他祝愿湄潭："辟开解放康庄道，写下人间显耀篇。"

湄潭与浙江大学之间中断了30年的情感桥梁，是苏步青先生牵线的。20世纪80年代中，在时任贵州省委书记胡锦涛、贵州省文物管理委员会、贵州省文化厅和浙江大学的支持下，湄潭县人民政府聚资修复当年浙江大学办学旧址——湄潭文庙，于1990年建成"浙江大学西迁历史陈列馆"，并将那时曾与浙江大学附属中学合并办学的湄潭中学更名为"求是中学"。苏步青自始至终都极为关注陈列馆的建设和求是中学的更名工作，并亲自题写了馆名和校碑。之后又于1993年为《湄潭报》题了报名。当时湄潭政协主席洪星负责主持这项工作。

苏步青热情接待了来访客人洪星等，一谈起往事，苏步青兴奋不已："在湄潭我常到七星桥，那里风景很美，是浙大师生经常游玩的地方。湄潭的地方很好，夏天不热，冬天不冷，湄潭是我的第二故乡，比我的家乡印象还深。听说现在湄潭变了，我真高兴。我写过几首关于湄潭的诗，陕西师范大学要出版，以后给你寄去。"当时在座的复旦大学校长办公室副主任蒋培玉告诉洪星，学校要为苏老拍一部专题片，7月份要去湄潭拍外景。苏步青接着说，今年可以去一次湄潭，但不要惊动贵州省的领导。洪星风趣地告诉苏老："我一定为您'保密'。苏老，您是全国政协副主席，是我们的直接领导，您到湄潭后要视察一下政协的工作。"苏老诙谐地说："你是主席，我是副主席，你是领导。"在座的同志哈哈大笑起来。苏步青平等待人的精神，给湄潭客人留下了深刻的印象。

洪星返回县城不久，苏步青就把"浙江大学西迁历史陈列馆"和"湄潭求是中学"两幅题字寄去了。他在信中说："草就匾字两枚，同封寄上……我近日受寒（空调）腹泻一周，经医院及时治疗，基本恢复健康。原定于7月份赴贵地参观学习兼拍外景……实现不了原计划，知注顺闻。"10月苏步青专题片摄制组到湄潭拍片，苏老又写信嘱托："希望给予工作方便，不胜感盼之至。"对苏步青未能到来，湄潭客人觉得十分遗憾！

1990年7月20日，"浙江大学西迁陈列馆"和"湄潭求是中学"举行揭幕仪式，苏步青已确定行程参加揭幕，省委和省政府、省政协都作了相应安排。在飞机票已买好的情况下，不料突发脚病，医生未能准行，苏步青对此感到十分遗憾。他在信中说："商定于七月之十七乘机经贵阳前往湄潭参加盛典，讵料3日前旧疾复发，主治医师叫我留沪继续治疗，以致不得不取消原定计划，有违盛情厚谊，不胜抱歉之至。"信中还寄去一首词《寄调望江南》：

  湄潭好，黉舍是邻居。不辍弦歌离乱里，常明灯火晚勤初，十室九图书。
  中外事，万卷任翻舒。到处相逢雅语密，一城高僻俗尘疏，谁信在江湖。
        50年前在此安居乐业，
        今日重临旧地饮水思源书以志谢。

苏步青同时委托浙江大学韩桢祥老校长带去两封书面祝辞，祝辞中感慨万千，抒发了苏步青对湄潭的无限思念之情。他还说："我有两个儿子在这里读过书。当时日寇入侵，到处流窜，兵荒马乱，没有湄潭这样好的环境，要想安静读书，根本是不可能的。饮水思源，感慨万千。"苏步青对这次揭幕仪式非常关心，揭幕式结束不久，他又写信询问揭幕式举行的情况，说："盛会谅已结束，我深以未能参加为憾。望在县委、政府、人大、政协领导下贵县日趋兴旺发达，可喜可贺！"可见苏步青对湄潭之关注。

1991年9月是苏老90岁大寿，9月10日上午，洪星和县委书记华金河专门前往上海看望苏步青。他一看见洪星等客人就说，看到你比上次还年轻，又对华金河同志说，见到你这位县委书记我很高兴。在交谈中，华金河向苏老介绍了湄潭近几年的经济发展、县城建设，洪星则向苏老介绍了"浙江大学西迁陈列馆"建馆以来的情况。之后，湄潭客人代表全县人民向苏老90岁大寿表示了祝贺。苏步青说：谢谢湄潭人民对我的关怀，其实今年90虚岁，明年9月才是90周岁。他又关心地问，湄潭今年水灾严重不严重？县城的湄江饭店还在不在？他住的朝贺寺还在不在？七星桥和万鸟归林的沙星还好不好？他说，湄潭是个好地方，我对湄潭印象很深。湄潭的酒好，是与湄潭的水好、空气好分不开的。我在湄潭住了6年多，那里气候很好，物产也很丰富。我种过白菜，上山打过杨梅，湄潭人好客，客至湄潭十分亲切。湄潭是我的第二故乡。

9月11日，苏步青在复旦大学外国专家楼设宴，与洪星一行以及校办副主任蒋培玉，他的学生、数学系副系主任、全国教育系统劳模华宣积，笔者等共庆90岁寿辰。宴会的酒是苏步青特地从家中带来的山西汾酒。他说：你们是从贵州酒乡来的，一定要喝点。我在湄潭时因生活困难把烟戒了，但每天都要喝点酒。湄潭的酒好喝。宴会上苏步青讲起湄潭七星桥，浙江大学师生常在那里玩，有的谈恋爱，"无事不登三宝殿，游人常到七星桥"，再一次表现出苏步青对湄潭的情怀是那么深、那么厚。

时间过得真快，转眼到了1992年。这一年的2月和5月苏老又先后给洪星写过两封信。信中说："前年夏天由于步青生病，失去去遵湄之行的良机，不胜惆怅，但我还想抓机会偕往贵地。知承远注，顺以奉闻。""久疏音候，时萦怀念，惠赠湄江名茶，深感深情厚谊，使我回忆起50年前在南部茶场（现省湄潭茶场）品茶的韵事来，时间飞逝是无情的，而对旧游之地怀念的心情是永恒的。"

> 初上教坛而立年，如今八十转流连。
> 漫夸桃李遍天下，更盼光风润大千。
> 居恐偷闲成敝展，退思补过着新鞭。
> 平生最是难忘处，扬子湄潭浙水边。

这是苏步青教授1989年仲夏写给洪星的条幅，诗中表露了他对湄潭——浙江大学第二故乡深切的怀念。

70. 平静的晚年生活

自从1995年3月出席全国政协八届三次会议之后，93岁高龄的苏步青因年龄和健康原因，再难以赴京参政议政了。他的生活圈子一下子缩小了许多，除了个别的应酬之外，便开始过上平静而单调的晚年生活。

尽管如此，他仍是个闲不住的人。许多重要的问题还一直在他的脑际萦绕。

庆贺96岁生日（1998年）

比如，基础科学研究和人才培养，对加快我国社会主义建设和全民族科学文化素质具有重要的意义。1995年4月18日，苏步青与朱光亚、卢嘉锡、曲钦岳、陈佳洱、郝诒纯、徐光宪、唐有祺、唐敖庆、谈家桢、程民德11位科学家怀着高度的责任感，给江泽民主席和李鹏总理发出了《关于进一步加强和保护基础科学研究和教学人才培养的呼吁书》，建议尽快建立"国家基础科学人才培养基金"。

1996年2月，国务委员宋健同志为建立国家基础科学人才培养基金一事，向江泽民、李鹏同志作了专题报告。报告说：在接到苏步青等11位科学家的呼吁书及江泽民、李鹏同志的批示后，宋健即批请国家科委研究，之后又批请国务院办公厅协调财政部等有关部门认真研究，最后商定建立"国家基础科学人才培养基金"，作为国家自然科学基金的一个项目。组织制定基金管理办法，具体工作委托国家自然科学基金委员会负责实施。

同年4月，苏步青等11位科学家收到国务院办公厅秘书局的正式函复：

> 我们受国务院领导同志的委托，以十分高兴的心情向你们报告，你们1995年4月18日致江泽民主席、李鹏总理，呼吁进一步加强和保护基础科学研究和教学人才的培养，尽快建立"国家基础科学人才培养基金"等建议，在江泽民主席、李鹏总理和宋健国务委员的直接关心下，已有了结果：1996年2月17日，国务院批准建立"国家基础科学人才培养基金"。"九五"期间，由国家财政每年专项拨款6 000万元，5年累计3亿元，用以支持该基金。

收到这样的函复，苏步青欣慰地笑了。

1995年9月，时任全国政协副主席的苏步青，因装修寓所，暂住衡山宾馆。受组织委托，笔者在3个多月的日子里，与晚年的苏步青同吃同住同工作，可以说是朝夕相处，形影不离。

复旦大学原党委书记程天权(左)与原校长华中一(右)看望苏步青名誉校长(1996年)

新的一天开始了。清晨5时半,93岁的苏步青生物钟十分灵敏,笔者还睡在床上,而他已经轻手轻脚地穿衣下床。长期工作养成一个良好习惯,只要首长有动静,秘书总是第一时间就位。

"小王,你再睡睡,我自己能行。"见笔者起身,苏步青总要关切地说。他知道笔者夜间起来看过几次,很辛苦,不想打扰笔者。但由于强烈的责任感,笔者还是精神一振,一骨碌爬了起来。

在苏步青进行洗漱之际,笔者敏捷地取来当天烧的开水,为他消毒茶具,冲泡绿茶,还想顺便整理一下他的床具。可是,展现在笔者眼前的床位,却已平坦整洁。此活本是服务员干的,然而苏步青一刻也容不得床铺杂乱,一起床就整理起来。午休时,他也舍不得让整理过的床铺弄乱,另外拿来毛毯盖身。苏步青总是为别人着想,他的所作所为,服务员们知道后都感动不已。

那时,苏步青还没什么大病。早饭前做一套"练功十八法",精神振奋,腿脚灵活。早饭后,订阅的4份报纸相继送来。苏步青浏览了《解放日报》的大标题,再看看《文汇报》的教育新闻,一般不少于半小时。笔者担心苏老看久了会引起血压波动,便劝他休息,接着为他讲起故事来。苏老听后总是笑呵呵地问,哪来这么多好听的故事?其实,在他看报的同时,笔者已用心挑选一些破案故事、重大新闻备用，当然是既新鲜又好听！中饭前的一段时间，是笔者向苏老采访的时光，虽然机会很好，但限于身体原因，每次只有20分钟。他谈得最多的，还是几十年前自己艰苦奋斗的经历。

苏步青能长寿百岁，与坚持不懈开展体育锻炼密切相关。下午四五点钟，苏步青在屋里显得不耐烦时，笔者便安排他到就近的衡山公园散步。公园虽小，然而树木郁郁葱葱，鲜花怒放，老人在散步、打拳，小朋友追逐玩耍，氛围很好，苏步青兴趣盎然地走了一圈又一圈，不肯离去。这便是他每天的第二次运动。

夜晚的时光最难排遣。苏步青睡早了将彻夜难眠，总要找些事干干，他很爱动脑筋，笔者得知上海电台每晚有猜谜语的节目，便按时收听，把谜面写在纸上递给苏步青，一会儿他就能说出谜底。试着给电台打电话，还真猜中了几个。编辑得知苏老参与他们的活动，特地为他出了一道谜语，谜面是："脱贫致富，成绩不小，猜一个数学名词。"不愧是数学大师，脑筋转了一下，就对笔者说："小王，你快打个电话去，我猜是：无穷大（∞）。"真妙！脱贫致富，不是"无穷"吗？成绩不小，可谓"大"。电台主持人立即告诉听众，苏老猜中了，我们祝贺他！

对于这一段经历，苏步青感慨不已，口中常念"没齿难忘"。临近离开宾馆时，他建议与笔者合影留念。拿到彩照后，即亲笔在背面题字："增藩同志：相伴百日，非常感激，书此留念。步青，1995年12月31日。"

因椎基动脉供血不足，一年后，苏步青不得不住进上海华东医院。每逢年关岁末，或是重大节日，全国政协、中央统战部和上海市党政领导等，都会到医院看望苏老，送去亲切的慰问和关怀。苏步青的儿媳妇乐云仙每周定时到医院看望公公，几年从未中断。有时乐老师贴近他的耳朵，告诉家中近况，让其放心。苏老紧握她的手不放，大家都依依不舍。他的其他家人、学生、海内外数学家，也常常惦记苏步青的健康，经常到医院探望。在进行抢救的日子里，家人更是守护在苏老身旁，这时笔者和司机隔天就要上医院，带去必要的生活用品。日本母校东北帝国大学剑持胜卫先生，还曾致函谷超豪教授了解

1995年12月31日,与苏老合影留念

苏步青的病情,并希望前来探望,苏步青获知后,十分感动,特嘱笔者按其口授拟函,并亲笔签上自己的名字。

剑持胜卫先生均鉴:

近日您致谷超豪教授的信已拜读,十分感谢先生及东北大学母校校长先生和诸位同仁的亲切问候和关怀。

自1995年3月起,我因椎基动脉供血不足症,住进上海华东医院,至今将近4年。经医师悉心治疗,病情有所好转,其间亦曾出院2次。为保证健康起见,目前仍在医院治疗和休养之

1995年，复旦大学党政领导到上海华东医院祝贺苏步青生日（左起分别为宗有恒、苏步青、程天权、王忠道）

中。平时饮食起居很有规则，行动虽迟缓但尚能自理。有时受天气影响，病情有些波动。最为讨厌的是，听力较差，近期记忆衰退，因而与朋友交流显得力不从心。

目前，政府为我聘请了两位了解医务、责任心强的医护人员，日夜精心照顾，使我得以安度晚年。江泽民总书记、上海市和复旦大学领导，常记挂我的健康，并不时向我致候，使我非常感动。今年我已98岁了，不能再上讲台为同学们上课，但我的心仍时时想念着教师和同学。去年我将获科学成就奖100万元港币，自愿全部捐献给教育事业，用以奖励优秀教师和学生。因为我深知，只有办好教育，培养优秀人才，方能使国家强盛，人民幸福。由此，我也从内心更加感激母校以往对我的培养之恩。

因年老体弱，已不能胜任接待远方来访朋友，深感抱歉，你

1997年，上海市政协副主席王生洪到上海华东医院看望苏步青

们的好意，我心领了。现以此函告慰一切关心和爱护我的朋友。不到之处，敬请各位多多鉴谅。

顺颂

均安

苏步青
1999年1月30日

"这是数学界、科学界和教育界的节日和喜事。"教育部部长陈至立于2001年9月23日在苏步青百年华诞庆贺会上是这样说的。那天10多位"两院"院士赶来了，很多老学者颤颤巍巍地在旁人搀扶下赶来了，著名数学家、年近九旬的陈省身先生也坐着轮椅从北京赶来了。看到数学界泰斗满堂皓首的场面，身体硬朗的著名数学家吴文俊先生乐呵呵地说："我才82岁，在这里还属于低龄人群呢。"

当天早晨，上海华东医院南楼一改往日的宁静，从四面八方前来祝寿的人群尽管把脚步放到了最轻，这个安静的院落还是一下子就显出了节日般的热闹，病房四周摆放着江泽民、朱镕基、李瑞环、李岚清和吴邦国、黄菊等领导人敬献的花篮，摆满了寿桃和寿礼，墙上是一幅百寿图。为了给苏老祝寿，护士们也早在几天前就把病房装饰一新，苏老喜欢的彩色小卡片挂满了床头。因为苏老属虎，一直照顾苏老的许丽明护士还特意买了一只小老虎玩偶挂在窗户上。

苏老这天醒得也格外早。当记者得以进入病房时，许护士正边给苏老按摩胳膊，边和苏老轻声交谈着。苏老脸色看起来红润健康，神情安详愉快。因为做了气管切开手术，苏老说话很少，发音也很模糊，但是和护士的交流非常默契，神志非常清醒，很多人和事记得都很清楚。许护士介绍说，苏老下午精神最好，眼神也不错，最喜欢看足球和新闻，还喜欢亲自看别人寄给他的贺卡。身体状况好的时候，还能在护士的帮助下做康复治疗训练。

感到有人在拍照，苏老睁开了眼睛，慢慢地伸出了手，当记者上前祝他生日快乐时，老人脸上露出了微笑。许护士说，平日里苏老就是一个极其随和的老人，正应了那句人逢喜事精神爽的老话，早就知道自己要过生日，这两天苏老心情特别好。在大家的祝贺声中，苏步青度过了不平静的一天。

在《苏步青数学论文全集》首发式上，副校长孙莱祥教授说：在庆贺苏步青院士百岁华诞之际，又举行《苏步青数学论文全集》首发式，这是对苏老几十年从事数学研究成果的一次全面检阅。从此，我国乃至世界数学界宝库，又增添了一部经典著作。通过《苏步青数学论文全集》出版，我们要学习苏老追求真理、献身科学的精神，把数学研究工作提高到一个新的水平。

71. "父亲有自己的原则"

了解苏步青家庭情况的人，都有一个比较深刻的印象，即他们的子女、孙辈，有许多是从事教育科研事业的，可以说是"教育世家"，这与苏老热爱科学、"毕生事业一教鞭"的影响，有着密切的联系。在这样良好的家庭氛围中,学习成了他们最主要的内容。家长又对子女严格要求,而他们自身也很勤奋,所以子女中任教授的就有五六位,而且担任教学的重要领导职务,或是学科的带头人和教学的骨干,在海内外有一定的影响。他们的孙辈中获博士、硕士学位的也为数不少,这是苏步青一家最引为自豪的。

2003年3月17日,苏步青因病抢救无效,以101岁的高寿,离开人世。当天晚上记者采访了苏步青最小的、长期与之共住的儿子。"父亲走了,走得很平静,也很安详,没有任何痛苦。"苏德新回忆道:"父亲对任何人都很平和,但他有自己的原则。"

"父亲身体一直很好,许多人都说,他能活到120岁。可是爸爸悄悄地对我说:'人老了,一天天过了看,今天好,明天就不一定好了。'因此,早在身体还健康的时候,爸爸就已经向孩子们作了交代。他感谢所有关心过他的人,手头所有的奖金都已经捐出。而所有的论文和手稿,爸爸都已经收集下来,嘱托孩子们交给国家。

与子女、孙辈在上海合影(1991年)

"父亲很坚强。病情反复了五六次,这已经是医院发出的第四次病危通知书了,前三次都抢救了过来。虽然在这一年来,他始终处于半昏迷状态,但无数次都从死亡边缘挣扎回来。然而,17日他没有挺过来,永远地走了。当凌晨4时多,病情就开始恶化,仅上午就连续抢救了两次。没想到下午医生再次发出病危通知书。血压直线下降,心跳也微乎其微。弥留之际,父亲就如以往那样静静地躺在那里,然而他再也没有睁开眼看看这个他热爱的世界和所有的亲人。"

苏德明回忆道:"父亲虽然对我们要求严,但一直主张我们自由发展,子女中没有一个是学数学的。爸爸善于搞科研,但不是做生意的料。抗战时期在湄潭生活困难,当时孩子们穿的是草鞋,吃的是番薯。1945年,为了孩子们可以吃饱肚子,爸爸做了平生第一笔买卖,从市场上买了一些油菜籽,回家用竹席仔细地卷了一个桶,把油菜籽放在里面等待涨价,还经常查看会不会发了芽。结果很快抗战胜利了,日本人一撤,油菜籽也不值钱了,最后以很低的价格卖掉了。"

"我们一家都过着非常简朴的生活,以前孩子们的平头都是爸爸剃的,等孩子们长大了,爸爸的头发反过来就由我来打理了。从1968年一直到1998年,我给父亲理了30多年的发。由于父亲早在26岁就有脱发现象,我掌握这个特点,理出来的效果才令他最满意。有一次,他参加人大的会议,一位代表夸他头发理得妥帖得体,爸爸非常得意地说:'这是我儿子理的。'不管是接待外宾还是参加人大和政协的会议,这么多年来,出现在公众场合的苏步青从来没有因为头发去过理发店。

"隔行如隔山,我对数学完全不懂,但有过一次愉快的父子合作。最初,爸爸的《仿射微分几何》是用英语写成的,到80年代新加坡的一家出版社要出这本书的时候,自以为英语没有儿子好,爸爸提出由我来'现代化'一下。但我又不懂数学,父子两个就采取你改我的英文,我改你的数学的办法,经常是一段文字反反复复要改几次才能最后定稿。"

苏德昌回忆说:"用一个词来形容父亲的话,那就'刚直'吧,决不违背自己的原则。就是因为坚持原则才在'文化大革命'中挨了

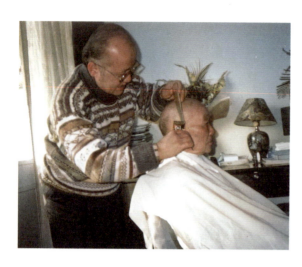

儿子苏德明到上海华东医院为父亲理发（1998年）

整，也因为坚持原则才在'文化大革命'之后又复出了。不妥协，要维护自己信念就会树敌。因为树了敌，自己才得以前进。没有树敌自己也止步不前了。"

苏德晶回忆说："爸爸教书特认真，爱学生胜过爱自己。真奇怪，他居然有如此多的精力！白天工作那么忙，晚上在桐油灯下写下一本又一本的教学讲稿和一篇又一篇的论文，一直要干到12点，早上还要早起种地，抽空读诗和写诗。我们的爸爸总是那么精神，那么乐观，那么自信，那么坚定不移。他在这时期的教案'涂鸦集'有十几本，今日翻开仍熠熠生辉，非常珍贵。爸爸在湄潭的学生很多，他们非常敬佩和爱戴爸爸。至今我还叫得出他们的姓名，还清楚地记得他们的容貌和笑容。熊全治先生、杨忠道先生和秦元勋先生现在在美国，张素诚先生在北京。"

"1946年5月，浙大开始复员。大家都欣喜若狂，等待好日子来临。六弟德新是湄潭出生的，从没见过汽车、轮船和火车，一切都使他感到奇怪，一路上不停地问这问那。在上海到杭州的火车上，爸爸给我们买了咖喱鸡盖浇饭和火腿煎蛋，真好吃！

"1948年，四弟德昌才回国。说起来真叫人伤心。外公1937年底就去世了。外婆饿死，大舅舅接着也病死，可怜的德昌由二舅舅收养，但他有8个孩子，生活也非常困难，德昌哪里能吃饱肚子。妈妈听了这些，悲痛欲绝。爸爸那时天天教德昌说和写中文，他脑子很灵，3个月会说，第二年就进了中学。只是大哥德雄于20世纪80年代病逝。"

72. 名垂青史，百岁全归

夜晚，电视台报道：中国共产党的优秀党员，杰出的数学家、教育家，著名的社会活动家，中国人民政治协商会议第七、第八届全国委员会副主席，中国民主同盟中央委员会名誉主席，中国科学院院士，复旦大学名誉校长，上海市对外文化交流协会会长苏步青同志，因病于2003年3月17日16时45分在上海逝世，享年101岁。噩耗传来，人们顿时沉浸在悲痛之中。

3月24日上午10时，全国政协副主席王忠禹等参加了苏步青同志遗体送别仪式。前往送别的还有中央和国家机关有关部门、全国政协、民盟中央、上海市等有关负责同志和各界人士。上海龙华殡仪馆大厅庄严肃穆，哀乐低回。在黑底白字"沉痛悼念苏步青同志"的横幅下，悬挂着苏步青同志的遗像。苏步青同志安卧在鲜花丛中，遗体上覆盖着中国共产党党旗。

苏步青病重期间和逝世后，胡锦涛、江泽民、吴邦国、温家宝、贾庆林、曾庆红、黄菊、吴官正、李长春、罗干，以及李鹏、万里、乔石、朱镕基、李瑞环、李岚清、王兆国、丁石孙、路甬祥、陈至立、徐匡迪、费孝通、周光召、钱学森、叶选平、钱伟长、钱正英、朱光亚等前往医院看望，或以各种形式向他的亲属表示深切慰问。上海市领导、苏步青同志的故乡浙江省领导以及生前工作过的浙江大学领导，也分别向他的亲属表示深切慰问。

在送别的队伍中，有上海华东医院的王传馥院长、陆佩芳副院长以及医护人员代表，他们对苏步青同志与疾病作斗争的顽强精神表示钦佩。在与死神搏斗的4年多日子里，苏老曾经历多次抢救。医务小组以高尚的医德、超群的技艺，一次次将苏老从死亡线上挽救回来。苏老每次都配合医务人员的救治，忍受极大的痛苦。在较长一段时间内，医生尽心尽责；护士和护工24小时坚守岗位，多次突发性的病

1999年,复旦大学党委书记、校长看望苏步青(右一为秦绍德书记,左一为王生洪校长)

危,都是她们首先发现并及时报告的。王院长说,苏老最后因多器官功能衰竭,走得很安详,我们为苏老的逝世感到悲痛。

在送别的队伍中,有苏步青同志的亲属。他们中有的从日本赶来,有的从连云港、杭州回沪,一起悼念父亲。设在复旦大学第九宿舍住家的灵堂,苏老生前的许多学生、好友前往悼念,花篮从屋内一直摆到门外。苏老的小儿子回忆说,"父亲这个人太有特点,做人很有道理。他一生贡献很大,为科学事业鞠躬尽瘁,也很清贫。父亲对我们子女很严厉,也很平和。"

在送别的队伍中,有他曾倾注无数心血的复旦大学的教师和学生。苏老的学生谷超豪院士回忆说:"苏步青先生不仅是我学问上的领路人,在生活上他也是我和胡和生院士的亲人。"谷先生一想到老师50多年中给予他的谆谆教诲和关怀,就抑制不住心中的悲哀。他深情地回忆起了苏步青先生第一次指点他读论文时的情况。还在读本科的时候,苏步青先生指点他读的论文就是菲尔兹奖得主道格拉斯的一篇文章,谷超豪感到这是块"硬骨头",花了整整一个暑假,才硬着头皮啃下了这篇论文,后来才知道这是苏先生惯用的"大松博文"式的训练方法:从严从难。"50多年过去了,我对苏先生指定我读的这篇论文还有眷恋之情,因为正是从这篇论文开始,我不再畏惧读难

2003年，苏步青的学生以及各界亲朋好友向他的遗体告别（前排右一为白正国、右二为谷超豪、左四为韩祯祥）

的论文、进行难的推理。"谷超豪说，"苏先生的教导在我眼前打开了一扇神奇的数学研究的大门，而我后来在数学领域的研究成果，很大程度上应该归功于苏先生对我的引路。"

胡和生院士说："跟随苏步青教授学习，走向数学研究的道路是我最大的幸运，从浙江大学入学至今，苏先生的指导使我终身受益，影响我的整个人生。"她回忆了苏步青先生创立"讨论班"的教学和学习方式，说起苏步青先生在76岁的高龄还坚持定期参加研究生们的"讨论班"，即使是下大雨，也要拎着淌水的胶鞋赶到教室时，她忍不住心中的悲痛，哽咽着说："正是苏先生对我的严格要求，使我懂得了做学问的人必须具备的素质，我也将会向先生学习，把先生的品质留传给后人。"

李大潜院士说："苏步青先生是培养优秀数学人才的一代宗师。先生曾经写过一首诗，'离乱坚斗志，盛世展宏图'，这是先生一生的写照。先生的过世使复旦失去了一位伟人，我们失去了一位可敬可亲的师长。"他还记得苏步青先生晚年常常说起的一句常人不太愿意说的话："我人老了，学问也老了"，他总是鼓励青年人迅速接班成才。

苏步青先生一直反对"名师出高徒"的提法，提出了"名师出高徒，高徒出名师"这一充满哲理的口号。他总是说，"培养人才要一代超过一代，青出于蓝而胜于蓝"。

曾经担任过复旦大学校长的华中一教授在追思会上说："苏老对我影响最大的，就是'专业设置第一位是满足社会需求'，这个思想直到现在还是很重要的。苏老曾经对我说过，引进人才先不要管他名气大不大，只要是学问好、人品好的实干派，就要创造条件把他争取到复旦来。"华中一教授遗憾地说："虽然我无缘做他的学生，但是在我的心中，苏老永远是我敬重的老师。他的办学思想将指导我们把复旦大学办得更好。"

复旦大学的学生得知苏老逝世，都感到悲伤。数学系的学生自发组织起来，连夜叠纸鹤几千只，书写挽联，悬挂在校内的光华路和相伯路旁。苏先生的人格魅力让在场的每一名大学生深深折服。2001级的乔锃同学认为，苏老就像数学界的一座灯塔，指引着后辈前行，他又像精神支柱，永远活在大家心里。2000级的赵梦溪同学表示，自己正是出于对苏先生的敬仰，才来到了复旦大学数学系，虽然很遗憾没有亲自聆听他老人家的教导，但仍受苏先生的治学精神和优秀品格的震撼和影响。

复旦大学党委书记秦绍德道出了全校师生的心声：敬爱的名誉校长苏步青与世长辞，我们内心感到深深的震动。复旦人由衷地敬仰苏老，爱戴苏老，怀念苏老，因为他把毕生的精力和心血，都献给了祖国和人民，献给了教育事业和科学事业，献给了复旦的发展与腾飞。苏老是复旦的一面旗帜。他的理想、他的信念、他的情操，令人震撼；他教书育人时所焕发出的那种人格魅力、那种亲和力，令人从心底折服。他的品德崇高，无私奉献，堪称做人典范；他学识卓越，辛勤耕耘，不愧为师楷模。

苏老生前的学生、好友，以及他工作过、接触过较多的单位和个人，也纷纷发来唁电，来人参加遗体告别仪式。著名美籍华裔数学家陈省身发来唁电，称苏老"名垂青史，百岁全归，敬佩无尽"。丘成桐教授发来挽联："百岁几何，功传算史，立言足为天下法；一生为国，德育青衿，传道人奉大宗师。"张浚生、韩祯祥、王元、白正国、董光昌、王威琪、贾树枚、金通洸等，一早赶来参加苏老遗体送别仪式。钱伟长、杨乐、秦元勋、张素诚、叶彦谦、曹锡华、严士健、章振乾等都发来唁电。

发来唁电的还有：中国科学院、中国数学会、上海市数学会、上海市对外文化交流协会、上海市科协、辞海编辑委员会、上海宝钢集团公司、厦门大学高等教育研究所、科学出版社、广东教育杂志社、上海远程教育集团、上海电视大学，以及许多高校和单位等。

苏老的故乡浙江省、温州市、平阳县、浙江大学、温州大学、杭州第二中学、杭州学军小学、平阳县教育局、平阳县文物馆、平阳县中心小学、平阳县水头镇第一小学，苏老生活过的贵州省湄潭县，以及湄潭县求是中学等都发来了唁电。

苏老母校日本东北帝国大学总长吉本高志，曾授予苏老名誉教授称号的日本创价大学学长若江正三，日本三洋电机株式会社井植基温等外国友人，以及美国复旦大学同学会等一些在海外的校友，也发来唁电。

新华社播发的《苏步青同志生平》中指出：

> 苏步青同志是蜚声海内外的杰出数学家。他从事微分几何、计算几何的研究和教学 70 余载，坚持教育与科研相结合，学风严谨，硕果累累，从 1927 年起，在国内外发表数学论文 160 余篇，出版了 10 多部专著。40 年代，他曾被国际数学界赞誉为"东方国度上升起的灿烂数学明星"。1980 年创办并主编《数学年刊》。他创立了国际公认的浙江大学微分几何学学派；他对"K 展空间"几何学和射影曲线的研究，荣获 1956 年国家自然科学奖；他开展的计算几何在航空、造船、汽车制造等方面的应用研究成果，先后获 1978 年全国科学大会奖，1985 年、1986 年三机部和国家科技进步奖。1998 年获何梁何利基金科学与技术成就奖。
>
> 苏步青同志全面贯彻党的教育方针，是具有崇高师德的杰出教育家。他十分注重教书育人，言传身教地实施素质教育。他始终认为大学教育的根本目的是培养德智体美全面发展、能为社会主义现代化建设服务的合格人才。他提倡教师既要教书又要育人，要用崇高的思想品德教育下一代。他经常以自己的亲身经历

谆谆教导学生要增强历史使命感和责任感，为振兴中华发奋学习。1983年他从复旦大学的领导岗位上退下来后，虽年逾八旬，仍连续3次亲自编写教材，为培训中学数学教师竭尽心力。苏步青同志把自己的毕生精力无私地奉献给了人民的教育事业，为祖国培养了一代又一代数学人才，桃李满天下，深受人们的崇敬和爱戴。

苏步青同志是著名的社会活动家。他始终以高度的政治责任感、使命感参与国是，为巩固和发展爱国统一战线，为坚持和完善中国共产党领导的多党合作和政治协商制度，为中国民主同盟的自身建设和发挥参政党的作用，呕心沥血，努力工作，作出了重要贡献。他善于团结和带领知识分子积极投身于社会主义现代化建设。他关心祖国统一大业，晚年躺在病榻上还亲笔写下"反对'台独'，坚持'一个中国'原则，完成祖国统一大业"的字幅挂在病床前，表明反对"台独"、期盼祖国早日统一的心愿。他曾任中国对外友好协会上海市分会主席、上海市对外文化交流协会会长，多次出国访问讲学，参加学术交流活动，在对外文化交往中表现出一个著名科学家的独特魅力。他积极宣传我国的对外开放政策，介绍我国改革开放以来经济和社会发展所取得的巨大成就，为让世界更多地了解中国，促进世界和平，发展中国与世界各国的友好合作，以及国际文化学术交流作出了积极贡献。

苏步青同志热爱祖国，不断追求真理、追求进步，是中国近代优秀知识分子的杰出代表。1931年他在国外谢绝了高薪聘请，抱着"科学救国"的愿望，毅然回到祖国。解放前夕，他同情和支持"反内战""反饥饿""反迫害"的斗争，曾以浙江大学教授会主席的身份宣布罢教，抗议国民党政府杀害进步学生，并积极营救被捕学生。他断然拒绝去台湾工作和生活，决心为中华人民共和国的教育事业贡献自己的全部智慧和力量。1959年3月，苏步青同志光荣地加入了中国共产党，他以"此身到老属于党"的诗句表达了愿将后半生交给党安排的决心。"文化大革命"中，他遭受"四人帮"的长期迫害，但始终没有动摇对党、对社会主义的坚定信念。他衷心拥护党的十一届三中全会以来的路线、方针、政策。他为改革开放以来社会主义祖国的日益强大感到欢欣鼓舞。他的心始终与时代的脉搏紧紧相连。

苏步青同志一生光明磊落，实事求是，严于律己，待人宽厚，谦虚谨慎，生活简朴，无愧为知识分子的楷模。他高尚的道德风范、无私的奉献精神和卓越成就，将永留青史，并将激励新一代爱国知识分子为建设中国特色社会主义事业继续作出贡献。

苏步青同志永垂不朽！

2004年3月23日，复旦大学召开苏步青同志逝世一周年纪念会。逸夫科技楼多功能厅济济一堂，校领导、校有关部处负责人、苏老的弟子、家属代表及数学所（系）师生代表在这里先后发言，学习苏老热爱祖国、艰苦奋斗、献身数学和教育事业的精神，深切缅怀苏步青先生。校长王生洪在纪念会上说："苏步青先生把自己的一生献给了科学事业和教育事业。在民主同盟的建设中，在复旦的发展历程中，乃至中华人民共和国的科学史、教育史上，苏老都留下了重要而光辉的一页。苏老的优秀品质是我们学校的宝贵财富，也是我们建设世界一流大学强大的精神动力，我们要继承苏老的精神，为实现他生前的夙愿而共同努力。"纪念会由校党委副书记彭裕文主持。

会上，大家纷纷以动情的言语表达了对苏老的怀念之情以及继承苏老遗志、为我国教育事业和建设复旦努力奋斗的决心。

民盟中央副主席、民盟市委主席、市人大常委会副主任张圣坤教授详细回顾了苏先生光辉而成就颇丰的一生。他说，苏先生的学问人品、道德思想，以及他作为当代杰出的科学家、教育家和社会活动家的伟大人格，将长久地鼓舞、鞭策我们求真务实、自强不息，为科教兴国、科教兴市的伟业献身而努力。民盟上海市委副主席谢遐龄出席纪念会。

谷超豪院士回忆了苏老事业发展中的几件事，认为苏老的一生充满着困难和坎坷，但不屈服于困难、艰苦奋斗的精神伴随了他一生，他为祖国的强盛和教育事业的发展贡献了毕生的力量。自己作为他的学生应该继承老师的精神，在现在相对较好的环境中，发挥主观能动性，专心致志、持之以恒地为教育事业而努力，不辜负老师的教导。

苏先生的其他几位弟子，李大潜院士、洪家兴院士、忻元龙教授、华宣积教授和谭永基教授也都发了言。他们回忆了许多感人的事迹，赞扬苏老对数学研究的执着信念和严谨态度，对人才培养的独特理念，以及对教育事业的无比热爱；他们感谢苏老为国家作出的卓越贡献，以及对自己的谆谆教导和无微不至的关怀。

苏先生的家属代表苏德明教授在发言中说："爸爸的一生是热爱祖国、艰苦奋斗、全身心奉献给数学科学和教育事业的一生，也是有着不平凡经历、充满创造性成就的一生；他的'桃李'满天下，无愧为我国近代的数学大师、卓越的教育家和社会活动家，我们都以他为荣。

"'人生自古谁无死'。人类自从400多万年以前演化以来，离我们而去者已何止千千万万。他们的绝大多数已经永远地消失在浩瀚的太空之中，默默无闻，成为过去。然而其中优秀的代表，却像夏日深秋夜空中飞驶而过的流星，在苍穹中发出一道道闪闪的亮光。我想，爸爸也是这样的一颗流星，在我们后人的心中留下了不可磨灭的印迹，他的生命之火始终点燃，生命的洪流也不可抗拒地向前发展，永不休止。"

73. 弘扬步青精神

苏步青逝世之后，每逢他诞辰和逝世的日子，都有师生举行学习、纪念活动，比较突出的有在复旦大学校园内建造雕像、在他的故乡平阳建设励志馆等。

2012年9月23日，苏步青铜像揭幕仪式在复旦大学子彬院前举行，该铜像由谷超豪、胡和生、李大潜、洪家兴4位院士提议，为纪念苏步青先生诞辰110周年设立。这尊纯铜质胸像高0.8米，基座高1.2米，完全由天然花岗岩打磨而成，背后刻有苏步青的简单生平介绍，由雕塑家严友人操刀设计并铸造。

复旦大学校园内的苏步青铜像

苏步青励志教育馆的开馆仪式于 2015 年 12 月 18 日在苏步青先生的故乡浙江省平阳县腾蛟镇举行。馆内展陈共分"少年心事当拏云""东方第一几何学家""毕生事业一教鞭""留得丹心报暖晖""文章道德仰高风"和"功成不忘家乡情"6 个部分,馆陈视频、图片、文字资料一应俱全,生动展示了苏步青先生真实、全面的一生。

2015 年 12 月 18 日,本书作者参加在浙江平阳的苏步青励志教育馆揭幕仪式

附录一

浩瀚宇宙　苏星闪烁

以我国著名数学家、中国科学院院士、复旦大学老校长、教授苏步青命名的小行星"苏步青星"命名仪式于 2019 年 11 月 13 日下午，在复旦大学邯郸校区举行。会上宣读了"苏步青星"国际命名公报，介绍了"苏步青星"发现和轨道运行情况。

2019 年，经何梁何利基金评选委员会提出，中国科学院紫金山天文台向国际小行星委员会提交"苏步青星"命名申请。2019 年 11 月 8 日，由国际小行星委员会批准，并发布国际公报：中国科学院紫金山天文台 2008 年 2 月 29 日发现的、国际编号为 297161 号小行星，正式命名为"苏步青星"。

在命名仪式上，复旦大学领导表示，苏步青先生是世人景仰的一代大师，是蜚声中外的卓越数学家，是桃李天下的著名教育家，是优秀的中共党员，也是胸怀家国的社会活动家。"苏步青星"命名，充分体现了国际社会对苏步青先生光辉一生的高度赞扬和充分肯定，代表着苏先生的崇高精神和伟大人格，将在太空星辰永恒闪耀、风范长存。

何梁何利基金评选委员会秘书长、何梁何利基金（香港）北京代表处首席代表段瑞春，代表何梁何利基金会，向 1998 年何梁何利基金科学与技术成就奖得主苏步青先生荣获小行星命名，表示热烈祝贺。

他说："如今这颗具有中国符号、科技特色、复旦大学元素、何

2019年11月13日,"苏步青星"命名仪式在复旦大学举行(左为焦扬,右为段瑞春)

梁何利光彩的'苏步青星'已经进入宇宙星空,闪耀在太空星辰,永载史册。光荣属于杰出数学家、教育家苏步青先生,他的亲属,复旦大学师生,以及自强不息、自主创新、勇攀科技高峰的中国科学家。"

中国科学院院士、复旦大学数学科学学院教授李大潜说,苏步青先生的言传身教会继续教育我们,"苏步青星"也将在天上注视着复旦大学的发展,见证一代代复旦学子勇攀学术高峰,成为栋梁之材。有这样的大师,是一所大学的幸运。

苏步青先生的严谨让人敬佩。在一堂有250多名学生的课上,初为人师的李大潜讲得兴致盎然,却不知苏先生正坐在教室的最后一排,认真地听他上课。这样一位大教授来听课,让李大潜意识到上课必须非常严肃认真地对待。李大潜说:"这也让我之后对待每一堂课、每一场报告、每一次发言都'如履薄冰''如临深渊'。"

谈及"苏步青星"的命名,师从苏步青先生学习"黎曼几何"的复旦大学数学科学学院教授忻元龙说:"仰望星空,苏星闪烁。人生几何,难忘师恩。"苏先生着重培养学生的科研能力。当时,苏先生作为校长工作繁忙,有一天他和忻元龙说:"有个问题我还没有做完,你能不能把它算好?"忻元龙对仿射微分几何研究不多,但他在苏先生已有的框架下,通过大量计算,终于用代数方法得到正确结论。而苏先生又用几何的方法更为直观地论证一遍,使忻元龙对该知识框架有了更深入的理解。

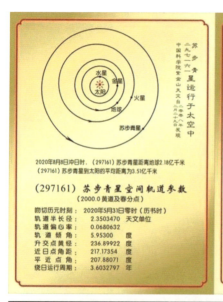

"苏步青星"的国际命名公报、命名证书、星照片和轨道光盘

上海数学中心主任、上海国家应用数学中心联席主任李骏说："命名'苏步青星'是对苏步青先生赞誉的升华和呼应。我们这些在苏先生关怀下成长起来的后辈们听到这个消息，都感到非常欣慰。相信'苏步青星'的璀璨星光，必将指引后辈继续在数学的道路上稳步前行。"1978年，李骏荣获上海市及全国八省市数学竞赛第一名，进入复旦大学数学系学习，从此踏上数学之路。当时在上海市数学竞赛颁奖典礼上，就是由苏步青先生为李骏颁奖。

苏步青先生经常鼓励学生要有宽广的视野和远大的理想，正是因为他的谆谆教诲，李骏等一批年轻人坚定了从事数学研究的信念，如今在数学领域深耕不辍，继承了苏先生的遗志，为国育人。李骏说："我希望我们也能努力为下一代创造更好的成才环境。"

苏步青先生家属代表，获颁国际命名公报、命名证书、星照片和轨道光盘，参加"苏步青星"铜匾揭幕。

附录二

我与苏步青相处的日子*

苏步青（1902年9月23日—2003年3月17日），浙江平阳人。中共党员。全国政协原副主席，政协第五届上海市副主席，人大第七届上海市副主任，全国人民代表大会教育科学文化卫生委员会原副主任，民盟第四、第五届中央副主席。中国科学院院士，复旦大学原校长。

农家后代印记

苏步青的家乡在浙江平阳的一个小山村，幼年放过牛，对于农村和农民的生活习惯非常了解，且念念不忘这段情缘。这也使他走向国际舞台、走进大城市，时时留下了田野的印记。

农民的善良、淳朴一直在他身上反映出来。在陪同苏老出席全国"两会"期间，一些看似小事的事情，至今还在我脑海里难以忘怀。对会议期间的饮食，苏老一向反对浪费、倡导简朴。在分餐点菜时多次告诫我，"吃多少，点多少。不许浪费"。用餐快要完毕时，苏老就会指着剩下的一点菜说："小王，把这些菜都吃掉，不要浪费。"后来，我就特别留意少点菜，够吃就好，每次基本做到"光盘"。

苏老养成容不得任何浪费的习惯，随时随地都会关注到。有一天，我陪同苏老到学校上班，去得早了一点。苏老一进校门，就叫我：

---

* 王增藩，浦江纵横，2020年4月，第99页。

"你看看,还没到上课时间,大白天教室里开着电灯。"他急着对我说:"先不到办公室,我们去把灯关掉。"他还关照我,去查一查这究竟是什么原因。原来是学生在教室晚自修后,最后走的学生没关灯。到了规定熄灯的时间,学校统一关灯,第二天一早又统一开闸亮灯,造成白天教室大放光明。在向有关部门反映之后,这个浪费问题就解决了。

对于学生存在浪费粮食、水电的问题,苏老看在眼里、痛在心里,要我向有关方面反映,加强教育:"农民辛辛苦苦种出来的粮食、蔬菜,有的学生没吃几口就倒掉,痛心啊!随便浪费是不道德的。我们民族要永远立于不败之地,就要把勤俭节约、艰苦朴素的好传统世代传下去。"

苏老退居二线后,有机会到浙江故乡走走看看,回杭州的次数较多。浙江大学是苏老的母校,他更怀有深情。学校对苏老来访十分热情,总想照顾得好些。但苏老表示不要安排到大宾馆住宿,招待所就很不错,说为什么要住宾馆。有一次新来的接待人员不知情,安排了在宾馆住宿,苏老很不情愿,就在那里僵持很久。我看到后就靠近苏老讲了几句闽南话。因为苏老的祖先是300多年前从厦门同安搬到平阳的,他们至今都讲得一口闽南话,我是从小在闽南长大的,所以在不要让外人知情时,我就常跟他讲闽南话,我们的心贴得更近了。看到苏老态度十分坚决,我劝接待人员放弃原先的安排,问题也就顺势而解了。

苏老虽然来自农村,但又很讲究规矩,见过大世面,也容不得一点坏风气。当秘书几年后,我也不知不觉地放松了要求。有一次到机场贵宾室候机时,我竟然鬼使神差地端着茶杯,在其他首长面前走来晃去。苏老见了,非常愤怒,马上喝住我:"坐回去,像什么样子?!"这一幕我深深地留在脑海里。还有一次在办公室沙发上,我不知不觉地把腿翘到边沿,觉得很舒服,被苏老看到后我又被狠狠地教训了一顿。

酷爱读书学习

成为中国科学院院士、著名数学家的苏步青,当然是与读书紧密相连的。他小时候读的《三字经》《三国演义》等这些书赋予他道德规范和智慧。到后来苏老出书一本又一本,年纪大了后读书看报仍是每天不可或缺,也成为苏老终身的爱好。

因组织上帮助苏老家装修住所,我才有机会在衡山宾馆陪伴苏老百日。那时每天只有我们两人一起相处,早饭后我们都会读报,但因苏老眼睛老花,只好让我给他"讲报",把一些感兴趣又好玩的"故事"讲给他听。一天他疑惑地问我:"你怎么有那么多的故事?而且好听啊!"

在衡山宾馆相伴百日
(1995年)

我没想到苏老会这么问,他好细心啊!住进宾馆时,组织上就给我们订了《人民日报》《解放日报》《文汇报》等报纸。我讲的故事都是从报纸上看来的,只不过是事先选好有趣的事作了准备。苏老当时对破案故事以及社会新闻很感兴趣。自从这样做以后,我的阅读能力也大有长进,能一下子抓住文章的主要情节,还会采用埋下伏笔、再甩包袱等手法,把故事讲得跌宕起伏,使苏老越听越爱听。

在相处百日的那段时间,苏老的内心也有些波动。"小王,你也有家,整天陪着我,一天都不休息。那怎么行啊?"于是他做出决定,一个星期放我一天假,回家处理公务和私事。有一次,我夫人孙淑琴到宾馆看望苏老。他说:"你把王增藩送给了我,很感谢你!"夫人顺势接话:"这是应该的,是组织上交办的,苏老不必客气。"其实,在我100多次出差北京时,夫人承担了全部家务,还要照顾两个年幼的儿子,困难是不言而喻的。这次见面时苏老在一张与我合影的照片背后留言:"增藩同志:相伴百日,非常感激,书此留念。步青。"这是苏老对我们一家最好的褒奖。

苏老养成读书的习惯是长期形成的。到北京出席全国"两会",他每天晚上7点都要收看《新闻联播》。一坐下来就是半个钟头,不许我走动、插话,他聚精会神的样子让我至今难忘。第二天报纸来了,他感兴趣的内容还要叫我重读一遍。所以苏老对国内外形势十分清楚。有时候睡得太早容易失眠,他就利用睡觉前的时间,拿出随身携带的《求是》杂志,重温中央对有关问题的论述,把握大局,思考国家的大事和以后的发展方向。学习改变了他的思路,他更多地考虑如何为国家作出贡献。

苏老抓住了一个造福千秋万代的主题——重视基础科学研究。一天,他对我说:"我的前半生一直搞纯粹数学,直到和青年人一起研究数学放样、造大轮船,才觉醒过来。""纯粹数学的研究是必要的,但人数不需要很多,而且这种工作也不是人人都会做的,大量的应该是搞应用研究,去解决'四个现代化'中的实际问题。应用数学与纯粹数学相结合,这是一个发展方向,比如计算几何。"不知不觉中苏老给我普及了这个高深且十分重要的大课题。

1996年国务院批准建立"国家基础科学人才培养基金",我才更加感受到苏老和其他 10 位科学家的呼吁书是多么迫切！抓好基础科学的应用，就能早日使国家科技兴邦，走上繁荣昌盛的道路。如今再想想苏老等科学家的这些呼吁，围绕优秀人才的培养问题，他们所提出的倡议是多么及时又很有价值。

关心后辈成长

我给苏步青当了两年秘书后，总的感觉就是一个"忙"字。我主要为苏老服务，但办公室的事情也得兼顾，头绪复杂，工作量大。当时的客观情况是，学校不可能给秘书评职称。因此，我还是被按照"管理讲师"的待遇对待。苏老看在眼里，内心略显不安。

平时苏老对秘书要求十分严格，不许我在外面向有关部门说情，凡是涉及分房子、升职称这类敏感问题，都不许我插手或转材料，更不应承给秘书今后任何好处。一天空闲时苏老主动与我商量："你的现状我都看到了，再这样忙下去，会耽误你的未来。我建议你在这边工作，同时到中文系兼课，以后升职称也有个盼头。"我很感谢苏老这么大岁数还在为我这个小辈操心。但我也实话实说了："现在忙成这个样子，我哪有时间再去兼课？况且离开专业十多年，我能上什么课呢？"苏老一边听，一边点头，感觉我确实勉为其难。

我特别感谢办公室新就任的王邦佐主任。我 1965 年毕业，过去将近 20 年时，他问我现在是什么职称，"管理讲师"，我回答道。他听了有些着急："你赶快写个情况说明，我马上到有关部门去联系一下。"很快，我正式的讲师职称就批下来了。在祝贺我的同时，王主任还关照我有空就写点论文，先在复旦大学办的教育期刊上发表，为以后升职称打基础。我和家人都很感激王主任的真心帮助。有一年，学校也非常关心我的晋升问题，特派研究生院袁晚禾教授到市里开会，专门研究市里高校一批秘书晋升职称的问题，袁教授向与会领导和到会者推荐我的成绩。

之后，我听从王主任建议，开始收集资料，上升到理论高度，写出论文《苏步青高等教育的理论与实践》。接着又写了《谢希德高等教育理论与实践》一文。经过反复的修改，我的论文被教育部的《中国高教研究》录用。谢老也写了书面材料，证明有些获奖文章是我帮助起草执笔的。随着学校关心秘书的力度不断增强，秘书职称开始倾向于研究系列挂靠，这一步我算赶上了。苏老看到我帮助其他几任校长及办公室做了大量文字工作，还利用业余时间写了专著和论文，成绩突出。他说："在我年逾九十之后，你还倾注全部精力来照顾我的健康，使我现在有这样的身体。"他还说，"特别是组织上为装修我住所的几个月里，你白天黑夜来陪我，置自己的家庭于不顾，使我万分感激、没齿难忘"。

在学校和苏老的大力关心下，我的研究员职称经过长达24年的奋斗终于获批，住房分配问题也得到改善和解决。每想到此，我们一家人都很感激学校校长和苏老的真心关怀。

热心广交朋友

作为一位社会活动家，苏步青与教师、学生、工人、农民等都有广泛的联系，还涉及国内外人士。虽然著书立说、教学研究十分繁忙，但苏老很愿意抽空与他们书信来往，还留下不少文字。

1998年苏老应天津百花文艺出版社之约，选编《数与诗的交融》，于2000年1月出版，这成为苏老人生的最后一本著作。毕竟已到高寿之年，苏老指定由我完成该书的编辑工作。接到任务我不免忐忑不安，苏老是著名的科学家，在学术上成就举世公认，道德、文章方面也堪称楷模。他有很深的文字功底，诗词中常有绝妙的佳句，散文更是充满感情和文采。为苏老选编书稿，我担心不能真实反映他的一切。苏老看到我有为难情绪，鼓励我说："你放手选稿，大胆创新，有什么困难我就在你身边啊！"这句话让我心里的石头落地了。加上夫人的鼓励，她包揽了所有的家务，两个儿子长大了，也很支持，帮助我抄写书稿、电脑打印，使这本著作如期付印出版。书中收集了苏老的文章、来往书信、诗词精选等，将近17万字。

苏老有位朋友周玉甫，他是中学数学教师，爱好诗词、书法和集邮，正好与苏老情投意合。在20年间他收到苏老的21封信，其中有两封信件是根据苏老口述由我代笔的。他还收到苏老两幅字：一幅是《春雨诗二首》(1985年)，一幅是《戊辰春重进政协感赋》(1988年)。苏老支持他集邮。1988年邮电部发行了一套现代科学家李四光、吴有训、竺可桢和华罗庚的纪念邮票，苏老应邀在纪念封上贴有竺可桢邮票的下方题写"竺公之风，与世共荣"8个楷字，成为周老师的集邮珍品。有本书苏老指定一定要选入他的两封来信，并写上注解："周玉甫，江苏省通州市平潮中学数学教师，爱好诗文，常与作者有书信往来。"

在与名人大师的书信来往中，周玉甫的经验是写信不能一味地恭维奉承，对诗文要有个人的独特见解。他给苏老的一封信就指出苏老几首诗有不合律、不入韵的瑕疵，没想到苏老不但不反感，还很快给他回信："辱蒙指摘拙作平仄不调和出韵之处，深为感激。①和②两处确实不妥，无可申辩。至于③中指出的'探'字，根据《辞海》拼音'tàn'，系仄声，唯读音'tān'则为平声，恰如北京读'眼'为阴平之类。末款所提的末句末字'愁'系'秋'的误植，知承锦注，特此附闻。"书信平易谦逊之情令周老师敬佩！此后他们一来一往，成为忘年交好友。

来自平阳家乡的杨须友、黄宝珠与苏老书信来往颇丰，他们是平阳中心小学的校长。苏老把自己的经历写成《卧牛山谣》，原以为是作为母校补壁之用，不料竟被刻成碑文，使苏老既感且愧矣。在信中，苏老不忘教育青少年一代，还指出他写碑文的用意："知识分子处在'东风得意马蹄忙'的时代，千万不要忘记祖国；处在敌人侵略祖国的环境下，千万不要投靠敌人。对我来说，'先当好党员，再当好教授'。"可见苏老对自己的要求有多么严格！苏老给他们的复函，最后会署上"老校友苏步青敬上"，苏老对母校的崇敬之情跃然纸上。

还有一封信，是苏老致函母校日本东北大学剑持胜卫教授。收信人曾致函谷超豪院士表达前来探望苏步青院士之诚意。为了宽慰大学母校校长和同仁们的问候和关切，苏老特意要我代为起草复函。他说："今年我已经98岁了，不能再上讲台为同学们上课。我的心仍然想念着教师和同学。去年我将获得科学成就奖的100万元港币，全部捐给教育事业，用以奖励优秀教师和学生。因为我深知，只有办好教育，培养优秀人才，方能使国家强盛、人民幸福。"苏老还说，"我年老体弱，已不能胜任接待远方来访朋友，深感抱歉"。苏老晚年做事，还是那么认真。

在庆祝中国共产党成立80周年时，少先队发起向老党员送致敬信的活动。苏老一下子收到了80多封来信，分别寄自河北唐山光明实验小学、第二工人新村小学等。苏老听我读了他们的来信，流露出笑容，并嘱咐我以他的名义，给每所学校都写一封复信，对少年朋友表示衷心感谢。苏老平时还经常接待来访的少年朋友，对他们寄予无限的期望。

给苏步青当秘书，我干了整整23年，学到许多经验和知识。虽然很苦很累，但很值得！

附录三

于无声处见真知 *

《我给苏步青当秘书》

王增藩同志这部凝结了20多年心血的著作即将付梓,他希望我写几句话。这对于我来说,是义不容辞的。苏步青先生是我们复旦大学的老校长,是我十分敬重的师辈,增藩曾是我的学生,是我多年的朋友,为这部记述了他们20多年共同生活经历的书写一点学习感言,是我乐于从命的。

这部书使我们从一个特殊的角度再一次重温了苏步青先生的嘉言懿行和崇高的品德。苏先生是杰出的数学家、优秀的教育家、卓越的社会活动家。但我们过去对他的了解,大多是在宏观上、从远距离观察中所获得的。增藩是苏先生的贴身秘书,而且相伴相随23年,苏先生大部分晚年岁月是同他在朝夕相处中度过的,这种得天独厚的条件就让增藩能够从近距离去观察和记述苏先生的所作所为,这就使我们得以十分逼近而又非常逼

---

* 吴欢章,《我给苏步青当秘书》序言,人民日报出版社,2011年。

真地领略苏先生的音容笑貌和他那宽广的精神世界。展卷阅读，通过增藩细致、生动而真实的笔触，我们不仅可以看到苏先生献身社会主义建设事业的雄心壮志，而且可以领略他热爱祖国和人民的博大情怀；不仅可以看到他在科学上勇攀高峰的闪光足迹，而且可以领略他提携后辈、薪火相传的拳拳心意；不仅可以看到他老骥伏枥、志在千里的不老境界，而且可以领略他孜孜矻矻、奋斗不息的青春风采；不仅可以看到他为国奔波的忙碌身影，而且可以领略他日常生活中流露的浓郁的亲情、友情和丰富的爱好兴趣。

值得注意的是，增藩还从秘书和领导的关系这一特殊的视角，展示了苏先生的高尚人格。苏先生对秘书的工作要求是非常严格的，哪怕是一篇文稿的撰写，一次来访者的接待，他都一丝不苟，务求尽善尽美；苏先生对秘书的品格要求更是严格，他教育秘书要全心全意为人民服务，不许有任何的特殊化，一切都要按规定办事。但苏先生对秘书又是爱护有加、关怀备至的，他不但关心增藩的思想、工作，也关心增藩的学业、职称、健康以至家庭生活。苏先生凭其高尚、真诚的品格与秘书建立了一种犹如父子、师生般的亲密无间的关系。增藩这本书犹如一个显微镜，从一个特别亲近的角度映现了苏步青先生的处世风格和生活神采，这为我们认识苏步青先生的高尚人格开拓了一个鲜为人知的特殊渠道，也为我们了解现代中国知识精英的时代内涵提供了一份珍贵的历史文献。

增藩作为一个秘书工作者，还在这部书中记录了自己的心路历程。他是复旦中文系毕业的，以他的资质本可在文学专业上获得发展，但由于工作的需要，他服从组织的决定，做了苏步青先生的秘书，而且一做就是23年。他勤勉认真、兢兢业业，终于成为苏先生在事业上的得力助手。他不仅要协助苏步青先生处理各种繁杂的日常事务，还要经常陪同苏先生外出参加各种社会活动和学术活动；他不仅要为苏先生代拟发言稿，还要协助苏先生撰写和整理各种文稿。而且由于苏先生年事已高，工作又特别繁忙，增藩还要从各方面照顾苏先生的饮食起居和身体健康。工作是辛苦的，事务是琐细的，为了做好苏先生的秘书工作，增藩牺牲了自己的专业，影响了家庭生活，但增藩任劳任怨、无怨无悔，23 年如一日。这是很不容易的。

要知道增藩在担任秘书期间，已是市场经济大潮涌动、人心思迁、众声喧哗之际，许多人不甘寂寞，纷纷追名逐利，但他却不为所诱，安于职守，默默奉献，表现了一名共产党员全心全意为人民服务的本色。因为增藩有正确的人生观和价值观，他认为自己能协助苏先生更好地工作，把自己的心血灌入苏先生那利国利民的事业，是自己得以实现人生价值的一个途径，是党交给自己的光荣使命。市场经济大潮对一个人来说是一种考验，是对人的理想、信念和操守的严峻考验，可喜的是增藩经受住这一考验，终于成为一位优秀的秘书人才。

谁说秘书不能成才，增藩这本书就记述了自己的成才经历。秘书的学问可大着哩，诸如：怎样处理秘书和领导的关系，如何处理辅助而不越位的关系，怎样撰写文稿，如何应对突发事故，等等，不掌握秘书工作中的一系列矛盾关系，就不能成为一个称职的秘书。秘书的学问从何而来？只能通过实践经验的积累和理论知识的学习，关键在于是不是一个有心人。从本书大量的记述来看，增藩就是在秘书工作中自觉地从实践和理论两方面努力学习的。他首先在工作中向苏步青先生学习。苏先生的言传身教，使他领悟了秘书工作的许多奥秘，大大提高了他从事秘书工作的效能。增藩为做好苏先生的秘书，还努力学习社会科学、人文科学、自然科学知识，学习秘书的理论知识和实践经验，并且善于把自己从事的秘书工作的实践经验上升为理论，写了不少阐述秘书工作规律的文章。他又结合自己从事秘书工作的体验，撰写了《苏步青传》《谢希德传》《秘书工作趣谈》等多部专著，并且为苏步青先生编纂了好几部书稿。他的这些理论与实践相结合的著作，阐述了秘书工作许多规律性的东西，既具有学术性，又具有应用性，显示出他已成为一位秘书工作的行家里手和秘书学的专家。

增藩追随苏步青先生 23 年，苏先生一直对他不离不弃、赞誉有加。苏先生晚年与增藩形成"相依为命"的亲密关系，正是对增藩长期秘书工作的高度肯定。增藩在长期的秘书工作中，善于学习、勤于笔耕，收获了不少理论成果，这也是秘书足以成才的有力明证。增藩曾用一句话来概括自己23年从事秘书工作的体会："很苦，很累，很值得。"这又是对秘书工作在社会主义伟大事业中的价值的确认。

2010年4月
写于上海

初版后记

苏步青先生家境贫寒，天赋超群，勤奋好学，又留学东瀛数载，有幸得到众多良师的奖掖提携，很快成长为一颗远东数学新星。回国后，苏先生先后任教于浙江大学、复旦大学，在微分几何领域迭有开拓，同时为国家培养了一大批杰出数学家，德业双修，不愧一代宗师。中年以后，苏先生走上领导岗位，集科学家、教育家、国家领导人、社会活动家于一身，应付裕如，建树极多，显现多方面才华。其书法、诗歌习作流播甚广，此为先生余事。

笔者有幸忝任苏先生秘书23年，与他感情深厚。2004年7月，为迎接复旦大学百年校庆，校出版社将《苏步青传》列入出版计划，望我力成。笔者当时作为《复旦大学百年纪事》执行主编，正在为《纪事》日夜操劳。对于写传，我深感责任重大，心有余而力不足。但在同志们的一再勉励和支持下，一种强烈的责任感，驱使我接下写传的任务，利用暑期突击加紧撰写。

目前呈献给百年校庆的这本《苏步青传》，力求以大量生动之原始素材，记述苏步青院士德、智、体全面发展的故事，并将他在诸方面为国家和复旦作出的贡献展现给读者。深刻难求，唯求实录。

考虑到苏老享年逾百、阅历丰富，每个时期均有出彩的思想和逐步深入的认识，因而本书不受时间先后所限，采用跳跃式的编排风格。文风唯求朴素，也略加修饰，力求反映苏老较为完整、绚丽的人生。

初版后记

为了较好地体现苏步青院士的感人业绩，笔者选用积累20多年的大量资料和珍贵图片，汲取许多杰出学生回忆录中的精彩片断，行文力求通俗生动以增加可读性。在撰写过程中，笔者得到许多专家学者的帮助和指教，关于苏步青院士数学研究的重要成果，有些转引自著名数学家陈省身教授的《〈苏步青数学论文选集〉献辞》，有些依据著名数学家谷超豪、胡和生院士等撰写的《苏步青教授对我国数学事业的贡献》。本书还收入李大潜院士对苏步青的精彩访谈录。在此对以上几位院士，谨此特致深切的谢忱和崇高的敬意。

李大潜先生曾追随苏步青老师学习、工作几十年，对苏老怀有极其深厚的感情。他在百忙中为本书写序，是笔者的莫大荣幸。著名摄影家徐大刚先生提供了毛泽东同志接见苏步青教授的珍贵历史照片；著名记者、上海市记者协会主席贾树枚曾首次全面报道苏步青院士生平业绩，为本传的写作出版作出很大贡献；校党委宣传部部长石磊对本书写作给予多方面的重要支持和帮助；本书稿征询了苏老部分子女意见，作了一些修正；复旦大学出版社社长贺圣遂，以及编审高若海、顾潜，责任编辑范仁梅副编审，对本书出版高度重视和支持。我的夫人孙淑琴精心照料好家庭和我的身体；两个儿子及儿媳牺牲了不少休息时间，帮助誊抄、打印部分书稿。所有这些，使笔者在繁忙的公务之余，还能完成本书的写作任务。对所有关心和支持本书出版工作的同志，笔者向他们一并表示衷心的感谢！

因时间仓促，水平有限，本书仍存在不少问题，离传的要求还有一定差距。笔者毕竟不是学数学的，对数学世界的奥妙神奇，实在是知之甚少，苏先生的这份名山胜业，只好期待专家奉献新传了。

王增藩

2005年1月

初版重印后记

复旦大学于2005年百年校庆之际,出版过一套校长传记系列丛书,《苏步青传》为其中一册。两年后,市面上即已难觅其踪,作者经常收到求购电话。

转眼间,先生离世已近十载,今年即逢他的110周年诞辰纪念日,从中央到地方都在筹备纪念会,以期学习和发扬苏步青精神:他的热爱祖国、追求真理;他的志存高远、踏实苦干;他的教书育人、励志创新;他的全面发展、强身健魄;他的淡泊名利、安贫乐道。复旦大学出版社也应各方要求,拟第二次印刷《苏步青传》,以满足读者的需求。

文化乃民族的血脉、精神的家园;教育则是民族振兴的柱石,社会进步的根基。国家领导人曾在改革开放30周年时再次强调:"物质的匮乏不是社会主义,精神的空虚也不是社会主义",提升中华民族的软实力,重点要解决好精神和信仰问题。苏先生一生求学、治学、行政、行事,在在可为师表。今日中国数学界和学术界,千门万户,有多少人受到他的感召,又何须笔者多言!惟期待这本传记,能够让后来的素心人有所进益。

笔者在著述和重印过程中,受到许多同志和单位的鼓励和支持,他们有:苏老故乡温州市、平阳县的许多领导,民盟上海市委、复旦大学数学科学学院、复旦大学统战部等单位;同时,复旦大学出版社的领导也多加垂顾。在此,谨对他们的关爱表示衷心的感谢!

王增藩

2012年7月18日